总主编 田高良

新时代互联网+创新型会计与财务管理专业系列教材

中级财务会计

主 编 宁宇新 杨惠贤

副主编 王 岚 刘灿辉 李立群

西安交通大学出版社
XI'AN JIAOTONG UNIVERSITY PRESS

国家一级出版社
全国百佳图书出版单位

内容简介

本书吸收了最新会计准则的相关内容,并根据国家"营改增"政策进行了相关调整;内容覆盖了中级财务会计一般业务和特殊业务,既适应了学生对常规会计要素业务处理的学习,也注重提升学生对特殊会计业务处理的能力,以适应快速发展的资本市场的需要。全书结构设计合理、重点突出、层次清晰、讲练结合;每一章配有引导案例和实务练习题,帮助学生对核心内容进行学习和掌握。本书既可作为会计学、财务管理和审计学等本科专业教学用书,也可作为跨专业会计学研究生辅助学习教材和参考书。

图书在版编目(CIP)数据

中级财务会计 / 宁宇新,杨惠贤主编. — 西安 :
西安交通大学出版社,2021.1(2022.2 重印)
 ISBN 978 - 7 - 5693 - 1859 - 3

Ⅰ. ①中… Ⅱ. ①宁… ②杨… Ⅲ. ①财务会计-
高等学校-教材 Ⅳ. ①F234.4

中国版本图书馆 CIP 数据核字(2020)第 230871 号

书 名	中级财务会计	
主 编	宁宇新　杨惠贤	
责任编辑	史菲菲	
责任校对	王建洪	

出版发行　西安交通大学出版社
　　　　　(西安市兴庆南路 1 号　邮政编码 710048)
网　　址　http://www.xjtupress.com
电　　话　(029)82668357　82667874(发行中心)
　　　　　(029)82668315(总编办)
传　　真　(029)82668280
印　　刷　陕西金德佳印务有限公司

开　　本　787mm×1092mm　1/16　印张 20　字数 499 千字
版次印次　2021 年 1 月第 1 版　2022 年 2 月第 2 次印刷
书　　号　ISBN 978 - 7 - 5693 - 1859 - 3
定　　价　59.80 元

如发现印装质量问题,请与本社发行中心联系、调换。
订购热线:(029)82665248　(029)82665249
投稿热线:(029)82668133　(029)82665379
读者信箱:xj_rwjg@126.com

新时代互联网＋创新型会计与财务管理专业系列教材

编写委员会

总主编：田高良

编委会委员（按姓氏笔画排序）：

王建玲　宁宇新　汤小莉　汪方军　张　禾

张　原　周　龙　徐焕章　高晓林

策　划：魏照民

前言

　　会计准则是资本市场发展的基石。在全球化日益发展的当今时代,我国的会计准则逐渐和国际会计准则趋同。2006 年财政部颁布了新会计准则体系,并于 2007 年 1 月 1 日起实施。随着经济形势的变化和国际会计准则的调整,2014 年至 2019 年财政部又对会计准则进行了较大范围的修订。会计准则体系内容的调整,无疑给"中级财务会计"课程的教学提出了挑战。"中级财务会计"作为高等院校会计学、财务管理和审计学等专业的核心课程,对于学生理解财务会计如何提供有用的决策信息,如何以"商业语言"形式反映企业财务状况、经营成果和现金流量等重要会计信息有着重要作用和影响。

　　基于实现上述教学目标,本书在内容上既体现了最新的企业会计准则变化,也注重对财务会计原理的解说和讲授。2016 年我国全面推行了"营改增",本书相关内容和税法的调整保持了一致。

　　本书一共十九章,可分为两大部分。第一部分包括第一章至第十一章,主要内容是一般中级财务会计业务。这些内容按照会计六大要素编排,主要讲解六大会计要素的确认、计量及相应的会计处理,并最终以"财务报告"结束。第二部分包括第十二章至第十九章,主要介绍债务重组、非货币性资产交换、借款费用、资产负债表日后事项和会计政策变更等相对复杂的财务会计内容,这些内容既反映了经济业务的复杂性和特殊性,同时也是资本市场和市场经济环境中经常会面对的经济业务。学习这些内容,对于帮助学生应对未来经济环境中特殊业务的会计处理有一定的意义。

　　本书在借鉴同类优秀会计教材的基础上,充分反映了最新会计准则的相关内容,在内容组织上由简到繁、由浅入深;突出实务性的讲解,使学生能够把握新会

1

计准则要点，注重讲练结合。在阐述会计准则基本理论和方法时，引入资本市场的真实案例，激发学生探求的兴趣；继而通过具体会计业务处理方法的讲解，引导学生提出解决现实会计问题的思路和方案。在每一章后附有思考题和即测即评题，帮助学生掌握相关会计业务处理。本书体现创新意识，通过引入互联网模式，使学生能够在线进行测试和学习。

本书的主编为宁宇新和杨惠贤，副主编为王岚、刘灿辉和李立群。黄莉、吴勋和张立民参加编写。各章具体编写分工如下：第一章、第十八章和第十九章由刘灿辉编写；第二章和第八章由张立民编写；第三章、第六章和第七章由李立群编写；第四章、第五章和第十章由宁宇新编写；第九章和第十一章由杨惠贤编写；第十二章由吴勋编写；第十三章、第十四章和第十六章由王岚编写；第十五章和第十七章由黄莉编写。全书由宁宇新总纂定稿。

本书是西安石油大学会计系教师集体智慧结晶的成果。西安石油大学会计学专业获批 2019 年度国家级一流本科专业建设点，财务管理专业获批 2019 年度省级一流本科专业建设点。本书的编写为一流专业建设提供了有力支持。在此特别感谢西安交通大学出版社给予我们的鼎力帮助和支持。同时感谢本系列教材总主编田高良教授的推荐和支持。在编写过程中，我们参阅了大量的文献，在此对所有文献的作者表示衷心的感谢。最后，感谢支持本书撰写的西安石油大学经济管理学院领导和全体教师。

为本书的出版，各位同仁付出了辛勤的汗水和劳动，但难免有瑕疵和不足之处，恳请同行和读者斧正。

编者

2020 年 9 月

目录

第一章

总 论

学习目标

通过本章的学习,了解财务报告的目标和财务会计基本假设;掌握会计信息质量的特征要求;熟悉会计六大要素的定义及确认条件;了解企业会计准则的主要构成和体系。

引导案例

国际会计准则是时下最热的话题之一。过去十多年里,国际会计准则理事会(IASB)多方推动各国接受国际财务报告准则(IFRS)。根据国际会计准则理事会的网站显示,全球已经有超过 140 个国家(地区)不同程度地采用国际会计准则,国际会计准则也已得到 G20、世界银行、国际货币基金组织、证券委员会国际组织等众多国际组织的承认。可以说,国际会计准则已经成为会计界乃至全球经济社会必须要关注的话题。我国自 1997 年开始发布具体会计准则,随后会计准则的制定、执行、修订都很迅速,特别是 2006 年 2 月 15 日,会计准则委员会同时发布 1 项基本会计准则和 38 项具体会计准则,实现了我国企业会计准则体系和国际会计准则的实质性趋同。

资料来源:刘峰,林卉.国际会计准则:"会计"还是"准则"[J].厦门大学学报(哲学社会科学版),2015(6):10 - 20.

思考:
进一步了解中国会计准则实质性趋同的现状,并谈谈自己的体会。

第一节 财务会计概述

一、财务会计的概念

企业财务会计,也称对外报告会计,是通过对企业业务记录、分类和汇总等一系列专门程序和方法,编制规定格式的财务报告,向企业外部信息使用者提供有关整个企业的财务状况、经营成果和现金流量的信息,以反映管理者受托责任履行情况为主要目的的经营管理活动。

中级财务会计是会计学、财务管理、审计学等专业的核心课程。中级财务会计以会计学原理为基础,主要包括对企业经济事项进行确认、计量、记录和报告的财务会计理论和方法体系。

二、财务报告的目标

关于财务报告的目标,通常有两种观点,即受托责任观和决策有用观。在受托责任观下,财务报告的目标是反映受托责任的履行情况,会计信息更多地强调可靠性,会计计量主要采用历史成本;在决策有用观下,财务报告的目标是提供对经济决策有用的信息,会计信息更多地强调相关性,如果采用其他计量属性能够提供更加相关的信息,会较多地采用除历史成本之外的其他计量属性。

我国企业财务报告的目标是向财务报告使用者提供与企业财务状况、经营成果和现金流量等有关的会计信息,反映企业管理层受托责任履行情况,有助于财务报告使用者做出经济决策。

财务报告使用者主要包括投资者、债权人、政府及其有关部门和社会公众等。满足投资者的信息需要是企业财务报告编制的首要出发点。企业编制财务报告、提供会计信息必须与投资者的决策密切相关。因此,财务报告提供的信息应当如实反映企业所拥有或者控制的经济资源、对经济资源的要求权以及经济资源及其要求权的变化情况,如实反映企业的各项收入、费用和利润的金额及其变动情况,如实反映企业各项经营活动、投资活动和筹资活动等所形成的现金流入和现金流出情况等,从而有助于现在的或者潜在的投资者正确、合理地评价企业的资产质量、偿债能力、盈利能力和营运效率等,有助于投资者根据相关会计信息做出理性的投资决策,有助于投资者评估与投资有关的未来现金流量的金额、时间和风险等。除投资者以外,企业财务报告的使用者还有债权人、政府及其有关部门、社会公众等。由于投资者是企业资本的主要提供者,如果财务报告能够满足这一群体的会计信息需求,通常情况下也可以满足其他使用者的大部分信息需求。

三、财务会计基本假设

财务会计基本假设是对会计核算时间和空间范围等所做的合理假定,是企业会计确认、计量、记录和报告的前提。财务会计基本假设包括会计主体、持续经营、会计分期和货币计量。

(一)会计主体

会计主体,是指会计工作服务的特定对象,是企业会计确认、计量和报告的空间范围。为了向财务报告使用者反映企业财务状况、经营成果和现金流量,提供对其决策有用的信息,会计核算和财务报告的编制应当集中反映特定对象的活动,并将其与其他经济实体区别开来。在会计主体假设下,企业应当对其本身发生的交易或者事项进行会计确认、计量和报告,反映企业本身所从事的各项生产经营活动和其他相关活动。明确界定会计主体是开展会计确认、计量和报告工作的重要前提。

明确会计主体,才能划定会计所要处理的各项交易或者事项的范围。在会计工作中,只有那些影响企业本身经济利益的各项交易或者事项才能加以确认、计量和报告。

明确会计主体,才能将会计主体的交易或者事项与会计主体所有者的交易或者事项以及其他会计主体的交易或者事项区分开来。企业所有者的交易或者事项是属于企业所有者主体所发生的,不应纳入企业会计核算的范畴,但是企业所有者投入企业的资本或者企业向所有者分配的利润,则属于企业主体所发生的交易或者事项,应当纳入企业会计核算的范围。

会计主体不同于法律主体。一般来说,法律主体必然是一个会计主体。一个企业作为一个法律主体,应当建立财务会计系统,独立反映其财务状况、经营成果和现金流量。但是,会计主体不一定是法律主体。在企业集团的情况下,一个母公司拥有若干子公司,母子公司虽然是不同的法律主体,但是母公司对子公司拥有控制权,为了全面反映企业集团的财务状况、经营成果和现金流量,就有必要将企业集团作为一个会计主体,编制合并财务报表。

(二)持续经营

持续经营,是指在可以预见的将来,企业将会按当前的规模和状态继续经营下去,不会停业,也不会大规模削减业务。在持续经营前提下,会计确认、计量和报告应当以企业持续、正常的生产经营活动为前提。

一般情况下,应当假定企业将会按照当前的规模和状态继续经营下去。明确这个基本假设,就意味着会计主体将按照既定用途使用资产,按照既定的合约条件清偿债务,会计人员就可以在此基础上选择会计原则和会计方法。如果判断企业会持续经营,就可以假定企业的固定资产会在持续经营的生产经营过程中长期发挥作用,并服务于生产经营过程,固定资产就可以根据历史成本进行记录,并采用一定的折旧方法,将历史成本分摊到各个会计期间或相关产品的成本中。如果判断企业不会持续经营,固定资产就不应采用历史成本进行记录并按期计提折旧。

(三)会计分期

会计分期,是指将一个企业持续经营的生产经营活动划分为一个个连续的、长短相同的期间。会计分期的目的在于通过会计期间的划分,将持续经营的生产经营活动划分成连续、相等的期间,据以结算盈亏,按期编报财务报告,从而及时向财务报告使用者提供有关企业财务状况、经营成果和现金流量的信息。

在会计分期假设下,企业应当划分会计期间,分期结算账目和编制财务报告。会计期间通常分为年度和中期。中期是指短于一个完整的会计年度的报告期间。由于会计分期,才产生了当期与以前期间、以后期间的差别,才使不同类型的会计主体有了记账的基准,进而出现了折旧、摊销等会计处理方法。

(四)货币计量

货币计量,是指会计主体在会计确认、计量和报告时以货币计量,反映会计主体的生产经营活动。

在会计确认、计量和报告过程中之所以选择货币为基础进行计量,是由货币的本身属性决定的。货币是商品的一般等价物,是衡量一般商品价值的共同尺度,具有价值尺度、流通手段、贮藏手段和支付手段等特点,所以我国企业会计准则规定,会计确认、计量和报告选择货币作为计量单位。

货币计量假设是建立在币值稳定不变的基础上的,只有在币值稳定的基础上,不同时点的货币金额才可能汇总,同一期间的收入和费用才可能进行比较。在持续通货膨胀的情况下,货币计量这一假设就受到挑战,以币值稳定不变的基础提供的会计信息的决策有用性就受到影响,此时应该采用通货膨胀会计来消除物价变动的影响。

四、财务会计的基础

财务会计的基础,是指会计确认、计量和报告的基础,具体包括权责发生制和收付实现制。

（一）权责发生制

权责发生制是指以取得收取款项的权利或承担支付款项的义务为标志来确定本期收入和费用的会计核算基础。

在权责发生制下，凡在本期发生应从本期收入中获得补偿的费用，不论是否在本期已实际支付货币资金，均应作为本期的费用处理；凡在本期发生应归属于本期的收入，不论是否在本期已实际收到货币资金，均应作为本期的收入处理。

（二）收付实现制

收付实现制以款项是否已经收到或付出作为标准，来确定本期的收入和费用。凡在本期内实际收到或付出的一切款项，无论其发生时间早晚或是否应该由本期承担，均作为本期的收入和费用处理。

为了更加真实、公允地反映特定会计期间的财务状况和经营成果，我国企业会计准则明确规定，企业在会计确认、计量和报告中应当以权责发生制为基础。

第二节　会计信息质量要求

会计信息质量要求是对企业财务报告中所提供会计信息质量的基本要求，是使财务报告中所提供的会计信息对财务报告使用者决策有用应具备的基本特征，它主要包括可靠性、相关性、可理解性、可比性、实质重于形式、重要性、谨慎性和及时性等。

一、可靠性

可靠性要求企业应当以实际发生的交易或者事项为依据进行确认、计量和报告，如实反映符合确认和计量要求的各项会计要素及其他相关信息，保证会计信息真实可靠、内容完整。

会计信息要有用，必须以可靠为基础，如果财务报告所提供的会计信息是不可靠的，就会对财务报告使用者的决策产生误导甚至损失。为了贯彻可靠性要求，企业应当做到：

（1）以实际发生的交易或者事项为依据进行确认、计量，将符合会计要素定义及其确认条件的资产、负债、所有者权益、收入、费用和利润等如实反映在财务报表中。

（2）在符合重要性和成本效益原则的前提下，保证会计信息的完整性，其中包括编报的报表及其附注内容应当保持完整，不能随意遗漏或者减少应予披露的信息。

（3）包括在财务报告中的会计信息应当是中立的、无偏的。如果企业在财务报告中为了达到事先设定的结果或效果，通过选择或列示有关会计信息以影响决策和判断，这样的财务报告信息就不是中立的。

二、相关性

相关性要求企业提供的会计信息应当与财务报告使用者的经济决策需要相关，有助于投资者等财务报告使用者对企业过去、现在或者未来的情况做出评价或者预测。

会计信息是否有用，是否具有价值，关键是看其与使用者的决策需要是否相关，是否有助于决策或者提高决策水平。相关的会计信息应当能够有助于使用者评价企业过去的决策，证实或者修正过去的有关预测，因而具有反馈价值。相关的会计信息还应当具有预测价值，有助于使用者根据财务报告所提供的会计信息预测企业未来的财务状况、经营成果和现金流量。

会计信息质量的相关性要求企业在确认、计量和报告会计信息的过程中，充分考虑使用者的决策模式和信息需要。但是相关性是以可靠性为基础的，两者之间并不矛盾，不应将两者对立起来。也就是说，会计信息在可靠性前提下，应尽可能地做到相关，以满足财务报告使用者的决策需要。

三、可理解性

可理解性要求企业提供的会计信息应当清晰明了，便于财务报告使用者理解和使用。

企业编制财务报告、提供会计信息的目的在于使用，而要使使用者有效地使用会计信息，应当能让其了解会计信息的内涵，弄懂会计信息的内容，这就要求财务报告所提供的会计信息应当清晰明了、易于理解。只有这样，才能提高会计信息的有用性，实现财务报告的目的，满足向财务报告使用者提供决策有用信息的要求。

会计信息是一种专业性较强的信息，会计信息的可理解性假定的前提是，使用者具有一定的有关企业经营活动和会计方面的知识，并且愿意付出努力去研究这些信息。

四、可比性

可比性要求企业提供的会计信息应当相互可比，主要包括两层含义：

1. 同一企业不同时期可比

为了便于财务报告使用者了解企业财务状况、经营成果和现金流量的变化趋势，比较企业在不同时期的财务报告信息，全面、客观地评价过去、预测未来，从而做出决策，会计信息质量的可比性要求同一企业不同时期发生的相同或者相似的交易或者事项，应当采用一致的会计政策，不得随意变更。但是满足会计信息可比性要求，并非表明企业不得变更会计政策。如果按照规定或者在会计政策变更后可以提供更可靠、更相关的会计信息，则可以变更会计政策。有关会计政策变更的情况，应当在附注中予以说明。

2. 不同企业相同会计期间可比

为了便于财务报告使用者评价不同企业的财务状况、经营成果和现金流量及其变动情况，会计信息质量的可比性要求不同企业同一会计期间发生的相同或者相似的交易或者事项，应当采用规定的会计政策，确保会计信息口径一致、相互可比，以使不同企业按照一致的确认、计量和报告要求提供有关会计信息。

五、实质重于形式

实质重于形式要求企业应当按照交易或者事项的经济实质进行会计确认、计量和报告，不仅仅以交易或者事项的法律形式为依据。

企业发生的交易或者事项在多数情况下，其经济实质和法律形式是一致的，但在有些情况下会出现不一致。例如，商品已经售出，但企业为确保到期收回货款而暂时保留商品的法定所有权时，该权利通常不会对客户取得对该商品的控制权构成障碍，在满足收入确认的其他条件时，企业确认相应的收入。

六、重要性

重要性要求企业提供的会计信息应当反映与企业财务状况、经营成果和现金流量有关的所有重要交易或者事项。

在实务中，如果会计信息的省略或者错报会影响财务报告使用者据此做出决策，该信息就具有重要性。重要性的应用需要依赖职业判断,企业应当根据其所处环境和实际情况,从项目的性质和金额大小两方面加以判断。

七、谨慎性

谨慎性要求企业对交易或者事项进行会计确认、计量和报告应当保持应有的谨慎,不应高估资产或者收益、低估负债或者费用。

在市场经济环境下,企业的生产经营活动面临着许多风险和不确定性,如应收款项的可收回性、固定资产的使用寿命、无形资产的使用寿命、售出存货可能发生的退货或者返修等。会计信息质量的谨慎性要求企业在面临不确定性因素的情况下做出职业判断时,应当保持应有的谨慎,充分估计到各种风险和损失,既不高估资产或者收益,也不低估负债或者费用。例如,要求企业对可能发生的资产减值损失计提资产减值准备,对售出商品可能发生的保修义务等确认预计负债,就体现了会计信息质量的谨慎性要求。

谨慎性的应用不允许企业设置秘密准备。如果企业故意低估资产或者收益,或者故意高估负债或者费用,将不符合会计信息的可靠性和相关性要求,损害会计信息质量,扭曲企业实际的财务状况和经营成果,从而对使用者的决策产生误导,这是不符合会计准则要求的。

八、及时性

及时性要求企业对于已经发生的交易或者事项及时进行确认、计量和报告,不得提前或者延后。

会计信息的价值在于帮助使用者做出经济决策,具有时效性。即使是可靠、相关的会计信息,如果不及时提供,就失去了时效性,对于使用者的效用就大大降低,甚至不再具有实际意义。在会计确认、计量和报告过程中贯彻及时性,一是要求及时收集会计信息,即在经济交易或者事项发生后,及时收集整理各种原始单据或者凭证;二是要求及时处理会计信息,即按照会计准则的规定,及时对经济交易或者事项进行确认或者计量,并编制财务报告;三是要求及时传递会计信息,即按照国家规定的有关时限,及时地将编制的财务报告传递给财务报告使用者,以便其及时使用和决策。

在实务中,为了及时提供会计信息,可能需要在有关交易或者事项的信息全部获得之前就进行会计处理,这样就满足了会计信息的及时性要求,但可能会影响会计信息的可靠性;反之,如果企业等到与交易或者事项有关的全部信息获得之后再进行会计处理,这样的信息披露可能会由于时效性问题,对财务报告使用者决策的有用性将大大降低。这就需要在及时性和可靠性之间做相应权衡,以最好地满足财务报告使用者的经济决策需要为判断标准。

第三节　会计要素及其确认与计量

会计要素是对会计对象所做的基本分类,是会计核算对象的具体化,是用于反映会计主体财务状况和经营成果的基本单位。会计要素按照其性质分为资产、负债、所有者权益、收入、费用和利润。其中:资产、负债和所有者权益三项会计要素侧重反映企业的财务状况,构成资产负债表要素;收入、费用和利润三项会计要素侧重反映企业的经营成果,构成利润表要素。

一、资产的定义及其确认条件

(一)资产的定义

资产,是指企业过去的交易或者事项形成的、由企业拥有或控制的、预期会给企业带来经济利益的资源。根据定义,资产具有以下几个方面的特征:

1.资产预期会给企业带来经济利益

资产预期会给企业带来经济利益,是指资产直接或间接导致资金或现金等价物流入企业的潜力。这种潜力可以来自企业日常的生产经营活动,也可以来自非日常活动;带来的经济利益是现金或者现金等价物,或者是可以转化为现金或者现金等价物的形式,或者是减少现金或者现金等价物流出的形式。

预期能为企业带来经济利益是资产的重要特征。如果某一项目预期不能给企业带来经济利益,就不能将其确认为企业的资产。前期已经确认为资产的项目,如果不能再为企业带来经济利益,也不能再将其确认为企业的资产。

2.资产应为企业拥有或者控制的资源

资产作为一项资源,应为企业拥有或者控制,具体是指企业享有某项资源的所有权,或者虽然不享有某项资源的所有权,但该资源能被企业控制。

企业享有资产的所有权,通常表明企业能够排他性地从资产中获取经济利益。通常在判断资产是否存在时,所有权是考虑的首要因素。在有些情况下,虽然某些资产不为企业所拥有,即企业并不享有其所有权,但企业控制了这些资产,同样表明企业能够从这些资产中获取经济利益,符合会计上对资产的定义。

3.资产是由企业过去的交易或者事项形成的

资产应当由企业过去的交易或者事项所形成,过去的交易或者事项包括购买、生产、建造行为或者其他交易或者事项。只有过去的交易或者事项才能产生资产,企业预期在未来发生的交易或者事项不形成资产。例如,企业有购买某项存货的意愿或者计划,但是购买行为尚未发生,就不符合资产的定义,不能因此而确认存货资产。

(二)资产的确认条件

将一项资源确认为资产,不仅需要符合资产的定义,还应同时满足以下两个条件:

1.与该资源有关的经济利益很可能流入企业

从资产的定义可以看出,能为企业带来经济利益是资产的一个本质特征,但在现实生活中,由于经济环境复杂多变,与资源有关的经济利益能否流入企业或者能够流入多少实际上带有不确定性。因此,资产的确认还应与经济利益流入企业的不确定性程度结合起来。

2.该资源的成本或者价值能够可靠地计量

只有当有关资源的成本或者价值能够可靠计量时,资产才能予以确认。在实务中,企业取得的许多资产都需要付出成本。例如,企业购买或者生产的商品、企业购置的厂房或者设备等,对于这些资产,只有实际发生的成本或者生产成本能够可靠计量,才符合资产确认的可计量性条件。

符合资产定义和资产确认条件的项目,应当列入资产负债表;符合资产定义但不符合资产确认条件的项目,不应当列入资产负债表。

二、负债的定义及其确认条件

(一)负债的定义

负债,是指企业过去的交易或者事项形成的、预期会导致经济利益流出企业的现时义务。根据负债的定义,负债具有以下特征:

1.负债是企业承担的现时义务

负债必须是企业承担的现时义务。现时义务是指企业在现行条件下已承担的义务。未来发生的交易或者事项形成的义务,不属于现时义务,不应当确认为负债。

现时义务可以是法定义务,也可以是推定义务。其中,法定义务是指因合同、法规或其他司法解释等产生的义务,通常是企业在经济管理和经济协调中,依照经济法律、法规的规定必须履行的责任。比如企业与其他企业签订购货合同产生的义务,就属于法定义务。推定义务是指因企业的特定行为而产生的义务。企业的特定行为泛指企业以往的习惯做法、已公开的承诺或已公开宣布的经营政策。由于以往的习惯做法,或通过这些承诺或公开的声明,企业向外界表明了它将承担特定的责任,从而使受影响的各方形成了其将履行那些责任的合理预期。例如,甲公司是一家化工企业,因扩大经营规模,到 A 国创办了一家分公司。假定 A 国尚未针对甲公司这类企业的生产经营可能产生的环境污染制定相关法律,因此甲公司的分公司对在 A 国生产经营可能产生的环境污染不承担法定义务。但是,甲公司为在 A 国树立良好的形象,自行向社会公告,宣称将对生产经营可能产生的环境污染进行治理。甲公司的分公司为此承担的义务就属于推定义务。

2.负债的清偿预期会导致经济利益流出企业

预期会导致经济利益流出企业也是负债的一个本质特征。只有企业在履行义务时会导致经济利益流出企业的,才符合负债的定义;不会导致企业经济利益流出的,就不符合负债的定义。在履行现时义务清偿负债时,导致经济利益流出企业的形式多种多样,例如,用现金偿还或以实物资产形式偿还,以提供劳务形式偿还,以部分转移资产、部分提供劳务形式偿还,将负债转为资本等。

3.负债是由过去的交易或者事项形成的

负债应当由企业过去的交易或者事项所形成。换句话说,只有过去的交易或者事项才形成负债。企业将在未来发生的承诺、签订的合同等交易或者事项,不形成负债。

(二)负债的确认条件

将一项现时义务确认为负债,不仅需要符合负债的定义,还需要同时满足以下两个条件:

1.与该义务有关的经济利益很可能流出企业

从负债的定义可以看到,预期会导致经济利益流出企业是负债的一个本质特征。在实务中,履行义务所需流出的经济利益带有不确定性,尤其是与推定义务相关的经济利益通常需要依赖于大量的估计。因此,负债的确认应当与经济利益流出的不确定性程度的判断结合起来。如果有确凿证据表明,与现时义务有关的经济利益很可能流出企业,就应当将其作为负债予以确认;反之,如果企业承担了现时义务,但是导致企业经济利益流出的可能性很小,就不符合负债的确认条件,不应将其作为负债予以确认。

2.未来流出的经济利益的金额能够可靠地计量

负债的确认在考虑经济利益流出企业的同时,对于未来流出的经济利益的金额应当能够可靠计量。对于与法定义务有关的经济利益流出金额,通常可以根据合同或者法律规定的金额予以确定,考虑到经济利益流出的金额通常在未来期间,有时未来期间较长,有关金额的计量需要考虑货币时间价值等因素的影响。对于与推定义务有关的经济利益流出金额,企业应当根据履行相关义务所需支出的最佳估计数进行估计,并综合考虑有关货币时间价值、风险等因素的影响。

符合负债定义和负债确认条件的项目,应当列入资产负债表;符合负债定义,但不符合负债确认条件的项目,不应当列入资产负债表。

三、所有者权益的定义及其确认条件

(一)所有者权益的定义

所有者权益,是指企业资产扣除负债后,由所有者享有的剩余权益。公司的所有者权益又称为股东权益。所有者权益是所有者对企业资产的剩余索取权,它是企业的资产扣除债权人权益后应由所有者享有的部分,既可反映所有者投入资本的保值增值情况,又体现了保护债权人权益的理念。

(二)所有者权益的来源和构成

所有者权益的来源包括所有者投入的资本、直接计入所有者权益的利得和损失、留存收益等,所有者权益通常由股本(或实收资本)、资本公积(含股本溢价或资本溢价、其他资本公积)、其他综合收益、盈余公积和未分配利润等构成。

所有者投入的资本是指所有者投入企业的资本部分,它既包括构成企业注册资本或者股本的金额,也包括投入资本超过注册资本或股本部分的金额,即资本溢价或股本溢价,这部分投入资本作为资本公积(资本溢价或股本溢价)反映。

直接计入所有者权益的利得和损失,是指不应计入当期损益、会导致所有者权益变动、与所有者投入资本或向所有者分配利润无关的利得或损失。利得是指由企业非日常活动所形成的、会导致所有者权益增加的、与所有者投入资本无关的经济利益的流入。损失是指由企业非日常活动所形成的、会导致所有者权益减少的、与向所有者分配利润无关的经济利益的流出。直接计入所有者权益的利得和损失主要包括其他权益工具期末公允价值暂时性变动、权益法下被投资单位其他所有者权益的变动、非投资性房地产转为投资性房地产时公允价值变动等。

留存收益是企业历年实现的净利润留存于企业的部分,主要包括盈余公积和未分配利润。

(三)所有者权益的确认条件

所有者权益体现的是所有者在企业中的剩余权益。所有者权益的确认主要依赖于其他会计要素,尤其是资产和负债的确认。所有者权益金额的确定也主要取决于资产和负债的计量。例如,企业接受投资者投入的资产,在该资产符合资产确认条件时,就相应地符合了所有者权益的确认条件;当该资产的价值能够可靠计量时,所有者权益的金额也就可以确定。

四、收入的定义及其确认条件

(一)收入的定义

收入,是指企业在日常活动中形成的、会导致所有者权益增加的、与所有者投入资本无关的经济利益的总流入。根据收入的定义,收入具有以下几个方面的特征:

1.收入是企业在日常活动中形成的

日常活动是指企业为完成其经营目标所从事的经常性活动以及与之相关的活动。例如,工业企业制造并销售产品即属于企业的日常活动。明确界定日常活动是为了将收入与利得相区分，因为企业非日常活动所形成的经济利益的流入不能确认为收入，而应当计入利得。

2.收入是与所有者投入资本无关的经济利益的总流入

收入应当会导致经济利益的流入，从而导致资产的增加。但是在实务中，经济利益的流入有时是所有者投入资本的增加所导致的，所有者投入资本的增加不应当确认为收入，而应当将其直接确认为所有者权益。

3.收入会导致所有者权益的增加

与收入相关的经济利益的流入应当会导致所有者权益的增加，不会导致所有者权益增加的经济利益的流入不符合收入的定义，不应确认为收入。例如，企业向银行借入款项，尽管也导致了企业经济利益的流入，但该流入并不导致所有者权益的增加，反而使企业承担了一项现时义务。企业对于因借入款项所导致的经济利益的增加，不应将其确认为收入，应当确认为一项负债。

（二）收入的确认条件

企业收入的来源渠道多种多样，不同收入来源的特征有所不同，如销售商品、提供劳务、让渡资产使用权等。一般而言，收入应当在企业履行了合同中的履约义务，即客户取得相关商品或劳务控制权时确认。企业与客户之间的合同同时满足下列条件时，企业应当在客户取得相关商品或劳务控制权时确认收入：一是合同各方已批准该合同并承诺将履行各自义务；二是该合同明确了合同各方与所转让商品或提供劳务相关的权利和义务；三是该合同有明确的与所转让商品或提供劳务相关的支付条款；四是该合同具有商业实质，即履行该合同将改变企业未来现金流量的风险、时间分布或金额；五是企业因向客户转让商品或提供劳务而有权取得的对价很可能收回。

五、费用的定义及其确认条件

（一）费用的定义

费用，是指企业在日常活动中发生的、会导致所有者权益减少的、与向所有者分配利润无关的经济利益的总流出。根据费用的定义，费用具有以下几个方面的特征：

1.费用是企业在日常活动中形成的

费用必须是企业在其日常活动中所形成的，这些日常活动的界定与收入定义中涉及的日常活动的界定相一致。日常活动所产生的费用通常包括销售成本（营业成本）、职工薪酬、固定资产折旧、无形资产摊销等。将费用界定为日常活动所形成的，目的是将其与损失相区分。企业非日常活动所形成的经济利益的流出不能确认为费用，而应当计入损失。

2.费用是与向所有者分配利润无关的经济利益的总流出

费用的发生应当会导致经济利益的流出，从而导致资产的减少或者负债的增加，其表现形式包括现金或者现金等价物的流出，存货、固定资产和无形资产等的流出或者消耗等。企业向所有者分配利润也会导致经济利益的流出，而该经济利益的流出属于所有者权益的抵减项目，不应确认为费用，应当将其排除在费用的定义之外。

3.费用会导致所有者权益的减少

与费用相关的经济利益的流出应当会导致所有者权益的减少，不会导致所有者权益减少的经济利益的流出不符合费用的定义，不应确认为费用。

（二）费用的确认条件

费用的确认除了应当符合定义外，还应当满足严格的条件，即费用只有在经济利益很可能流出从而导致企业资产减少或者负债增加，且经济利益的流出额能够可靠计量时才能予以确认。因此，费用的确认至少应当同时满足以下条件：一是与费用相关的经济利益应当很可能流出企业；二是经济利益流出企业的结果会导致资产的减少或者负债的增加；三是经济利益的流出额能够可靠计量。

六、利润的定义及其确认条件

（一）利润的定义

利润，是指企业在一定会计期间的经营成果。通常情况下，如果企业实现了利润，表明企业的所有者权益将增加；反之，如果企业发生了亏损，表明企业的所有者权益将减少。

（二）利润的来源构成

利润包括收入减去费用后的净额、直接计入当期利润的利得和损失等。收入减去费用后的净额反映的是企业日常活动的业绩。直接计入当期利润的利得和损失，是指应当计入当期损益、最终会引起所有者权益发生增减变动的、与所有者投入资本或者向所有者分配利润无关的利得或损失。企业应当严格区分收入和利得、费用和损失，以更加全面地反映企业的经营业绩。

（三）利润的确认条件

利润反映的是收入减去费用、利得减去损失后的净额。因此，利润的确认主要依赖于收入和费用以及利得和损失的确认，其金额的确定也主要取决于收入、费用、利得和损失金额的计量。

第四节　会计要素计量属性

会计计量是为了将符合确认条件的会计要素登记入账并列报于财务报表而确定其金额的过程。企业应当按照规定的会计计量属性进行计量，确定相关金额。会计计量反映的是会计要素金额的确定基础，会计计量属性主要包括历史成本、重置成本、可变现净值、现值和公允价值等。

一、历史成本

历史成本又称实际成本，是指取得或制造某项财产物资时所实际支付的现金或者现金等价物。在历史成本计量下，资产按照购置时支付的现金或者现金等价物的金额，或者按照购置资产时所付出的对价的公允价值计量。负债按照因承担现时义务而实际收到的款项或者资产的金额，或者承担现时义务的合同金额，或者日常活动中为偿还负债预期需要支付的现金或者现金等价物的金额计量。

二、重置成本

重置成本又称现行成本，是指按照当前市场条件，重新取得同样一项资产所需支付的现金或者现金等价物金额。在重置成本计量下，资产按照现在购买相同或者相似资产所需支付的现金或者现金等价物的金额计量,负债按照现在偿付该项债务所需支付的现金或者现金等价物的金额计量。

三、可变现净值

可变现净值,是指在生产经营过程中,以预计售价减去进一步加工成本和销售所必需的预计税金、费用后的净值。在可变现净值计量下,资产按照其正常对外销售所能收到现金或者现金等价物的金额扣减该资产至完工时估计将要发生的成本、估计的销售费用以及相关税费后的金额计量。

四、现值

现值,是指对未来现金流量以恰当的折现率进行折现后的价值,是考虑货币时间价值因素等的一种计量属性。在现值计量下,资产按照预计从其持续使用和最终处置中所产生的未来净现金流入量的折现金额计量。负债按照预计期限内需要偿还的未来净现金流出量的折现金额计量。

五、公允价值

公允价值,是指市场参与者在计量日发生的有序交易中,出售一项资产所能收到或者转移一项负债所需支付的价格,即脱手价格。有序交易,是指在计量日前一段时期内相关资产或负债具有惯常市场活动的交易。清算等被迫交易不属于有序交易。

企业在对会计要素进行计量时,一般应当采用历史成本,采用重置成本、可变现净值、现值、公允价值计量的,应当保证所确定的会计要素金额能够取得并可靠计量。

第五节 企业会计准则体系

一、企业会计准则的作用

企业会计准则是企业进行会计确认、计量、记录和报告遵循的基本规则。我国企业会计准则由财政部制定和发布,具有一定的权威性和法定性,对企业财务会计行为具有一定的指导和规范作用。会计准则最早产生于西方国家,随着资本市场的发展而不断成熟,其目的是向投资人、债权人等外部信息使用者提供公允的财务状况和经营成果的信息,以利于他们做出决策。

二、我国企业会计准则体系和构成

我国企业会计准则体系由基本会计准则、具体会计准则、会计准则应用指南和会计准则解释组成。

基本会计准则由财政部发布于2006年2月15日,属于财政部部门规章,自2007年1月1日起施行,并于2014年7月修订。基本会计准则对整个准则体系发挥统驭作用,主要对财务报告目标、会计基本假设、会计信息质量要求、会计要素定义和确认标准、计量基础、财务报告等会计基本问题进行系统规范。具体会计准则是根据基本会计准则的要求,对具体会计事项进行确认、计量和报告的规范。会计准则应用指南是企业会计准则体系的有机组成部分,是具体会计准则的有机补充,是对具体会计准则的操作指引。

截至 2020 年 9 月底,我国企业会计准则体系共有 1 个基本准则和 42 个具体准则。表 1-1 列示了我国企业会计准则发布及修订情况。

表 1-1　我国企业会计准则及其修订情况(截至 2020 年 9 月)

序号	准则	发布及修订时间
	基本准则	2006 年颁布,2014 年 7 月修订
1	存货	2006 年颁布
2	长期股权投资	2006 年颁布,2014 年 7 月修订
3	投资性房地产	2006 年颁布
4	固定资产	2006 年颁布
5	生物资产	2006 年颁布
6	无形资产	2006 年颁布
7	非货币性资产交换	2006 年颁布,2019 年 5 月修订
8	资产减值	2006 年颁布
9	职工薪酬	2006 年颁布,2014 年 1 月修订
10	企业年金基金	2006 年颁布
11	股份支付	2006 年颁布
12	债务重组	2006 年颁布,2019 年 5 月修订
13	或有事项	2006 年颁布
14	收入	2006 年颁布,2017 年 7 月修订
15	建造合同	2006 年颁布
16	政府补助	2006 年颁布,2017 年 5 月修订
17	借款费用	2006 年颁布
18	所得税	2006 年颁布
19	外币折算	2006 年颁布
20	企业合并	2006 年颁布
21	租赁	2006 年颁布,2018 年 12 月修订
22	金融工具确认和计量	2006 年颁布,2017 年 3 月修订
23	金融资产转移	2006 年颁布,2017 年 3 月修订
24	套期会计	2006 年颁布,2017 年 3 月修订
25	原保险合同	2006 年颁布
26	再保险合同	2006 年颁布
27	石油天然气开采	2006 年颁布
28	会计政策、会计估计变更和差错更正	2006 年颁布
29	资产负债表日后事项	2006 年颁布
30	财务报表列报	2006 年颁布,2014 年 1 月修订

续表

序号	准则	发布及修订时间
31	现金流量表	2006 年颁布
32	中期财务报告	2006 年颁布
33	合并财务报表	2006 年颁布，2014 年 2 月修订
34	每股收益	2006 年颁布
35	分部报告	2006 年颁布
36	关联方披露	2006 年颁布
37	金融工具列报	2006 年颁布，2014 年 6 月修订，2017 年 5 月修订
38	首次执行企业会计准则	2006 年颁布
39	公允价值计量	2014 年颁布
40	合营安排	2014 年颁布
41	在其他主体中权益的披露	2014 年颁布
42	持有待售的非流动资产、处置组和终止经营	2017 年颁布

三、我国企业会计准则和国际上其他会计准则的关系

目前，国际上有代表性的准则制定机构是国际会计准则理事会（IASB）和美国财务会计准则委员会（FASB）。国际会计准则理事会的前身是国际会计准则委员会（IASC，2001 年改为 IASB），于 1973 年成立。迄今为止，IASC 发布了 41 项国际会计准则（其中仍旧有效的有 29 项），IASB 发布了 15 项国际财务报告准则（IFRS），成为全球使用最广泛的准则体系。美国财务会计准则委员会成立于 1973 年，发布了一系列会计准则公告（即公认会计原则，简称 GAAP），具有较强的权威性和影响力。

思考题

1. 会计要素的含义及确认条件是什么？
2. 简述会计计量的含义及类别。
3. 简述会计信息质量要求的特征。
4. IASB、GAAP、FASB、IFRS 缩写字母的含义分别是什么？

即 测 即 评　　　　延 伸 阅 读

第二章

应收款项

学习目标

通过本章的学习,了解各种应收款项的性质;理解应收账款让售的含义;理解其他应收款和预付账款的账务处理;掌握应收票据的确认与贴现的账务处理;掌握应收账款的计价与坏账的确认及其账务处理方法。

引导案例

分布式应收账款平台应用案例分析

分布式账本技术是维护分布式系统的数据库实现共享和运行的技术。其实,分布式账本技术的核心部分主要包括分布式账本和密码学。分布式账本从技术角度表述这一信息技术的特征。分布式账本技术自问世以来,经历了数字货币、数字资产与智能合约,它的应用正在迈入崭新阶段,即与各行业相结合。浙商银行推出分布式账本"应收账款链平台"帮助公司解决应收账款盘活问题,加快资金周转。过去的公司交易结算中除了现金和票据结算实时货款清算外,还会采取账期的方式延后支付,造成应收账款占比很高,影响资金周转。2016 年年末统计全国规模以上工业公司应收账款达 13 万亿,盘活的应收账款占比不足 4%。应收账款在财务管理中具有坏账率高、风险控制难、操作烦琐、低效率、管理成本高、难以防范操作风险和欺诈风险的财务难题。在浙商银行利用分布式账本开发的"分布式账本应收账款链平台"上,付款人和收款人可以完成应收账款的发生和财务管理处理全过程。收款人还可以在平台上随时使用应收账款进行采购支付或通过转让融资等方式转让或质押应收账款,盘活资金,解决公司的应收账款管理问题。浙商银行"分布式账本应收账款链平台"中应用了去中心化技术功能实现了公司的唯一签名,在分布式账本上密钥(公钥被用于第三方的查询与验证,私钥用于交易确认)一经生成后不能更改,银行等任何第三方均无法篡改(因为无法获得应收账款公司的私钥)应收账款交易信息,最大程度保证应收账款信息安全。"分布式账本应收账款链平台"上财务管理记录应收账款信息时,从技术上排除了财务管理记录数据被篡改和被伪造的各种可能性,发挥分布式账本智能合约技术功能。

资料来源:乔鹏程,张曼雄.分布式账本(区块链)技术下的企业财务管理变革研究:以浙商银行的分布式账本应收账款平台应用为例[J].航空财会,2020(1):59-64.

思考:

在分布式应收账款平台下企业的应收账款会计核算会有什么样的变化?

第一节　应收款项概述

一、应收款项的含义

应收款项,是指企业因经营活动产生的各项债权,包括应收票据、应收账款、其他应收款和预付账款等。根据《企业会计准则第 22 号——金融工具确认和计量》对金融资产范围的规定,企业持有的货币资金、应收票据、应收账款、其他应收款等,均属于企业的金融资产范围。根据金融资产的分类依据,应收账款和应收票据属于以摊余成本计量的金融资产。

二、应收款项的确认和计量

应收款项属于资产,在确认时符合资产的定义,且同时满足以下两个确认条件:

(1)该应收款项预期会为企业带来经济利益的流入;

(2)应收款项的金额能够可靠地计量。

应收款项应以其未来可收回金额的现值进行计量。考虑到大多数应收款项的收回期限不超过一年,货币时间价值可以忽略不计。企业通常对应收款项以其未来可收回的金额计量。

第二节　应收票据

一、应收票据的性质与分类

应收票据是指企业因销售商品、产品和提供劳务等持有的尚未到期兑现的票据。票据有的在销售商品或产品时直接收到,有的在抵付应收账款时收到。由于在我国的会计实务中,支票、银行本票及银行汇票均为见票即付的票据,无须将其列入应收票据处理,因此,我国的应收票据仅指尚未到期兑现的商业汇票。

商业汇票是一种由出票人签发的,委托付款人在指定期无条件支付确定金额给收款人或持票人的票据。商业汇票的付款期限最长不得超过 6 个月。商业汇票主要有以下三种分类方法:

(1)按承兑人分类,商业汇票可分为商业承兑汇票和银行承兑汇票两种。商业承兑汇票是指由收款人签发,经承兑人承兑,或由付款人签发并承兑的汇票。商业承兑汇票由银行以外的付款人承兑,在汇票上签署“承兑”字样并加盖与在银行预留印鉴相符的印章,才具有法律效力。对其所承兑的汇票,付款人负有到期无条件支付票款的责任。而银行只负责在汇票到期日凭票将款项从付款人账户划转给收款人或贴现银行,不承担付款责任。如果付款人的银行存款余额不足以支付票款,银行则直接将汇票退还收款人,由双方协商解决。

银行承兑汇票是指由收款人或承兑申请人签发,并由承兑申请人向开户银行申请,经银行审查同意承兑的票据。银行根据有关政策规定对承兑申请人所持汇票和购销合同进行审查,符合承兑条件的,即与承兑申请人签订承兑协议,并在汇票上签章,同时向承兑申请人收取一定比例的承兑手续费。汇票到期时,无论承兑申请人是否将票款足额缴存至开户银行,承兑银行都应向收款人或贴现银行无条件履行付款责任。

(2)按是否计息分类,商业汇票可分为不带息商业汇票和带息商业汇票两种。不带息商业汇票是指票据到期时,承兑人只按票面金额(即面值)向收款人或被背书人支付款项的汇票,票据到期值等于其面值。带息商业汇票是指票据到期时,承兑人应按票面金额加上按票据规定利率计算的到期利息向收款人或被背书人支付款项的汇票。带息票据的到期值等于其面值加上到期应计利息。我国会计实务中主要使用不带息商业汇票。

(3)按是否带有追索权分类,商业汇票可分为带追索权和不带追索权两种票据。带追索权的票据,是指向银行贴现后,贴现银行在票据到期日如不能从付款人处收取到票据款,贴现银行可以向贴现申请人追索票款的票据。不带追索权的票据,是指票据贴现后,无论付款人能否偿付票据款,贴现银行均不得再向贴现申请人追偿票款的票据。通常商业承兑汇票是带追索权的票据,银行承兑汇票是不带追索权的票据。

二、应收票据的计价

应收票据的计价是指确定其入账价值的标准。应收票据的计价方法一般有两种:一种是按票据到期值的现值计价;另一种是按票据的面值计价。对于期限较短的票据,一般采用按票据的面值计价方法。我国目前允许使用的商业汇票最长期限为 6 个月,利息金额相对来说不大,按面值计价简化了现值记账的烦琐。对于带息和不带息票据,其会计处理不尽相同。

1. 不带息票据

不带息票据的到期值为其票面价值。企业因销售商品等而收到商业汇票时,应根据票面价值,借记"应收票据"科目,贷记"主营业务收入""应交税费——应交增值税(销项税额)"等科目。票据到期收到票据款时,借记"银行存款"科目,贷记"应收票据"科目。收到用于抵付以往应收账款的票据时,借记"应收票据"科目,贷记"应收账款"科目。

【例 2-1】甲公司某年 3 月销售一批产品给乙公司,甲公司开具的增值税专用发票上注明的商品价款为 80 000 元,增值税销项税额为 10 400 元。当日收到乙公司签发的不带息商业承兑汇票一张,该票据的期限为 3 个月。假定符合收入的确认条件。

甲公司的账务处理如下:

(1)确认收入并记录债权。

借:应收票据	90 400
贷:主营业务收入	80 000
应交税费——应交增值税(销项税额)	10 400

(2)票据到期时,收回款项并存入银行。

| 借:银行存款 | 90 400 |
| 贷:应收票据 | 90 400 |

2. 带息票据

带息票据的到期值为票面价值加上到期应计利息,即

$$带息票据到期值 = 应收票据面值 \times (1 + 利率 \times 期限)$$

式中:利率是指票面规定的利率,一般以年利率表示;期限是指从票据生效之日起到票据到期日止的时间间隔。票据期限可以按月或按日表示。

(1)票据期限按月表示。票据期限按月表示,则票据到期日应按到期月份中与出票日相同的那一天确定。如 7 月 15 日签发的 3 个月到期的票据,到期应为 10 月 15 日;如果月末签发的票据,无论月份大小,均应以到期日月份的月末那一天作为到期日。如 4 月 30 日签发的 3 个月到期的商业汇票,其到期日为 7 月 31 日。

(2)票据期限按日表示。票据期限按日表示,则票据到期日应从出票日起按实际到到期日的天数计算。通常,出票日和到期日,仅仅计算一天,即"算头不算尾"或"算尾不算头"。例如,4 月 15 日签发的 90 天票据,其到期日应为 7 月 14 日。

带息票据到期,收到承兑人兑付的到期值票款时,按实际收到的款项,借记"银行存款"科目,按票据面值,贷记"应收票据"科目,实际收款额大于票据面值的差额即票据利息额,作冲减财务费用处理。

当企业应收票据到期,承兑人无力兑付票款而退票(一般发生在采用商业承兑汇票的结算方式中),且付款人不再签发新票据时,应将票据面值与应计未收利息之和一并转为应收账款,借记"应收账款"科目,贷记"应收票据"科目和"财务费用"科目。

【例2-2】2020年12月1日,乙公司收到客户为偿付当年11月份购货款64 000元交来的当天签发、60天到期的商业承兑票据,利率为9%,在年末应确认该票据30天的应计利息480元。其账务处理如下(为计算方便,通常一年视作360天):

(1)收到票据时:

借:应收票据　　　　　　　　　　64 000

　贷:应收账款　　　　　　　　　　　　64 000

(2)2020年年末确认应计利息时:

在资产负债表日(2020年12月31日)计算票据利息。

应计提的票据利息=64 000×9%×30/360=480(元)

借:应收票据　　　　　　　　　　480

　贷:财务费用　　　　　　　　　　　　480

(3)票据在到期日如数兑现时:

借:银行存款　　　　　　　　　　64 960

　贷:应收票据　　　　　　　　　　　　64 480

　　财务费用　　　　　　　　　　　　　480

【例2-3】承例2-2,若票据到期时,客户无力支付款项,则乙公司的账务处理如下:

借:应收账款　　　　　　　　　　64 960

　贷:应收票据　　　　　　　　　　　　64 480

　　财务费用　　　　　　　　　　　　　480

三、应收票据的贴现

应收票据贴现是指银行买入未到期的票据,预先扣除自贴现日起至票据到期日止的利息,而将余额付给贴现者的一种交易行为。贴现是银行放贷的一种方式,银行买入未到期的票据所载金额的债权,放出现金以达到获利的目的。就贴现企业而言,票据贴现是指企业将未到期的票据所载金额转让给银行,以换取现金并贴以利息的交易。票据贴现是企业融通资金的一种方式。

根据中国人民银行《支付结算办法》的规定,实付贴现所得额应按票据的到期值扣除贴现日至汇票到期前一日的利息计算。实付贴现所得额等于票据到期值减贴现息。根据票据是否带息,票据贴现分为不带息票据贴现和带息票据贴现;根据是否附有追索权,票据贴现分为不附有追索权的票据贴现和附有追索权的票据贴现。

(一)不附有追索权的票据贴现

不附有追索权的票据通常指银行承兑汇票。该类票据贴现时,意味着将金融资产所有权上几乎所有的风险和报酬转移给转入方,符合金融资产终止确认条件。该票据在贴现时,按照取得的贴现所得额,借记"银行存款"科目,按照票据的账面价值,贷记"应收票据"科目,按照两者差额,借记"财务费用"科目。

1. 不带息应收票据的贴现

当企业向银行贴现不带息票据时,票据到期值为票据面值。

$$贴现息＝票据到期值×贴现率×贴现天数/360$$

【例2-4】 甲企业于2020年7月1日将当天收到的面值为40 000元、期限为6个月的无息银行承兑汇票到银行办理贴现,贴现率为10%。贴现额的计算及账务处理如下:

票据面值	40 000
减:贴现息(40 000×10%×6/12)	2 000
贴现所得	38 000
借:银行存款	38 000
财务费用	2 000
贷:应收票据	40 000

2. 带息应收票据的贴现

带息应收票据的贴现息和贴现所得应按下列公式计算:

$$票据到期值＝票据面值×(1＋票据的年利率×票据到期天数/360)$$

或者　　$$票据到期值＝票据面值×(1＋票据的年利率×票据到期月数/12)$$

$$贴现息＝票据到期值×贴现率×贴现期$$

$$贴现所得＝票据到期值－贴现息$$

【例2-5】 甲企业将4月1日收到的面值为50 000元、票面利率为8%、当年7月1日到期的附息银行承兑汇票于当年6月1日去银行贴现,贴现率为10%。贴现额的计算及账务处理如下:

票据面值	50 000
票据附息(50 000×8%×90/360)	1 000
票据到期值	51 000
减:贴现息(51 000×10%×30/360)	425
贴现所得	50 575
借:银行存款	50 575
贷:应收票据	50 000
财务费用	575

(二)附有追索权的票据贴现

附有追索权的票据通常指商业承兑汇票。该类汇票在贴现时,企业仍旧承担与贴现票据有关的风险,不能满足金融资产终止确认的条件,不能将该类商业票据终止确认。其严格意义上是债权质押贷款。贴现时,企业应按取得的贴现所得额借记"银行存款"科目,按到期值贷记"短期借款"科目,按照两者差额借记"财务费用"。

附有追索权的票据贴现,根据票据付款人是否承兑付款分为三种情况:

(1)应收票据到期时,若应收债权从债务人处收回(银行收到应收债权所对应的款项,所以注销应收债权,减少欠银行款项),借记"短期借款",贷记"应收票据"。

(2)应收票据到期时,若应收债权无法收回(向银行偿还本金,确认利息费用),贴现企业应该借记"短期借款",贷记"银行存款";同时借记"应收账款",贷记"应收票据"。

(3)票据到期时,承兑人和贴现企业的银行存款账户不足支付,则贴现企业账务处理为:借记"应收账款",贷记"应收票据"。

【例2-6】 2021年2月1日,甲公司将收到的乙公司开出并承兑的不带息商业承兑汇票向丙商业银行贴现,取得贴现款280万元。合同约定,在票据到期日不能从乙公司收到票款时,丙商业银行可向甲公司追偿。该票据系乙公司于2021年1月1日为支付购买原材料款而开出的,票面金额为300万元,到期日为2021年5月31日。假定不考虑其他因素。2021年2月甲公司该应收票据贴现应如何进行会计处理?

票据贴现时,会计处理如下:

借:银行存款   2 800 000
  财务费用   200 000
    贷:短期借款   3 000 000

【例2-7】承例2-6,2021年2月票据到期,乙公司按时付款,甲公司的账务处理如下:

借:短期借款   3 000 000
    贷:应收票据   3 000 000

【例2-8】承例2-6,假如乙公司未按时付款,甲公司向银行退回款项,同时结转应收票据。会计业务处理如下:

借:短期借款   3 000 000
    贷:银行存款   3 000 000
借:应收账款   3 000 000
    贷:应收票据   3 000 000

第三节　应收账款

一、应收账款的确认

应收账款是指企业在正常经营活动中,由于销售商品或提供劳务等而应向购货或接受劳务单位收取的款项,主要包括企业出售商品、材料、提供劳务等应向有关债务人收取的价款及代购货方垫付的运杂费等。应收账款是应收项目的重要组成部分。

应收账款的确认与收入的确认密切相关。当企业赊销的商品满足收入的确认条件后,由于现金暂时尚未流入企业,意味着赊销已经成立,企业应确认与此相关的应收账款。

二、应收账款的计价

应收账款通常按实际发生额计价入账。实际发生额包括销售商品或提供劳务的价款、增值税,以及代购货方垫付的包装费、运杂费等。在确认应收账款的入账金额时,应当考虑折扣因素。

1.正常赊销

正常赊销是指在没有任何销货折扣条件下的销售。企业在正常赊销的情况下,应按其应收款项的全部金额入账。

【例2-9】甲公司对外赊销商品一批,货款总计90 000元,适用的增值税税率为13%,代垫运杂费1 800元已通过银行转账支付,符合收入确认条件。甲公司的账务处理如下:

(1)记录应收账款并确认收入。

借:应收账款   103 500
    贷:主营业务收入   90 000
         应交税费——应交增值税(销项税额)   11 700
         银行存款   1 800

（2）收到货款。

借：银行存款　　　　　　　　　　　　　　　　　　　103 500

　　贷：应收账款　　　　　　　　　　　　　　　　　　　103 500

2.商业折扣

商业折扣是指企业为促进销售而在商品标价上给予的扣除。企业之所以对客户提供商业折扣，往往出于多种原因，如为不同的客户或不同的购货数量提供不同的价格，向竞争对手隐瞒真实的开票价格，等等。商业折扣通常以百分比来表示，如 5%、10% 等。

商业折扣一般在交易发生时即已确定，不需要在买卖双方任何一方的账上反映，因此，在存在商业折扣的情况下，企业应收账款入账金额应按扣除商业折扣以后的实际售价确定。

【例 2-10】 甲公司赊销一批商品给乙公司，按商品价目表的价格计算，货款金额总计 60 000 元，给乙公司的商业折扣为 10%，适用的增值税税率为 13%。代垫运杂费 3 000 元。款项通过银行转账支付，符合收入确认条件。甲公司的账务处理如下：

（1）按扣除商业折扣后的金额记录应收账款并确认收入。

借：应收账款　　　　　　　　　　　　　　　　　　　64 020

　　贷：主营业务收入　　　　　　　　　　　　　　　　　54 000

　　　　应交税费——应交增值税（销项税额）　　　　　　7 020

　　　　银行存款　　　　　　　　　　　　　　　　　　　3 000

（2）收到货款。

借：银行存款　　　　　　　　　　　　　　　　　　　64 020

　　贷：应收账款　　　　　　　　　　　　　　　　　　　64 020

3.现金折扣

现金折扣是销货企业为了鼓励客户在一定期限内及早偿还货款而从销售价格中让渡给客户的一定数额的款项。现金折扣通常用"2/10,n/30"（付款期 30 天，如果在 10 天内付款可享受 2% 的现金折扣）表示。

在现金折扣条件下，从理论上讲，对应收账款的入账价值有两种不同的确认方法，即总价法和净价法。

（1）总价法。总价法是将未减去现金折扣前的金额作为应收账款的入账价值。现金折扣在实际发生时，计入财务费用。总价法反映了企业因提供现金折扣承担的融资费用。

【例 2-11】 甲公司赊销一批商品，增值税发票上注明的不含税价款为 40 000 元，增值税税额为 5 200 元。付款条件为"2/10,n/30"。假设折扣时不考虑增值税。采用总价法时，其账务处理如下：

（1）确认营业收入和应收账款时：

借：应收账款　　　　　　　　　　　　　　　　　　　45 200

　　贷：主营业务收入　　　　　　　　　　　　　　　　　40 000

　　　　应交税费——应交增值税（销项税额）　　　　　　5 200

（2）假如客户于 10 天内付款，享受现金折扣时：

现金折扣额＝40 000×2%＝800（元）

借：银行存款　　　　　　　　　　　　　　　　　　　44 400

　　财务费用　　　　　　　　　　　　　　　　　　　800

　　贷：应收账款　　　　　　　　　　　　　　　　　　　45 200

(3)假如客户超过 10 天付款,未享受现金折扣时:

借:银行存款   45 200

   贷:应收账款   45 200

(2)净价法。净价法是将扣减最大现金折扣后的金额作为应收账款的入账价值。这种方法将客户取得折扣视为正常现象,认为客户一般都会提前付款,由于客户超过折扣期限而多收入的金额,于收到账款时调增营业收入。净价法在期末结账时需要调整那些超过折扣期限但尚未收到的应收账款,操作起来比较麻烦。

通常情况下,在现金折扣条件下,企业应收账款的入账价值按总价法确定。

三、应收账款的让售

应收账款的让售是指企业将按照销售商品、提供劳务的销售合同所产生的应收账款出售给银行等金融机构的一种交易。企业应按照实质重于形式的原则,充分考虑交易的经济实质。当与应收账款有关的风险和报酬实质上已经发生转移时,让售方应将出售所得与让售的应收账款的差额确认为让售损益;否则,就应当以质押取得借款的方式进行账务处理,将被质押应收账款保留在企业账上。

【例 2-12】2020 年 5 月 17 日,甲公司销售一批商品给乙公司,开出的增值税专用发票上注明的销售价款为 240 000 元,增值税销项税额为 31 200 元,款项尚未收到。双方约定的付款日期为 2020 年 8 月 31 日。甲公司因资金周转困难,2020 年 5 月 25 日经与中国银行协商后约定:将应收乙公司的货款出售给中国银行,价款为 210 600 元;在应收乙公司货款到期无法收回时,中国银行不能向甲公司追偿。根据以往经验,甲公司预计该批商品将发生的销售退回金额为 19 210 元,其中,增值税销项税额为 2 210 元,退货成本为 10 400 元,实际发生的销售退回由甲公司承担。2020 年 7 月 7 日,甲公司收到乙公司退回的商品。假定不考虑其他因素,甲公司的账务处理如下:

(1)5 月 17 日,销售成立时:

借:应收账款   271 200

   贷:主营业务收入   240 000

     应交税费——应交增值税(销项税额)   31 200

(2)5 月 25 日,出售应收债权时:

借:银行存款   210 600

   营业外支出   41 390

   其他应收款   19 210

   贷:应收账款   271 200

(3)7 月 7 日,收到退回的商品时:

借:主营业务收入   17 000

   应交税费——应交增值税(销项税额抵减)   2 210

   贷:其他应收款   19 210

借:库存商品   10 400

   贷:主营业务成本   10 400

特别提示

企业将其按照销售商品、提供劳务的销售合同所产生的应收账款提供给银行作为其向银行借款的质押的,应将从银行等金融机构获得的款项确认为对银行等金融机构的一项负债,作为短期借款等处理。企业发生的借款利息及向银行等金融机构偿付借入款项的本息时的账务处理,应按有关借款核算的规定进行。

四、坏账与应收账款减值

1. 坏账与坏账损失的含义

坏账是指企业无法收回或收回可能性极小的应收款项。发生坏账而产生的损失,称为坏账损失,又称为信用损失。企业应根据各应收款项的特性、金额大小、信用期限、债务人的信誉和当前经营状况等因素,判断企业是否发生坏账损失。

2. 应收账款减值测试

按企业会计准则的规定,应收账款发生减值时,应将其账面价值减记为预计未来现金流量的现值,由于应收账款属于短期债权,预计未来现金流量与其现值相差很小,因此在确定相关减值金额时,可不对预计未来现金流量进行折现。

企业应当定期或者至少于每年年度终了时,对应收账款进行减值测试,分析各项应收账款的可收回性,预计可能发生的减值损失。应收账款单项金额重大的,应当单独进行减值测试,有客观证据表明应收账款发生减值的,应当以其未来现金流量低于账面价值的差额作为减值金额,据以计提坏账准备;应收账款单项金额非重大的,可以单独进行减值测试,也可以与经单独测试后未减值的应收账款一起按类似信用风险特征划分为若干组合,再按这些应收账款组合在资产负债表日余额的一定比例预计减值金额,据以计提坏账准备。

应收账款发生减值的客观证据主要包括下列各项:

(1)债务人发生严重财务困难;

(2)企业出于经济或法律等方面的考虑,对发生财务困难的债务人做出让步;

(3)债务人很可能倒闭或进行债务重组。

3. 坏账的估计与账务处理

企业应当在期末对应收账款进行检查,并预计可能产生的预期信用损失。应收款项的预期信用损失应当按照应收取的合同现金流量与预期收取的现金流量二者之间的差额计量,即按照预期不能收回的应收款项金额计量。在会计实务中,确定应收款项预期信用损失的具体方法有应收款项余额百分比法和账龄分析法。

(1)应收款项余额百分比法。应收款项余额百分比法是指按应收款项的期末余额和预期信用损失率计算确定应收款项预期信用损失,据以计提坏账准备的一种方法。预期信用损失率是指应收款项的预期信用损失金额占应收款项账面余额的比例。

企业应在资产负债表日,按下列公式计算确定当期应计提的坏账准备金额:

本期应计提的坏账准备金额＝本期预期信用损失金额－"坏账准备"科目原有贷方余额

式中　　　　本期预期信用损失金额＝本期应收款项期末余额×预期信用损失率

根据上列公式,如果计提坏账准备前,"坏账准备"科目无余额,应按本期预期信用损失金额计提坏账准备,借记"信用减值损失"科目,贷记"坏账准备"科目。如果计提坏账准备前,"坏账准备"科目已有贷方余额,应按本期预期信用损失金额大于"坏账准备"科目原有贷方余额的差额补提坏账准备,借记"信用减值损失"科目,贷记"坏账准备"科目;按本期预期信用损失金额小于"坏账准备"科目原有贷方余额的差额冲减已计提的坏账准备,借记"坏账准备"科目,贷记"信用减值损失"科目;本期预期信用损失金额等于"坏账准备"科目原有贷方余额时,不计提坏账准备。

对于有确凿证据表明确实无法收回或收回可能性不大的应收款项,如债务单位已撤销、破产、资不抵债、现金流量严重不足等,应根据企业的管理权限报经批准后,转销该应收款项账面余额,并按相同金额转销坏账准备。

【例2-13】甲公司根据以往的营业经验、债务单位的财务状况和现金流量情况,并结合当前的市场状况、企业的赊销政策等相关资料,确定应收账款预期信用损失率为5%。甲公司各年应收账款期末余额、坏账转销、坏账收回的有关资料以及相应的账务处理如下:

(1)2016年12月31日,应收账款余额为2 400万元,"坏账准备"科目无余额。

本年计提的坏账准备=2 400×5%=120(万元)

借:信用减值损失　　　　　　　　　　　　　　1 200 000

　贷:坏账准备　　　　　　　　　　　　　　　　　　1 200 000

(2)2017年6月20日,确认应收A公司的账款96万元已无法收回,予以转销。

借:坏账准备　　　　　　　　　　　　　　　　960 000

　贷:应收账款——A公司　　　　　　　　　　　　　960 000

(3)2017年12月31日,应收账款余额为2 240万元。

"坏账准备"科目原有贷方余额=120-96=24(万元)

本年计提的坏账准备=2 240×5%-24=88(万元)

借:信用减值损失　　　　　　　　　　　　　　880 000

　贷:坏账准备　　　　　　　　　　　　　　　　　　880 000

"坏账准备"科目年末贷方余额=88+24=112(万元)

(4)2018年9月30日,确认应收B公司的账款40万元已无法收回,予以转销。

借:坏账准备　　　　　　　　　　　　　　　　400 000

　贷:应收账款——B公司　　　　　　　　　　　　　400 000

(5)2018年12月31日,应收账款余额为1 200万元。

"坏账准备"科目原有贷方余额=112-40=72(万元)

本年计提的坏账准备=1 200×5%-72=-12(万元)

借:坏账准备　　　　　　　　　　　　　　　　120 000

　贷:信用减值损失　　　　　　　　　　　　　　　　120 000

"坏账准备"科目年末贷方余额=72-12=60(万元)

(6)2019年7月5日,确认应收C公司的账款64万元已无法收回,予以转销。

借:坏账准备　　　　　　　　　　　　　　　　640 000

　贷:应收账款——C公司　　　　　　　　　　　　　640 000

(7)2019年12月31日,应收账款余额为1 600万元。

"坏账准备"科目原有贷方余额=60-64=-4(万元)

本年计提的坏账准备=1 600×5%+4=84(万元)

借:信用减值损失　　　　　　　　　　　　　　840 000

　贷:坏账准备　　　　　　　　　　　　　　　　　　840 000

"坏账准备"科目年末贷方余额=84-4=80(万元)

(8)2020年4月30日,确认应收D公司的账款48万元已无法收回,予以转销。

借:坏账准备　　　　　　　　　　　　　　　　480 000

　贷:应收账款——D公司　　　　　　　　　　　　　48 000

(9)2020年10月15日,公司于2017年6月20日已作为坏账予以转销的A公司账款96万元又全部收回。

已作为坏账予以转销的应收账款,以后又部分或全部收回时,应先做一笔与原来转销应收

账款相反的会计分录,以示对以前判断失误的更正,然后按正常的方式记录应收账款的收回。甲公司的账务处理如下:

借:应收账款——A公司 960 000
　　贷:坏账准备 960 000
借:银行存款 960 000
　　贷:应收账款——A公司 960 000

(10)2020年12月31日,应收账款余额为1 600万元。

"坏账准备"科目原有贷方余额＝80－48＋96＝128(万元)

本年计提的坏账准备＝1 600×5%－128＝－48(万元)

借:坏账准备 480 000
　　贷:信用减值损失 480 000

"坏账准备"科目年末贷方余额＝128－48＝80(万元)

(2)账龄分析法。账龄分析法是指对应收账款按账龄的长短进行分组并分别确定预期信用损失率,据以计算确定预期信用损失金额、计提坏账准备的一种方法。账龄是指客户所欠账款时间的长短。企业为了加强应收账款的管理,在期末一般都要编制应收账款账龄分析表。将账龄分析表中各账龄段应收账款的余额乘以相应的预期信用损失率,就可计算出期末应计提的坏账准备。

【例2-14】甲企业通过分析2020年12月31日各客户的应收账款明细账,同时根据历史资料和有关变化条件,为不同账龄的应收账款分别估计预期信用损失率,并编制应收账款账龄分析及估计信用损失表。应收账款账龄分析及估计信用损失见表2-1。

表2-1 应收账款账龄分析及估计信用损失表

客户名称	账龄	2020年12月31日		
		应收账款金额/元	估计信用损失率/%	估计信用损失金额/元
A	未到期	61 200	1	612
B	逾期1个月	24 000	2	480
C	逾期2个月	14 400	4	576
D	逾期3个月	9 600	6	576
E	逾期4个月	7 200	25	1 800
F	逾期6个月	2 400	50	1 200
G	破产或追诉中	1 200	80	960
合计		120 000	—	6 204

假定2020年12月31日,甲企业计提本年坏账准备前,"坏账准备"科目已有贷方余额1 784元,则应计入当期信用减值损失的金额为4 420元(6 204－1 784)。其账务处理如下:

借:信用减值损失 4 420
　　贷:坏账准备 4 420

第四节　预付账款与其他应收款

一、预付账款

　　预付账款是指企业按照购货合同的规定预付给供货单位的款项。预付账款是企业暂时被供货单位占用的资金。企业预付货款后,有权要求对方按照购货合同的规定发货。预付账款必须以购销双方签订的购货合同为条件,按照规定的程序和方法进行核算。

　　在会计处理中一般应设置"预付账款"账户。但当企业的预付账款不多,或与供货单位往来以赊购为主时,也可以不设"预付账款"账户,而将预付账款直接记入"应付账款"账户的借方。

　　企业根据购货合同的规定向供货单位预付货款时,借记"预付账款"科目,贷记"银行存款"科目。企业收到所购货物时,根据有关发票账单金额,借记"原材料""应交税费——应交增值税(进项税额)"等科目,贷记"预付账款"科目。当预付货款小于采购货物所需支付的款项时,应补付不足部分货款,借记"预付账款"科目,贷记"银行存款"科目;当预付货款大于采购货物所需支付的款项时,对收回的多余货款应借记"银行存款"科目,贷记"预付账款"科目。

　　【例2-15】某企业按合同规定预付给供货单位部分货款17 600元,实际收到供货单位发来材料的价款为41 600元,增值税税额为5 408元,并补付其余欠款。其账务处理如下:

　　(1)预付货款时:

借:预付账款	17 600
贷:银行存款	17 600

　　(2)收到商品并验收入库时:

借:原材料	41 600
应交税费——应交增值税(进项税额)	5 408
贷:预付账款	47 008

　　(3)补付采购货款时:

借:预付账款	29 408
贷:银行存款	29 408

特别提示

　　如有确凿证据表明企业的预付账款不符合预付账款的性质,或者因供货单位破产、撤销等原因无望再收到所购货物的,应将原计入预付账款的金额转入其他应收款,并按规定确定减值损失,计提坏账准备。

二、其他应收款

　　其他应收款是指除应收票据、应收账款、预付账款以外的其他各种应收、暂付款项。其他应收款主要内容包括:应收的各种赔款、罚款,如因企业财产等遭受意外损失而应向有关保险公司收取的赔款等;应收的出租包装物租金;应向职工收取的各种垫付款项,如为职工垫付的水电费等;应由职工负担的房租费等;存出保证金,如租入包装物支付的押金以及其他各种应收、暂付款项等。

　　企业应设置"其他应收款"账户对以上业务进行反映。"其他应收款"账户应按各种应收、暂付项目设置明细账户,并为每项应收款的不同债务人设置明细账,实行会计控制。

【例 2－16】某企业应收甲公司罚款 3 200 元,应收出租给乙公司包装箱租金 9 600 元,其账务处理如下:

(1)记录应收的罚款、租金时:

借:其他应收款——甲公司(罚款收入)   3 200

  贷:营业外收入——罚款收入   3 200

借:其他应收款——乙公司(包装箱租金)   9 600

  贷:其他业务收入——租金收入   9 600

(2)企业收到上述款项时:

借:银行存款   12 800

  贷:其他应收款——罚款收入   3 200

         ——租金收入   9 600

思考题

1.附有追索权和不附有追索权的票据在贴现时会计处理有什么不同?

2.商业折扣和现金折扣的会计处理有什么不同?

实务练习题

1.2020 年 5 月 15 日,甲公司将持有的 4 月 15 日开出、票面金额 48 000 元、期限 5 个月的商业汇票向银行申请贴现,收到贴现款 47 040 元。甲公司与银行签订的协议规定,贴现票据到期时,如果债务人未能如期付款,甲公司负有连带还款责任。

要求编制下列有关票据贴现业务的会计分录:

(1)将商业汇票贴现。

(2)贴现票据到期。

①假定债务人如期付款;

②假定债务人未能如期付款;

③假定债务人和甲公司均无力付款。

2.2020 年 8 月 12 日,甲公司赊销给乙公司一批商品,售价 64 000 元,增值税税额 8 320 元,代垫运杂费 800 元。合同约定,乙公司于 2020 年 10 月 12 日付款。

要求编制下列有关应收账款业务的会计分录:

(1)2020 年 8 月 12 日,赊销商品。

(2)2020 年 10 月 12 日,收回货款。

3.某企业从 2019 年度起,按照应收账款账面余额的 1‰ 计提坏账准备。2019 年年末,应收账款账面余额为 240 000 元;2020 年 6 月,确认应收 A 公司的账款 2 800 元已无法收回;2020 年年末,应收账款账面余额为 256 000 元。

要求根据上述资料,对该企业下列有关坏账准备的业务进行账务处理:

(1)2019 年年末,计提坏账准备。

(2)2020 年 6 月,转销应收 A 公司的账款。

(3)2020 年年末,计提坏账准备。

4.某企业从 2019 年度起采用备抵法核算坏账损失,按照应收账款账面余额的 1‰ 计提坏账准备。2019 年年末,应收账款账面余额为 240 000 元;2020 年 6 月,确认应收 A 公司的账款 160 元已无法收回;2020 年年末,应收账款账面余额为 200 000 元。

要求根据上述资料,对该企业下列有关坏账准备的业务进行账务处理:

(1)2019 年年末,计提坏账准备。

(2)2020 年 6 月,转销应收 A 公司的账款。

(3)2020 年年末,计提坏账准备。

即测即评　　　延伸阅读

第三章

存 货

学习目标

通过本章的学习,了解存货的概念与内容;掌握存货的初始计量、存货发出计价的方法;掌握存货可变现净值的计算以及存货跌价准备的核算。

引导案例

存货之殇:拉夏贝尔被"拉下"

作为首家在港交所和上交所两地上市的服装企业,拉夏贝尔的零售门店正在快速缩水。2017 年 A 股上市之初,拉夏贝尔拥有各类网点 9 066 个,但是 2019 年上半年形势急转直下,截至 2019 年 6 月 30 日,拉夏贝尔境内零售网点的数量为 6 799 个,半年锐减 2 470 个,缩水 27%,平均每天就有 13 家店铺关闭。

在服装行业中,库存是企业最难承受的压力。而拉夏贝尔的中期业绩报告也显示,截至 2019 年 6 月 30 日,拉夏贝尔存货的账面价值高达 21.6 亿元!

资料来源:半年亏 5 亿,日关 13 店,连总部大楼都出租了! 拉夏贝尔如何被"拉下"?[EB/OL]. (2019 - 10 - 21)[2020 - 07 - 20]. http://finance. sina. com. cn/stock/relnews/hk/2019 - 10 - 22/doc-iicezzrr3863975. shtml.

思考:

新产品不能及时更新,老产品又卖不动,如此高的库存,会给拉夏贝尔带来怎样的影响?

第一节 存货概述

一、存货的概念与特征

存货,是指企业在日常活动中持有以备出售的产成品或商品、处在生产过程中的在产品、在生产过程或提供劳务过程中耗用的材料和物料等。

二、存货的分类

从上述定义中可以看出,持有存货的目的主要有两点:以备出售和以备耗用。这是存货区别于其他资产的根本特征,同时也意味着存货具有较强的流动性。企业的存货通常包括以下内容:

(1)原材料。它是指企业在生产过程中经加工改变其形态或性质并构成产品主要实体的各种原料及主要材料、辅助材料、燃料、修理用备件、包装材料、外购半成品等。

(2)在产品。它是指在企业尚未加工完成,需要进一步加工且正在加工的在制品;也包括已加工完毕但尚未检验或已检验但尚未办理入库手续的产品。

(3)半成品。它是指企业已完成一定生产过程的加工任务,已验收合格入库,但需要进一步加工的中间产品。

(4)产成品。它是指企业已完成全部生产过程并验收合格入库,可以按照合同规定的条件送交订货单位,或可以作为商品对外销售的产品。需要注意的是,企业接受外来原材料加工制造的代制品和为外单位加工修理的代修品,制造和修理完成验收入库后应视同企业的产成品。

(5)商品。它是指商品流通企业外购或委托加工完成验收入库用于销售的各种商品。

(6)周转材料。它是指企业能够多次使用、逐渐转移其价值仍保持原有形态,不确认为固定资产的材料,如包装物和低值易耗品。

企业存货中存在一些特殊项目。例如:房地产开发企业购入的、用于建造商品房的土地,已经取得商品所有权但尚未验收入库的在途物资,已经发货但存货的控制权并未转移给购买方的发出商品,委托加工物资以及委托代销商品。但是企业为建造工程项目而储备的各种材料物资,不符合存货的定义,不能作为企业的存货。

存货是一个报表项目,并非核算账户。由于存货包含的内容繁多,其在核算时使用的账户相应也很多,包括原材料、在途物资、材料采购、库存商品、委托加工物资、周转材料等。

三、存货的确认条件

存货在符合定义的情况下,同时满足下列条件的,才能予以确认:

(1)与存货有关的经济利益很可能流入企业。企业拥有存货所有权是存货的经济利益很可能流入企业的一个重要标志。凡是所有权已属于企业,无论企业是否收到或持有该存货,均应作为企业的存货;如果没有取得所有权,即使存放在企业,也不能作为本企业的存货。如企业某产品的销售提货单已交给买方,虽然产品还存放在企业仓库,尚未提走,但该产品不属于企业的存货。

(2)与该存货有关的成本能够可靠地计量。存货的成本能够可靠地计量必须以取得确凿、可靠的证据为依据,并且具有可验证性。

第二节 存货的初始计量

存货的初始计量,是指企业在取得存货时,对存货入账价值的确定。存货应当按照成本进行初始计量。存货成本包括采购成本、加工成本和其他成本。不同来源渠道获得的存货项目,其成本构成的具体内容不同。

一、外购存货

(一)外购存货的成本

外购存货的成本即存货的采购成本,指企业物资从采购到入库前所发生的全部支出,包括购买价款、相关税费、运输费、装卸费、保险费以及其他可归属于存货采购成本的费用。

(1)购买价款,指企业购入材料或商品的发票账单上列明的价款,但不包括按规定可以抵扣的增值税进项税额。

(2)相关税费,包括计入存货的进口关税、消费税、资源税、不能抵扣的增值税进项税额等。

(3)其他可归属于存货采购成本的费用,包括采购过程中的仓储费用、包装费、运输途中的合理损耗、入库前的挑选整理费用等。这些费用能分清负担对象的,应直接计入存货的采购成本;不能分清负担对象的,应选择合理的分配方法,分配计入有关存货的采购成本。分配方法通常可以选择存货的重量、体积或者采购价格的比例等。

另外,商品流通企业在采购商品过程中发生的运输费、装卸费、保险费以及其他可归属于存货采购成本的费用,应当计入存货的采购成本;也可以先进行归集,期末再根据所购商品的存销情况进行分摊。商品流通企业采购商品的进货费用金额较小的,可以在发生时直接计入当期损益。

(二)外购存货的会计处理

1.存货验收入库和货款结算同时进行

企业存货验收入库,同时按发票账单等结算凭证支付货款或开出商业汇票,按照存货的采购成本入账。

【例3-1】乙公司为增值税一般纳税人,2020年3月1日购入A材料一批,材料价款为100 000元,增值税税率为13%。乙公司签发转账支票用于支付所有价款与增值税税额,材料已验收入库。另外,以现金支付运输费用1 526元(其中含准予扣除的增值税税额126元)。乙公司的账务处理如下:

材料采购成本=100 000+1 400=104 100(元)

借:原材料——A材料　　　　　　　　　　101 400
　　应交税费——应交增值税(进项税额)　　13 126
　　贷:银行存款　　　　　　　　　　　　113 000
　　　　库存现金　　　　　　　　　　　　1 526

2.货款已结算,但存货尚在运输途中

企业采购存货,结算凭证和存货验收入库的时间可能不一样。企业应在支付货款或开出、承兑商业汇票时,按照发票账单等结算凭证确定的存货成本入账,先通过"在途物资"科目核算,待存货到达入库时,再从"在途物资"科目转入"原材料"等科目。

【例3-2】乙公司为增值税一般纳税人,2020年3月1日购入A材料一批,材料价款为100 000元,增值税税率为13%。乙公司签发转账支票用于支付所有价款与增值税税额,材料尚未到达。乙公司的账务处理如下:

(1)结算货款。

借:在途物资　　　　　　　　　　　　　　100 000
　　应交税费——应交增值税(进项税额)　　13 000
　　贷:银行存款　　　　　　　　　　　　113 000

(2)材料验收入库。

借:原材料——A材料　　　　　　　　　　100 000
　　贷:在途物资　　　　　　　　　　　　100 000

3.存货已验收入库,货款尚未结算

企业未收到结算账单,可先不进行会计处理。月末,发票账单仍未到,企业应按合同价暂估入账。

【例 3-3】2020 年 4 月 2 日甲公司购入 B 材料一批,材料到达并已验收入库,发票账单未收到。估计该批材料价值为 90 000 元。甲公司对该批材料按照估价入账。

(1)4 月 30 日,估价入账。

借:原材料　　　　　　　　　　　　　　90 000
　　贷:应付账款　　　　　　　　　　　　　　90 000

(2)5 月 1 日,用红字予以冲回。

借:原材料　　　　　　　　　　　　　　90 000
　　贷:应付账款　　　　　　　　　　　　　　90 000

(3)5 月 10 日收到账单,显示该批材料实际价款为 110 000 元,增值税税额为 14 300 元,甲公司签发商业汇票结算货款及税款。

借:原材料——A 材料　　　　　　　　　110 000
　　应交税费——应交增值税(进项税额)　　14 300
　　贷:应付票据　　　　　　　　　　　　　　124 300

4.外购存货发生短缺的会计处理

企业外购存货过程中,可能发生存货毁损、短缺的情况。企业查明原因,区别不同情况进行会计处理。

(1)属于运输途中的合理损耗,损耗金额计入所购买存货的总成本中。由于总成本不变,验收入库的存货数量减少,存货单位成本因而增加。

(2)属于运输途中人为造成的存货的毁损、短缺,由责任人补足存货或赔偿货款,不计入存货的采购成本。若赔偿尚无法补足存货,经批准计入"管理费用"科目。

(3)属于自然灾害或不可抗力因素等非正常原因造成的存货毁损,经批准后,将存货实际成本与进项税额之和扣除保险公司及相关责任人赔偿后的净损失计入"营业外支出"科目。

(4)尚无查明原因的存货途中损毁,应暂时计入"待处理财产损溢"科目,待查明原因后再做处理。

【例 3-4】甲公司从 A 公司购入原材料 100 件,单价为 50 元,增值税发票上注明的增值税进项税额为 650 元,款项已通过银行存款转账支付,货物到达企业后,验收时发现短缺 5 件,原因待查。增值税税率为 13%。甲公司的账务处理如下:

(1)材料到达甲公司后,验收发现短缺,原因待查,其余材料入库。

支付货款,材料尚在运输途中:

借:在途物资　　　　　　　　　　　　　5 000
　　应交税费——应交增值税(进项税额)　　650
　　贷:银行存款　　　　　　　　　　　　　　5 650
借:原材料　　　　　　　　　　　　　　4 750
　　待处理财产损溢　　　　　　　　　　　250
　　贷:在途物资　　　　　　　　　　　　　　5 000

(2)根据查明原因,分别进行相应的会计处理。

①假定短缺是运输途中的合理损耗。

借:原材料　　　　　　　　　　　　　　250
　　贷:待处理财产损溢　　　　　　　　　　　250

②假定短缺是相关责任人造成的,经协商,由责任人全额赔偿。

借:其他应收款　　　　　　　　　　　　　282.5

　　贷:待处理财产损溢　　　　　　　　　　　　　　250

　　　　应交税费——应交增值税(进项税额转出)　　32.5

二、委托外单位加工的存货

委托外单位加工完成的存货,以实际耗用的原材料或者半成品、加工费、运输费、装卸费等费用以及按规定应计入成本的税金,作为其实际成本。

其核算环节一般包括发出加工物资、支付加工费用及相关税金、收回加工物资入库等。在这个过程中,实际耗用的原材料或者半成品成本、加工费以及往返途中的运杂费、装卸费计入存货成本。委托加工业务较多的企业,可以设置"委托加工物资"或"委托加工材料"科目核算。

但是涉及的消费税是否计入存货成本,则取决于该委托加工物资的后续用途。支付的用于连续生产应税消费品的消费税应记入"应交税费——应交消费税"科目的借方;支付的收回后直接用于销售或用于继续生产非应税消费品的委托加工环节的消费税,应计入委托加工物资成本。

【例3-5】甲企业委托乙企业加工材料一批(属于应税消费品的非黄金饰品)。原材料成本为14 000元,支付加工费4 000元(不含增值税),消费税税率为10%,材料加工完成并已验收入库,加工费等已用银行存款支付。双方适用的增值税税率为13%。甲企业按实际成本核算原材料。有关账务处理如下:

(1)发出委托加工物资。

借:委托加工物资——乙企业　　　　　　14 000

　　贷:原材料　　　　　　　　　　　　　　　　14 000

(2)支付加工费和税金。

计税价格=(14 000+4 000)/(1-10%)=20 000(元)

受托方代收代缴的消费税税额=20 000×10%=2 000(元)

应交增值税税额=4 000×13%=520(元)

①企业收回委托加工物资后用于连续生产应税消费品。

借:委托加工物资——乙企业　　　　　　4 000

　　应交税费——应交增值税(进项税额)　　520

　　　　　　　——应交消费税　　　　　　2 000

　　贷:银行存款　　　　　　　　　　　　　　　6 520

②企业收回委托加工物资后直接用于销售的。

借:委托加工物资——乙企业　　　　　　6 000

　　应交税费——应交增值税(进项税额)　　520

　　贷:银行存款　　　　　　　　　　　　　　　6 520

(3)收回加工物资。

①企业收回委托加工物资后用于连续生产应税消费品。

借:原材料　　　　　　　　　　　　　　18 000

　　贷:委托加工物资——乙企业　　　　　　　　18 000

②企业收回委托加工物资后直接用于销售的。

借:库存商品　　　　　　　　　　　　　20 000

　　贷:委托加工物资——乙企业　　　　　　　　20 000

三、自制存货

自制存货主要包括产成品、在产品、半成品。企业自制存货的初始成本包括生产耗用的原材料成本或半成品、直接人工成本和按照一定方法分配的制造费用。

制造费用是指企业为生产产品和提供劳务而发生的各项间接费用,包括企业生产部门(如生产车间)管理人员的薪酬、折旧费、办公费、水电费、机物料消耗、劳动保护费、季节性和修理期间的停工损失等。在生产车间只生产一种产品的情况下,企业归集的制造费用可直接计入该产品成本;在生产多种产品的情况下,企业应采用与该制造费用相关性较强的方法对其进行合理分配。通常采用的方法有生产工人工时比例法、生产工人工资比例法、机器工时比例法和按年度计划分配率分配法等,还可以按照耗用原材料的数量或成本、直接成本及产品产量分配制造费用。

存货在制造过程中发生的非正常消耗的直接材料、直接人工和制造费用,加工销售环节发生的仓储费用,不包括在存货成本之中,应于发生时直接计入当期损益。

企业在自制存货过程中,投入的成本均归集入"生产成本"科目,待生产完工验收入库时,按确定的实际成本,借记"原材料""库存商品"等存货科目,贷记"生产成本"科目。

四、其他方式取得的存货

企业取得存货的其他方式主要包括接受投资者投资、非货币性资产交换、债务重组、企业合并等。

(1)投资者投入的存货。投资者投入存货的成本应当按照投资合同或协议约定的价值确定,但合同或协议约定价值不公允的除外。在投资合同或协议约定价值不公允的情况下,按照该项存货的公允价值作为其入账价值。

【例3-6】甲公司为一般纳税人,适用的增值税税率为13%,采用实际成本核算存货。甲公司接受A公司以其生产的产品作为投资,该产品的公允价值为100万元,取得增值税专用发票上注明的不含增值税价款为100万元,增值税为13万元。假定甲公司注册资本总额为800万元,A公司在甲公司享有的份额为10%。甲公司的会计处理如下:

借:原材料	1 000 000
应交税费——应交增值税(进项税额)	130 000
贷:实收资本	800 000
资本公积——资本溢价	330 000

(2)通过非货币性资产交换、债务重组、企业合并等方式取得的存货。此部分内容参见相关章节。

(3)通过劳务取得的存货。通过劳务取得的存货,其成本按劳务提供人员的直接人工和其他直接费用以及可归属于该存货的间接费用确定。

在确定存货成本时应注意,下列费用不应计入存货成本,而应在其发生时计入当期损益:

(1)非正常消耗的直接材料、直接人工及制造费用。

(2)仓储费用。企业在采购入库后发生的储存费用应计入当期损益(管理费用),但在生产过程中为达到下一个生产阶段所必需的仓储费用则应计入存货成本。

(3)采购人员的差旅费。

(4)不能归属于使存货达到目前场所和状态的其他支出,不符合存货的定义和确认条件的,应在发生时计入当期损益,不得计入存货成本。

第三节 存货发出的计价

企业应当采用先进先出法、加权平均法或者个别计价法确定发出存货的实际成本。对于性质和用途相似的存货,应当采用相同的成本计算方法确定发出存货的成本。

一、存货发出的计价方法

(一)个别计价法

个别计价法又称个别认定法、具体辨认法、分批实际法。采用这一方法是假定存货的成本流转与实物流转一致,按照各种存货逐一辨认各批发出存货和期末存货所属的购进批次或者生产批别,分别按其购入或生产时所确定的单位成本作为计算各批发出存货和期末存货成本的方法。

个别计价法通常适用于单位价值较高的存货计价。如珠宝、手表等奢侈品的零售企业,其存货多采用个别计价法。另外,对于不能替代使用的存货、为特定项目专门购入或制造的存货以及提供的劳务,通常采用个别计价法确定发出存货的成本。

(二)先进先出法

先进先出法是指以先入库的存货先发出为前提来假定成本的流转顺序,对发出及结存存货进行计价的一种方法。

在商品物价平稳的时候,采用先进先出法,期末材料按照最接近的单位成本计算,比较接近目前的市场价格,资产负债表可以较为真实地反映财务状况;在物价上涨较快的情况下,本期发出材料成本按照较早购入材料的成本进行计算,计入产品成本的直接材料费用因此可能被低估,容易形成高估利润和当前存货价值的状况。

(三)加权平均法

加权平均法分为月末一次加权平均法和移动加权平均法。

1. 月末一次加权平均法

月末一次加权平均法,是指以期初存货数量和本期收入数量为权数,于月末一次计算存货平均单价,进而据以计算当月发出的存货和月末结存存货实际成本的方法。

其计算公式为

加权平均单价=(期初结存金额+本月收入金额)/(期初结存数量+本月收入数量)

本月发出金额=本月发出数量×加权平均单价

本月结存金额=月初结存金额+本月收入金额-本月发出金额

采用月末一次加权平均法只在月末一次计算加权平均单价,比较简单,有利于简化成本计算工作。但由于平时无法从账上提供发出和结存存货的单价及金额,因此不利于存货成本的日常管理与控制。

2. 移动平均法

移动平均法亦称移动加权法,是在月初存货的基础上,每入库一批存货都要根据新的库存存货数量和总成本重新计算一个新的加权平均单价,并据以计算发出存货及结存存货实际成本的一种计价方法。

其计算公式为

新加权平均单位成本=(原结存存货成本+新入库存货成本)/(原结存存货数量+新入库存货数量)

本次发出存货成本＝本次发出存货数量×新加权平均单位成本

本次发出后结存存货成本＝本次发出后结存存货数量×新加权平均单位成本

采用移动加权平均法能够使管理人员及时了解存货的结存情况,计算的平均单位成本及发出和结存的存货成本比较客观。但由于每次收货都要计算一次平均单价,计算工作量较大,在手工记账条件下对收发货较频繁的企业不太适用。

【例3-7】甲公司2020年3月份A商品有关收、发、存情况如表3-1所示。

(1)3月1日结存300件,单位成本为2万元。

(2)3月8日购入200件,单位成本为2.2万元。

(3)3月10日发出400件。

(4)3月20日购入300件,单位成本为2.3万元。

(5)3月28日发出200件。

(6)3月31日购入200件,单位成本为2.5万元。

要求:分别采用先进先出法、月末一次加权平均法和移动加权平均法计算A商品2020年3月份发出存货的成本和3月31日结存存货的成本。

表3-1　材料收发明细表

日期	摘要	收料		发出	结存	
		数量/件	单价/万元	数量/件	数量/件	单价/万元
3月1日	期初余额				300	2
3月8日	购入材料	200	2.2			
3月10日	生产领用			400		
3月20日	购入材料	300	2.3			
3月28日	生产领用			200		
3月31日	购入材料	200	2.5			

(1)先进先出法的应用。

本月可供发出存货成本＝300×2＋200×2.2＋300×2.3＋200×2.5＝2 230(万元)

本月发出存货成本＝(300×2＋100×2.2)＋(100×2.2＋100×2.3)＝1 270(万元)

本月月末结存存货成本＝2 230－1 270＝960(万元)

或者:本月月末结存存货成本＝200×2.3＋200×2.5＝960(万元)

(2)月末一次加权平均法的应用。

加权平均单位成本＝2 230/(300＋200＋300＋200)＝2.23(万元)

本月发出存货成本＝(400＋200)×2.23＝1 338(万元)

本月月末结存存货成本＝2 230－1 338＝892(万元)

或者:本月月末结存存货成本＝400×2.23＝892(万元)

(3)移动加权平均法的应用。

3月8日购货后,存货的加权平均单位成本＝(300×2＋200×2.2)/(300＋200)＝2.08(万元)

3月10日发出存货的成本＝400×2.08＝832(万元)

3月20日购货后,存货的加权平均单位成本＝(100×2.08＋300×2.3)/(100＋300)＝2.245(万元)

3月28日发出存货的成本＝200×2.245＝449(万元)

3月31日购货后,存货的加权平均单位成本＝(200×2.245＋200×2.5)/(200＋200)＝2.372 5(万元)

则,本月发出存货成本＝832＋449＝1 281(万元)

本月月末结存存货成本＝2 230－1 281＝949(万元)

或者本月月末结存存货成本＝400×2.372 5＝949(万元)

存货发出成本的计价方法一经确定,前后各期应当保持一致。企业使用的存货计价方法发生变动,企业应当作为会计政策变更,在会计报表附注中予以披露。

二、发出存货的会计处理

企业应当根据各类存货的用途及特点,选择适当的会计处理方法,对发出存货进行会计处理。

1.原材料用于生产产品

企业生产领用原材料,直接用于生产某一种产品时,其成本计入产品的成本。用于车间共同耗用,则计入制造费用。借记"生产成本""制造费用",贷记"原材料"。

2.周转材料用于生产经营

周转材料包括包装物和低值易耗品。企业在"周转材料"科目下设置"周转材料——包装物"和"周转材料——低值易耗品"两个二级科目。

(1)包装物的会计处理。企业产品生产过程中领用包装物,借记"生产成本",贷记"周转材料——包装物"。

①包装物单独计价,随同商品一起销售。包装物的销售收入视为"其他业务收入",并结转其销售成本,计入"其他业务成本"。

②包装物不单独计价,包装物成本视为商品销售的费用,记作销售费用。

【例3-8】2021年1月4日,甲公司向客户销售商品B,随该商品销售的还有包装物,包装物销售价款为50 000元,成本为30 000元,增值税销项税额为6 500元,所有货款均未收到。甲公司的账务处理如下:

借:应收账款　　　　　　　　　　　　565 000
　　贷:其他业务收入　　　　　　　　　　　50 000
　　　　应交税费——应交增值税(销项税额)　6 500
借:其他业务成本　　　　　　　　　　　30 000
　　贷:周转材料——包装物　　　　　　　　30 000

(2)低值易耗品的会计处理。企业生产领用的低值易耗品,其成本可使用分次摊销法和一次摊销法进行结转。低值易耗品可以按照使用次数分次计入成本费用。金额较小的,可在领用时一次计入成本费用。一次摊销的低值易耗品应在备查簿中进行登记,以便日常实物管理。

【例3-9】甲公司某车间领用"周转材料"用于生产车间的耗用,金额为5 000元,甲公司对低值易耗品使用五五摊销法进行核算,账务处理如下:

借:制造费用　　　　　　　　　　　　2 500
　　贷:周转材料　　　　　　　　　　　　2 500

三、计划成本法

前面介绍的存货核算方法是实际成本法。在实际工作中,为了加强成本控制、简化核算工作,存货核算也可以采用计划成本法。

(一)计划成本法概述

计划成本法是指企业存货的日常收入、发出和结余均按预先制订的计划成本计价,同时另设"材料成本差异"科目,作为计划成本和实际成本联系的纽带,用来登记实际成本和计划成本的差额,月末,再通过对存货成本差异的分摊,将发出存货的计划成本和结存存货的计划成本调整为实际成本进行反映的一种核算方法。

这种方法适用于存货品种繁多、收发频繁的企业。它能够简化材料核算手续,加强成本管理,提高会计信息管理的有效性。存货的计划成本的设置应尽量切合实际。企业存货的计划成本,一般在年度内不做调整,但若发生特殊情况,致使存货采购成本或运费发生重大变化,如市场供求关系突变、国家统一市场限价等,存货的计划成本可以进行调整。

存货采用计划成本法核算,除需要设置"原材料""包装物""低值易耗品"等实际成本法核算运用的科目外,还需要增加"材料成本差异"科目,并将"在途物资"科目改为"材料采购"科目。

提醒大家注意的是,计划成本法只是对存货进行日常的会计核算。在会计期末,企业通过"材料成本差异"等账户进行调整,将发出的存货和期末结余的存货调整为实际成本。

(二)计划成本法核算举例

以下内容以原材料的核算为例,讲述计划成本法的具体运用。其他存货的计划成本法核算与原材料的计划成本法相同。

原材料按计划成本核算的特点是:收发凭证按材料的计划成本计价,原材料的总分类账和明细分类账均按计划成本登记。原材料的实际成本与计划成本的差异,通过"材料成本差异"科目核算,月份终了,将发出的原材料的计划成本与材料成本差异调整为实际成本。

其具体账务处理可分为以下阶段:

1. 材料采购阶段

(1)购入材料。

借:材料采购　　　　　　　　　　　(实际成本)
　　应交税费——应交增值税(进项税额)
　　　贷:银行存款 等

注意:在计划成本法下不再使用"在途物资"科目核算。

(2)验收入库。

借:原材料　　　　　　　　　　　　(计划成本)
　　　贷:材料采购　　　　　　　　　(实际成本)
借或贷:材料成本差异　　　　　　　(差额)

在这个分录中,材料成本差异所表示的差额如果在借方,则表示实际成本大于计划成本,材料采购发生了超支;材料成本差异所表示的差额如果在贷方,则表示实际成本小于计划成本,材料采购发生了节约。

2. 材料发出阶段

计划成本法下,材料发出时需要结转其应负担的材料成本差异。发出材料应负担的成本

差异应当按期(月)分摊,不得在季末或年末一次计算。计算方法一经确定,不得随意变更。材料成本差异率的计算公式如下:

本期材料成本差异率＝(期初结存材料的成本差异＋本期验收入库材料的成本差异)/(期初结存材料的计划成本＋本期验收入库材料的计划成本)×100%

发出材料应负担的成本差异＝发出材料的计划成本×材料成本差异率

发出材料的实际成本＝发出材料的计划成本＋发出材料应负担的材料成本差异

在计算出差异率后,用各车间、部门领用材料的计划成本与成本差异率相乘,求出各种产品和各车间应分摊的材料成本差异。以实际成本等于计划成本加材料成本差异为依据,将领用材料的计划成本调整为实际成本。会计分录可以按以下两个步骤来编制。

第一,按计划成本发出原材料:

借:生产成本　　　　　　　　　　　(计划成本)

　　制造费用　　　　　　　　　　　(计划成本)

　　其他业务成本 等　　　　　　　　(计划成本)

　贷:原材料　　　　　　　　　　　　(计划成本)

第二,结转发出材料应负担的成本差异:

借:生产成本

　　制造费用

　　其他业务成本 等

　贷:材料成本差异　　　　　　　(节约做相反的会计分录)

【例3-10】甲公司原材料日常收发及结存采用计划成本法核算。月初结存原材料的计划成本为60万元,实际成本为60.5万元;本月入库材料成本为140万元,实际成本为135.5万元。

当月发出材料(计划成本)情况如下:基本生产车间领用80万元,在建工程领用20万元,车间管理部门领用0.5万元,企业行政管理部门领用1.5万元。

(1)计算当月材料成本差异率。

当月材料成本差异率＝[(60.5-60)+(135.5-140)]/(60+140)×100%＝-2%

(2)发出材料的会计分录。

借:生产成本　　　　　　　　800 000

　　在建工程　　　　　　　　200 000

　　制造费用　　　　　　　　　 5 000

　　管理费用　　　　　　　　　15 000

　贷:原材料　　　　　　　　　 1 020 000

(3)月末结转发出材料成本差异的会计分录。

借:材料成本差异　　　　　　 20 400

　贷:生产成本　　　　　　　　16 000

　　在建工程　　　　　　　　　 4 000

　　制造费用　　　　　　　　　　 100

　　管理费用　　　　　　　　　　 300

第四节 存货的期末计量

一、存货期末计量的原则

为了合理反映存货的价值,企业应当在会计期末对存货价值进行重新计量。根据我国企业会计准则规定,资产负债表日,存货应当按照成本与可变现净值孰低计量。即,当存货成本低于其可变现净值的,存货按成本计量;当存货成本高于其可变现净值的,应当计提存货跌价准备,计入当期损益。其中,存货可变现净值是指在日常活动中,存货的估计售价减去至完工时估计将要发生的成本、估计的销售费用以及相关税费后的金额。

成本与可变现净值孰低计量原则的使用,符合会计信息谨慎性的原则要求,避免出现虚增资产的现象。当存货的可变现净值下跌至成本以下时,意味着该项存货能够给企业带来的未来经济利益低于其账面成本。企业应及时确认该部分资产损失,计入当期损益。按照本期计提的存货跌价准备金额,借记"资产减值损失",贷记"存货跌价准备"。

值得注意的是,存货的可变现净值并不完全等同于该项存货销售可能实现的现金流入。并且,企业确定存货的可变现净值,应当以取得的确凿证据为基础,并且考虑持有存货的目的、资产负债表日后事项的影响等因素。

二、存货减值迹象的判断

(1)存货存在下列情况之一的,通常表明存货的可变现净值低于成本:①该存货的市场价格持续下跌,并且在可预见的未来无回升的希望;②企业使用该项原材料生产的产品的成本大于产品的销售价格;③企业因产品更新换代,原有库存原材料已不适应新产品的需要,而该原材料的市场价格又低于其账面成本;④因企业所提供的商品或劳务过时或消费者偏好改变而使市场的需求发生变化,导致市场价格逐渐下跌;⑤其他足以证明该项存货实质上已经发生减值的情形。

(2)存货存在下列情形之一的,表明存货的可变现净值为零(该类存货不能给企业带来任何经济利益):①已霉烂变质的存货;②已过期且无转让价值的存货;③生产中已不再需要,并且已无使用价值和转让价值的存货;④其他足以证明已无使用价值和转让价值的存货。

企业期末通常只对有减值迹象的存货进行成本与可变现净值的比较,并不是每期末都对所有存货进行成本与可变现净值的比较。

三、存货可变现净值的确定

根据定义,可变现净值＝存货的估计售价－至完工时估计将要发生的成本－估计的销售费用以及相关税费。

(一)企业确定存货的可变现净值时应考虑的因素

企业确定存货的可变现净值,应当以取得的确凿证据为基础,并且考虑持有存货的目的、资产负债表日后事项的影响等因素。

1.存货可变现净值的确凿证据

存货可变现净值的确凿证据,是指对确定存货的可变现净值有直接影响的客观证明。存货的采购成本、加工成本和其他成本及以其他方式取得的存货的成本,应当以取得外来原始凭证、生产成本资料、生产成本账簿记录等作为确凿证据,如产成品或商品的市场销售价格、与产成品或商品相同或类似商品的市场销售价格、销售方提供的有关资料等。

2.持有存货的目的

由于企业持有存货的目的不同,确定存货可变现净值的计算方法也不同。如用于出售的存货和用于继续加工的存货,其可变现净值的计算就不相同。因此,企业在确定存货的可变现净值时,应考虑持有存货的目的。一般地,企业持有存货的目的:一是持有以备出售,如商品、产成品,其中又分为有合同约定的存货和没有合同约定的存货;二是将在生产过程或提供劳务过程中耗用,如材料等。

3.资产负债表日后事项等的影响

在确定资产负债表日存货的可变现净值时,应当考虑:一是以资产负债表日取得最可靠的证据估计的售价为基础并考虑持有存货的目的;二是资产负债表日后发生的事项为资产负债表日存在状况提供进一步证据,以表明资产负债表日存在的存货价值发生变动的事项。

(二)不同情况下可变现净值的确定

(1)产成品、商品、不需用的材料等直接用于出售的存货,在没有销售合同约定的情况下,其估计售价一般即为该产成品或商品的市场销售价格,相关税费不包括增值税与所得税。即,其可变现净值为

$$可变现净值＝估计售价－估计销售费用和相关税费$$

【例3-11】2020年12月31日,甲公司生产的重型制模机的账面价值(成本)为300万元,数量为15台,单位成本为20万元/台。2020年12月31日,该机器的市场销售价格(不含税)为18万元/台。甲公司没有签订有关该机器的销售合同。

本例中,由于甲公司没有相关产品的销售合同,在计算确定该机器的可变现净值时应以其市场销售价格18万元/台作为计价基础。

【例3-12】2020年年末A产品库存500台,单位成本为12万元,A产品市场销售价格为每台15万元,预计平均运杂费等销售税费为每台1万元,未签订不可撤销的销售合同。A产品以前年度未计提存货跌价准备。

A产品的可变现净值＝500×(15－1)＝7 000(万元)

A产品的成本＝500×12＝6 000(万元)

A产品的成本低于其可变现净值,则A产品不需要计提存货跌价准备。

(2)需要经过加工的材料存货,需分不同情况处理:

①用其生产的产成品的可变现净值高于成本的,该材料仍然应当按照成本(材料的成本)计量。

【例3-13】接例3-12,企业生产A产品的M原材料,目前库存200千克,账面成本为1 000万元。目前M原材料的市场价格发生了下跌,仅为4.5万元/千克。

在这种情况下,首先判断使用M原材料所生产的A产品的可变现净值高于成本;而企业持有M原材料的目的是用于A产品的生产销售。因此,M原材料仍然按照成本1 000万元计量。

②材料价格的下降表明产成品的可变现净值低于成本的,该材料应当按照成本与可变现净值孰低(材料的成本与材料的可变现净值孰低)计量。其可变现净值为

$$可变现净值＝该材料所生产的产成品的估计售价－至完工估计将要发生的成本－估计销售费用和相关税费$$

【例3-14】2020年12月31日，甲公司库存C材料的账面成本为600万元，单位成本为6万元/件，数量为100件，可用于生产100台W6型机器。C材料的市场销售价格为5万元/件。

C材料市场销售价格下跌，导致用C材料生产的W6型机器的市场销售价格也下跌，由此造成W6型机器的市场销售价格由15万元/台降为13.5万元/台，但生产成本仍为14万元/台。将每件C材料加工成W6型机器尚需投入8万元，估计发生运杂费等销售费用0.5万元/台。

根据上述资料，可按照以下步骤确定C材料的可变现净值：

首先，计算用该原材料所生产的产成品的可变现净值：

W6型机器的可变现净值＝W6型机器估计售价－估计销售费用－估计相关税费＝13.5×100－0.5×100＝1 300（万元）

其次，将用该原材料所生产的产成品的可变现净值与其成本进行比较：

W6型机器的可变现净值1 300万元小于其成本1 400（14×100）万元，即C材料价格的下降表明W6型机器的可变现净值低于成本，因此，C材料应当按可变现净值计量。

最后，计算该原材料的可变现净值：

C材料的可变现净值＝W6型机器的售价总额－将C材料加工成W6型机器尚需投入的成本－估计销售费用－估计相关税费＝13.5×100－8×100－0.5×100＝500（万元）

C材料的可变现净值500万元小于其成本600万元，因此，C材料的期末价值应为其可变现净值500万元，即C材料应按500万元列示在2020年12月31日资产负债表的存货项目之中。

四、存货跌价准备的计提与转回

（一）存货跌价准备的核算原则

（1）企业通常应当按照单个存货项目计提存货跌价准备。比如，将某一型号和规格的材料作为一个存货项目，将某一品牌和规格的商品作为一个存货项目等。

（2）对于数量繁多、单价较低的存货，可以按照存货类别计提存货跌价准备。如果某一类存货的数量繁多并且单价较低，企业可以按存货类别计量成本与可变现净值，即按存货类别的成本的总额与可变现净值的总额进行比较，每个存货类别均取较低者确定存货期末价值。

（3）与在同一地区生产和销售的产品系列相关、具有相同或类似最终用途或目的，且难以与其他项目分开计量的存货，可以合并计提存货跌价准备。

需要注意的是，资产负债表日同一项存货中一部分有合同价格约定、其他部分不存在合同价格的，应当分别确定其可变现净值，并与其相对应的成本进行比较，分别确定存货跌价准备的计提或转回的金额，由此计提的存货跌价准备不得相互抵销。

（二）存货跌价准备的会计核算

1.计提

存货发生减值的，一般按存货可变现净值低于成本的差额计算。

（1）先计算"存货跌价准备"科目期末余额。

"存货跌价准备"科目期末余额＝存货成本－可变现净值

（2）再计算"资产减值损失"发生额。

"资产减值损失"发生额＝"存货跌价准备"科目期末余额－期初余额＋贷方发生额－借方发生额

（3）做出会计分录。

借：资产减值损失

　　贷：存货跌价准备

2.转回

如果以前减记存货价值的影响因素已经消失,则减记的金额应当予以恢复,并在原已计提的存货跌价准备金额内转回,转回的金额计入当期损益。

借：存货跌价准备

　　贷：资产减值损失

需要注意的是,导致存货跌价准备转回的是以前减记存货价值的影响因素的消失,而不是在当期造成存货可变现净值高于其成本的其他影响因素。如果本期导致存货可变现净值高于其成本的影响因素不是以前减记该存货价值的影响因素,则不允许将该存货跌价准备转回。

3.结转

企业计提了存货跌价准备,如果其中有部分存货已经销售,则企业在结转销售成本时,应同时结转已对其计提的存货跌价准备。发出存货结转存货跌价准备的分录如下：

借：主营业务成本、其他业务成本等

　　存货跌价准备

　　贷：库存商品、原材料等

【例3-15】2020年12月31日,甲公司A产品的数量100件,单位成本为55万元,账面总成本为5 500万元。有迹象表明A产品的市场价格在下跌。该批产成品均未签订合同,市场平均单位售价约为54万元。根据经验,产品销售的税费为售价的5%。

假定：

（1）2021年6月30日,A产品的账面总成本仍为5 500万元,A产品单位售价进一步下跌,A产品市场平均单位售价约为49万元。

（2）2021年12月31日,A产品的账面总成本仍为5 500万元,市场价格有所回升,A产品市场平均单位售价约为51万元。A产品的数量始终没有变化,且该产品是2020年购入。

根据以上资料,对甲公司进行相应的会计业务处理。

2020年12月31日预计可变现净值＝预计售价－销售相关税费＝$(54-54 \times 0.05) \times 100 = 5\ 130$（万元）

当年度计提的存货跌价准备＝$5\ 500-5\ 130 = 370$（万元）

2021年6月30日A产品的可变现净值＝预计售价－销售相关税费＝$(49-49 \times 0.05) \times 100 = 4\ 655$（万元）

应补计提的存货跌价准备＝$5\ 500-4\ 655-370 = 475$（万元）

借：资产减值损失　　　　　　　4 750 000

　　贷：存货跌价准备　　　　　　4 750 000

2021年12月31日调整存货跌价准备。

调整前的存货跌价准备的余额（贷方）＝845（万元）

应冲回的存货跌价准备＝$845-[5\ 500-(51-51 \times 0.05) \times 100] = 190$（万元）

借:存货跌价准备　　　　　1 900 000
　贷:资产减值损失　　　　　1 900 000

五、存货的盘盈、盘亏和毁损的会计处理

企业定期会对存货进行清查,确定存货的实有数量,并与账面结存数核对,从而确定存货实存数与账面结存数是否一致。存货清查的结果有三种,即盘盈、盘亏和账实相符。如果出现盘盈或盘亏,企业应进行相应的账务处理。

(一)存货的盘盈

当存货的实存数量超过账面数量,企业存货存在盘盈的情况。存货发生盘盈时,企业应按照同类或类似的市场价格作为实际成本,借记"原材料"等存货成本,贷记"待处理财产损溢——待处理流动资产损溢"科目;待查明原因,按管理权限报经批准后冲减当期管理费用。

盘盈时,会计处理如下:
借:存货类账户
　贷:待处理财产损溢——待处理流动资产损溢
处理时:
借:待处理财产损溢——待处理流动资产损溢
　贷:管理费用

(二)存货的盘亏或毁损

先作为待处理财产损溢进行核算,再按管理权限报经批准后,根据造成存货盘亏或毁损的原因,分别以下情况进行处理:

(1)属于计量收发差错和管理不善等原因造成的存货短缺,应先扣除残料价值、可以收回的保险赔偿和过失人赔偿,将净损失计入管理费用。

(2)属于自然灾害等非正常原因造成的存货毁损,应先扣除处置收入(如残料价值)、可以收回的保险赔偿和过失人赔偿,将净损失计入营业外支出。

盘亏时,会计处理如下:
借:待处理财产损溢——待处理流动资产损溢
　贷:存货类账户
批准后:
借:营业外支出(非常损失)
　其他应收款(责任人、保险公司赔偿)
　管理费用(计量收发差错和管理不善等原因)
　贷:待处理财产损溢——待处理流动资产损溢

思考题

1.企业会计准则关于存货的确认条件有哪些?

2.企业会计准则关于发出存货成本的计量方法有哪些?

3.企业通常出现哪些现象表明可变现净值为零?

4.以产成品、材料为例说明存货可变现净值的确定方法。

5.资产负债表日,存货的可变现净值低于成本,企业应当如何计提存货跌价准备?

实务练习题

1. A公司存货包括"库存商品——TV产品"和"原材料—CX材料",其中原材料按月末一次加权平均法计算生产用材料的发出成本。CX原材料是用于加工TV产品的,库存商品是直接对外销售的,目前TV产品未签订销售合同。2021年1月份的相关资料如下。

(1)2021年1月1日,结存CX材料100千克,材料每千克实际成本100元。当月库存CX材料收发情况如下:

①1月3日,购入CX材料100千克,每千克实际成本105元,材料已验收入库;

②1月5日,发出CX材料80千克;

③1月7日,购入CX材料50千克,每千克实际成本110元,材料已验收入库;

④1月10日,发出CX材料50千克。

(2)2021年1月31日库存CX材料的市场价格为每千克100元,可以加工为TV产品120件,继续加工为TV产品需要发生的加工费为55元/件,1月31日TV产品的预计售价为160元/件,预计销售费用为10元/件。

要求:根据上述资料,不考虑其他因素,回答下列各题。

(1)1月31日结存CX材料的成本为多少元?

(2)1月31日CX材料应计提的存货跌价准备为多少元?

2. 甲公司为上市公司,期末存货按照成本与可变现净值孰低计量,按单项存货计提存货跌价准备。该公司发生下列业务:

(1)2020年12月31日,甲公司存货中包括300件A产品、100件B产品。

300件A产品和100件B产品的单位产品成本均为12万元。其中,300件A产品签订有不可撤销的销售合同,每件合同价格(不含增值税,下同)为15万元,市场价格预期为11.8万元;100件B产品没有签订销售合同,每件市场价格预期为11.8万元。销售每件A产品、B产品预期发生的销售费用及税金均为0.2万元。

(2)2020年12月31日甲公司库存电子设备3 000台,单位成本为1.4万元。2020年12月31日市场销售价格为每台1.4万元,预计销售税费均为每台0.1万元,已计提存货跌价准备300万元。甲公司于2021年3月6日向丙公司销售电子设备100台,每台1.2万元,未发生销售税费,货款已收到。增值税税率为13%。

要求:根据上述资料编制会计分录。

即测即评

延伸阅读

第四章

金融资产

学习目标

通过本章的学习,了解金融资产的概念和分类;理解金融资产分类的依据;掌握各类金融资产的会计业务处理;了解金融资产的重分类及其相应的会计业务处理。

引导案例

中化国际(控股)股份有限公司(以下简称中化国际)是一家在中间体及新材料、农用化学品、聚合物添加剂、天然橡胶等领域具有核心竞争力的国际化经营大型国有控股上市公司。

根据 2017 年最新发布的企业会计准则第 22、23、24 号的规定,中化国际自 2019 年 1 月 1 日起,将持有的金融资产针对不同业务模式和现金流量特征在报表项目上做出新的指定,例如:将"可供出售金融资产——债务工具"指定为其他债权投资,用以反映资产负债表日企业分类为以公允价值计量且其变动计入其他综合收益的长期债权投资的期末账面价值。同时将应收票据分类为:为收取合同现金流量而持有的应收票据,以摊余成本计量,列示于"应收票据"科目;为收取合同现金流量和出售同时持有的应收票据,以公允价值计量且其变动计入其他综合收益计量,列示于"其他流动资产"科目。2013 年 12 月,中化国际支付价款 40 562.7 万元,购入光大银行发行的股票 12 832.5 万股,占光大银行有表决权股份的 0.28%,2015 年起持股比例变更为0.17%。中化国际将其指定为以公允价值计量且其变动计入其他综合收益的非交易性权益工具投资。

思考:

根据新的金融工具会计准则,中化国际的金融资产分类是否正确?金融资产分类的依据是什么?

第一节　金融资产概述

一、金融资产的概念

金融资产是一项以金融工具为基础而形成的一项资产。金融工具是以合同形式形成的"信用工具"或"交易工具",通过合同明确了资金供给方和资金需求方的权利和义务,是具有法律效力的契约。金融工具包括金融资产、金融负债和权益工具。

根据《企业会计准则第 22 号——金融工具确认和计量》,金融资产是指企业持有的现金、其他方的权益工具以及符合下列条件之一的资产:

（1）从其他方收取现金或其他金融资产的合同权利。例如，企业的银行存款、应收账款、应收票据和发放的贷款等均属于金融资产。而预付账款不是金融资产，因其产生的未来经济利益是商品或服务，不是收取现金或其他金融资产的权利。

【例4-1】A公司发行股票，B公司购入A公司发行的股票。如果B公司持有A公司股票，达到了重大影响、共同控制以及控制，B公司应将该股票作为长期股权投资核算；如果该股票是上市公司的股票，且B公司打算短线持有，则应该作为交易性金融资产核算；如果不属于上述两种情形，则应该作为其他权益工具投资核算。

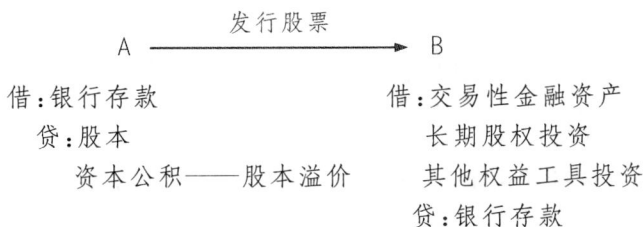

A ———发行股票———→ B

借：银行存款　　　　　　　　借：交易性金融资产
　　贷：股本　　　　　　　　　　　　长期股权投资
　　　　资本公积——股本溢价　　　　其他权益工具投资
　　　　　　　　　　　　　　　　贷：银行存款

【例4-2】A公司向B公司发行公司债券。对于A公司来说属于金融负债，作为应付债券核算。如果该债券为上市公司债券，可以公开交易且B公司打算短线投机买卖，则作为交易性金融资产核算；如果B公司有能力持有至到期，则作为债权投资核算；如果B公司对于该债券持有目的一方面按照合同约定收取利息，另一方面打算在合适时机进行出售以获取更高的收益，则应作为其他债权投资核算。

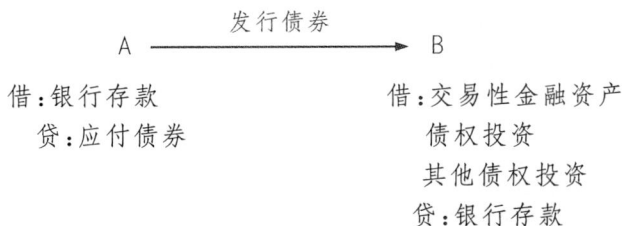

A ———发行债券———→ B

借：银行存款　　　　　　　　借：交易性金融资产
　　贷：应付债券　　　　　　　　　　债权投资
　　　　　　　　　　　　　　　　　　其他债权投资
　　　　　　　　　　　　　　　　贷：银行存款

（2）在潜在有利条件下，与其他方交换金融资产或金融负债的合同权利。例如，企业购入的看涨期权或看跌期权等衍生工具。

（3）将来须用或可用企业自身权益工具进行结算的非衍生工具合同，且企业根据该合同将收到可变数量的自身权益工具。

（4）将来须用或可用企业自身权益工具进行结算的衍生工具合同，但以固定数量的自身权益工具交换固定金额的现金或其他金融资产的衍生工具合同除外。其中，企业自身权益工具不包括应当按照《企业会计准则第37号——金融工具列报》分类为权益工具的可回售工具或发行方仅在清算时才有义务向另一方按比例交付其净资产的金融工具，也不包括本身就要求在未来收取或交付企业自身权益工具的合同。

二、金融资产的分类

（一）金融资产分类的依据

1.企业管理金融资产的业务模式

企业管理金融资产的业务模式，是指企业如何管理其金融资产以产生现金流量。企业业务模式不同，决定了企业所管理的金融资产现金流量的来源不同。其具体来说分为收取合同现金流量、出售金融资产或者二者兼有。

(1)以收取合同现金流量为目标的业务模式。在以收取合同现金流量为目标的业务模式下,企业管理金融资产旨在通过在金融资产存续期内收取合同付款来实现现金流量,而不是通过持有并出售金融资产产生整体回报。

【例4-3】甲企业购买了一个贷款组合,该贷款组合中包含已发生信用减值的贷款。如果贷款不能按时偿付,甲企业将通过各类方式尽可能实现合同现金流量,例如通过邮件、电话或其他方法与借款人联系催收。

本例中,甲企业管理该贷款组合的业务模式是以收取合同现金流量为目标。即使甲企业预期无法收取全部合同现金流量(部分贷款已发生信用减值),但并不影响其业务模式。

(2)以收取合同现金流量和出售金融资产为目标的业务模式。在同时以收取合同现金流量和出售金融资产为目标的业务模式下,企业的关键管理人员认为收取合同现金流量和出售金融资产对于实现其管理目标而言都是不可或缺的。

与以收取合同现金流量为目标的业务模式相比,该业务模式涉及的出售通常频率更高、价值更大。出售金融资产是企业管理金融资产模式的目标之一。

【例4-4】甲银行持有金融资产组合以满足其每日流动性需求。甲银行为了降低其管理流动性需求的成本,高度关注该金融资产组合的回报。组合回报包括收取的合同付款和出售金融资产的利得或损失。

本例中,甲银行管理该金融资产组合的业务模式以收取合同现金流量和出售金融资产为目标。

(3)其他业务模式。如果企业管理金融资产的业务模式不以收取合同现金流量为目标,也不以收取合同现金流量和出售金融资产为目标,则该企业管理金融资产的业务模式是其他业务模式。该金融资产分类为以公允价值计量且其变动计入当期损益的金融资产。

2.金融资产的合同现金流量特征

金融资产的合同现金流量特征,是指金融工具合同约定的、反映相关金融资产经济特征的现金流量属性。其合同现金流量特征应当与基本借贷安排相一致,即相关金融资产在特定日期产生的合同现金流量仅为对本金和以未偿付本金金额为基础的利息的支付(以下简称"本金加利息的合同现金流量特征")。

本金是指金融资产在初始确认时的公允价值,本金金额可能因提前还款等原因在金融资产取得存续期内发生变动;利息包括货币时间价值、与特定时期未偿付本金金额相关的信用风险以及其他基本借贷风险、成本和利润的对价等。

(二)金融资产的具体分类

1.以摊余成本计量的金融资产

金融资产同时符合下列条件的,应当分类为以摊余成本计量的金融资产:

(1)企业管理该金融资产的业务模式以收取合同现金流量为目标。

(2)该金融资产的合同条款规定,在特定日期产生的现金流量,仅为对本金和以未偿付本金金额为基础的利息的支付。

2.以公允价值计量且其变动计入其他综合收益的金融资产

金融资产同时符合下列条件的,应当分类为以公允价值计量且其变动计入其他综合收益的金融资产:

(1)企业管理该金融资产的业务模式既以收取合同现金流量为目标又以出售该金融资产为目标。

（2）该金融资产的合同条款规定，在特定日期产生的现金流量，仅为对本金和以未偿付本金金额为基础的利息的支付。

【例4-5】企业持有的普通债券的合同现金流量是到期收回本金及按约定利率在合同期间按时收取的固定或浮动利息的权利。在没有特殊安排的情况下，普通债券的合同现金流量一般情况下符合本金和以未偿付本金金额为基础的利息支付要求，同时管理者也以出售该债券为其管理目标。在这种情况下，该债券应分类为以公允价值计量且其变动计入其他综合收益的金融资产。

3. 以公允价值计量且其变动计入当期损益的金融资产

按照上述1和2分类为以摊余成本计量的金融资产和以公允价值计量且其变动计入其他综合收益的金融资产之外的金融资产，企业应当将其分类为以公允价值计量且其变动计入当期损益的金融资产。

【例4-6】企业持有的普通股股票的合同现金流量是收取被投资企业未来股利分配以及其清算时获得剩余收益的权利。由于股利及获得的剩余收益的权利均不符合本金和利息的含义，因此，其持有普通股股票应当分类为以公允价值计量且其变动计入当期损益的金融资产。

企业应当设置"交易性金融资产"科目核算以公允价值计量且其变动计入当期损益的金融资产。

第二节　以摊余成本计量的金融资产

一、以摊余成本计量的金融资产初始计量

企业初始确认金融资产，应当按照公允价值计量。对于以公允价值计量且其变动计入当期损益的金融资产，相关交易费用应当直接计入当期损益；对于其他类别的金融资产，相关交易费用应当计入初始确认金额。

交易费用是指可直接归属于购买、发行或处置金融工具的增量费用。增量费用是指企业没有发生购买、发行或处置相关金融工具的情形就不会发生的费用，包括支付给代理机构、咨询公司、券商、证券交易所、政府有关部门等的手续费、佣金、相关税费以及其他必要支出，不包括债券溢价、折价、融资费用等与交易不直接相关的费用。

企业购买（持有）的债券，满足以收取合同现金流量为目标的业务管理模式，并且合同现金流量是以尚未偿付的本金金额为基础的利息支付，则属于以摊余成本计量的金融资产，包括银行向企业客户发放的固定利率的贷款。

二、以摊余成本计量的金融资产后续计量

1. 实际利率

以摊余成本计量的金融资产后续计量采用实际利率法来进行核算。实际利率法是指使用实际利率来计算利息并计入当期损益的一种方法。实际利率法又称为摊余成本法。

实际利率是指将金融资产在预计存续期的估计未来现金流量折现为该金融资产账面余额（不考虑减值）所使用的利率。在确定实际利率时，应当在考虑金融资产所有合同条款（如提前还款、展期、看涨期权或其他类似期权等）的基础上估计预期现金流量，但不应当考虑预期信用损失。

2.摊余成本

金融资产的摊余成本,应当以该金融资产的初始确认金额经下列调整确定:

(1)扣除已偿还的本金;

(2)加上或减去采用实际利率法将该初始确认金额与到期日金额之间的差额进行摊销形成的累计摊销额;

(3)扣除计提的累计信用减值准备(仅适用于金融资产)。

金融资产的摊余成本计算如下:

$$\begin{matrix}金融资产的\\摊余成本\end{matrix}=\begin{matrix}金融资产的\\初始确认金额\end{matrix}-已偿还的本金+(-)累计摊销额-\begin{matrix}已发生的\\减值损失\end{matrix}$$

$$本期摊销额=本期利息收入-本期应计利息$$

其中企业应当按照实际利率法确认利息收入,具体计算如下:

$$利息收入=期初金融资产的摊余成本\times实际利率$$

三、以摊余成本计量的金融资产的会计处理

1.应设置的会计科目

企业一般应当设置"银行存款""贷款""应收账款""债权投资""应收利息"等科目核算分类为以摊余成本计量的金融资产。

"债权投资"科目核算企业以摊余成本计量的债权投资的账面余额。本科目可按债权投资的类别和品种,分别设立"成本""利息调整""应计利息"等三个二级明细科目进行核算。

"债权投资——成本"科目核算企业取得的债券面值。企业支付的价款中包含已到期但尚未领取的利息,单独在"应收利息"科目内核算,即借记"应收利息"科目。

"债权投资——利息调整"科目核算企业取得债券的面值与投资该债券实际支付的金额(不包括支付的价款中包含的已到付息期但尚未领取的利息)的差额。

"债权投资——应计利息"科目仅适用于企业投资的一次还本付息债券,用于核算企业按票面利率计算的确定应收未收的利息。

2.以摊余成本计量的金融资产初始计量

企业购入以摊余成本计量的金融资产,如债券投资,按照债券面值借记"债权投资——成本";同时,按照支付的买价(含交易费用)与债券面值之间的差额借记或贷记"债权投资——利息调整"。一般会计业务处理如下:

借:债权投资——成本(面值)

　　　　　——应计利息(未到期利息)

　　　　　——利息调整(初始入账成本－债券购入时所含的未到期利息－债券面值)

　　　　　　　　(溢价记借方,折价记贷方)

　　应收利息(分期付息债券买入时所含的已到付息期但尚未领取的利息)

　　贷:银行存款

3.以摊余成本计量的金融资产后续计量

下面以债券投资为例说明摊余成本计量的金融资产后续计量。在债券投资的存续期,首先根据实际利率法,计算债券实际利息收入(即投资收益);以债券的期初摊余成本乘以实际利率测算各期利息收入;当期按照票面利率确认的应收利息与实际利率计算的投资收益之间的差额,作为"利息调整"的摊销额,可能在"债权投资——利息调整"科目的借方或贷方。

具体账务处理如下：

（1）到期一次还本付息的债券投资。

借：债权投资——应计利息（票面利息）

　　债权投资——利息调整（折价前提下，一般倒挤在借方）

　　贷：投资收益（期初债券的实际价值×实际利率）

　　　　债权投资——利息调整（溢价前提下，一般倒挤在贷方）

（2）分期付息一次还本的债券投资。

借：应收利息（票面利息）

　　债权投资——利息调整（折价前提下，一般倒挤在借方）

　　贷：投资收益（期初债券的实际价值×实际利率）

　　　　债权投资——利息调整（溢价前提下，一般倒挤在贷方）

4. 以摊余成本计量的金融资产到期确认和计量

对于分期付息一次还本的债券投资来说，会计业务处理如下：

借：银行存款

　　贷：债权投资——成本

对于到期一次还本付息的债券投资来说，会计业务处理如下：

借：银行存款

　　贷：债权投资——成本

　　　　　　　——应计利息

以下分别以分期付息一次还本和到期一次还本付息的债券投资为例，说明以摊余成本计量的金融资产的会计业务处理。

【例 4-7】2017 年 1 月 1 日，黄海公司支付价款 1 000 万元（含交易费用）从上海证券交易所购入 A 公司同日发行的 5 年期公司债券 12 500 份，债券票面价值总额为 1 250 万元，票面利率为 4.72%，于年末支付本年度债券利息（即每年利息为 59 万元），本金在债券到期时一次性偿还。合同约定，该债券的发行方在遇到特定情况时可将债券赎回，且不需要为提前赎回支付额外款项。黄海公司在购买该债券时，预计发行方不会提前赎回。黄海公司根据其管理该债券的业务模式和该债券的合同现金流量特征，将该债券分类为以摊余成本计量的金融资产。

由上述资料可知，该债券面值为 1 250 万元，票面利率为 4.72%，该债券每年应收的利息为 59 万元，该债券到期收回票面金额为 1 250 万元。假定不考虑所得税、减值损失等因素，计算该债券的实际利率 r：

$$59/(1+r)^1+59/(1+r)^2+\cdots+(59+1\ 250)/(1+r)^5=1\ 000$$

采用插值法，计算得出 $r=10\%$。

实际利息和利息调整摊销额如表 4-1 所示。

表 4-1　实际利息和利息调整摊销额计算表　　　　　　　　单位：万元

计息日期	①年初摊余成本	②利息收益 =①×r	③应收利息	④本期摊销额 =②-③	⑤年末摊余成本 =①+④
2017 年 1 月 1 日					1 000
2017 年 12 月 31 日	1 000	100	59	41	1 041
2018 年 12 月 31 日	1 041	104	59	45	1 086

计息日期	①年初摊余成本	②利息收益 =①×r	③应收利息	④本期摊销额 =②-③	⑤年末摊余成本 =①+④
2019年12月31日	1 086	109	59	50	1 136
2020年12月31日	1 136	114	59	55	1 191
2021年12月31日	1 191	118	59	59	1 250
合计		545	295	250	

注:2021年的实际利息收益118万元是尾数调整,即1 250-1 191+59=118。

黄海公司的有关账务处理如下:

(1)2017年1月1日,购入A公司债券。

借:债权投资——成本　　　　　　　　　12 500 000

　　贷:债权投资——利息调整　　　　　　　　　　2 500 000

　　　　银行存款　　　　　　　　　　　　　　　10 000 000

(2)2017年12月31日,确认A公司债券实际利息收入,收到债券利息。

借:应收利息　　　　　　　　　　　　　　590 000

　　债权投资——利息调整　　　　　　　　410 000

　　贷:投资收益　　　　　　　　　　　　　　　1 000 000

借:银行存款　　　　　　　　　　　　　　590 000

　　贷:应收利息　　　　　　　　　　　　　　　　590 000

(3)2018年12月31日,确认A公司债券实际利息收入,收到债券利息。

借:应收利息　　　　　　　　　　　　　　590 000

　　债权投资——利息调整　　　　　　　　450 000

　　贷:投资收益　　　　　　　　　　　　　　　1 040 000

借:银行存款　　　　　　　　　　　　　　590 000

　　贷:应收利息　　　　　　　　　　　　　　　　590 000

(4)2019年12月31日,确认A公司债券实际利息收入,收到债券利息。

借:应收利息　　　　　　　　　　　　　　590 000

　　债权投资——利息调整　　　　　　　　500 000

　　贷:投资收益　　　　　　　　　　　　　　　1 090 000

借:银行存款　　　　　　　　　　　　　　590 000

　　贷:应收利息　　　　　　　　　　　　　　　　590 000

(5)2020年12月31日,确认A公司债券实际利息收入,收到债券利息。

借:应收利息　　　　　　　　　　　　　　590 000

　　债权投资——利息调整　　　　　　　　550 000

　　贷:投资收益　　　　　　　　　　　　　　　1 140 000

借:银行存款　　　　　　　　　　　　　　590 000

　　贷:应收利息　　　　　　　　　　　　　　　　590 000

(6)2021年12月31日,确认A公司债券实际利息收入,收到债券利息。

借:应收利息　　　　　　　　　　　　　　590 000

　　债权投资——利息调整　　　　　　　　590 000

　　贷:投资收益　　　　　　　　　　　　　　　1 180 000

借:银行存款　　　　　　　　　　　　　　590 000

　　贷:应收利息　　　　　　　　　　　　　　　　590 000

借:银行存款 12 500 000

　　贷:债券投资——成本 12 500 000

【例4-8】接例4-7,黄海公司投资A公司债券为到期一次还本付息,且利息不以复利计算,其他条件都一样,则相应会计处理修改如下。

黄海公司所购买A公司债券的实际利率r计算如下:$(59＋59＋59＋59＋59＋1\,250)\times(1＋r)^{-5}＝1\,000$(万元),由此计算得出$r\approx9.05\%$。据此,相关数据如表4-2所示。

表4-2　相关数据　　　　　　　　　单位:万元

日期	期初摊余成本 (A)	实际利息收入 ($B＝A\times9.05\%$)	现金流入 (C)	期末摊余成本 ($D＝A＋B－C$)
2017年12月31日	1 000	90.5	0	1 090.5
2018年12月31日	1 090.5	98.69	0	1 189.19
2019年12月31日	1 189.19	107.62	0	1 296.81
2020年12月31日	1 296.81	117.36	0	1 414.17
2021年12月31日	1 414.17	130.83*	1 545	0

注:* 尾数调整1 250＋295－1 414.17＝130.83。

根据表4-2中的数据,黄海公司的有关账务处理如下:

(1)2017年1月1日,购入A公司债券。

借:债权投资——成本 12 500 000

　　贷:银行存款 10 000 000

　　　债权投资——利息调整 2 500 000

(2)2017年12月31日,确认A公司债券实际利息收入。

借:债权投资——应计利息 590 000

　　　　　　——利息调整 315 000

　　贷:投资收益 905 000

(3)2018年12月31日,确认A公司债券实际利息收入。

借:债权投资——应计利息 590 000

　　　　　　——利息调整 396 900

　　贷:投资收益 986 900

(4)2019年12月31日,确认A公司债券实际利息收入。

借:债权投资——应计利息 590 000

　　　　　　——利息调整 486 200

　　贷:投资收益 1 076 200

(5)2020年12月31日,确认A公司债券实际利息收入。

借:债权投资——应计利息 590 000

　　　　　　——利息调整 583 600

　　贷:投资收益 1 173 600

(6)2021年12月31日,确认A公司债券实际利息收入、收回债券本金和票面利息。

借:债权投资——应计利息 590 000

　　　　　　——利息调整 718 300

　　贷:投资收益 1 308 300

借:银行存款 15 450 000

　　贷:债券投资——成本 12 500 000

　　　　　　　——应计利息 2 950 000

第三节 以公允价值计量的金融资产

一、以公允价值计量的金融资产的相关分类

在金融资产分类中,将金融资产分类为摊余成本进行后续计量的金融资产和以公允价值进行后续计量的金融资产。其中,以公允价值计量的金融资产根据公允价值变动计入的会计科目不同,分为以下两类:第一,以公允价值计量且其变动计入其他综合收益的金融资产;第二,以公允价值计量且其变动计入当期损益的金融资产。

1.分类为以公允价值计量且其变动计入其他综合收益的金融资产的条件

金融资产同时符合下列条件的,应当分类为以公允价值计量且其变动计入其他综合收益的金融资产:

(1)企业管理该金融资产的业务模式既以收取合同现金流量为目标又以出售该金融资产为目标。

(2)该金融资产的合同条款规定,在特定日期产生的现金流量,仅为对本金和以未偿付本金金额为基础的利息的支付。

【例4-9】甲企业在销售中通常会给予客户一定期间的信用期。为了盘活存量资产,提高资金使用效率,甲企业与银行签订应收账款无追索权保理总协议,银行向甲企业一次性授信10亿元人民币,甲企业可以在需要时随时向银行出售应收账款。历史上甲企业频繁向银行出售应收账款,且出售金额重大,上述出售满足金融资产终止确认的规定。本例中,应收账款的业务模式符合"既以收取合同现金流量为目标又以出售该金融资产为目标"条件,且该应收账款符合本金加利息的合同现金流量特征,因此应当分类为以公允价值计量且其变动计入其他综合收益的金融资产。

2.分类为以公允价值计量且其变动计入当期损益的金融资产的条件

企业分类为以摊余成本计量的金融资产和以公允价值计量且其变动计入其他综合收益的金融资产之外的金融资产,应当分类为以公允价值计量且其变动计入当期损益的金融资产。企业常见的分类为以公允价值计量且其变动计入当期损益的金融资产包括以下投资品:

(1)股票。股票的合同现金流量源自收取被投资企业未来股利分配以及其清算时获得剩余收益的权利。由于股利及获得剩余收益的权利均不符合本金和利息的定义,因此股票不符合本金加利息的合同现金流量特征。企业持有的股票应当分类为以公允价值计量且其变动计入当期损益的金融资产。

(2)基金。常见的股票型基金、债券型基金、货币基金或混合基金,通常投资于动态管理的资产组合,投资者从该类投资中所取得的现金流量既包括投资期间基础资产产生的合同现金流量,也包括处置基础资产的现金流量。基金一般情况下不符合本金加利息的合同现金流量特征。企业持有的基金通常应当分类为以公允价值计量且其变动计入当期损益的金融资产。

(3)可转换债券。可转换债券除按一般债权类投资的特性到期收回本金、获取约定利息或收益外,还嵌入了一项转股权。通过嵌入衍生工具,企业获得的收益在基本借贷安排的基础上,会产生基于其他因素变动的不确定性。根据规定,企业持有的可转换债券不再将转股权单

独分拆,而是将可转换债券作为一个整体进行评估,由于可转换债券不符合本金加利息的合同现金流量特征,企业持有的可转换债券投资应当分类为以公允价值计量且其变动计入当期损益的金融资产。

二、以公允价值计量且其变动计入其他综合收益的金融资产的会计处理

(一)以债券投资为例的以公允价值计量且其变动计入其他综合收益的金融资产会计处理

1.应设置的科目

企业应当设置"其他债权投资"科目核算分类为以公允价值计量且其变动计入其他综合收益的债券投资,该科目下设"成本"、"应计利息"(针对的是一次还本付息债券)、"利息调整"、"公允价值调整"四个二级明细科目。"应收利息"科目核算以公允价值计量且其变动计入其他综合收益的分期计息、一次还本的债券投资应收而未收到的利息。"其他综合收益"科目核算以公允价值计量且其变动计入其他综合收益的债券投资,其公允价值变动所产生的利得或损失。

2.主要业务类型

(1)购入债券投资。按照债券面值借记"其他债权投资——成本",按照支付价款(含交易费用)与面值的差额借记或贷记"其他债权投资——利息调整",支付价款中包含到期尚未支付的利息,应借记"应收利息"科目。

借:其他债权投资——成本(面值)
　　　　　　　　——应计利息
　　　　　　　　——利息调整(溢价时)
　或者:应收利息
　贷:银行存款
　　　其他债权投资——利息调整(折价时)

(2)持有期间会计处理。按照实际利率法,计算债券持有期间所获得的利息收入(投资收益);按照债券面值,计算会计当期应收利息(或应计利息);二者的差异作为"利息调整"的摊销额。

$$每期投资收益＝期初摊余成本×实际利率$$

借:其他债权投资——应计利息(票面利息)
　　其他债权投资——利息调整(折价前提下,一般倒挤在借方)
　贷:投资收益(期初债券的实际价值×实际利率)
　　　其他债权投资——利息调整(溢价前提下,一般倒挤在贷方)

(3)期末计价。资产负债表日根据债券的公允价值变动情况,借记或贷记"其他债权投资——公允价值变动",贷记或借记"其他综合收益"。

①增值时:

借:其他债权投资——公允价值变动
　贷:其他综合收益

②暂时贬值时:

借:其他综合收益
　贷:其他债权投资——公允价值变动

（4）出售债券。出售其他债权投资时，根据卖价和其他债权投资的账面价值差额确认投资收益，同时将"其他债权投资"的明细科目余额转出；将"其他综合收益"的累计金额转出至"投资收益"。

【例4-10】2017年1月1日，黄海公司支付价款1 000万元（含交易费用）从上海证券交易所购入A公司同日发行的5年期公司债券12 500份，债券票面价值总额为1 250万元，票面利率为4.72%，于年末支付本年度债券利息（即每年利息为59万元），本金在债券到期时一次性偿还。合同约定，该债券的发行方在遇到特定情况时可将债券赎回，且不需要为提前赎回支付额外款项。黄海公司在购买该债券时，预计发行方不会提前赎回。黄海公司根据其管理该债券的业务模式和该债券的合同现金流量特征，将该债券分类为以公允价值计量且其变动计入其他综合收益的金融资产。

其他资料如下：

（1）2017年12月31日，A公司债券的公允价值为1 200万元（不含利息）。

（2）2018年12月31日，A公司债券的公允价值为1 300万元（不含利息）。

（3）2019年12月31日，A公司债券的公允价值为1 250万元（不含利息）。

（4）2020年12月31日，A公司债券的公允价值为1 200万元（不含利息）。

（5）2021年1月20日，通过上海证券交易所出售了A公司债券12 500份，取得价款1 260万元。

假定不考虑所得税、减值损失等因素，计算该债券的实际利率r：

$$59/(1+r)^1 + 59/(1+r)^2 + \cdots + (59+1\ 250)/(1+r)^5 = 1\ 000$$

采用插值法，计算得出$r=10\%$。

实际利息和利息调整摊销额如表4-3所示。

表4-3　实际利息和利息调整摊销额计算表　　　　　　　　　单位：万元

计息日期	应收利息(1)	实际利息收入(2)=期初(4)×10%	利息调整(3)=(1)-(2)	摊余成本(4)=期初(4)-(3)	公允价值(5)	公允价值变动额(6)=(5)-(4)-期初(7)	公允价值变动累计金额(7)=期初(7)+(6)
2017年1月1日				1 000	1 000	0	0
2017年12月31日	59	100	−41	1 041	1 200	159	159
2018年12月31日	59	104	−45	1 086	1 300	55	214
2019年12月31日	59	109	−50	1 136	1 250	−100	114
2020年12月31日	59	113	−54	1 190	1 200	−104	10

甲公司的有关账务处理如下：

（1）2017年1月1日，购入A公司债券。

借：其他债权投资——成本　　　　　　　　12 500 000

　　贷：银行存款　　　　　　　　　　　　　10 000 000

　　　　其他债权投资——利息调整　　　　　2 500 000

（2）2017年12月31日，确认A公司债券实际利息收入，公允价值变动，收到债券利息。

借：应收利息　　　　　　　　　　　　　　590 000

　　其他债权投资——利息调整　　　　　　410 000

```
    贷:投资收益                                        1 000 000
借:银行存款                              590 000
    贷:应收利息                                          590 000
借:其他债权投资——公允价值变动               1 590 000
    贷:其他综合收益——其他债权投资公允价值变动       1 590 000
```

(3)2018 年 12 月 31 日,确认 A 公司债券实际利息收入,公允价值变动,收到债券利息。

```
借:应收利息                              590 000
    其他债权投资——利息调整               450 000
    贷:投资收益                                        1 040 000
借:银行存款                              590 000
    贷:应收利息                                          590 000
借:其他债权投资——公允价值变动                550 000
    贷:其他综合收益——其他债权投资公允价值变动         550 000
```

(4)2019 年 12 月 31 日,确认 A 公司债券实际利息收入,公允价值变动,收到债券利息。

```
借:应收利息                              590 000
    其他债权投资——利息调整               500 000
    贷:投资收益                                        1 090 000
借:银行存款                              590 000
    贷:应收利息                                          590 000
借:其他综合收益——其他债权投资公允价值变动    1 000 000
    贷:其他债权投资——公允价值变动                     1 000 000
```

(5)2020 年 12 月 31 日,确认 A 公司债券实际利息收入,公允价值变动,收到债券利息。

```
借:应收利息                              590 000
    其他债权投资——利息调整               540 000
    贷:投资收益                                        1 130 000
借:银行存款                              590 000
    贷:应收利息                                          590 000
借:其他综合收益——其他债权投资公允价值变动    1 040 000
    贷:其他债权投资——公允价值变动                     1 040 000
```

(6)2021 年 1 月 20 日,出售 A 公司债券,确认 A 公司债券实现的损益。

```
借:银行存款                             12 600 000
    其他债权投资——利息调整               600 000
    贷:其他债权投资——成本                            12 500 000
                ——公允价值变动                        100 000
        投资收益                                         600 000
```

A 公司债券的成本＝1 250(万元)

A 公司债券的利息调整余额＝－250＋41＋45＋50＋54＝－60(万元)

A 公司债券公允价值变动余额＝159＋55－100－104＝10(万元)

同时,应从其他综合收益中转出的公允价值累计金额为 10 万元。

```
借:其他综合收益——其他债权投资公允价值变动     100 000
    贷:投资收益                                         100 000
```

(二)以股票投资为例的以公允价值计量且其变动计入其他综合收益的金融资产会计处理

1. 应设置的科目

企业应当设置"其他权益工具投资"科目核算分类为以公允价值计量且其变动计入其他综合收益的股票投资;"应收股利"科目核算以公允价值计量且其变动计入其他综合收益的应收而未收到的股利;"其他综合收益"科目核算以公允价值计量且其变动计入其他综合收益的股票投资,其公允价值变动所产生的利得或损失。

2. 主要业务类型

(1)购入股票投资。按照股票买价(含交易费用)借记"其他权益工具投资——成本",其中含有已宣告但尚未发放的现金股利,则借记"应收股利"。会计业务处理如下:

借:其他权益工具投资——成本(买价－已宣告未发放的股利＋交易费用)
　　应收股利
　　贷:银行存款

(2)持有期间会计处理。持有期间,被投资方宣告发放股利,则借记"应收股利",贷记"投资收益";待收到应收股利以后,借记"银行存款",贷记"应收股利"。

(3)期末计价。资产负债表日根据债券的公允价值变动情况,借记或贷记"其他权益工具投资——公允价值变动",贷记或借记"其他综合收益"。

(4)出售股票。出售其他权益工具投资时,根据卖价和其他权益工具投资的账面价值差额确认其他综合收益,同时将"其他综合收益"的累计金额转出至"留存收益(盈余公积和利润分配)"。

借:银行存款
　　其他综合收益(持有期间公允价值的调整额可能列借方也可能列贷方)
　　贷:其他权益工具投资
　　　　盈余公积
　　　　利润分配——未分配利润

根据《企业会计准则第22号——金融工具确认和计量》第六十九条的规定,指定以公允价值计量且其变动计入其他综合收益的非交易性权益工具投资,除了获得的股利计入当期损益外,其他相关的利得和损失应当计入其他综合收益,且后续不得转入当期损益。当该金融资产终止确认时,之前计入其他综合收益的累计利得或损失应当从其他综合收益中转出,计入留存收益。

【例4-11】2019年5月6日,甲公司支付价款1 016万元(含交易费用1万元和已宣告发放现金股利15万元),购入乙公司发行的股票200万股,占乙公司有表决权股份的0.5%,甲公司将其指定为以公允价值计量且其变动计入其他综合收益的非交易性权益工具投资。

2019年5月10日,甲公司收到乙公司发放的现金股利15万元。

2019年6月30日,该股票市价为每股5.2元。

2019年12月31日,甲公司仍持有该股票,当日,该股票市价为每股5元。

2020年5月9日,乙公司宣告发放股利20万元。

2020年5月13日,甲公司收到乙公司发放的现金股利。

2020年5月20日,甲公司由于特殊原因,以每股4.9元的价格将持有股票全部转让。

假定不考虑其他因素,甲公司的账务处理如下:

（1）2019 年 5 月 6 日，购入股票。

借：应收股利　　　　　　　　　　　　　　　　　150 000
　　其他权益工具投资——成本　　　　　　　10 010 000
　　贷：银行存款　　　　　　　　　　　　　　　　　　10 160 000

（2）2019 年 5 月 10 日，收到现金股利。

借：银行存款　　　　　　　　　　　　　　　　　150 000
　　贷：应收股利　　　　　　　　　　　　　　　　　150 000

（3）2019 年 6 月 30 日，确认股票价格变动。

借：其他权益工具投资——公允价值变动　　　　　　　390 000
　　贷：其他综合收益——其他权益工具投资公允价值变动　　390 000

（4）2019 年 12 月 31 日，确认股票价格变动。

借：其他综合收益——其他权益工具投资公允价值变动　　400 000
　　贷：其他权益工具投资——公允价值变动　　　　　　400 000

（5）2020 年 5 月 9 日，确认应收股利。

借：应收股利　　　　　　　　　　　　　　　　　200 000
　　贷：投资收益　　　　　　　　　　　　　　　　　　200 000

（6）2020 年 5 月 13 日，确认收到现金股利。

借：银行存款　　　　　　　　　　　　　　　　　200 000
　　贷：应收股利　　　　　　　　　　　　　　　　　200 000

（7）2020 年 5 月 20 日，出售股票。

借：银行存款　　　　　　　　　　　　　　　　9 800 000
　　其他权益工具投资——公允价值变动　　　　　　　10 000
　　盈余公积——法定盈余公积　　　　　　　　　　20 000
　　利润分配——未分配利润　　　　　　　　　　180 000
　　贷：其他权益工具投资——成本　　　　　　　　　10 010 000
借：盈余公积——法定盈余公积　　　　　　　　　　1 000
　　利润分配——未分配利润　　　　　　　　　　　9 000
　　贷：其他综合收益——其他权益工具投资公允价值变动　　10 000

三、以公允价值计量且其变动计入当期损益的金融资产的会计处理

1. 应设置的科目

企业应当设置"交易性金融资产"科目核算以公允价值计量且其变动计入当期损益的金融资产。该科目下包括"成本""公允价值变动"两个二级明细科目。企业持有的直接指定为以公允价值计量且其变动计入当期损益的金融资产，也在该科目核算。其他相关科目包括"应收股利""公允价值变动损益"等科目。

2. 主要业务类型

（1）初始计量。交易性金融资产在初始计量时按照公允价值作为初始入账价值（即该金融资产的交易价值）。与该金融资产相关的交易费用计入当期损益，不计入金融资产初始计量成本中。

（2）后续计量。交易性金融资产在后续计量时，被投资方宣告发放的股利作为本期投资收益，借记"应收股利"，贷记"投资收益"。交易性金融资产在后续计量时，发生公允价值变动时，借记或贷记"交易性金融资产——公允价值变动"，贷记或借记"公允价值变动损益"。

（3）出售交易性金融资产。交易性金融资产在出售时，出售卖价和交易性金融资产账面价值的差额确认为投资收益。

【例 4-12】2019 年 1 月 1 日，甲公司从二级市场购入丙公司债券，支付价款合计 1 020 000 元（含已到付息期但尚未领取的利息 20 000 元），另发生交易费用 20 000 元。该债券面值 1 000 000 元，剩余期限为 2 年，票面利率为 4%。每半年付息一次。甲公司根据其管理该债券的业务模式和该债券的合同现金流量特征，将该债券分类为以公允价值计量且其变动计入当期损益的金融资产，其他资料如下：

（1）2019 年 1 月 5 日，收到丙公司债券 2018 年下半年利息 20 000 元。

（2）2019 年 6 月 30 日，丙公司债券公允价值为 1 150 000 元（不含利息）。

（3）2019 年 7 月 10 日，收到丙公司债券 2019 年上半年利息 20 000 元。

（4）2019 年 12 月 31 日，丙公司债券的公允价值为 1 100 000 元（不含利息）。

（5）2020 年 1 月 5 日，收到丙公司债券 2019 年下半年利息。

（6）2020 年 6 月 20 日，通过二级市场出售丙公司债券，取得价款 1 180 000 元（含 1 季度利息 10 000 元）。

假定不考虑其他因素，甲公司的账务处理如下：

（1）2019 年 1 月 1 日，从二级市场购入丙公司债券。

借：交易性金融资产——成本	1 000 000
应收利息	20 000
投资收益	20 000
贷：银行存款	1 040 000

（2）2019 年 1 月 5 日，收到该债券 2018 年下半年利息 20 000 元。

借：银行存款	20 000
贷：应收利息	20 000

（3）2019 年 6 月 30 日，确认丙公司债券公允价值变动和投资收益。

借：交易性金融资产——公允价值变动	150 000
贷：公允价值变动损益	150 000
借：应收利息	20 000
贷：投资收益	20 000

（4）2019 年 7 月 10 日，收到丙公司债券 2019 上半年利息。

借：银行存款	20 000
贷：应收利息	20 000

（5）2019 年 12 月 31 日，确认丙公司债券公允价值变动和投资收益。

借：公允价值变动损益	50 000
贷：交易性金融资产——公允价值变动	50 000
借：应收利息	20 000
贷：投资收益	20 000

（6）2020 年 1 月 5 日，收到丙公司债券 2019 年下半年利息。

借：银行存款	20 000
贷：应收利息	20 000

（7）2020 年 6 月 20 日，通过二级市场出售丙公司债券。

借：银行存款	1 180 000

　　贷:交易性金融资产——成本　　　　　　　　　　　　　　　1 000 000

　　　　　　　　　　——公允价值变动　　　　　　　　　　　　100 000

　　　　投资收益　　　　　　　　　　　　　　　　　　　　　　80 000

　　【例4-13】同例4-11相关资料,甲公司根据其管理乙公司股票的业务模式和乙公司股票的合同现金流量特征,将乙公司股票分类为以公允价值计量且其变动计入当期损益的金融资产,其中:2019年6月30日,该股票市价为每股5.2元;2019年12月31日乙公司股票市价为每股4.8元,其他资料不变。则甲公司应做如下账务处理:

　　(1)2019年5月6日,购入股票。

　　借:应收股利　　　　　　　　　　150 000

　　　交易性金融资产——成本　　　　1 000 000

　　　投资收益　　　　　　　　　　　10 000

　　　贷:银行存款　　　　　　　　　　　1 016 000

　　(2)2019年5月10日,收到现金股利。

　　借:银行存款　　　　　　　　　　150 000

　　　贷:应收股利　　　　　　　　　　　150 000

　　(3)2019年6月30日,确认股票价格变动。

　　借:交易性金融资产——公允价值变动　　　400 000

　　　贷:公允价值变动损益　　　　　　　　　　400 000

　　(4)2019年12月31日,确认股票价格变动。

　　借:公允价值变动损益　　　　　　　　　　800 000

　　　贷:交易性金融资产——公允价值变动　　　　800 000

　　(5)2020年5月9日,确认应收股利。

　　借:应收股利　　　　　　　　　　200 000

　　　贷:投资收益　　　　　　　　　　　200 000

　　(6)2020年5月13日,收到现金股利。

　　借:银行存款　　　　　　　　　　200 000

　　　贷:应收股利　　　　　　　　　　　200 000

　　(7)2020年5月20日,出售股票。

　　借:银行存款　　　　　　　　　　　9 800 000

　　　交易性金融资产——公允价值变动　　　400 000

　　　贷:交易性金融资产——成本　　　　　　　1 000 000

　　　　投资收益　　　　　　　　　　　　　　200 000

第四节　金融资产的重分类

一、金融资产重分类的原则

　　企业改变其管理金融资产的业务模式时,应当按照企业会计准则的规定对所有受影响的相关金融资产进行重分类。企业对金融资产进行重分类,应当自重分类日起采用未来适用法进行相关会计处理,不对以前已经确认的利得、损失(包括减值损失或利得)或利息进行追溯调整。

所谓重分类日,是指导致企业对金融资产进行重分类的业务模式发生变更后的首个报告期间的第一天。

例如,甲上市公司决定于 2020 年 3 月 22 日改变其管理某金融资产的业务模式,则重分类日为 2020 年 4 月 1 日(即下一个季度会计期间的期初);乙上市公司决定于 2020 年 10 月 15 日改变其管理某金融资产的业务模式,则重分类日为 2021 年 1 月 1 日。

以下情形不属于业务模式变更:

(1)企业持有特定金融资产的意图改变。企业即使在市场状况发生重大变化的情况下改变对特定资产的持有意图,也不属于业务模式变更。

(2)金融资产特定市场暂时性消失从而暂时影响金融资产出售。

(3)金融资产在企业具有不同业务模式的各部门之间转移。

需要注意的是,如果企业管理金融资产的业务模式没有发生变更,而金融资产的条款发生变更但未导致终止确认的,不允许重分类。如果金融资产条款发生变更导致金融资产终止确认的,不涉及重分类问题,企业应当终止确认原金融资产,同时按照变更后的条款确认一项新金融资产。

二、金融资产重分类的计量及其会计处理

1. 以摊余成本计量的金融资产的重分类

(1)企业将一项以摊余成本计量的金融资产重分类为以公允价值计量且其变动计入当期损益的金融资产的,应当按照该资产在重分类日的公允价值进行计量。原账面价值与公允价值之间的差额计入当期损益。

(2)企业将一项以摊余成本计量的金融资产重分类为以公允价值计量且其变动计入其他综合收益的金融资产的,应当按照该金融资产在重分类日的公允价值进行计量。原账面价值与公允价值之间的差额计入其他综合收益。该金融资产重分类不影响其实际利率和预期信用损失的计量。

【例 4-14】2019 年 10 月 15 日,甲银行以公允价值 500 000 元购入一项债券投资,并按规定将其分类为以摊余成本计量的金融资产,该债券的账面余额为 500 000 元。2020 年 10 月 15 日,甲银行变更了其管理债券投资组合的业务模式,其变更符合重分类的要求,因此,甲银行于 2021 年 1 月 1 日将该债券从以摊余成本计量重分类为以公允价值计量且其变动计入当期损益。2021 年 1 月 1 日,该债券的公允价值为 490 000 元,已确认的减值准备为 6 000 元。假设不考虑该债券的利息收入,甲银行的会计处理如下:

借:交易性金融资产　　　　　　　　　　490 000
　　债权投资减值准备　　　　　　　　　　6 000
　　公允价值变动损益　　　　　　　　　　4 000
　　贷:债权投资　　　　　　　　　　　　　　500 000

2. 以公允价值计量且其变动计入其他综合收益的金融资产的重分类

(1)企业将一项以公允价值计量且其变动计入其他综合收益的金融资产重分类为以摊余成本计量的金融资产的,应当将之前计入其他综合收益的累计利得或损失转出,调整该金融资产在重分类日的公允价值,并以调整后的金额作为新的账面价值,即视同该金融资产一直以摊余成本计量。该金融资产重分类不影响其实际利率和预期信用损失的计量。

（2）企业将一项以公允价值计量且其变动计入其他综合收益的金融资产重分类为以公允价值计量且其变动计入当期损益的金融资产的，应当继续以公允价值计量该金融资产。同时，企业应当将之前计入其他综合收益的累计利得或损失从其他综合收益转入当期损益。

【例4-15】2019年9月15日，甲银行以公允价值500 000元购入一项债券投资，并按规定将其分类为以公允价值计量且其变动计入其他综合收益的金融资产，该债券的账面余额为500 000元。2020年10月15日，甲银行变更了其管理债券投资组合的业务模式，其变更符合重分类的要求，因此，甲银行于2021年1月1日将该债券从以公允价值计量且其变动计入其他综合收益的金融资产重分类为以摊余成本计量的金融资产。2021年1月1日，该债券的公允价值为490 000元，已确认的减值准备为6 000元。假设不考虑利息收入，甲银行的会计处理如下：

借：债权投资　　　　　　　　　　　　　　　　500 000
　　其他债权投资——公允价值变动　　　　　　　 10 000
　　其他综合收益——信用减值准备　　　　　　　　6 000
　　贷：其他债权投资——成本　　　　　　　　　　　500 000
　　　　其他综合收益——其他债权投资公允价值变动　 10 000
　　　　债权投资减值准备　　　　　　　　　　　　　 6 000

3. 以公允价值计量且其变动计入当期损益的金融资产的重分类

（1）企业将一项以公允价值计量且其变动计入当期损益的金融资产重分类为以摊余成本计量的金融资产的，应当以其在重分类日的公允价值作为新的账面余额。

（2）企业将一项以公允价值计量且其变动计入当期损益的金融资产重分类为以公允价值计量且其变动计入其他综合收益的金融资产的，应当继续以公允价值计量该金融资产。

对以公允价值计量且其变动计入当期损益的金融资产进行重分类的，企业应当根据该金融资产在重分类日的公允价值确定其实际利率。同时，企业应当自重分类日起对该金融资产适用《企业会计准则第22号——金融工具确认和计量》关于金融资产减值的相关规定，并将重分类日视为初始确认日。

思考题

1. 金融资产分类的依据是什么？
2. 不同类别金融资产会计业务处理有什么不同？
3. 简述不同类别金融资产重分类的原则。
4. 什么是摊余成本？如何计算？

实务练习题

1. A公司于2019年1月1日从证券市场购入B公司2018年1月1日发行的债券，债券是5年期，票面年利率是5%，每年1月5日支付上年度的利息，到期日为2023年1月1日，到期日一次归还本金和最后一期的利息。A公司购入债券的面值为1 000万元，实际支付的价款是1 005.35万元，另外，支付相关的费用10万元，A公司购入以后将其划分为以摊余成本计量的金融资产，购入债券的实际利率为6%，假定按年计提利息。2019年12月31日，B公司发生财务困难，该债券的预计未来现金流量的现值为930万元（不属于暂时性的公允价值变动）。

2020年1月2日,A公司将该以摊余成本计量的金融资产重分类为以公允价值计量且其变动计入其他综合收益的金融资产,且其公允价值为925万元。

2020年2月20日 A公司以890万元的价格出售所持有的 B公司债券。

其他资料:A公司按10%提取盈余公积,不考虑其他因素。

要求:

(1)编制2019年1月1日A公司购入债券时的会计分录。

(2)编制2019年1月5日收到利息时的会计分录。

(3)编制2019年12月31日确认利息收入的会计分录。

(4)计算2019年12月31日应计提的减值准备的金额,并编制相应的会计分录。

(5)编制2020年1月2日以摊余成本计量的金融资产重分类为以公允价值计量且其变动计入其他综合收益的金融资产的会计分录。

(6)编制2020年2月20日出售债券的会计分录。

2.甲企业系上市公司,按年对外提供财务报表。企业有关金融资产投资资料如下:

(1)2018年3月6日,甲企业以赚取差价为目的从二级市场购入X公司股票100万股,直接指定为以公允价值计量且其变动计入当期损益的金融资产,取得时公允价值为每股5.2元,每股含已宣告但尚未发放的现金股利0.2元,另支付交易费用5万元,全部价款以银行存款支付。

(2)2018年3月16日,收到购买价款中所含现金股利。

(3)2018年12月31日,该股票公允价值为每股4.5元。

(4)2019年2月21日,X公司宣告每股发放现金股利0.3元。

(5)2019年3月21日,收到现金股利。

(6)2019年12月31日,该股票公允价值为每股5.3元。

(7)2020年3月16日,将该股票全部处置,每股5.1元,交易费用为5万元。

要求:编制有关交易性金融资产的会计分录。

即测即评　　　　延伸阅读

第五章
长期股权投资

学习目标

通过本章的学习,掌握长期股权投资的初始计量和后续计量;了解成本法和权益法的适用条件及各自的会计核算方法;理解长期股权投资的处置及转换的核算;掌握长期股权投资的期末计量。

引导案例

2019 年 8 月 30 日,钱江水利开发股份有限公司(以下简称钱江水利公司)对外公布半年报,该公司上半年实现营业收入 54 927.59 万元,较上年同期 50 039.83 万元同比增长9.77%,但净利润亏损 1 533.70 万元,较上年同期归属于母公司净利润 5 922.42 万元同比减少了126.23%。为何下降如此之多?

钱江水利公司自 2019 年 1 月 1 日起执行新金融工具准则,对参股子公司天堂硅谷资产管理集团有限公司(以下简称天堂硅谷公司)采用权益法核算。2019 年半年度亏损的主要原因,系公司权益法核算的参股子公司天堂硅谷公司本期实现的净利润较上年同期大幅度下降、公司按照持股比例确认的投资收益下降所致。因天堂硅谷公司投资持有康美药业股份,并按新金融工具准则的要求,将其作为"以公允价值计量且其变动计入当期损益的金融资产"进行确认和计量,在 2019 年半年报中确认了因康美药业股价大幅下跌导致的公允价值变动损失,天堂硅谷公司 2019 年半年度实现归属于母公司净利润为 -19 412.36 万元,较上年同期实现归属于母公司净利润 9 140.24 万元同比下降了 312%,相应地钱江水利公司按其在天堂硅谷持股比例 27.90%,确认对天堂硅谷的投资收益也同比下降。

资料来源:钱江水利开发股份有限公司 2019 半年度报告摘要[N].证券时报,2019 - 08 - 30(B69).

思考:

为什么不同长期股权投资后续计量方法不同,对公司的投资收益会产生重要影响?

第一节　长期股权投资概述

一、长期股权投资的含义

投资是企业为了获得收益或实现资本增值向被投资单位投放资金的经济行为。企业对外进行的投资,可以有不同的分类。从性质上划分,可以分为债权性投资与权益性投资等。长期股权投资属于权益性投资,按照对被投资单位的影响程度划分,分为对子公司投资、对合营企业投资和对联营企业投资等。在这三种投资形式中,投资企业和被投资企业之间形成了控制、共同控制和重大影响的关系。

二、长期股权投资的核算范围

股权投资按照投资方在投资后对被投资单位能够施加影响的程度分为两类:①投资企业能够对被投资单位实施控制、共同控制或重大影响的权益性投资,应执行《企业会计准则第2号——长期股权投资》;②对被投资单位不具有控制、共同控制或重大影响的权益性投资,应执行《企业会计准则第22号——金融工具确认和计量》。

长期股权投资的核算范围具体如下。

(一)对子公司的投资

对子公司的投资,是指投资方持有的能够对被投资单位施加控制的股权投资。所谓控制,是指投资方拥有对被投资方的权力,通过参与被投资方的相关活动而享有可变回报,并且有能力运用对被投资方的权力影响其回报金额。控制的定义包含三项基本要素:一是投资方拥有对被投资方的权力;二是因参与被投资方的相关活动而享有可变回报;三是有能力运用对被投资方的权力影响其回报金额。在判断投资方是否能够控制被投资方时,当且仅当投资方具备上述三要素时,才能表明投资方能够控制被投资方。

投资方在判断是否拥有对被投资方的权力时,应当仅考虑与被投资方相关的实质性权利。所谓实质性权利是持有人在对相关活动进行决策时有实际能力行使的可执行权利。

一般来说,企业拥有下列实质性权利之一,可以视为对被投资企业控制:

(1)投资方拥有半数以上表决权。表决权是对被投资方经营计划、投资方案、年度财务预算方案和决算方案、利润分配方案和弥补亏损方案、内部管理机构的设置、聘任或解聘公司经理及确定其报酬、公司的基本管理制度等事项进行表决而持有的权利。

(2)投资方持有被投资方半数或以下表决权,但通过与其他表决权持有人之间的协议能够控制半数以上表决权。

(3)持有半数或半数以下表决权的投资方(或者虽持有半数以上表决权,但表决权比例仍不足以主导被投资方相关活动的投资方),应考虑投资方持有的表决权份额相对于其他投资方持有的表决权份额的大小,以及其他投资方持有表决权的分散程度。投资方持有的绝对表决权比例或相对于其他投资方持有的表决权比例越高,其现时能够主导被投资方相关活动的可能性越大。

(4)如果根据上述第(1)至(3)项所列因素尚不足以判断投资方是否控制被投资方,应综合考虑投资方享有的权利及下列事实或情况进行判断:

①投资方是否能够任命或批准被投资方的关键管理人员,这些关键管理人员能够主导被投资方的相关活动。

②投资方是否能够出于自身利益决定或者否决被投资方的重大交易。

③投资方是否能够控制被投资方董事会等类似权力机构成员的任命程序,或者从其他表决权持有人手中获得代理投票权。

④投资方与被投资方的关键管理人员或董事会等类似权力机构中的多数成员是否存在关联关系(例如,被投资方首席执行官与投资方首席执行官为同一人)。

(二)对联营企业的投资

对联营企业的投资,是指投资方能够对被投资单位施加重大影响的股权投资。所谓重大影响,是指对一个企业的财务和经营政策有参与决策的权力,但并不能够控制或者与其他方一起共同控制这些政策的制定。较为常见的重大影响体现为在被投资单位的董事会或类似权力机构中派有代表,通过在被投资单位财务和经营决策制定过程中的发言权实施重大影响。投资方直接或通过子公司间接持有被投资单位20%以上但低于50%的表决权时,一般认为对被投资单位具有重大影响。

企业通常可以通过以下一种或几种情形来判断是否对被投资单位具有重大影响:

(1)在被投资单位的董事会或类似权力机构中派有代表。在这种情况下,由于在被投资单位的董事会或类似权力机构中派有代表,并相应享有实质性的参与决策权,投资方可以通过该代表参与被投资单位财务和经营政策的制定,达到对被投资单位施加重大影响。

(2)参与被投资单位财务和经营政策制定过程。这种情况下,在制定政策过程中可以为其自身利益提出建议和意见,从而可以对被投资单位施加重大影响。

(3)与被投资单位之间发生重要交易。有关的交易因对被投资单位的日常经营具有重要性,进而一定程度上可以影响到被投资单位的生产经营决策。

(4)向被投资单位派出管理人员。在这种情况下,管理人员有权力主导被投资单位的相关活动,从而能够对被投资单位施加重大影响。

(5)向被投资单位提供关键技术资料。因被投资单位的生产经营需要依赖投资方的技术或技术资料,表明投资方对被投资单位具有重大影响。

【例5-1】2020年2月,甲公司取得长江公司15%股权。按照投资协议约定,甲公司在成为长江公司股东后,向长江公司董事会派出1名成员,参与长江公司的财务与生产经营决策。董事会成员有5名,有关决策在提交董事会讨论后,以简单多数表决通过。甲公司对长江公司的股权投资如何进行核算?

甲公司尽管只有1票表决权,但按照企业会计准则要求,能够对重大事项的通过发挥其重大影响力,该项投资应作为长期股权投资核算。

(三)对合营企业的投资

对合营企业的投资,往往是指投资方通过与其他方共同出资设立被投资单位,或是通过购买等方式取得对被投资单位的投资,能够与其他方一并对被投资单位实施共同控制。所谓共同控制,是指按照相关约定对某项安排所共有的控制,并且该安排的相关活动必须经过分享控制权的参与方一致同意后才能决策。

第二节 长期股权投资的初始计量

一、对子公司投资的初始计量

投资方对子公司投资形成的长期股权投资,构成了投资方与被投资方的控股合并关系。该控股合并关系分为同一控制下的控股合并和非同一控制下的控股合并。以下分别按照两种形式来确定对子公司投资的长期股权投资的初始投资成本。

(一)同一控制下的控股合并形成的对子公司长期股权投资

1.同一控制下的控股合并的含义

同一控制下的控股合并是指参与合并的企业在合并前后均受同一方或相同的多方最终控制,且该控制并非是暂时性的。

根据同一控制下的控股合并含义,参与合并各方在合并前及合并后均在最终控股方的控制下,且合并以后,控制的时间不少于一年。

2.同一控制下的控股合并形成的对子公司长期股权投资的初始计量

(1)投资方以支付现金、转让非现金资产或承担债务方式作为合并对价的,取得被投资方的股权(控股权),投资方应在合并日按取得被合并方所有者权益在最终控制方合并财务报表中的账面价值的份额,借记"长期股权投资——投资成本"科目,按支付的货币资金、转出的非现金资产或承担债务的账面价值,贷记或借记相应的资产科目或负债科目。长期股权投资的初始投资成本与支付的现金、转让的非现金资产及所承担债务账面价值之间的差额,应当贷记"资本公积——资本溢价或股本溢价"科目;如为借方差额,借记"资本公积——资本溢价或股本溢价"科目,资本公积(资本溢价或股本溢价)不足冲减的,应依次借记"盈余公积""利润分配——未分配利润"科目。

(2)合并方以发行权益性证券作为合并对价的,取得被投资方的股权(控股权),合并方应当在合并日按照被合并方所有者权益在最终控制方合并财务报表上账面价值的份额,借记"长期股权投资——投资成本"科目,按照发行股份的面值总额,贷记"股本";按其差额,贷记"资本公积——资本溢价或股本溢价";如为借方差额,借记"资本公积——资本溢价或股本溢价"科目,资本公积(资本溢价或股本溢价)不足冲减的,应依次借记"盈余公积""利润分配——未分配利润"科目。

(3)企业合并过程中发生的各项直接相关费用处理。企业合并过程中所发生的各项直接费用包括合并方发生的审计、法律服务、评估咨询等中介费用以及其他相关管理费用,于发生时计入当期损益。

与发行权益性工具作为合并对价直接相关的交易费用,应当冲减资本公积(资本溢价或股本溢价),资本公积(资本溢价或股本溢价)不足冲减的,依次冲减盈余公积和未分配利润。

与发行债务性工具作为合并对价直接相关的交易费用,应当计入债务性工具的初始确认金额。

【例5-2】2020年6月30日,甲公司向同一集团内S公司的原股东A公司定向增发1 000万股普通股(每股面值为1元,市价为8.68元),取得S公司100%的股权,相关手续于当日完成,并能够对S公司实施控制。合并后S公司仍维持其独立法人资格继续经营。S公司之前为A公司于2019年以非同一控制下企业合并的方式收购的全资子公司。合并日,S公司财务报表中净资产的账面价值为2 200万元,A公司合并财务报表中S公司净资产账面价值为4 000万元(含商誉500万元)。假定甲公司和S公司都受A公司同一控制。不考虑相关税费等其他因素影响。

问题:甲公司应如何确认对S公司长期股权投资的成本及其会计处理?

本例中,甲公司在合并日应确认对S公司的长期股权投资,初始投资成本为应享有S公司在A公司合并财务报表中的净资产账面价值的份额及相关商誉,甲公司对S公司长期股权按投资为4 000万元(4 000万元×100%),会计处理如下:

借:长期股权投资——投资成本　　　　40 000 000
　贷:股本　　　　　　　　　　　　　　10 000 000
　　资本公积——股本溢价　　　　　　30 000 000

【例5-3】甲公司于2020年4月1日向其母公司(P公司)取得B公司100%的股权并能够对B公司实施控制。该项交易中,以2019年12月31日为评估基准日,B公司全部股权经评估确定的价值为 15 亿元,其个别财务报表中净资产账面价值为 6.4 亿元。2020 年 4 月 1 日,B 公司在其母公司合并报表中净资产账面价值为 9.2 亿元。甲公司用以支付购买 B 公司股权的对价为其账面持有的一项土地使用权,成本为 7 亿元,已摊销 1.5 亿元,评估价值为 10 亿元。同时该项交易中甲公司另支付现金 5 亿元。当日,甲公司账面所有者权益项目构成为:股本 6 亿元,资本公积 3.6 亿元,盈余公积 2.4 亿元,未分配利润 8 亿元。

问题:甲公司应如何确认对 B 公司长期股权投资的成本及其会计处理?

本例中,甲公司对 B 公司的合并属于同一控制下企业合并。按照会计准则规定,该类合并中投资方应当按照合并取得时被合并方所有者权益在最终控制方合并财务报表中的账面价值的份额确认对被合并方的长期股权投资。

对 B 公司取得长期股权投资为 9.2 亿元,甲公司的会计处理如下:

借:长期股权投资——投资成本   920 000 000
  累计摊销   150 000 000
  资本公积——股本溢价   130 000 000
 贷:无形资产   700 000 000
  银行存款   500 000 000

本例中应当注意以下问题:

一是甲公司取得对 B 公司长期股权投资,应以所取得 B 公司在最终控制方 P 公司的账面价值 9.2 亿元为基础确定。

二是在确认长期股权投资时,对于合并方为取得该项投资支付的对价应以账面价值结转。无论其公允价值和账面价值是否形同,均不确认损益。

三是取得长期股权投资的入账价值与所支付对价账面价值之间的差额冲减资本公积,资本公积不足,冲减盈余公积和未分配利润。在本例中,甲公司的资本公积的余额是充足的。

(二)非同一控制下的控股合并形成的对子公司长期股权投资

不属于同一控制下的控股合并,便归为非同一控制下的控股合并。由此而产生的长期股权投资应该按照市场原则处理。长期股权投资的初始投资成本应当以购买方付出的资产、发生或承担的负债、发行的权益性工具或债务性工具的公允价值之和计量。

为企业合并发生的审计、法律服务、评估咨询等中介费用以及其他相关管理费用,应于发生时计入当期损益;购买方作为合并对价发行的权益性工具或债务性工具的交易费用,应当计入权益性工具或债务性工具的初始确认金额。

1. 合并方在合并日以支付货币资金的方式取得被合并方的股权

企业在合并日以支付的货币资金作为初始投资成本,借记"长期股权投资——投资成本"科目,贷记"银行存款"科目。购买方支付的价款中如果包含了已宣告但尚未支付的股利,不计入长期股权投资成本,记入"应收股利"科目。

2. 合并方在合并日以非现金资产的方式取得被合并方的股权

企业以非现金资产取得被合并方的股权,非现金资产包括商品、原材料、固定资产等资产,按照付出的非现金资产的公允价值之和作为长期股权投资的初始投资成本,借记"长期股权投资——投资成本"科目;按照非现金资产的公允价值,贷记"主营业务收入"或"其他业务收入""应交税费——应交增值税(销项税额)""固定资产清理"科目;同时结转非现金资产成本,非现金资产的公允价值和账面价值的差额记入当期损益。

3. 合并方以发行股票或承债方式取得被合并方的股权

企业在合并日按照发行股票的公允价值作为长期股权投资的初始投资成本,借记"长期股权投资——投资成本"科目;按照发行股份的面值总额作为股本,贷记"股本"科目;按照长期股权投资的初始投资成本与所发行的股份面值总额之间的差额,贷记"资本公积——股本溢价"科目。

企业按照承担债务方式取得被合并方股权,应按照承担债务额公允价值作为长期股权投资的初始投资成本,借记"长期股权投资——投资成本"科目,贷记有关负债科目。

4. 企业合并过程中发生的各项直接相关费用处理

企业合并过程中发生的各项直接相关费用处理与同一控制下企业合并的直接费用处理完全一样。

【例5-4】A公司于2020年3月31日取得B公司70%的股权,为核实B公司的资产价值,A公司聘请专业资产评估机构对B公司的资产进行评估,支付评估费用300万元。合并中,A公司支付的有关资产在购买日的账面价值与公允价值如表5-1所示。

表5-1　2020年3月31日　　　　　　　　　　　　　　单位:万元

项目	账面价值	公允价值
土地使用权(自用)	6 000	9 600
专利技术	2 400	3 000
银行存款	2 400	2 400
合计	10 800	15 000

假定合并前A公司和B公司不存在任何的关联方关系,A公司用作合并对价土地使用权和专利技术原价为9 600万元,至控股合并发生时已累计摊销1 200万元。

分析:本例中因A公司与B公司在合并前不存在任何关联关系,应作为非同一控制下的控股合并处理。

A公司对于控股合并形成的对B公司的长期股权,应按确定的企业合并成本作为其初始投资成本。A公司应进行如下的账务处理:

借:长期股权投资——投资成本　150 000 000
　　累计摊销　12 000 000
　　贷:无形资产　96 000 000
　　　银行存款　24 000 000
　　　资产处置损益　42 000 000
借:管理费用　3 000 000
　　贷:银行存款　3 000 0000

二、对联营投资和合营投资的初始计量

对联营企业和合营企业投资,取得长期股权投资的初始投资成本应遵循以下规定。

1. 以支付现金取得长期股权投资

以支付现金取得长期股权投资的,应当按照实际应支付的购买价款作为初始投资成本,包括购买过程中支付的手续费等必要支出,但所支付价款中包含的被投资单位已宣告但尚未发放的现金股利或利润作为应收项目核算,不构成取得长期股权投资的成本。

【例5-5】2020年2月10日,甲公司自公开市场中买入乙公司20%的股份,实际支付价款16 000万元,支付手续费等相关费用400万元,并于同日完成了相关手续。甲公司取得该

部分股权后能够对乙公司施加重大影响。不考虑相关税费等其他因素影响。甲公司应当按照实际支付的购买价款及相关交易费用作为取得长期股权投资的成本,有关会计处理如下:

借:长期股权投资——投资成本　　　　　164 000 000
　　贷:银行存款　　　　　　　　　　　　　　　164 000 000

2.以发行权益性证券取得长期股权投资

以发行权益性证券取得长期股权投资的,应当按照所发行证券的公允价值作为初始投资成本,但不包括应自被投资单位收取的已宣告但尚未发放的现金股利或利润。投资方通过发行权益性证券(权益性工具)取得长期股权投资的,所发行工具的公允价值,应按《企业会计准则第39号——公允价值计量》等相关准则确定。为发行权益性工具支付给有关证券承销机构等的手续费、佣金等与工具发行直接相关的费用,不构成取得长期股权投资的成本。该部分费用应自所发行证券的溢价发行收入中扣除,溢价收入不足冲减的,应依次冲减盈余公积和未分配利润。

【例 5-6】2020 年 3 月,A 公司通过增发 6 000 万股普通股(面值 1 元/股),从非关联方处取得 B 公司 20% 的股权,所增发股份的公允价值为 10 400 万元。为增发该部分股份,A 公司向证券承销机构支付了 400 万元的佣金和手续费。相关手续于增发当日完成。假定 A 公司取得该部分股权后能够对 B 公司施加重大影响。B 公司 20% 股权的公允价值与 A 公司增发股份的公允价值不存在重大差异。不考虑相关税费等其他因素影响。

本例中,由于 B 公司 20% 股权的公允价值与 A 公司增发股份的公允价值不存在重大差异,A 公司应当以所发行股份的公允价值作为取得长期股权投资的初始投资成本,有关会计处理如下:

借:长期股权投资——投资成本　　104 000 000
　　贷:股本　　　　　　　　　　　　　　60 000 000
　　　资本公积——股本溢价　　　　　44 000 000

发行权益性证券过程中支付的佣金和手续费,应冲减权益性证券的溢价发行收入,会计处理如下:

借:资本公积——股本溢价　　　　4 000 000
　　贷:银行存款　　　　　　　　　　　4 000 000

3.以债务重组、非货币性资产交换等方式取得的长期股权投资

以债务重组、非货币性资产交换等方式取得的长期股权投资,其股权投资成本按照《企业会计准则第12号——债务重组》和《企业会计准则第7号——非货币性资产交换》的规定确定。

第三节　长期股权投资的后续计量

投资企业在持有长期股权投资期间,应当根据对被投资单位能够施加影响的程度进行划分,在投资企业个别财务报表中分别采用成本法及权益法进行核算。对子公司的长期股权投资后续计量采用成本法核算;对合营企业和联营企业的长期股权投资采用权益法核算。

一、成本法

成本法适用于投资方对被投资单位实施控制的长期股权投资的后续计量。其基本原理是按照长期股权投资的取得成本计量,持有过程中除发生减值等情况外,对其账面价值不予调整。采用成本法核算的长期股权投资,具体核算方法如下:

(1)初始投资或追加投资时,按照初始投资或追加投资时的成本增加长期股权投资的账面价值。

(2)除取得投资时实际支付的价款或对价中包含已宣告但尚未发放的现金股利或利润外,投资方应当按照享有被投资单位宣告发放的现金股利或利润确认投资收益,不管该项利润分配是属于取得投资前还是取得投资后被投资单位实现净利润的分配。

【例5-7】2019年1月,甲公司自非关联方处以现金800万元取得对乙公司60%的股权,相关手续于当日完成,并能够对乙公司实施控制。2020年3月,乙公司宣告分派现金股利,甲公司按其持股比例可取得10万元。不考虑相关税费等其他因素影响。甲公司的有关会计处理如下:

2019年1月:

借:长期股权投资——投资成本 　　　　　　8 000 000

　　贷:银行存款 　　　　　　　　　　　　　　8 000 000

2020年3月:

借:应收股利 　　　　　　　　　　　　　　100 000

　　贷:投资收益 　　　　　　　　　　　　　　100 000

(3)企业按照上述规定确认自被投资单位应分得的现金股利或利润后,应当考虑长期股权投资是否发生减值。在判断该类长期股权投资是否存在减值迹象时,应当关注长期股权投资的账面价值是否大于享有被投资单位净资产(包括相关商誉)账面价值的份额等类似情况。出现类似情况时,企业应当按照《企业会计准则第8号——资产减值》对长期股权投资进行减值测试,可收回金额低于长期股权投资账面价值的,应当计提减值准备。

二、权益法

(一)权益法的适用范围及科目设置

1. 权益法的含义及适用范围

权益法是指长期股权投资在持有期间,需要根据被投资单位所有者权益的变动,投资方按照应享有的被投资单位所有者权益的份额调整其账面价值的方法。权益法适用于对合营企业和联营企业的长期股权投资后续计量。

2. 权益法核算下科目设置

企业所有者权益包括股本(实收资本)、资本公积、其他综合收益、盈余公积、未分配利润。采用权益法核算,在"长期股权投资"科目下应当设置"投资成本""损益调整""其他综合收益""其他权益变动"明细科目。

(1)"投资成本"明细科目,反映长期股权投资的初始投资成本。

(2)"损益调整"明细科目,反映投资方应享有或应分担被投资单位实现的净损益的份额,以及被投资单位分派的现金股利或利润中投资方应获得的份额。

(3)"其他综合收益"明细科目,反映投资方应享有被投资单位其他综合收益发生变动的份额。

(4)"其他权益变动"明细科目,反映投资方应享有被投资单位除净损益和其他综合收益以外的所有者权益的其他变动中应由被投资单位享有或承担的份额。

(二)权益法核算的会计处理

长期股权投资权益法核算主要包括四大部分,分别是长期股权投资的初始投资成本调整、按照应享有或分担的被投资单位净利润或净亏损份额确认投资收益、被投资单位分配股利、被投资单位除损益以外所有权益份额变动对投资方长期股权投资影响的核算。

1.初始投资成本的调整

投资方取得对联营企业或合营企业的投资以后,对于取得投资时初始投资成本与应享有被投资单位可辨认净资产公允价值份额之间的差额,应区别情况处理。

(1)初始投资成本大于取得投资时应享有被投资单位可辨认净资产公允价值份额的,该部分差额是投资方在取得投资过程中通过作价体现出的与所取得股权份额相对应的商誉价值,这种情况下不要求对长期股权投资的成本进行调整。

(2)初始投资成本小于取得投资时应享有被投资单位可辨认净资产公允价值份额的,两者之间的差额体现为双方在交易作价过程中转让方的让步,该部分经济利益流入应计入取得投资当期的营业外收入,同时调整增加长期股权投资的账面价值。

【例5-8】2020年1月,A公司取得B公司30%的股权,支付价款6 000万元。取得投资时,被投资单位净资产账面价值为15 000万元(假定被投资单位各项可辨认净资产的公允价值与其账面价值相同)。A公司在取得B公司的股权后,能够对B公司施加重大影响。不考虑相关税费等其他因素影响。本例中,应对该投资采用权益法核算。取得投资时,A公司有关会计处理如下:

借:长期股权投资——投资成本　　　　　　　60 000 000

　　贷:银行存款　　　　　　　　　　　　　　　60 000 000

长期股权投资的初始投资成本6 000万元大于取得投资时应享有被投资单位可辨认净资产公允价值的份额4 500万元(15 000×30%),该差额1 500万元不调整长期股权投资的账面价值。

假定本例中取得投资时被投资单位可辨认净资产的公允价值为24 000万元,A公司按持股比例30%计算确定应享有7 200万元,则初始投资成本与应享有被投资单位可辨认净资产公允价值份额之间的差额1 200万元应计入取得投资当期的营业外收入。有关会计处理如下:

借:长期股权投资——投资成本　　　　　　　72 000 000

　　贷:银行存款　　　　　　　　　　　　　　　60 000 000

　　　　营业外收入　　　　　　　　　　　　　　12 000 000

2.投资损益的调整

对于因被投资单位实现净损益而产生的所有者权益的变动,投资方应当按照应享有的份额,增加或减少长期股权投资的账面价值,同时确认投资损益。

采用权益法核算的长期股权投资,在确认应享有(或分担)被投资单位的净利润(或净亏损)时,在被投资单位账面净利润的基础上,应考虑以下因素的影响进行适当调整:

(1)被投资单位采用的会计政策和会计期间与投资方不一致的,应按投资方的会计政策和会计期间对被投资单位的财务报表进行调整,在此基础上确定被投资单位的损益。权益法将投资方与被投资单位作为一个整体对待。作为一个整体其所产生的损益,应当在一致的会计政策基础上确定。被投资单位采用的会计政策与投资方不同的,投资方应当根据重要性原则,按照本企业的会计政策对被投资单位的损益进行调整。

(2)取得投资时,需要对以账面价值为基础计提折旧或摊销的被投资单位净利润进行调整,体现被投资单位固定资产、无形资产按照公允价值重估而产生的影响。被投资单位利润表中的净利润是以其持有的资产、负债账面价值为基础持续计算的,而投资方在取得投资时,是以被投资单位有关资产、负债的公允价值为基础确定投资成本的,取得投资后应确认的投资收益代表的是被投资单位资产、负债在公允价值计量的情况下在未来期间通过经营产生的损益中归属于投资方的部分。投资方取得投资时,被投资单位有关资产、负债的公允价值与其账面价值不同的,未来期间,在计算归属于投资方应享有的净利润或应承担的净亏损时,应考虑被投资单位计提的折旧额、摊销额以及资产减值准备金额等进行调整。

(3)投资企业按照被投资单位经过调整的净损益份额,借记"长期股权投资——损益调整",贷记"投资收益"。

【例5-9】 2020年1月10日,甲公司购入乙公司30%的股份,购买价款为2 200万元,自取得投资之日起能够对乙公司施加重大影响。取得投资当日,乙公司可辨认净资产公允价值为6 000万元,除表5-2所列项目外,乙公司其他资产、负债的公允价值与账面价值相同。

表5-2 乙公司部分项目

项目	账面原价 /万元	已提折旧或摊销 /万元	公允价值 /万元	乙公司预计使用年限 /年	甲公司取得投资后剩余年限 /年
存货	500		700		
固定资产	1 200	240	1 600	20	16
无形资产	700	140	800	10	8
小计	2 400	380	3 100		

假定乙公司于2020年实现净利润600万元,其中在甲公司取得投资时的账面存货有80%对外出售。甲公司与乙公司的会计年度及采用的会计政策相同。固定资产、无形资产等均按直线法提取折旧或摊销,预计净残值均为0。假定甲、乙公司间未发生其他任何内部交易。2020年12月31日,甲公司在确定其应享有的投资收益时,应在乙公司实现净利润的基础上,根据取得投资时乙公司有关资产的账面价值与其公允价值差额的影响进行调整(假定不考虑所得税及其他税费等因素影响):

存货账面价值与公允价值的差额应调减的利润为160万元[(700-500)×80%]。

固定资产公允价值与账面价值差额应调整增加的折旧额为40万元(1 600/16-1 200/20)。

无形资产公允价值与账面价值差额应调整增加的摊销额为30万元(800/8-700/10)。

调整后的净利润为370万元(600-160-40-30)。

甲公司应享有份额为111万元(370×30%),确认投资收益的相关会计处理如下:

借:长期股权投资——损益调整 1 110 000
　　贷:投资收益 1 110 000

(4)内部交易未实现利润的调整。对于投资方或纳入投资方合并财务报表范围的子公司与其联营企业及合营企业之间发生的未实现内部交易损益应予抵销。即投资方与联营企业及合营企业之间发生的未实现内部交易损益,按照应享有的比例计算归属于投资方的部分,应当予以抵销,在此基础上确认投资损益。

内部交易未实现利润的调整,应当分顺流交易和逆流交易进行会计处理。顺流交易是指投资方向其联营企业或合营企业投出或出售资产。逆流交易是指联营企业或合营企业向投资方出售资产。未实现内部交易损益体现在投资方或其联营企业、合营企业持有的资产账面价值中的,在计算确认投资损益时应予抵销。

①对于投资方向联营企业或合营企业投出或出售资产的顺流交易,在该交易存在未实现内部交易损益的情况下(即有关资产未对外部独立第三方出售或未被消耗),投资方在采用权益法计算确认应享有联营企业或合营企业的投资损益时,应抵销该未实现内部交易损益的影

响,同时调整对联营企业或合营企业长期股权投资的账面价值;投资方因投出或出售资产给其联营企业或合营企业而产生的损益中,应仅限于确认归属于联营企业或合营企业其他投资方的部分。即在顺流交易中,投资方出售资产给其联营企业或合营企业产生的损益,按照应享有比例计算确定归属于本企业的部分不予确认。

【例5-10】2020年1月,甲公司取得了乙公司20%有表决权的股份,能够对乙公司施加重大影响。2020年11月,甲公司将其账面价值为600万元的商品以900万元的价格出售给乙公司,乙公司将取得的商品作为管理用固定资产,预计使用寿命为10年,净残值为0。假定甲公司取得该项投资时,乙公司各项可辨认资产、负债的公允价值与其账面价值相同,两者在以前期间未发生过内部交易。乙公司2020年实现净利润1 000万元。不考虑所得税及其他相关税费等因素影响。

本例中,甲公司在该项交易中实现利润300万元,其中的60万元(300×20%)是针对本公司持有的对联营企业的权益份额,在采用权益法计算确认投资损益时应予抵销,同时应考虑相关固定资产折旧对损益的影响,即甲公司应当进行以下会计处理:

借:长期股权投资——损益调整　　　1 405 000[(10 000 000-3 000 000+25 000)×20%]
　　贷:投资收益　　　　　　　　　　1 405 000

②对于联营企业或合营企业向投资方投出或出售资产的逆流交易,比照上述顺流交易处理。

3.被投资单位发放现金股利

权益法下,投资方取得被投资单位分派的现金股利或利润,视为投资成本的收回,应抵减长期股权投资的账面价值。在被投资单位宣告分派现金股利或利润时,借记"应收股利"科目,贷记"长期股权投资——损益调整"科目。

4.被投资单位其他综合收益变动的处理

权益法下,被投资单位其他综合收益发生变动而产生的所有者权益变动,投资方应当按照归属于本企业的部分,相应调整长期股权投资的账面价值,同时增加或减少其他综合收益。

【例5-11】A企业持有B企业30%的股份,能够对B企业施加重大影响。当期B企业因持有公允价值计量且其变动计入其他综合收益的金融资产金额为1 200万元,除该事项外,B企业当期实现的净损益为6 400万元。

假定A企业与B企业适用的会计政策、会计期间相同,投资时B企业各项可辨认资产、负债的公允价值与其账面价值亦相同。双方在当期及以前期间未发生任何内部交易。不考虑所得税影响因素。

A企业在确认应享有被投资单位所有者权益的变动时,进行以下会计处理:

借:长期股权投资——损益调整　　　19 200 000
　　　　　　　　　——其他综合收益　　3 600 000
　　贷:投资收益　　　　　　　　　　　19 200 000
　　　　其他综合收益　　　　　　　　　3 600 000

5.被投资单位除净收益、其他综合收益以及利润分配以外的所有者权益的其他变动

被投资单位除净损益、其他综合收益以及利润分配以外的所有者权益的其他变动的因素,主要包括被投资单位接受其他股东的资本性投入、被投资单位发行可分离交易的可转债中包含的权益成分、以权益结算的股份支付、其他股东对被投资单位增资导致投资方持股比例变动等。

权益法下,投资方按上述变动应享有的份额,调整长期股权投资的账面价值,同时计入资本公积(其他资本公积),并在备查簿中予以登记。

投资方在后续处置股权投资但对剩余股权仍采用权益法核算时,应按处置比例将这部分资本公积转入当期投资收益;对剩余股权终止权益法核算时,将这部分资本公积全部转入当期投资收益。

【例5-12】2019年3月20日,A、B、C公司分别以现金200万元、400万元和400万元出资设立D公司,分别持有D公司20%、40%、40%的股权。A公司对D公司具有重大影响,采用权益法对有关长期股权投资进行核算。D公司自设立日起至2021年1月1日实现净损益1 000万元,除此以外,无其他影响净资产的事项。2021年1月1日,经A、B、C公司协商,B公司对D公司增资800万元,增资后D公司净资产为2 800万元,A、B、C公司分别有D公司15%、50%、35%的股权。相关手续于当日完成。假定A公司与D公司适用的会计政策、会计期间相同,双方在当期及以前期间未发生其他内部交易,不考虑相关税费等其他因素影响。

本例中,2021年1月1日,B公司增资前,D公司的净资产账面价值为2 000万元,A公司应享有D公司权益的份额为400万元(2 000×20%)。B公司单方面增资后,D公司的净资产增加800万元,A公司应享有D公司权益的份额为420万元(2 800×15%)。A公司享有的权益变动20万元(420-400),属于D公司除净损益、其他综合收益和利润分配以外所有者权益的其他变动。A公司对D公司的长期股权投资的账面价值应调增20万元,并相应调整“资本公积——其他资本公积”。

6. 超额亏损

《企业会计准则第2号——长期股权投资》第十二条第一款规定:“投资方确认被投资单位发生的净亏损,应当以长期股权投资的账面价值以及其他实质上构成对被投资单位净投资的长期权益减记至零为限,投资方负有承担额外损失义务的除外。”

这里所讲“其他实质上构成对被投资单位净投资的长期权益”通常是指长期应收项目,比如,投资方对被投资单位的长期债权,该债权没有明确的清收计划且在可预见的未来期间不准备收回的,实质上构成对被投资单位的净投资。

按照《企业会计准则第2号——长期股权投资》的规定,投资方在确认应分担被投资单位发生的亏损时,应将长期股权投资及其他实质上构成对被投资单位净投资的长期权益项目的账面价值综合起来考虑,在长期股权投资的账面价值减记至零的情况下,如果仍有未确认的投资损失,应以其他长期权益的账面价值为基础继续确认。另外,投资方在确认应分担被投资单位的净损失时,除应考虑长期股权投资及其他长期权益的账面价值以外,如果在投资合同或协议中约定将履行其他额外的损失补偿义务,还应按《企业会计准则第13号——或有事项》的规定确认预计将承担的损失金额。

在确认了有关的投资损失以后,被投资单位以后期间实现盈利的,应按以上相反顺序分别减记已确认的预计负债、恢复其他长期权益和长期股权投资的账面价值,同时确认投资收益。即应当按顺序分别借记“预计负债”“长期应收款”“长期股权投资”等科目,贷记“投资收益”科目。

【例5-13】甲企业持有乙企业40%的股权,能够对乙企业施加重大影响。2019年12月31日,该项长期股权投资的账面价值为4 000万元。2020年,乙企业由于一项主要经营业务市场条件发生变化,当年亏损6 000万元。

假定甲企业在取得该投资时,乙企业各项可辨认资产、负债的公允价值与其账面价值相等,双方所采用的会计政策及会计期间也相同。因此,甲企业当年度应确认的投资损失为2 400万元。确认上述投资损失后,长期股权投资的账面价值变为1 600万元。不考虑相关税费等其他因素影响。

如果乙企业 2020 年的亏损额为 12 000 万元,甲企业按其持股比例确认应分担的损失为 4 800 万元,但长期股权投资的账面价值仅为 4 000 万元,如果没有其他实质上构成对被投资单位净投资的长期权益项目,则甲企业应确认的投资损失仅为 4 000 万元,超额损失在账外进行备查登记;在确认了 4 000 万元的投资损失,长期股权投资的账面价值减记至零以后,如果甲企业账上仍有应收乙企业的长期应收款 1 600 万元,该款项从目前情况看,没有明确的清偿计划,且在可预见的未来期间不准备收回(并非产生于商品购销等日常活动),则甲企业应进行以下会计处理:

借:投资收益 40 000 000
  贷:长期股权投资——损益调整 40 000 000
借:投资收益 8 000 000
  贷:长期应收款 8 000 000

第四节 长期股权投资不同核算方法的转换

一、权益法向成本法的转换

原持有对联营企业、合营企业的长期股权投资,因追加投资等原因,能够对被投资单位实施控制的,应按成本法对长期股权投资进行后续核算。追加投资可以视为企业多次交易分步实现企业合并。合并日,长期股权投资的初始投资成本是原持有长期股权投资的账面价值与追加新增投资成本之和。

二、成本法向权益法的转换

投资方由于处置投资等原因,导致对被投资单位由能够实施控制转为具有重大影响或者与其他投资方一起实施共同控制,投资方对被投资单位的核算由成本法转为权益法。具体转化步骤如下:

(1)应按处置投资的比例结转应终止确认的长期股权投资成本。

(2)比较剩余长期股权投资的成本与按照剩余持股比例计算原投资时应享有被投资单位可辨认净资产公允价值的份额,前者大于后者的,属于投资作价中体现的商誉部分,不调整长期股权投资的账面价值;前者小于后者的,在调整长期股权投资成本的同时,调整留存收益。

(3)投资方对于取得投资时至处置投资时(转为权益法核算)之间应享有被投资单位所有者权益变动份额进行相应调整:

①对于原取得投资时至处置投资时(转为权益法核算)之间被投资单位实现净损益中投资方应享有的份额,应当调整长期股权投资的账面价值,同时对于原取得投资时至处置投资当期期初被投资单位实现的净损益(扣除已宣告发放的现金股利和利润)中应享有的份额,调整留存收益。

②对于处置投资当期期初至处置投资之日被投资单位实现的净损益中享有的份额,调整当期损益。

③在被投资单位其他综合收益变动中应享有的份额,在调整长期股权投资账面价值的同时,应当计入其他综合收益;除净损益、其他综合收益和利润分配外的其他原因导致被投资单位其他所有者权益变动中应享有的份额,在调整长期股权投资账面价值的同时,应当计入资本

公积(其他资本公积)。

【例 5-14】甲公司原持有 B 公司 60％的股权,能够对 B 公司实施控制。2020 年 11 月 6 日甲公司对 B 公司的长期股权投资的账面价值为 6 000 万元,未计提减值准备,甲公司将其持有的对 B 公司长期股权投资中的 1/3 出售给非关联方,取得价款 3 600 万元,当日被投资单位可辨认净资产公允价值总额为 16 000 万元。相关手续于当日完成,甲公司不再对 B 公司实施控制,但具有重大影响。甲公司原取得 B 公司 60％股权时,B 公司可辨认净资产公允价值总额为 9 000 万元(假定公允价值与账面价值相同)。自甲公司取得对 B 公司长期股权投资后至部分处置投资前,B 公司实现净利润 5 000 万元。其中,自甲公司取得投资日至 2020 年年初实现净利润 4 000 万元。假定 B 公司一直未进行利润分配。除所实现净损益外,B 公司未发生其他计入资本公积的交易或事项。甲公司按净利润的 10％提取盈余公积。不考虑相关税费等其他因素影响。

本例中,在出售 20％的股权后,甲公司对 B 公司的持股比例为 40％,对 B 公司施加重大影响。对 B 公司长期股权投资应由成本法改为按照权益法核算。有关会计处理如下:

(1)确认长期股权投资处置损益。

借:银行存款　　　　　　　　　　36 000 000
　　贷:长期股权投资　　　　　　　　20 000 000
　　　　投资收益　　　　　　　　　　16 000 000

(2)调整长期股权投资账面价值。

剩余长期股权投资的账面价值为 4 000 万元,与原投资时应享有被投资单位可辨认净资产公允价值份额之间的差额 400 万元(4 000－9 000×40％)为商誉,该部分商誉的价值不需要对长期股权投资的成本进行调整。

处置投资以后按照持股比例计算享有被投资单位自购买日至处置投资日期初之间实现的净损益为 1 600 万元(4 000×40％),应调整增加长期股权投资的账面价值,同时调整留存收益;处置期初至处置日之间实现的净损益 400 万元,应调整增加长期股权投资的账面价值,同时计入当期投资收益。企业应进行以下会计处理:

借:长期股权投资　　　　　　　　　20 000 000
　　贷:盈余公积　　　　　　　　　　　1 600 000
　　　　利润分配——未分配利润　　　14 400 000
　　　　投资收益　　　　　　　　　　　4 000 000

三、公允价值计量与权益法相互转化的核算

(一)公允价值计量转为权益法核算

公允价值计量转为权益法,分别按照以下步骤进行:

(1)原持有的对被投资单位的股权投资(不具有控制、共同控制或重大影响的),按照《企业会计准则第 22 号——金融工具确认和计量》进行会计处理的,因追加投资等原因导致持股比例上升,能够对被投资单位施加共同控制或重大影响的,在转按权益法核算时,投资方应当按照该准则确定的原股权投资的公允价值加上为取得新增投资而应支付对价的公允价值,作为改按权益法核算的初始投资成本。

(2)原持有的股权投资分类为公允价值计量且其变动计入其他综合收益的金融资产,其公

允价值与账面价值之间的差额，以及原计入其他综合收益的累计公允价值变动应当转入改按权益法核算的当期的留存收益，不得计入当期损益。

（3）比较上述计算所得的初始投资成本，与按照追加投资后全新的持股比例计算确定的应享有被投资单位在追加投资日可辨认净资产公允价值份额之间的差额，前者大于后者的，不调整长期股权投资的账面价值；前者小于后者的，差额应调整长期股权投资的账面价值，并计入当期营业外收入。

【例 5-15】2020 年 2 月，甲公司以 600 万元现金自非关联方处取得 B 公司 10% 的股权。甲公司根据《企业会计准则第 22 号——金融工具确认和计量》将其作为公允价值计量且其变动计入其他综合收益的权益类金融资产。2021 年 1 月 2 日，甲公司又以 1 200 万元的现金自另一非关联方处取得 B 公司 12% 的股权，相关手续于当日完成。当日，B 公司可辨认净资产公允价值总额为 8 000 万元，甲公司对 B 公司的公允价值计量且其变动计入其他综合收益的权益类金融资产的账面价值 1 000 万元，计入其他综合收益的累计公允价值变动为 400 万元。取得该部分股权后，按照 B 公司章程规定，甲公司能够对 B 公司施加重大影响，对该项股权投资转为采用权益法核算。不考虑相关税费等其他因素影响。

本例中，2021 年 1 月 2 日，甲公司原持有 10% 股权的公允价值为 1 000 万元，为取得新增投资而支付对价的公允价值为 1 200 万元，此时甲公司对 B 公司 22% 股权的初始投资成本为 2 200 万元。甲公司对 B 公司新持股比例为 22%，应享有 B 公司可辨认净资产公允价值的份额为 1 760 万元（8 000×22%）。由于初始投资成本（2 200 万元）大于应享有 B 公司可辨认净资产公允价值的份额（1 760 万元），因此，甲公司无须调整长期股权投资的成本。2021 年 1 月 2 日，甲公司确认对 B 公司的长期股权投资，进行如下会计处理：

```
借：长期股权投资——投资成本              22 000 000
    贷：其他权益工具投资——成本            6 000 000
                      ——公允价值变动      4 000 000
        银行存款                         12 000 000
借：其他综合收益                          4 000 000
    贷：留存收益                          4 000 000
```

（二）权益法核算转为公允价值计量

权益法转为公允价值计量，分别按照以下步骤进行：

（1）原持有的对被投资单位具有共同控制或重大影响的长期股权投资，因部分处置等原因导致持股比例下降，不能再对被投资单位实施共同控制或重大影响的，应改按《企业会计准则第 22 号——金融工具确认和计量》对剩余股权投资进行会计处理，其在丧失共同控制或重大影响之日的公允价值与账面价值之间的差额计入当期损益。

（2）原采用权益法核算的相关其他综合收益应当在终止采用权益法核算时，采用与被投资单位直接处置相关资产或负债相同的基础进行会计处理。

（3）因被投资方除净损益、其他综合收益和利润分配以外的其他所有者权益变动而确认的所有者权益，应当在终止采用权益法核算时全部转入当期损益。

【例 5-16】甲公司持有乙公司 30% 的有表决权股份，能够对乙公司施加重大影响，对该股权投资采用权益法核算。2020 年 10 月，甲公司将该项投资中的 50% 出售给非关联方，取得价款 1 800 万元。相关手续于当日完成。甲公司无法再对乙公司施加重大影响，将剩余股权投资转为公允价值计量且其变动计入其他综合收益的非交易性权益工具投资的金融资产核算。出售时,该项长期股权投资的账面价值为 3 200 万元,其中投资成本为 2 600 万元,损益调整为 300 万元,其他综合收益为 200 万元(性质为被投资单位的公允价值计量且其变动计入其他综合收益的权益类金融资产累计公允价值变动),除净损益、其他综合收益和利润分配外的其他所有者权益变动为 100 万元。剩余股权的公允价值为 1 800 万元。不考虑相关税费等其他因素影响。甲公司有关会计处理如下:

(1)确认有关股权投资的处置损益。

借:银行存款　　　　　　　　　　18 000 000

　　贷:长期股权投资　　　　　　　　16 000 000

　　　　投资收益　　　　　　　　　 2 000 000

(2)由于终止采用权益法核算,将原确认的相关其他综合收益全部转入留存损益。

借:其他综合收益　　　　　　　　　2 000 000

　　贷:投资收益　　　　　　　　　　2 000 000

(3)由于终止采用权益法核算,将原计入资本公积的其他所有者权益变动全部转入当期损益。

借:资本公积——其他资本公积　　 1 000 000

　　贷:投资收益　　　　　　　　　　1 000 000

(4)剩余股权投资转为公允价值计量且其变动计入其他综合收益的金融资产,当天公允价值为 1 800 万元,账面价值为 1 600 万元,两者差异应计入当期投资收益。

借:其他权益工具投资　　　　　　　18 000 000

　　贷:长期股权投资　　　　　　　　16 000 000

　　　　投资收益　　　　　　　　　 2 000 000

四、成本法核算转公允价值计量

原持有的对被投资单位具有控制的长期股权投资,因部分处置等原因导致持股比例下降,不能再对被投资单位实施控制、共同控制或重大影响的,应改按《企业会计准则第 22 号——金融工具确认和计量》进行会计处理,将在丧失控制之日的公允价值与账面价值之间的差额计入当期投资收益。

【例 5-17】甲公司持有乙公司 60% 的有表决权股份,能够对乙公司实施控制,对该股权投资采用成本法核算。2020 年 10 月,甲公司将该项投资中的 80% 出售给非关联方,取得价款 8 000 万元。相关手续于当日完成。甲公司无法再对乙公司实施控制,也不能施加共同控制或重大影响,将剩余股权投资转为交易性金融资产。出售时,该项长期股权投资的账面价值为 8 000 万元,剩余股权投资的公允价值为 2 000 万元。不考虑相关税费等其他因素影响。甲公司有关会计处理如下:

(1)确认有关股权投资的处置损益。

借:银行存款　　　　　　　　　　80 000 000

　　贷:长期股权投资　　　　　　　　64 000 000

　　　　投资收益　　　　　　　　　16 000 000

(2)剩余股权投资转为交易性金融资产,当天公允价值为 2 000 万元,账面价值为 1 600 万元,两者差异应计入当期投资收益。

借:交易性金融资产　　　　　　　20 000 000

　　贷:长期股权投资　　　　　　　16 000 000

　　　　投资收益　　　　　　　　　4 000 000

第五节　长期股权投资期末计量与处置

一、长期股权投资的期末计量

企业在年末对长期股权投资的账面价值进行检查,如果出现减值迹象,应对其可收回金额进行评估。如果长期股权投资的可收回金额确定按照《企业会计准则第 8 号——资产减值》处理,可收回金额根据长期股权的公允价值减去处置费用后的净额与长期股权投资预计未来现金流量的现值两者之间孰高者确定。

如果长期股权投资可收回金额的计量表明其可收回金额低于账面价值,说明长期股权投资减值,应当将该长期股权投资的账面价值减记可收回金额。计提减值准备,借记“资产减值损失”科目,贷记“长期股权投资减值准备”科目。长期股权投资减值损失一经确认,以后会计期间不得转回。按照《企业会计准则第 8 号——资产减值》核算的长期股权投资,其减值会计业务处理如下:

借:资产减值损失

　　贷:长期股权投资减值准备

二、长期股权投资的处置

企业持有长期股权投资的过程中,由于各方面的考虑,决定将所持有的对被投资单位的股权全部或部分对外出售时,应相应结转与所售股权相对应的长期股权投资的账面价值,一般情况下,出售所得价款与处置长期股权投资账面价值之间的差额,应确认为处置损益。

投资方将权益法核算的长期股权投资全部处置时,原计入其他综合收益或资本公积——其他资本公积中的金额转入当期投资收益。

投资方部分处置权益法核算的长期股权投资,剩余股权仍采用权益法核算的,原权益法核算的相关其他综合收益应当采用与被投资单位直接处置相关资产或负债相同的基础处理并按比例结转,因被投资方除净损益、其他综合收益和利润分配以外的其他所有者权益变动而确认的所有者权益,应当按比例结转入当期投资收益。

1.会计处理原则

企业处置长期股权投资时,应相应结转与所售股权相对应的长期股权投资的账面价值,出售所得价款与处置长期股权投资账面价值之间的差额,应确认为处置损益。采用权益法核算的长期股权投资,原计入其他综合收益、资本公积——其他资本公积中的金额,在处置时亦应进行结转,将与所出售股权相对应的部分在处置时自其他综合收益、资本公积——其他资本公积转入当期损益或留存收益。

注意:因被投资单位设定受益计划净负债或净资产变动而确认的其他综合收益和被投资单位持有其他权益工具投资变动而确认的其他综合收益,不转入投资收益。

2.成本法下处置长期股权投资的一般分录

借:银行存款

　　长期股权投资减值准备

　　贷:长期股权投资

　　　　投资收益(倒挤)

3.权益法下处置长期股权投资的一般分录

借:银行存款

　　长期股权投资减值准备

　　资本公积——其他资本公积(如为借方余额则应在贷方冲减)

　　其他综合收益(如为借方余额则应在贷方冲减)

　　贷:长期股权投资——投资成本

　　　　　　　　　　——损益调整(如为贷方余额则应在借方冲减)

　　　　　　　　　　——其他权益变动(如为贷方余额则应在借方冲减)

　　　　　　　　　　——其他综合收益(如为贷方余额则应在借方冲减)

　　　　投资收益(倒挤)

　　　　盈余公积

　　　　利润分配——未分配利润

思考题

1.长期股权投资如何分类?

2.什么是同一控制下的控股合并?

3.权益法和成本法的适用条件是什么?各自会计业务处理的特点是什么?

实务练习题

1.2020年1月15日甲公司以账面原价150万元、累计摊销20万元、减值准备4万元、公允价值200万元的土地使用权作为对价,自同一集团内丙公司手中取得乙公司60%的股权。土地使用权转让适用的增值税税率为9%,合并日乙公司账面净资产为120万元。合并当日甲公司"资本公积——资本溢价"10万元,"盈余公积"结存5万元。甲公司与乙公司的会计年度和采用的会计政策相同。对上述业务完成相应的会计业务处理。

2.2020年7月25日,甲公司以账面余额800万元、存货跌价准备100万元、公允价值1 000万元的库存商品自同一集团的丁公司换取乙公司70%的股权,该商品的增值税税率为13%,消费税税率为5%。乙公司账面净资产为800万元。甲公司投资当日"资本公积——资本溢价"为70万元,"盈余公积"为50万元。甲公司与乙公司的会计年度和采用的会计政策相同。对上述业务完成相应的会计业务处理。

3.2020年5月20日,甲公司以一台生产设备为合并对价,取得其母公司控制的乙公司80%的股权,并于当日起能够对乙公司实施控制。合并日,该设备的账面原价为700万元,已提折旧200万元,已提减值准备30万元,公允价值为800万元,增值税税率为13%。乙公司净资产的账面价值为 600 万元。甲公司与乙公司的会计年度和采用的会计政策相同。甲公司投资当日"资本公积——资本溢价"为 50 万元,"盈余公积"为 20 万元。对上述业务完成相应的会计业务处理。

即测即评　　　　延伸阅读

第六章
固定资产

学习目标

通过本章的学习,了解固定资产的概念与初始计量;掌握固定资产的后续计量,理解固定资产不同折旧方法的选择;掌握固定资产后续支出的账务处理;掌握固定资产处置的核算问题。

引导案例

海正药业虚增利润有狠招:在建工程完工十年不提折旧

2019年年底,海正药业评估认为,公司部分资产存在减值的情形,计提减值金额合计13.17亿元。海正药业"在建工程"土建工程部分原值(亦为账面价值)合计4.76亿元,全部22项工程早已完工,但始终未按会计准则规定,结转至固定资产核算。最早完工的一项工程,甚至于2010年1月即已建成,至该项资产报告发布长达近十年之久。

如果从2010年上述工程项目完工时起,即转入固定资产,则海正药业每年将面临数额巨大的折旧。其中,房地产及建筑物折旧年限为15～45年,年折旧率为2.11%～6.67%;机器设备折旧年限为5～10年,年折旧率为9.5%～20%。仅以保守估计,2010年至2018年,海正药业这批减值的在建工程,每年面临的折旧成本,为上千万至2亿元不等。这导致多年来海正药业利润存在虚计。

资料来源:张丽华.海正药业虚增利润有狠招:"在建工程"完工十年不提折旧[EB/OL].(2019-12-11)[2020-05-10].https://www.yicai.com/news/100433026.html.

思考:
海正药业在固定资产业务处理中存在什么样的问题?

第一节 固定资产的确认和初始计量

一、固定资产的定义及确认条件

(一)固定资产的定义

固定资产,是指同时具有下列特征的有形资产:①为生产商品、提供劳务、出租或经营管理而持有的;②使用寿命超过一个会计年度。

由上述定义可知,固定资产具有以下三个特征:

(1)固定资产的持有目的是生产商品、提供劳务、出租或经营管理。该特征体现管理持有该项资产的目的,主要是生产经营而非直接用于出售。如果企业决定处置一项固定资产,即该项固定资产进入持有待售状态时,它的持有目的发生了改变,那么它就不再是企业的固定资产,而作为持有待售固定资产,它在性质上属于企业的流动资产。其中,出租的固定资产,是指企业以经营租赁方式出租的机器设备类固定资产,不包括以经营租赁方式出租的建筑物,后者属于企业的投资性房地产,不属于固定资产。

(2)使用寿命超过一个会计年度。固定资产为企业带来未来经济利益的能力是持久的,它是企业的一项典型的非流动资产。该特征使固定资产明显区别于流动资产。固定资产的使用寿命,是指企业使用固定资产的预计期间,或者该固定资产所能生产产品或提供劳务的数量。

(3)固定资产是有形资产。固定资产具有实物性态,该特征将固定资产与无形资产区别开来。

需要注意的是,在判断资产是否属于固定资产时,视具体情况而定,应适当考虑单个资产的价值,如果单个资产的价值很低,则即使可以使用一年以上,也不能作为固定资产核算。例如,在车间中使用的保洁工具,一般是为便利生产经营而持有的、使用寿命可能超过一个会计年度,虽然具有实物性态,但由于其单位价值很低,企业无须将其归类为固定资产。

(二)固定资产的确认条件

固定资产在符合定义的前提下,应当同时满足以下两个条件,才能加以确认。

1.与该固定资产有关的经济利益很可能流入企业

如果和固定资产有关的经济利益很可能流入企业,并同时满足固定资产确认的其他条件,那么企业应将其确认为固定资产。

2.该固定资产的成本能够可靠地计量

企业在确定固定资产成本时必须取得确凿可靠证据。有时可能需要根据所获得的最新资料,对固定资产成本进行合理估计。比如,企业对于已达到预定可使用状态但尚未办理竣工决算的固定资产,需要根据工程预算、工程造价或者工程实际发生的成本等资料,按估计价值确定固定资产的入账成本。竣工决算后,再按照实际成本调整原来的暂估价值。

(三)固定资产确认条件的具体运用

对于工业企业所持有的工具、用具、备品备件、维修设备等资产,在实务中,通常确认为存货。但符合固定资产定义和确认条件的,比如企业(民用航空运输)的高价周转件等,应当确认为固定资产。

对于购置的环保设备和安全设备等资产,其使用不能直接为企业带来经济利益,但是有助于企业从相关资产获得经济利益,或者将减少企业未来经济利益的流出,因此,对于这类设备,企业应将其确认为固定资产。

固定资产的各组成部分,如果各自具有不同使用寿命或者以不同方式为企业提供经济利益,从而适用不同折旧率或折旧方法的,该各组成部分实际上是以独立的方式为企业提供经济利益,企业应当分别将各组成部分确认为单项固定资产。如企业修建的职工活动中心,在建筑物中还安装了电梯、空调系统、音响系统等。这些设施、设备以不同的方式为企业提供服务,其使用方式和使用寿命不同、适用的折旧率和折旧方法也不同。因此企业应将其分别确认为单项固定资产。

二、固定资产的初始计量

固定资产应当按照取得成本进行初始计量。固定资产的取得成本,是指企业购建某项固定资产达到预定可使用状态前所发生的一切合理、必要的支出。这些支出包括直接发生的价款、运杂费、包装费和安装成本等,也包括间接发生的,如应承担的借款利息、外币借款折算差额以及应分摊的其他间接费用。

(一)外购固定资产

1. 购入不需要安装的固定资产

企业购入固定资产不需要安装和调试,直接达到预定可使用状态。固定资产的初始成本包括购买价款、相关税费、使固定资产达到预定可使用状态前所发生的可归属于该项资产的运输费、装卸费、安装费和专业人员服务费等。会计业务处理如下:

借:固定资产
　　贷:银行存款/应付账款/应付票据等

2. 购入需要安装的固定资产

企业购入需要安装的固定资产时,固定资产的初始成本在购入固定资产取得成本基础上加上安装调试成本等。如果外购固定资产需要安装,所有支出应通过"在建工程"账户核算。安装过程中,发生的材料、工资等计入在建工程成本,安装完工,达到预定可使用状态,转入固定资产。会计业务处理如下:

借:在建工程
　　贷:银行存款/应付账款/应付票据等
借:固定资产
　　贷:在建工程

【例 6-1】2020 年 2 月 1 日,甲公司购入一台需要安装的机器设备,取得的增值税专用发票上注明的设备价款为 50 万元,增值税进项税额为 65 000 元,支付的运输费为 2 500 元,款项已通过银行支付;安装设备时,领用本公司原材料一批,价值 3 万元,购进该批原材料时支付的增值税进项税额为 3 900 元;应支付安装工人的工资为 4 100 元。假定不考虑其他相关税费。甲公司的账务处理如下:

(1)支付设备价款、增值税、运输费合计为 567 500 元。

借:在建工程　　　　　　　　　　　　　　502 500
　　应交税费——应交增值税(进项税额)　　65 000
　　贷:银行存款　　　　　　　　　　　　　567 500

(2)领用本公司原材料、支付安装工人工资等费用合计为 34 100 元。

借:在建工程　　　　　　　　　　　　　　34 100
　　贷:原材料　　　　　　　　　　　　　　30 000
　　　　应付职工薪酬　　　　　　　　　　　4 100

(3)设备安装完毕达到预定可使用状态。

借:固定资产　　　　　　　　　　　　　　536 600
　　贷:在建工程　　　　　　　　　　　　　536 600

3.外购多项没有单独计价的固定资产会计处理

一笔款项购买多项没有单独计价的固定资产,每项固定资产有独立的使用年限,独立地提供经济利益。这种情况下按照公允价值的比例对总成本进行分配,单独确认各项固定资产的入账价值。

【例6-2】甲公司为增值税一般纳税人,适用的增值税税率为13%。

2020年4月1日,为降低采购成本,甲公司向乙公司一次性购进了三套不同型号且具有不同生产能力的设备A、B和C。甲公司为该批设备共支付货款866万元,增值税的进项税额为112.58万元,运杂费4万元,全部以银行存款支付。

假定设备A、B和C均满足固定资产的定义及其确认条件,公允价值分别为200万元、300万元、500万元。不考虑其他相关税费。甲公司应分别确认该三项资产的入账价值。

(1)确定计入固定资产成本的总计金额:

固定资产成本的总计金额=866+4=870(万元)

(2)确定A、B和C设备各自的入账价值:

A设备入账价值为:$870 \times [200/(200+300+500)] = 174$(万元)

B设备入账价值为:$870 \times [300/(200+300+500)] = 261$(万元)

C设备入账价值为:$870 \times [500/(200+300+500)] = 435$(万元)

(3)编制会计分录:

借:固定资产——A设备	1 740 000
——B设备	2 610 000
——C设备	4 350 000
应交税费——应交增值税(进项税额)	1 125 800
贷:银行存款	9 825 800

4.固定资产有关增值税进项税的问题

根据《财政部 税务总局 海关总署关于深化增值税改革有关政策的公告》第五条规定,自2019年4月1日起,纳税人取得不动产或者不动产在建工程的进项税额不再分2年抵扣。此前按照上述规定尚未抵扣完毕的待抵扣进项税额,可自2019年4月税款所属期起从销项税额中抵扣。

对于增值税一般纳税人,企业购入的生产经营用固定资产所支付的增值税在符合税收法规规定情况下,应从销项税额中扣除(即进项税额可以抵扣),不再计入固定资产成本。购进固定资产支付的运输费,按取得的增值税专用运输发票上注明的运输费金额计入固定资产成本,按其运输费与增值税税率计算的进项税额,也可以抵扣。

【例6-3】A公司为增值税一般纳税人,适用的增值税税率为13%。2020年7月购进的生产设备价款为1 000万元,增值税税额为130万元;同时取得运输业增值税专用发票,注明的运输费用为10万元,按运输费与增值税税率9%计算的进项税额为9 000元。A公司的会计分录如下:

借:在建工程/固定资产	10 100 000
应交税费——应交增值税(进项税额)	1 309 000
贷:银行存款	11 409 000

(二)自行建造固定资产

自行建造固定资产的成本,由建造该项资产达到预定可使用状态前所发生的必要支出构成，包括工程用物资成本、人工成本、交纳的相关税费、应予资本化的借款费用以及应分摊的间接费用等。

企业自行建造固定资产包括自营建造和出包建造两种方式。无论采用何种方式，所建工程都应当按照实际发生的支出确定其工程成本。

1. 自营方式建造固定资产

企业如以自营方式建造固定资产，其成本应当按照直接材料、直接人工、直接机械施工费等计量。

（1）企业为建造固定资产准备的各种物资，包括工程用材料、尚未安装的设备以及为生产准备的工器具等，通过"工程物资"科目进行核算。工程物资应当按照实际支付的买价、运输费、保险费等相关税费作为实际成本。工程完工后，剩余的工程物资转为本企业存货的，按其实际成本或计划成本进行结转。工程完工后发生的工程物资盘盈、盘亏、报废、毁损，计入当期营业外收支。

（2）建设期间为建造工程发生的管理费、可行性研究费、临时设施费、公证费、监理费、应负担的税金、符合资本化条件的借款费用以及负荷联合试车费等，计入在建工程项目成本。发生的工程物资盘亏、报废及毁损，减去残料价值以及保险公司、过失人等赔款后的净损失，计入所建工程项目的成本；盘盈的工程物资或处置净收益，冲减所建工程项目的成本。

（3）建造固定资产领用工程物资、原材料或库存商品，应按其实际成本转入所建工程成本。自营方式建造固定资产应负担的职工薪酬，辅助生产部门为之提供的水、电、维修、运输等劳务，以及其他必要支出等也应计入所建工程项目的成本。

（4）达到预定可使用状态之前，试生产产品所取得的产品销售收入，冲减工程成本。

【例6-4】甲公司为增值税一般纳税人。本期购入一批原材料，增值税专用发票注明的增值税税额为15.6万元，材料价款为120万元，材料已入库，货款已经支付。

材料入库时：

借：原材料	1 200 000
应交税费——应交增值税（进项税额）	156 000
贷：银行存款	1 356 000

将该批材料全部用于生产线工程建设项目：

| 借：在建工程 | 1 200 000 |
| 贷：原材料 | 1 200 000 |

领用库存商品，成本500万元（其中直接材料成本为400万元，原购买材料时的进项税额52万元），全部用于生产线工程建设项目：

| 借：在建工程 | 5 000 000 |
| 贷：库存商品 | 5 000 000 |

2. 其他方式取得固定资产

（1）投资者投入的固定资产的成本，在办理了相关资产的产权转移手续之后，应按投资合同或协议约定的价值加上应支付的相关税费作为该固定资产的入账价值，但合同或协议约定价值不公允的除外。

（2）通过非货币性资产交换、债务重组、企业合并和融资租赁等方式取得的固定资产的成本，应分别按照《企业会计准则第7号——非货币性资产交换》《企业会计准则第12号——债务重组》《企业会计准则第 20 号——企业合并》《企业会计准则第 21 号——租赁》确定。

（3）盘盈的固定资产，作为前期差错处理，通过"以前年度损益调整"科目核算。按固定资产的重置成本，做会计业务处理如下：

借：固定资产

　　贷：以前年度损益调整

第二节　固定资产的后续计量

固定资产的后续计量主要包括折旧和后续支出两个问题。折旧是将固定资产的价值损耗转移到成本费用中，后续支出包括改良、维修等。

一、固定资产折旧

（一）折旧的概念和性质

固定资产折旧，是指在固定资产使用寿命内，按照确定的方法对应计折旧额进行系统分摊。其中，应计折旧额，是指应当计提折旧的固定资产的原价扣除其预计净残值后的金额。已计提减值准备的固定资产，还应当扣除已计提的固定资产减值准备累计金额。预计净残值，是指假定固定资产预计使用寿命已满并处于使用寿命终了时的预期状态，企业目前从该项资产处置中获得的扣除预计处置费用后的金额。

企业应当根据固定资产的性质和使用情况，合理确定固定资产的使用寿命和预计净残值。固定资产的使用寿命、预计净残值一经确定，不得随意变更。

由以上相关概念描述可知，折旧是一种系统性的价值转移，是随着固定资产损耗，它的价值转移到企业成本费用中的一种方式。或者说，折旧是在相关固定资产使用寿命内对投资价值的系统性补偿。折旧概念的出现，体现了持续经营假设在会计核算中的应用，使得企业的投资活动能够在会计核算系统中得到合理化的表达。

固定资产折旧与固定资产减值准备是有所区别的。固定资产的折旧包括有形损耗和无形损耗，无形损耗主要是由于技术进步等使固定资产贬值；固定资产减值准备也是因为技术和环境变化让固定资产贬值。两者有交叉的地方，但这两种会计处理程序不能相互代替。

（二）影响固定资产折旧的因素

根据上述对折旧概念的分析，可知以下因素影响固定资产折旧：

（1）固定资产的原始价值。固定资产原始价值，即固定资产原价，是固定资产折旧计算的起点，其金额大小直接影响了该项资产的折旧计算。

（2）固定资产的预计净残值。预计净残值预期能够在固定资产使用寿命终了后收回，因此计算折旧时应将其扣除。因此，预计净残值越大，固定资产的应计折旧额越小。

（3）使用年限。使用年限是对固定资产价值转移的合理期限估计。企业确定固定资产使用寿命，应当考虑下列因素：预计生产能力或实物产量；预计有形损耗和无形损耗；法律或者类似规定对资产使用的限制。使用年限越长，意味着各会计年度承担的固定资产折旧成本越小。

（4）固定资产减值准备。减值准备的计提直接导致固定资产应计折旧额的调整，进而会影响后续期间固定资产的折旧额。

（三）固定资产折旧范围

《企业会计准则第 4 号——固定资产》第十四条第一款规定："企业应当对所有固定资产计提折旧。但是，已提足折旧仍继续使用的固定资产和单独计价入账的土地除外。"

除此之外，固定资产折旧计提还需注意以下特殊情况：

（1）已达到预定可使用状态但尚未办理竣工决算的固定资产，应当按照估计价值确定其成本，并计提折旧；待办理竣工决算后再按实际成本调整原来的暂估价值，但不需要调整原已计提的折旧额。

（2）因进行大修理而停用的固定资产，应当照提折旧，计提的折旧额应计入相关资产成本或当期损益。

（3）因更新改造过程停止使用的固定资产，不计提折旧。相关资产成本已转入"在建工程"科目，待更新改造完成，重新确认固定资产价值及其折旧。

（4）未使用、不需用的固定资产，照提折旧。计提的折旧额一般计入管理费用。

（5）以租赁方式取得的固定资产，应当采用与自有应计提折旧资产相一致的折旧政策计提折旧。

固定资产应当按月计提折旧，当月增加的固定资产，当月不计提折旧，从下月起计提折旧；当月减少的固定资产，当月仍计提折旧，从下月起不计提折旧。这里要注意与无形资产的摊销时间范围进行区分。

（四）固定资产折旧方法

企业在选择固定资产折旧方法时，应当根据与固定资产有关的经济利益的预期消耗方式做出决定。企业不应以包括使用固定资产在内的经济活动所产生的收入为基础进行折旧。

可选用的折旧方法包括年限平均法、工作量法、双倍余额递减法和年数总和法等。企业折旧方法的选择，将影响固定资产使用寿命期间内不同时期的折旧费用，因此，固定资产的折旧方法一经确定，不得随意变更。

1. 年限平均法

年限平均法，又称直线法，是将固定资产的应计折旧额均衡地分摊到固定资产预计使用寿命内的一种方法。年限平均法下，固定资产使用寿命内各期的折旧额是相等的。计算公式如下：

$$年折旧率＝[(1-预计净残值率)/预计使用年限]×100\%$$
$$月折旧率＝年折旧率/12$$
$$月折旧额＝固定资产原价×月折旧率$$

2. 工作量法

工作量法是根据实际工作量计算每期应计提折旧额的一种方法。计算公式如下：

$$单位工作量折旧额＝固定资产原价×(1-预计净残值率)/预计总工作量$$
$$月折旧额＝该项固定资产当月实际工作量×单位工作量折旧额$$

3. 双倍余额递减法

双倍余额递减法，是指在不考虑固定资产预计净残值的情况下，根据每期期初固定资产原价减去累计折旧后的余额和双倍的直线折旧率计算固定资产折旧的一种方法。折旧率不变，计算折旧的基数发生变化。双倍余额递减法是一种加速折旧法，前期计提的折旧多，后期计提的折旧少，适用于技术进步比较快的企业。

$$年折旧率＝2/预计使用年限×100\%$$
$$年折旧额＝固定资产账面净值×年折旧率$$
$$月折旧额＝年折旧额/12$$

实行双倍余额递减法计算折旧的固定资产,应在其折旧年限到期前两年内,将固定资产净值扣除预计净残值后的余额平均摊销。

【例6-5】甲公司某项设备原价为120万元,预计使用寿命为5年,预计净残值率为4%;假设甲公司没有对该机器设备计提减值准备。

甲公司按双倍余额递减法计算折旧,每年折旧额计算如下:

年折旧率＝2/5×100%＝40%

第一年应提的折旧额＝120×40%＝48(万元)

第二年应提的折旧额＝(120－48)×40%＝28.8(万元)

第三年应提的折旧额＝(120－48－28.8)×40%＝17.28(万元)

从第四年起改按年限平均法(直线法)计提折旧:

第四、五年应提的折旧额＝(120－48－28.8－17.28－120×4%)/2＝10.56(万元)

4.年数总和法

年数总和法,又称为年限合计法,是指将固定资产的原价减去预计净残值后的余额,乘以一个逐年递减的折旧率计算每年的折旧额。折旧率的分子用固定资产尚可使用年限表示,分母采用使用寿命逐年的数字总和表示。年数总和法的计算公式如下:

计算折旧的基数不变,折旧率每年变化。

$$年折旧率＝尚可使用年限/预计使用年限的年数总和×100\%$$
$$年折旧额＝(固定资产原价－预计净残值)×年折旧率$$
$$月折旧额＝年折旧额/12$$

【例6-6】沿用例6-5,采用年数总和法计算的各年折旧额如表6-1所示。

表6-1　折旧的计算

年份	尚可使用年限/年	原价－净残值/元	年折旧率	每年折旧额/元	累计折旧/元
第一年	5	1 152 000	5/15	384 000	384 000
第二年	4	1 152 000	4/15	307 200	691 200
第三年	3	1 152 000	3/15	230 400	921 600
第四年	2	1 152 000	2/15	153 600	1 075 200
第五年	1	1 152 000	1/15	76 800	1 152 000

假定设备于2020年6月1日达到预定可使用状态,采用年数总和法计提折旧。

2020年折旧额＝(1 200 000－1 200 000×4%)×5/15×6/12＝192 000(元)

2021年折旧额＝1 152 000×5/15×6/12＋1 152 000×4/15×6/12＝345 600(元)

2022年折旧额＝1 152 000×4/15×6/12＋1 152 000×3/15×6/12＝268 800(元)

(五)固定资产折旧的会计处理

固定资产应当按月计提折旧,计提的折旧应通过"累计折旧"科目核算,并根据用途,遵循谁受益谁负担的原则,计入相关资产的成本或者当期损益。

(1)企业基本生产车间所使用的固定资产,其计提的折旧应计入制造费用。

(2)管理部门所使用的固定资产,其计提的折旧应计入管理费用。

(3)销售部门所使用的固定资产,其计提的折旧应计入销售费用。

(4)自行建造固定资产过程中使用的固定资产,其计提的折旧应计入在建工程成本。

(5)经营租出的固定资产,其计提的折旧应计入其他业务成本。

(6)未使用的固定资产,其计提的折旧应计入管理费用。

(7)企业研发活动使用的固定资产,其计提的折旧应计入研发支出。

【例6-7】甲公司2020年1月固定资产计提折旧的情况如下:

(1)第一生产车间厂房计提折旧7.6万元,机器设备计提折旧9万元。

(2)管理部门房屋建筑物计提折旧13万元,运输工具计提折旧4.8万元。

(3)销售部门房屋建筑物计提折旧6.4万元,运输工具计提折旧5.26万元。

(4)经营租出的房屋建筑物计提折旧6万元。

(5)研发部门使用的机器设备计提折旧8万元。

此外,本月第一生产车间新购置一台设备,原价为122万元,预计使用寿命10年,预计净残值1万元,按年限平均法计提折旧。

本例中,新购置的设备本月不提折旧,应从2020年2月开始计提折旧。甲公司2020年1月计提折旧的账务处理如下:

借:制造费用——第一生产车间　　　　　166 000

　　管理费用　　　　　　　　　　　　　178 000

　　销售费用　　　　　　　　　　　　　116 600

　　其他业务成本　　　　　　　　　　　 60 000

　　研发支出　　　　　　　　　　　　　 80 000

　　贷:累计折旧　　　　　　　　　　　　　　　600 600

(六)固定资产使用寿命、预计净残值和折旧方法的复核

企业至少应当于每年年度终了,对固定资产的使用寿命、预计净残值和折旧方法进行复核。如果固定资产的使用寿命预计数与原先估计数有差异的,应当相应调整固定资产使用寿命;如果固定资产预计净残值预计数与原先估计数有差异的,应当调整预计净残值。

如果固定资产给企业带来经济利益的方式发生重大变化,企业也应相应改变固定资产折旧方法。

固定资产使用寿命、预计净残值和折旧方法的改变应作为会计估计变更,按照《企业会计准则第28号——会计政策、会计估计变更和差错更正》处理。

二、固定资产后续支出

固定资产后续支出,是指固定资产在使用过程中发生的更新改造支出、修理费用等。固定资产的后续支出,分为资本化的后续支出和费用化的后续支出。与固定资产有关的更新改造等后续支出,符合固定资产确认条件的,应当计入固定资产成本,同时将被替换部分的账面价值扣除;与固定资产有关的修理费用等费用化的后续支出,不符合固定资产确认条件的,应当计入当期损益。

（一）资本化的后续支出

固定资产发生可资本化的后续支出时,企业一般应将该固定资产的原价、已计提的累计折旧和减值准备转销,将固定资产的账面价值转入在建工程,并停止计提折旧。发生的可资本化后续支出,通过"在建工程"科目核算。在固定资产发生的后续支出完工并达到预定可使用状态时,再从在建工程转为固定资产,并按重新确定的使用寿命、预计净残值和折旧方法计提折旧。

企业发生的一些固定资产后续支出可能涉及替换原固定资产的某组成部分,当发生的后续支出符合固定资产确认条件时,应将其计入固定资产成本,同时将被替换部分的账面价值扣除。

资本化的后续支出会计处理主要有三个阶段:

(1)把固定资产目前的账面价值转到在建工程账户。

借:在建工程
　　累计折旧
　　固定资产减值准备
　　贷:固定资产

(2)在持有过程中,发生了相关费用。

借:在建工程
　　贷:原材料
　　　　库存商品
　　　　工程物资

归集在建工程成本时,改良会涉及替换部件的问题,冲销被替换部件的账面价值时的会计处理如下:

借:营业外支出
　　贷:在建工程

(3)达到预定可使用状态之后,把在建工程转到固定资产。固定资产改良期间不需要计提折旧。固定资产改良完成后,应根据新的年限、新的残值率、新的折旧方法计算以后年度的折旧。

借:固定资产
　　贷:在建工程

【例6-8】甲公司有关固定资产更新改造的资料如下:

(1)2017年12月30日,该公司自行建成了一条生产线,建造成本为1 136 000元;采用年限平均法计提折旧;预计净残值率为3%,预计使用寿命为6年。

(2)2020年1月1日,由于生产的产品适销对路,现有生产线的生产能力已难以满足公司生产发展的需要,但若新建生产线则建设周期过长。甲公司决定对现有生产线进行改扩建,以提高其生产能力。假定该生产线未发生减值。

(3)2020年1月1日至3月31日,经过三个月的改扩建,完成了对这条生产线的改扩建工程,共发生支出537 800元,全部以银行存款支付。

(4)该生产线改扩建工程达到预定可使用状态后,大大提高了生产能力,预计将其使用寿命延长4年,即为10年。假定改扩建后的生产线的预计净残值率为改扩建后固定资产账面价值的3%;折旧方法仍为年限平均法。

(5)为简化计算过程,整个过程不考虑其他相关税费;公司按年度计提固定资产折旧。

本例中,生产线改扩建后,生产能力大大提高,能够为企业带来更多的经济利益,改扩建的支出金额也能可靠计量,因此该后续支出符合固定资产的确认条件,应计入固定资产的成本。有关的账务处理如下:

(1)2018年1月1日至2019年12月31日两年间,即固定资产后续支出发生前的账务处理。

该条生产线的应计折旧额＝1 136 000×(1－3%)＝1 101 920(元)

年折旧额＝1 101 920/6＝183 653.33(元)

这两年计提固定资产折旧的账务处理如下:

借:制造费用　　　　　　183 653.33

　贷:累计折旧　　　　　　183 653.33

(2)2020年1月1日,固定资产的账面价值＝1 136 000－(183 653.33×2)＝768 693.34(元)。

固定资产转入改扩建:

借:在建工程　　　　　　768 693.34

　累计折旧　　　　　　　367 306.66

　贷:固定资产　　　　　　1 136 000

(3)2020年1月1日至3月31日,发生改扩建工程支出。

借:在建工程　　　　　　537 800

　贷:银行存款 等　　　　537 800

(4)2020年3月31日,生产线改扩建工程达到预定可使用状态,固定资产的入账价值＝768 693.34＋537 800＝1 306 493.34(元)。

借:固定资产　　　　　　1 306 493.34

　贷:在建工程　　　　　　1 306 493.34

(5)2020年3月31日,转为固定资产后,按重新确定的使用寿命、预计净残值和折旧方法计提折旧:

应计折旧额＝1 306 493.34×(1－3%)＝1 267 298.54(元)

月折旧额＝1 267 298.54/(7×12＋9)＝13 626.87(元)

年折旧额＝13 626.87×12＝163 522.39(元)

2020年应计提的折旧额＝13 626.87×9＝122 641.83(元)

会计分录:

借:制造费用　　　　　　122 641.83

　贷:累计折旧　　　　　　122 641.83

【例6-9】某航空公司2011年12月购入一架飞机,总计花费8 000万元(含发动机),发动机当时的购价为500万元。公司未将发动机作为一项单独的固定资产进行核算。2020年年初,公司开辟新航线,航程增加。为延长飞机的空中飞行时间,公司决定更换一部性能更为先进的发动机。新发动机购价为700万元,另需支付安装费用51 000元。假定飞机的年折旧率为3%,不考虑相关税费的影响,公司的账务处理如下:

(1)2020年年初飞机的累计折旧金额为:80 000 000×3%×8＝19 200 000(元),固定资产转入在建工程。

借:在建工程　　　　　　60 800 000

　累计折旧　　　　　　　19 200 000

　　贷:固定资产　　　　　　　　80 000 000

　　(2)安装新发动机。

　　借:在建工程　　　　　　　 7 051 000

　　　贷:工程物资　　　　　　　 7 000 000

　　　　银行存款　　　　　　　　　51 000

　　(3)2020年年初老发动机的账面价值为:5 000 000-5 000 000×3‰×8=3 800 000(元),终止确认老发动机的账面价值。

　　借:营业外支出　　　　　　　 3 800 000

　　　贷:在建工程　　　　　　　 3 800 000

　　(4)发动机安装完毕,投入使用。固定资产的入账价值为:60 800 000+7 051 000-3 800 000=64 051 000(元)。

　　借:固定资产　　　　　　　　64 051 000

　　　贷:在建工程　　　　　　　64 051 000

(二)费用化的后续支出

　　一般情况下,固定资产投入使用后,由于磨损等原因,为了维护固定资产的正常运转和使用,充分发挥其使用效能,企业会对固定资产进行必要的维护。

　　固定资产的日常修理费用在发生时应直接计入当期损益。企业行政管理部门等发生的固定资产修理费用等后续支出记入"管理费用";企业专设销售机构的,其发生的与专设销售机构相关的固定资产修理费用等后续支出,记入"销售费用"。另外,固定资产更新改造支出不满足固定资产的确认条件,在发生时直接计入当期损益。

　　企业对固定资产进行定期检查发生的大修理费用,有确凿证据表明符合固定资产确认条件的部分,应予资本化计入固定资产成本。

　　【例6-10】2020年1月3日,甲公司对现有的一台生产用机器设备进行日常维护,维护过程中领用本企业原材料一批,价值为94 000元,应支付维护人员的工资为28 000元;不考虑其他相关税费。

　　本例中,对机器设备的维护,仅仅是为了维护固定资产的正常使用发生的,不产生未来的经济利益,因此应在其发生时确认为费用。甲公司的账务处理如下:

　　借:管理费用　　　　　　　　 122 000

　　　贷:原材料　　　　　　　　　94 000

　　　　应付职工薪酬　　　　　　　28 000

第三节　固定资产的处置

一、固定资产终止确认的条件

　　固定资产处置包括固定资产的出售、转让、报废或毁损、对外投资、非货币性资产交换、债务重组等。

　　《企业会计准则第4号——固定资产》规定,固定资产满足下列条件之一的,应当予以终止确认:

（1）该固定资产处于处置状态。处于处置状态的固定资产不再用于生产商品、提供劳务、出租或经营管理，因此不再符合固定资产的定义，应予终止确认。

（2）该固定资产预期通过使用或处置不能产生经济利益。

固定资产的确认条件之一是"与该固定资产有关的经济利益很可能流入企业"，如果一项固定资产预期通过使用或处置不能产生经济利益，就不再符合固定资产的定义和确认条件，应予终止确认。

二、固定资产处置的会计处理

企业出售、转让、报废固定资产或发生固定资产毁损，应当将处置收入扣除账面价值和相关税费后的金额计入当期损益。固定资产处置一般通过"固定资产清理"科目进行核算。固定资产清理是资产类科目，其借方应记录待处置固定资产的账面余额和清理过程中发生的清理费用等相关支出；其贷方记录的是处置中的残料回收、出售收入等。企业处置固定资产，主要包括以下几个环节：

1. 固定资产转入清理

企业因出售、报废或毁损、对外投资、非货币性资产交换、债务重组等处置固定资产时，应按待处置固定资产的账面价值借记"固定资产清理"科目。其中，固定资产的账面价值，是指固定资产的原价减去已计提折旧和减值准备后的剩余价值。按已计提的折旧借记"累计折旧"科目，按计提的减值借记"固定资产减值准备"科目，按原价贷记"固定资产"科目。

2. 清理费用的处理

固定资产清理过程中发生的清理费用，应借记"固定资产清理"科目，贷记"银行存款""库存现金"等科目。

3. 出售收入和残料回收等的处理

企业出售固定资产获得价款、报废固定资产的残料价值和变价收入等，按实际收到的出售价款或回收的残料价值等，借记"银行存款""原材料"等科目，贷记"固定资产清理""应交税费——应交增值税（销项税额）"等科目。

4. 保险赔偿的处理

保险公司的赔款或过失人赔偿的报废、毁损固定资产的损失，应借记"银行存款"或"其他应收款"科目，贷记"固定资产清理"科目。

5. 清理净损益的处理

固定资产清理完成后产生的清理净损益，依据固定资产处置方式的不同，分别适用不同的处理方法：

（1）因已丧失使用功能或因自然灾害发生毁损等原因而报废清理产生的利得或损失应计入营业外收支。如果因正常报废产生的净损失，应借记"营业外支出——处置非流动资产损失"科目；由于自然灾害等非正常原因而产生的净损失，应借记"营业外支出——非常损失"科目，贷记"固定资产清理"科目；如为净收益，应借记"固定资产清理"科目，贷记"营业外收入"科目。

（2）因出售、转让等原因产生的固定资产处置利得或损失应计入资产处置收益。产生净损失，借记"资产处置损益"科目，贷记"固定资产清理"科目；产生净收益，借记"固定资产清理"科目，贷记"资产处置损益"科目。

"资产处置损益"科目反映企业出售划分为持有待售的非流动资产（金融工具、长期股权投资和投资性房地产除外)或处置组时确认的处置利得或损失,以及处置未划分为持有待售的固定资产、在建工程、生产性生物资产及无形资产而产生的处置利得或损失。

思考题

1.影响固定资产折旧的因素有哪些?
2.固定资产资本化的后续支出如何确认?

实务练习题

1.甲公司某项设备原价为 120 万元,预计使用寿命为 5 年,预计净残值率为 4%;假设甲公司没有对该设备计提减值准备。甲公司按双倍余额递减法计提折旧,请计算每年应计提的折旧金额。

2.甲公司 2020 年 3 月 1 日对 2018 年年末购入的固定资产进行改造。该设备原价 1 000 万元,预计净残值 50 万元,预计可用 5 年,公司采用双倍余额递减法计提折旧。改造中购买新的部件买价为 480 万元,取得增值税专用发票注明增值税 81.6 万元,运杂费等 20 万元,款项均未支付,新部件交付安装。同时拆除替换设备原价 300 万元,变价收入 150 万元,2020 年 6 月 15 日改造完成,估计尚可使用 4 年,预计净残值 60 万元,公司决定对该设备改用直线法计提折旧。2020 年末经测试设备的处置净额为 680 万元,未来现金流量的现值为 700 万元。(计算保留 2 位小数)

要求:

(1)对固定资产改造过程进行会计处理。

(2)计算改造完成后固定资产的入账价值。

(3)计算 2020 年固定资产应计提折旧总额。

(4)计算 2020 年末固定资产应计提的减值准备并进行会计处理。

3.长江公司属于核电站发电企业,2020 年 1 月 1 日正式建造完成并交付使用一座核电站,全部成本为 300 000 万元,预计使用寿命为 40 年。根据国家法律和行政法规、国际公约等规定,企业应承担环境保护和生态恢复等义务。2020 年 1 月 1 日预计 40 年后该核电站核设施弃置时,将发生弃置费用 30 000 万元,且金额较大。在考虑货币的时间价值和相关期间通货膨胀等因素下确定的折现率为 5%。已知:$(P/F,5\%,40)=0.142\,0$。

要求:

(1)编制 2020 年 1 月 1 日固定资产入账的会计分录;

(2)编制 2020 年和 2021 年确认利息费用的会计分录;

(3)编制 40 年后实际发生弃置费用的会计分录。

即测即评　　　　延伸阅读

第七章
无形资产

学习目标

通过本章的学习,了解无形资产的概念与内容;掌握无形资产的初始计量;掌握无形资产的后续计量及无形资产的处置核算。

引导案例

"重营销 轻研发"的贵州百灵

近年来贵州百灵的销售费用增长很快,2016—2018 年公司的销售费用分别为 6.14 亿元、7.82 亿元、9.33 亿元。与之相应的是企业的研发费用大幅下降。2017 年和 2018 年公司研发投入总额分别为 7 385.55 万元、5 041.61 万元,占营收比例分别为 2.85%、1.61%,而同期其资本化研发费用更是只有 3 637.38 万元、1 956.89 万元。

2019 年上半年公司研发投入更是仅有 1 132.25 万元,占总营收的 0.84%,而上半年公司销售费用为 3.82 亿元,销售费用为研发投入的 33.72 倍。

资料来源:李顺.贵州百灵依赖单品净利降 19% 销售费用为研发投入 34 倍[N].长江商报,2019-08-28(A8).

思考:

研发活动在报表中是如何反映的? 研发投入对企业的利润会带来什么影响?

第一节 无形资产概述

一、无形资产的概念与特征

无形资产,是指企业拥有或者控制的没有实物形态的可辨认非货币性资产,通常包括专利权、非专利技术、商标权、著作权、特许权、土地使用权等。

无形资产具有以下特征:

(一)由企业拥有或者控制并能为其带来经济利益的资源

无形资产作为一项资产,具有一般资产的本质特征,即由企业拥有或者控制并预期能为其带来未来经济利益。通常情况下,企业对于拥有或者控制的无形资产应当有其所有权并且预期能够为企业带来未来经济利益。但在某些情况下,如果企业有权获得某项无形资产产生的未来经济利益,并能约束其他方获得这些经济利益,即使企业没有拥有其所有权,也可认为企业控制了该无形资产。

客户关系、人力资源等,由于企业无法控制其带来的未来经济利益,不符合无形资产的定义,不应将其确认为无形资产。

(二)不具有实物形态

无形资产通常表现为某种权利、某项技术或是某种获取超额利润的综合能力,不具有实物形态。但是确实有一些无形资产的存在需要依托于实物载体,比如,计算机软件需要存储在介质中,但这并不改变无形资产本身不具有实物形态的特征。在确定一项包含无形和有形要素的资产是属于固定资产,还是属于无形资产时,需要通过判断来加以确定,通常以哪个要素更重要作为判断的依据。譬如计算机控制的机械工具依赖于计算机软件控制才能运行,软件是相关硬件不可缺少的组成部分,该软件应作为固定资产组成部分处理;如果计算机软件不是相关硬件不可缺少的组成部分,则该软件应作为无形资产核算。

(三)具有可辨认性

要作为无形资产进行核算,该资产应该与其他资产相区别,满足可辨认的条件。符合无形资产定义中的可辨认性条件如下:

(1)能够从企业中分离或者划分出来,并能单独或者与相关合同、资产或负债一起,用于出售、转移、授予许可、租赁或者交换。

(2)源自合同性权利或其他法定权利,无论这些权利是否可以从企业或其他权利和义务中转移或者分离,如商标权、著作权等。

商誉通常是与企业整体价值联系在一起的,无法与企业自身相分离而存在,不具有可辨认性,不符合无形资产的定义。商誉属于非流动资产中。

(四)属于非货币性资产

所谓货币性资产,是指企业持有的货币资金和将以固定或可确定的金额收取的资产,主要包括库存现金、银行存款、应收账款、应收票据等资产。非货币性资产是指除企业货币性资产以外的其他资产。

二、无形资产的内容和分类

1. 无形资产的内容

无形资产通常包括专利权、商标权、非专利技术、著作权、特许权和土地使用权。

(1)专利权。专利权是指国家专利机关依法授予发明创造专利申请人对其发明创造在法定期限内所享有的专利权利,包括发明专利权、实用新型专利权和外观设计专利权。

(2)商标权。商标权是商标所有者将某类指定的产品或商品上使用的特定名称或图案即商标,依法注册登记后,取得的受法律保护的独家使用权利。商标权具有排他性和延续性的特征。商标是用来辨认特定商品和劳务的标记,具有相应的经济价值。根据我国商标法规定,注册商标的有效期限为 10 年,期满可依法延长。

(3)非专利技术。非专利技术是指专利权未经申请的没有公开的专门技术、工艺规程、经验和产品设计等。非专利技术因为未经法定机关按法律程序批准和认可,所以不受法律保护。

(4)著作权。著作权又称版权,指著作人对其著作享有的一些特殊权利。著作权包括两方面的权利,即精神权利(人身权利)和经济权利(财产权利)。前者指作品署名、发表作品、确认作者身份等权利;后者指以出版、表演、广播、展览等方式使用作品以及因授权他人使用作品而获得经济利益的权利。

(5)特许权。特许权,又称特许经营权、专营权,是指企业在某一地区经营或销售某种特定商品的权利或是一家企业接受另一家企业使用其商标、商号、秘密技术等权利。

(6)土地使用权。土地使用权是某一企业按照法律规定所取得的在一定时期对国有土地进行开发、利用和经营的权利。企业也可以依照法定程序取得土地使用权,或将已取得的土地使用权依法转让。企业取得土地使用权的方式大致有划拨取得、外购取得、投资者投入取得等。

2.无形资产的分类

无形资产按照不同分类标准,可以进行不同分类。

(1)按照无形资产产生的来源,分为外来的无形资产和自创无形资产。外来的无形资产主要是指通过外部购入或者接受投资等方式取得的无形资产。自创无形资产是指企业自行开发、研制的无形资产,例如非专利技术和专利权等。

(2)按照经济寿命期限,分为寿命期限确定的无形资产和寿命期限不确定的无形资产。寿命期限确定的无形资产是指有关法律或合同规定了无形资产的使用期限,例如专利权、商标权、著作权、土地使用权和特许经营权等。使用寿命不确定的无形资产,往往没有相应法律规定其有效期限,其经济寿命难以预先准确估计,如非专利技术。

三、无形资产的确认

无形资产同时满足下列条件的,才能予以确认:

(1)与该无形资产有关的经济利益很可能流入企业。企业在判断无形资产产生的经济利益是否很可能流入时,应当对无形资产在预计使用寿命内可能存在的各种经济因素做出合理估计,并且应当有明确证据支持。

(2)该无形资产的成本能够可靠地计量。企业内部产生的品牌、报刊名等,不应确认为无形资产。商誉的存在无法与企业自身分离,不具有可辨认性,也不属于本章所指无形资产。

第二节　无形资产的初始计量

无形资产应当按照成本进行初始计量。即以取得无形资产并使之达到预定用途而发生的全部支出作为无形资产的成本。对不同来源取得的无形资产,其成本构成不尽相同。

一、外购无形资产的成本

外购无形资产的成本,包括购买价款、相关税费以及直接归属于使该项资产达到预定用途所发生的其他支出。其中,直接归属于使该项资产达到预定用途所发生的其他支出包括使无形资产达到预定用途所发生的专业服务费用、测试无形资产是否能够正常发挥作用的费用等,但不包括为产品的宣传、推广发生的广告费、宣传费等间接费用,企业为非专利技术所发生的管理费用,以及无形资产达到预定用途之后所发生的费用。

购买无形资产的价款超过正常信用条件延期支付,实质上具有融资性质,无形资产的成本以购买价款的现值为基础确定。实际支付的价款与购买价款的现值之间的差额,除按照《企业会计准则第 17 号——借款费用》应予资本化的以外,应当在信用期间内采用实际利率法摊销,计入当期损益。

【例 7-1】2019 年 1 月 8 日,甲公司从乙公司购买一项商标权,由于甲公司资金周转比较紧张,经与乙公司协议采用分期付款方式支付款项。合同规定,该项商标权总计 1 000 万元,每年末付款 200 万元,5 年付清。假定银行同期贷款利率为 5%。为了简化核算,假定不考虑其他有关税费(已知 5 年期 5% 利率,其年金现值系数为 4.329 5)。

无形资产现值 = 1 000 × 20% × 4.329 5 = 865.9(万元)

未确认的融资费用 = 1 000 − 865.9 = 134.1(万元)

借:无形资产——商标权   8 659 000

 未确认融资费用   1 341 000

 贷:长期应付款   10 000 000

2019 年年底付款时:

借:长期应付款   2 000 000

 贷:银行存款   2 000 000

借:财务费用   433 000

 贷:未确认融资费用   433 000

2020 年年底付款时:

借:长期应付款   2 000 000

 贷:银行存款   2 000 000

借:财务费用   354 600

 贷:未确认融资费用   354 600

2021 年年底付款时:

借:长期应付款   2 000 000

 贷:银行存款   2 000 000

借:财务费用   272 300

 贷:未确认融资费用   272 300

2022 年年底付款时:

借:长期应付款   2 000 000

 贷:银行存款   2 000 000

借:财务费用   185 900

 贷:未确认融资费用   185 900

2023 年年底付款时:

借:长期应付款   2 000 000

 贷:银行存款   2 000 000

借:财务费用   95 200

 贷:未确认融资费用   95 200

二、投资者投入无形资产的成本

其成本应当按照投资合同或协议约定价值确定,但合同或协议约定价值不公允的除外。在投资合同或协议约定价值不公允的情况下,应按无形资产的公允价值入账,如果投资者能够提供增值税抵扣证明的,进项税额应予以抵扣。

企业按照投入无形资产的入账价值,借记"无形资产""应交税费——应交增值税(进项税额)"等科目,贷记"实收资本"或"股本"及"资本公积"等科目。

三、其他方式取得无形资产的成本

企业通过非货币性资产交换、债务重组、企业合并、政府补助等方式取得的无形资产,其成本的确定见本书相关章节。

四、土地使用权的处理

企业取得的土地使用权,通常应当按照取得时所支付的价款及相关税费确认为无形资产。土地使用权用于自行开发建造厂房等地上建筑物时,土地使用权的账面价值不与地上建筑物合并计算其成本,而仍作为无形资产进行核算。但是如果房地产开发企业取得的土地使用权用于建造对外出售的房屋建筑物的,其相关的土地使用权的价值应当计入所建造的房屋建筑物成本。

企业外购房屋建筑物所支付的价款中包括土地使用权以及建筑物的价值的,则应当对实际支付的价款按照合理的方法(例如,公允价值相对比例)在土地使用权和地上建筑物之间进行分配;如果确实无法在土地使用权和地上建筑物之间进行合理分配的,应当全部作为固定资产,按照固定资产确认和计量的原则进行处理。

企业改变土地使用权的用途,将其用于出租或增值目的时,应将其账面价值转为投资性房地产。

【例7-2】2020年1月1日,甲股份有限公司购入一块土地的使用权,以银行存款转账支付8 000万元,并在该土地上自行建造厂房,发生材料支出12 000万元,工资费用8 000万元,其他相关费用10 000万元。该工程完工并达到预定可使用状态。假定土地使用权的使用年限为50年,该厂房的使用年限为25年,两者都没有净残值,都采用直线法进行摊销和计提折旧。为简化核算,不考虑其他相关税费。

分析:甲公司购入土地使用权,使用年限为50年,表明它属于使用寿命有限的无形资产,在该土地上自行建造厂房,应将土地使用权和地上建筑物分别作为无形资产和固定资产进行核算,并分别摊销和计提折旧。

甲公司的账务处理如下:

(1)取得土地使用权,支付转让价款。

借:无形资产——土地使用权　　　　　80 000 000
　　贷:银行存款　　　　　　　　　　　　　80 000 000

(2)在土地上自行建造厂房。

借:在建工程　　　　　300 000 000
　　贷:工程物资　　　　　　120 000 000
　　　　应付职工薪酬　　　　80 000 000

　　银行存款　　　　　　　　100 000 000

（3）厂房达到预定可使用状态。

借：固定资产　　　　　　300 000 000

　　贷：在建工程　　　　　　300 000 000

（4）每年分别摊销土地使用权和对厂房计提折旧。

借：管理费用　　　　　　　1 600 000

　　制造费用　　　　　　　12 000 000

　　贷：累计摊销　　　　　　　1 600 000

　　　　累计折旧　　　　　　　12 000 000

第三节　内部研究开发费用的确认和计量

　　对于企业自行进行的研究开发项目，应当区分研究阶段与开发阶段分别进行核算。在实际工作中，关于研究阶段与开发阶段的具体划分，企业应当根据自身实际情况以及相关信息加以判断。并且这种判断并非只是会计人员的判断，还需要依靠企业技术人员的相关分析意见。

一、研究阶段与开发阶段的区分

　　研究，是指为获取并理解新的科学或技术知识而进行的独创性的有计划活动。研究阶段是探索性的，为进一步的开发活动进行资料及相关方面的准备，已进行的研究活动将来是否会转入开发、开发后是否会形成无形资产等具有较大的不确定性。比如，意在获取知识而进行的活动，研究成果或其他知识的应用研究、评价和最终选择，材料、设备、产品、工序、系统或服务替代品的研究，新的或经改进的材料、设备、产品、工序、系统或服务的可能替代品的配制、设计、评价和最终选择等，均属于研究活动。研究阶段一般不会形成阶段性成果。

　　开发，是指在进行商业性生产或使用前，将研究成果或其他知识应用于某项计划或设计，以生产出新的或具有实质性改进的材料、装置、产品等。比如，生产前或使用前的原型和模型的设计、建造和测试，不具有商业性生产经济规模的试生产设施的设计、建造和运营等，均属于开发活动。相对于研究阶段而言，开发阶段应当是已完成研究阶段的工作，在很大程度上具备了形成一项新产品或新技术的基本条件。

二、研究阶段与开发阶段支出处理的原则

　　考虑到研究阶段的探索性及其成果的不确定性，企业无法证明其能够带来未来经济利益的无形资产的存在，因此，企业内部研究开发项目研究阶段的支出，应当于发生时计入当期损益。

　　考虑到进入开发阶段的研发项目往往形成成果的可能性较大，因此，如果企业能够证明开发阶段的支出符合无形资产的定义及相关确认条件，则可将其确认为无形资产。

　　具体来说，企业开发阶段的支出，同时满足下列条件的，才能确认为无形资产：

　　（1）完成该无形资产以使其能够使用或出售在技术上具有可行性。判断无形资产的开发在技术上是否具有可行性，应当以目前阶段的成果为基础，并提供相关证据和材料，证明企业进行开发所需的技术条件等已经具备，不存在技术上的障碍或其他不确定性。比如，企业已经

完成了全部计划、设计和测试活动,这些活动是使资产能够达到设计规划书中的功能、特征和技术所必需的活动,或经过专家鉴定等。

(2)具有完成该无形资产并使用或出售的意图。企业能够说明其开发无形资产的目的。

(3)无形资产产生经济利益的方式。无形资产是否能够为企业带来经济利益,应当对运用该无形资产生产产品的市场情况进行可靠预计,以证明所生产的产品存在市场并能够带来经济利益,或能够证明市场上存在对该无形资产的需求。

(4)有足够的技术、财务资源和其他资源支持,以完成该无形资产的开发,并有能力使用或出售该无形资产。企业能够证明可以取得无形资产开发所需的技术、财务和其他资源,以及获得这些资源的相关计划。企业自有资金不足以提供支持的,应能够证明存在外部其他方面的资金支持,如银行等金融机构声明愿意为该无形资产的开发提供所需资金等。

(5)归属于该无形资产开发阶段的支出能够可靠地计量。企业对研究开发的支出应当单独核算,比如,直接发生的研发人员工资、材料费,以及相关设备折旧费等。同时从事多项研究开发活动的,所发生的支出应当按照合理的标准在各项研究开发活动之间进行分配;无法合理分配的,应当计入当期损益。

无法区分研究阶段和开发阶段的支出,应当将其所发生的研发支出在发生时全部费用化,计入当期损益(管理费用)。

三、内部研发形成的无形资产的计量

内部研发形成的无形资产,其成本包括开发该无形资产时耗费的材料、劳务成本、注册费、在开发该无形资产过程中使用的其他专利权和特许权的摊销、计提专用设备折旧,以及按照借款费用的处理原则可以资本化的利息支出。

【例7-3】甲公司自行研发一项新技术,累计发生研究开发支出800万元,其中符合资本化条件的支出为500万元。研发成功后向国家知识产权局提出专利权申请并获得批准,实际发生注册登记费8万元;为使用该项新技术发生的有关人员培训费为6万元。不考虑其他因素,甲公司该项无形资产的入账价值为多少万元?

无形资产入账价值=500+8=508(万元)

本例中,人员培训费不构成无形资产的开发成本。

值得说明的是,内部开发无形资产的成本仅包括在满足资本化条件的时点至无形资产达到预定用途前发生的支出总和。对于同一项无形资产在开发过程中达到资本化条件之前已经费用化计入当期损益的支出不再进行调整。

四、内部研究开发费用的会计处理

研究阶段的所有支出均计入当期损益;开发阶段的研发支出,不满足资本化条件的,借记"研发支出——费用化支出"科目,贷记"原材料""银行存款""应付职工薪酬"等科目。期末,将"研发支出——费用化支出"科目归集的金额计入当期损益,借记"管理费用"科目,贷记"研发支出——费用化支出"科目。开发阶段项目达到了预定使用状态并形成了无形资产,应按"研发支出——资本化支出"科目的累计金额,借记"无形资产"科目,贷记"研发支出——资本化支出"科目。相关核算可以通过下列会计分录来描述:

1. 企业自行开发无形资产发生的研发支出

借：研发支出——费用化支出（不满足资本化条件）

　　　　　——资本化支出（满足资本化条件）

　　贷：原材料/银行存款/应付职工薪酬等

2. 期（月）末，应将该科目归集的费用化支出金额转入"管理费用"科目

借：管理费用

　　贷：研发支出——费用化支出（不满足资本化条件）

3. 研究开发项目达到预定用途形成无形资产

借：无形资产

　　贷：研发支出——资本化支出（满足资本化条件）

【例7-4】甲公司2018年1月2日开始自行研究开发无形资产。不考虑相关税费，有关业务资料如下：

(1)2018年发生原材料费用10万元、职工薪酬50万元，计提专用设备折旧10万元。经测试，2018年该项研发活动属于研究阶段。

借：研发支出——费用化支出　　　　　700 000

　　贷：原材料　　　　　　　　　　　　100 000

　　　　应付职工薪酬　　　　　　　　　500 000

　　　　累计折旧　　　　　　　　　　　100 000

借：管理费用　　　　　　　　　　　　700 000

　　贷：研发支出——费用化支出　　　　　700 000

(2)经测试2019年进入开发阶段后，相关支出符合资本化条件前发生的原材料费用20万元、职工薪酬35万元，计提专用设备折旧5万元；符合资本化条件后发生的原材料费用195万元、职工薪酬200万元，计提专用设备折旧5万元。

费用化支出＝20＋35＋5＝60（万元）

资本化支出＝195＋200＋5＝400（万元）

借：研发支出——费用化支出　　　　　600 000

　　　　　　——资本化支出　　　　　4 000 000

　　贷：原材料　　　　　　　　　　　　2 150 000

　　　　应付职工薪酬　　　　　　　　　2 350 000

　　　　累计折旧　　　　　　　　　　　100 000

借：管理费用　　　　　　　　　　　　60 000

　　贷：研发支出——费用化支出　　　　　60 000

(3)2020年发生的符合资本化条件的职工薪酬400万元，以银行存款支付注册费5万元；7月1日，达到预定用途交付管理部门使用。

资本化支出＝400＋5＝405（万元）

借：研发支出——资本化支出　　　　　4 050 000

　　贷：应付职工薪酬　　　　　　　　　4 000 000

　　　　银行存款　　　　　　　　　　　50 000

借：无形资产　　　　　　　　　　　　8 050 000

贷:研发支出——资本化支出　　　　　　8 050 000

(4)该项无形资产受益期限为 10 年,净残值为零,采用直线法摊销。

2020 年摊销额=805/10×6/12=10.25(万元)

第四节　无形资产的后续计量

无形资产的后续计量以其使用寿命为基础。企业应当于取得无形资产时分析判断其使用寿命。无形资产的使用寿命是有限的,应当估计该使用寿命的年限或者构成使用寿命的产量等类似计量单位数量;无法预见无形资产为企业带来未来经济利益期限的,应当视为使用寿命不确定的无形资产。

一、无形资产后续计量的原则

(一)估计无形资产的使用寿命

无形资产的使用寿命包括法定寿命和经济寿命两个方面:有些无形资产的使用寿命受法律、规章或合同的限制,称为法定寿命;经济寿命则是指无形资产可以为企业带来经济利益的年限。

企业确定无形资产使用寿命应考虑多方面的因素,通常应涉及的因素有:

(1)该资产生产的产品通常的寿命周期,以及可获得的类似资产使用寿命的信息;

(2)技术、工艺等方面的现实情况及对未来发展的估计;

(3)以该资产生产的产品或服务的市场需求情况;

(4)现在或潜在的竞争者预期采取的行动;

(5)为维持该资产产生未来经济利益的能力预期的维护支出及企业预计支付有关支出的能力;

(6)对该资产的控制期限,对该资产使用的法律或类似限制,如特许使用期间、租赁期间等;

(7)与企业持有的其他资产使用寿命的关联性等。

(二)无形资产使用寿命的确定

确定无形资产使用寿命,可以从三个要点来把握:

(1)有合同的年限和法定年限的无形资产属于使用寿命有限的无形资产。购买的非专利技术,会有合同规定的年限,那么这些条件就是确定无形资产使用寿命的依据和基础。源自合同性权利或其他法定权利取得的无形资产,其使用寿命不应超过合同性权利或其他法定权利的期限。

值得注意的是,如果合同性权利或其他法定权利能够在到期时因续约等延续,且有证据表明企业续约不需付出大额成本,续约期应当计入使用寿命。同时,如果无形资产未来期间会有他人以固定金额购买无形资产,在计算无形资产摊销额时,需要将将来购买方支付的款项作为无形资产残值予以扣除。

(2)合同或法律没有规定使用寿命的,企业应当综合各方面因素判断,以确定无形资产能为企业带来经济利益的期限。例如,与同行业的情况进行比较、参考历史经验或聘请相关专家进行论证。

（3）经过上述努力，仍无法合理确定无形资产为企业带来经济利益期限的，才能将其作为使用寿命不确定的无形资产。

（三）无形资产使用寿命的复核

企业至少应当于每年年度终了，对使用寿命有限的无形资产的使用寿命进行复核，如果有证据表明其使用寿命不同于以前估计的，则应改变其摊销年限，并按照会计估计变更进行处理。

对于使用寿命不确定的无形资产，如果有证据表明其使用寿命是有限的，则应按照会计估计变更处理，并按照《企业会计准则第 6 号——无形资产》中关于使用寿命有限的无形资产的处理原则进行处理。

二、使用寿命有限的无形资产摊销

使用寿命有限的无形资产，应以成本减去累计摊销额和累计减值损失后的余额进行后续计量。

（一）摊销起止时间

无形资产的摊销期自其达到预定用途时起至终止确认时止。当月增加的无形资产当月开始摊销，当月减少的无形资产当月停止摊销。这里应该注意其与固定资产折旧期限的不同。

（二）应摊销的金额

应摊销金额是指无形资产的成本扣除残值后的金额，如果无形资产计提了减值准备，还应扣除已计提的无形资产减值准备累计金额。无形资产的残值一般为零，但下列情况除外：

（1）第三方承诺在无形资产使用寿命结束时愿意以一定的价格购买该项无形资产；

（2）存在活跃的市场，通过市场可以得到无形资产使用寿命结束时的残值信息，并且从目前情况看，在无形资产使用寿命结束时，该市场还可能存在的情况下，可以预计无形资产的残值。

（三）摊销方法

摊销方法包括直线法、产量法等。对某项无形资产摊销所使用的方法应依据从资产中获取的预期未来经济利益的预期消耗方式来选择，并一致地运用于不同会计期间。例如：受技术陈旧因素影响较大的专利权和专有技术等无形资产，可采用类似固定资产加速折旧的方法进行摊销；有特定产量限制的特许经营权或专利权，应采用产量法进行摊销。

（四）无形资产摊销的会计处理

摊销时，应当考虑该项无形资产所服务的对象，并以此为基础将其摊销价值计入相关资产的成本或者当期损益。即谁受益谁承担的原则。企业自用的无形资产，按其摊销的金额借记"管理费用"科目，贷记"累计摊销"科目；出租的无形资产，按其摊销的金额借记"其他业务成本"科目，贷记"累计摊销"科目；专门用于生产某种产品或资产的无形资产，其摊销额应计入相关产品或资产的成本，按其摊销金额借记"制造费用""生产成本"等科目，贷记"累计摊销"科目。

【例7-5】2019年1月1日,甲公司从外单位购得一项非专利技术,支付价款5 000万元,款项已支付,估计该项非专利技术的使用寿命为10年,该项非专利技术用于产品生产;同时,购入一项商标权,支付价款3 000万元,款项已支付,估计该商标权的使用寿命为15年。假定这两项无形资产的净残值均为零,并按直线法摊销。

甲公司的账务处理如下:

(1)取得无形资产时:

借:无形资产——非专利技术　　　　　　50 000 000
　　　　　　——商标权　　　　　　　　30 000 000
　　贷:银行存款　　　　　　　　　　　　　80 000 000

(2)按年摊销时:

借:制造费用——非专利技术　　　　　　5 000 000
　　管理费用——商标权　　　　　　　　2 000 000
　　贷:累计摊销　　　　　　　　　　　　　7 000 000

如果甲公司2020年12月31日根据科学技术发展的趋势判断,2019年购入的该项非专利技术在4年后将被淘汰,不能再为企业带来经济利益,决定对其再使用4年后不再使用,为此,甲公司应当在2020年12月31日据此变更该项非专利技术的估计使用寿命,并按会计估计变更进行处理。

2020年12月31日该项无形资产累计摊销金额为1 000(500×2)万元,2021年该项无形资产的摊销金额为1 000[(5 000－1 000)/4]万元。

甲公司2021年对该项非专利技术按年摊销的账务处理如下:

借:制造费用——非专利技术　　　　　10 000 000
　　贷:累计摊销　　　　　　　　　　　　10 000 000

估计无形资产的残值应以资产处置时的可收回金额为基础,残值确定以后,在持有无形资产的期间,至少应于每年年末进行复核,预计其残值与原估计金额不同的,按照估计变更进行处理。如果无形资产的残值重新估计以后高于其账面价值的,则无形资产不再摊销,直至残值降至低于账面价值时再恢复摊销。

三、使用寿命不确定的无形资产

对于使用寿命不确定的无形资产,在持有期间内不需要摊销,但需要至少于每一会计期末进行减值测试。按照《企业会计准则第8号——资产减值》的规定,需要计提减值准备的,相应计提有关的减值准备。会计分录如下:

借:资产减值损失
　　贷:无形资产减值准备

【例7-6】2019年1月1日,A公司购入一项市场领先的畅销产品的商标的成本为6 000万元,该商标按照法律规定还有5年的使用寿命,但是在保护期届满时,A公司可每10年以较低的手续费申请延期,同时,A公司有充分的证据表明其有能力申请延期。此外,有关的调查表明,根据产品生命周期、市场竞争等方面情况综合判断,该商标将在不确定的期间内为企业带来现金流量。

根据上述情况,该商标可视为使用寿命不确定的无形资产,在持有期间内不需要进行摊销。

2020 年年底,A 公司对该商品按照资产减值的原则进行减值测试,经测试表明该商标已发生减值,2020 年年底,该商标的公允价值为 4 000 万元。

则 A 公司的账务处理如下:

(1)2019 年购入商标时:

借:无形资产——商标权　　　　　60 000 000

　贷:银行存款　　　　　　　　　　60 000 000

(2)2020 年发生减值:

借:资产减值损失　　　　　20 000 000(60 000 000－40 000 000)

　贷:无形资产减值准备——商标权　　　　　20 000 000

四、无形资产的复核

企业至少应当于每年年度终了,对无形资产的使用寿命及摊销方法进行复核,如果有证据表明无形资产的使用寿命及摊销方法不同于以前的估计,则对于使用寿命有限的无形资产,应改变其摊销年限及摊销方法,并按照会计估计变更进行处理。

残值确定以后,在持有无形资产的期间内,至少应于每年年末进行复核,预计其残值与原估计金额不同的,应按照会计估计变更进行处理。如果无形资产的残值重新估计以后高于其账面价值的,则无形资产不再摊销,直至残值降至低于账面价值时再恢复摊销。

例如,无形资产原值 100 万元,5 年后转让给第三方,可以根据活跃市场得到预计残值信息,无形资产使用寿命结束时可能存在残值 10 万元。到第四年年末预计残值为 30 万元,已经摊销金额 72 万元,账面价值＝100－72＝28(万元),低于重新估计的残值 30 万元,则该项无形资产不再摊销,直至残值降至低于其账面价值时再恢复摊销。

对于使用寿命不确定的无形资产,如果有证据表明其使用寿命是有限的,则应视为会计估计变更,应当估计其使用寿命并按照使用寿命有限的无形资产的处理原则进行处理。

第五节　无形资产的处置

无形资产的处置,主要是指无形资产对外出租、出售、对外捐赠,或者是无法为企业带来未来经济利益时,应予转销并终止确认。

一、无形资产的出售

企业出售某项无形资产,表明企业放弃无形资产的所有权,应按照持有待售非流动资产、处置组的相关规定进行会计处理。按照出售收入借记“银行存款”科目,按已计提的摊销额借记“累计摊销”科目,按无形资产的账面原值贷记“无形资产”科目,按应缴纳的增值税贷记“应交税费——应交增值税(销项税额)”,出售的净损益计入“资产处置损益”科目。具体会计处理如下:

借:银行存款

　　无形资产减值准备

　　累计摊销

　贷:无形资产

　　应交税费——应交增值税(销项税额)

借或贷:资产处置损益

二、无形资产的出租

企业将所拥有的无形资产的使用权让渡给他人,并收取租金,属于与企业日常活动相关的其他经营活动取得的收入。在满足收入确认条件的情况下,应确认相关的收入及成本,并通过其他业务收支科目进行核算。让渡无形资产的使用权而取得的租金收入,借记"银行存款"等科目,贷记"其他业务收入"等科目;摊销出租无形资产的成本并发生与出租有关的各种费用支出时,借记"其他业务成本"科目,贷记"累计摊销"等科目。具体如下:

1.应当按照有关收入确认原则确认所取得的租金收入

借:银行存款

　　贷:其他业务收入

　　　　应交税费——应交增值税(销项税额)

2.将发生的与该转让有关的相关费用计入其他业务成本

借:其他业务成本

　　贷:累计摊销

　　　　银行存款

【例7-7】甲公司2020年7月1日,出售一项商标权,不含增值税价款为120万元,开出增值税专用发票,增值税销项税额为7.2万元,实际收到127.2万元存入银行。该商标权成本为300万元,出售时已摊销金额为180万元,已计提的减值准备为30万元。甲公司的账务处理如下:

借:银行存款　　　　　　　　　　　　　1 272 000

　　累计摊销　　　　　　　　　　　　　1 800 000

　　无形资产减值准备——商标权　　　　　300 000

　　贷:无形资产——商标权　　　　　　　　　　3 000 000

　　　　应交税费——应交增值税(销项税额)　　　72 000

　　　　资产处置损益　　　　　　　　　　　　　300 000

三、无形资产的报废

无形资产预期不能为企业带来经济利益的,应当将该无形资产的账面价值予以转销,其账面价值转作当期损益(营业外支出)。

【例7-8】甲企业原拥有一项非专利技术,采用直线法进行摊销,预计使用期限为10年。现该项非专利技术已被内部研发成功的新技术所替代,并且根据市场调查,用该非专利技术生产的产品已没有市场,预期不能再为企业带来任何经济利益,故应当予以转销。转销时,该项非专利技术的成本为900万元,已摊销6年,累计计提减值准备240万元,该项非专利技术的残值为0。假定不考虑其他相关因素。甲企业的账务处理如下:

借:累计摊销　　　　　　5 400 000

　　无形资产减值准备　　2 400 000

　　营业外支出　　　　　1 200 000

　　贷:无形资产　　　　　　　9 000 000

思考题

1. 简述内部开发无形资产成本的构成因素。
2. 简述内部研究开发支出的核算原则。
3. 企业应如何确定无形资产的使用寿命?
4. 企业应如何进行无形资产的摊销?
5. 简述企业开发阶段有关支出资本化的条件。

实务练习题

根据下列事项,编制美华公司相关的会计分录。不考虑相关税费。

(1)美华公司正在研究和开发一项新工艺,2018 年 1—9 月发生各项人工、研究等费用 100 万元。在 2018 年 9 月末,美华公司已经可以证实该项新工艺必然开发成功,并满足无形资产确认标准。2018 年 10 月至 12 月发生材料人工等各项支出 60 万元。

(2)2019 年 1—6 月又发生材料费用、直接参与开发人员的工资、场地设备等租金和注册费等支出 240 万元(均满足资本化条件)。

(3)2019 年 6 月末该项新工艺完成,达到了预定可使用状态;美华公司预计该专利权使用寿命为 10 年,采用直线法摊销,预计净残值为零。

(4)2019 年年底,美华公司经过减值测试,确定该专利权发生 56.5 万元的减值。

(5)2020 年 3 月,美华公司与畅意公司签订不可撤销的转让协议,协议以 150 万元转让该专利权,预计将于 2020 年 5 月完成该专利权的转让,转让时还将发生相关手续费 2.5 万元。

(6)2020 年 6 月完成该专利权的转让。

即测即评

延伸阅读

第八章

负 债

学习目标

通过本章的学习,了解负债的含义、特征及分类方法;掌握各种流动负债和非流动负债的内容及账务处理。

引导案例

1997 年 9 月 18 日,日本零售业的巨头八佰伴日本公司向公司所在地的日本静冈县地方法院提出公司更生法的申请,这一行动,实际上等于向社会宣布了该公司的破产。八佰伴日本公司主管八佰伴集团的日本国内事业以及在欧美、东南亚等地区的海外投资,拥有 26 家店铺,由八佰伴集团董事长、八佰伴国际流通集团总裁和田一夫的第四个儿子和四米正担任总裁,八佰伴日本公司宣布破产前的总负债额为 1 613 亿日元(折合约 13 亿多美元)。

在东京证券交易所第一市场上市的公司破产,这在二战后的日本还是第一次,同时,它也是当时日本百货业界最大的一次破产事件,因而震撼了日本和亚洲。日本《经济界》杂志 1997 年秋刊登了题为“八佰伴破产的教训——象征着淘汰超市时代的到来”的文章。

资料来源:翟路.日本“八佰伴”何以破产[J].质量天地,1999(8):25.

思考:

如此巨额的债务在资产负债表上如何列示? 债务信息是如何进行披露的?

第一节　负债概述

一、负债的定义及确认条件

《企业会计准则——基本准则》第二十三条第一款规定:“负债是指企业过去的交易或者事项形成的、预期会导致经济利益流出企业的现时义务。”根据负债的定义,负债主要具备以下三个基本特征:

第一,负债是基于过去的交易或者事项而产生的。负债是由于过去或现在已经完成的经济业务而形成的现时义务。比如,企业从银行借入资金,就应对银行承担还本付息的义务;从供应单位赊购存货,就负有偿还货款的义务。企业将在未来发生的承诺、经营亏损或签订合同等交易或者事项,均不构成企业的负债。

第二,负债是企业承担的现时义务,该义务的金额能够可靠地计量。负债通常是可以确定的偿还金额,或虽没有确定的金额,但可以合理地加以判断或估计。如企业购买商品形成的应付账款、取得银行贷款形成的借款本金和利息、按照税法规定应缴纳的税金、应支付的职工薪酬等,可以确定负债金额;企业在对已售出产品计提质量保证金时,虽然无法确定计提数,但可以根据以前的经验合理估计。

第三,负债的清偿预期会导致经济利益流出企业。企业在履行现时义务时,会导致经济利益流出企业,即企业需要在将来以资产或劳务偿付经济责任。企业履行经济义务清偿负债的方式包括给付现金、实物资产或提供劳务等。如果企业在履行义务时不会导致经济利益的流出,比如选择发行普通股来履行义务,就不属于一项负债。

由于负债是指企业过去的交易或事项形成的、预期会导致经济利益流出企业的现时义务,因此负债的确认除了要符合负债的定义之外,还应当同时满足以下两个条件:

1. 与该义务有关的经济利益很可能流出企业

经济业务存在的不确定性,导致企业在履行经济业务时流出的经济利益有时需要估计,特别是由于推定义务而产生的负债。比如,企业因销售产品而承担的产品质量保证义务所发生的支出金额就存在很大的不确定性。如果有证据表明,与现时义务有关的经济利益很可能流出企业,就应当确认为负债。反之,企业对于预期流出经济利益可能性较小或不复存在的现时义务,不应确认为一项负债。

2. 未来流出的经济利益的金额能够可靠地计量

企业要确认负债,必须能够可靠地计量负债的金额,即能够可靠地计量未来经济利益流出的金额。企业因法定义务而预期发生的经济利益流出金额,通常可以根据法律或合同的规定予以确定。比如,企业应交税费的金额可以根据相关税法的规定计算确定。而企业因推定义务产生的未来经济利益的流出金额,则往往需要根据合理的估计才能确定履行相关义务所需支出的金额。如果未来期间较长,还需要考虑货币时间价值的影响。

二、负债的分类

负债按流动性分类,其实质是按负债偿还期限的长短分类,通常分为流动负债和非流动负债。这是负债最基本的分类。

满足下列条件之一的负债应当归为流动负债:

(1)预计在一个正常营业周期中清偿;

(2)主要为交易目的而持有;

(3)自资产负债表日起一年内到期应予以清偿;

(4)企业无权自主地将清偿推迟至资产负债表日后一年以上。

流动负债主要包括短期借款、应付账款、应付职工薪酬、应交税费等。

这样分类是为了便于分析企业的财务状况和偿债能力。例如,企业的流动资产和流动负债的相对比例,可以大致反映企业的短期偿债能力。

流动负债以外的负债应当归为非流动负债。非流动负债主要包括长期借款、应付债券、长期应付款等。

负债除了按流动性分类外,还有其他的分类标准,如按负债是否因金融工具形成,可以分为金融负债和非金融负债;按负债的偿还方式可以分为货币性负债和非货币性负债;按偿付的金额目前是否确定可以分为金额确定的负债和金额需要估计的负债;等等。本章采用的是负债最基本的分类,即按负债的流动性分类。

第二节 流动负债

一、流动负债的分类与计量

1.流动负债的分类

流动负债按形成的原因可以分为:①企业在正常的生产经营活动中,以权责发生制为基础而产生的债务,如应付职工薪酬、应交税费等;②企业在与外部有关单位进行结算时所产生的债务,如企业赊购存货而产生的应付账款或应付票据等;③企业从银行或其他金融机构筹集资金而产生的债务,如短期借款等。

在实务中,流动负债通常按应付金额是否确定分类,主要有以下几类:

(1)金额确定的流动负债。这类流动负债是指根据合同、协议或法律的规定具有确切的金额、债权人和付款日期,并且到期必须归还的负债,如短期借款、应付票据、应付账款、应付职工薪酬等。

(2)金额视经营结果而定的流动负债。这类流动负债须待企业在一定的经营期末才能确定金额,在该经营期末之前负债金额不能以货币计量,如应交税费、应付股利等。

(3)金额需估计的流动负债。这类流动负债的金额、偿还期或债权人在编制资产负债表日仍难以确定,只能按以往的经验或依据有关资料予以估计,如和产品质量担保相关的预计负债等。

2.流动负债的计量

流动负债的计量是指各项流动负债确认入账的负债金额。从理论上说,负债计量以现值入账比较准确,由于流动负债的期限较短,其到期值或面值与现值之间的差异不会很大。基于重要性原则和谨慎性原则,在我国会计实务中,流动负债均按未来应付金额或面值来计量,并列示于资产负债表中。

二、短期借款

短期借款是企业向银行或其他金融机构等借入的期限在一年以内(含一年)的各种借款。短期借款一般是企业为维持正常的生产经营而借入的款项或者为抵偿某项债务而借入的款项。

企业短期借款的借入与偿还应通过"短期借款"科目进行核算,并按债权人户名和借款种类设置明细账。对于企业发生的短期借款,通过"短期借款"科目核算记录本金数;每个资产负债表日,企业应计算确定短期借款的应计利息,按照应计的金额,借记"财务费用"等科目,贷记"银行存款"或"应付利息"科目。

【例8-1】某企业某年4月1日从银行取得短期借款400 000元,年利率为6%,期限为6个月,到期一次还本付息,每月末计提利息。其账务处理如下:

(1)4月1日,借入款项时:

借:银行存款	400 000
贷:短期借款	400 000

(2)4 月 30 日,计提利息时:

每月利息费用＝400 000×6％/12＝2 000(元)

借:财务费用   2 000

 贷:应付利息   2 000

以后每月计提利息时与上述会计分录相同。

(3)到期归还借款本息时:

借:短期借款   400 000

 应付利息   12 000

 贷:银行存款   412 000

三、以公允价值计量且其变动计入当期损益的金融负债

以公允价值计量且其变动计入当期损益的金融负债,包括交易性金融负债和直接指定为以公允价值计量且其变动计入当期损益的金融负债。其中,满足下列条件之一的应当划分为交易性金融负债:①承担该金融负债的目的主要是近期内出售或回购;②属于进行集中管理的可辨认金融工具组合的一部分,且有客观证据表明企业近期采用短期获利方式对该组合进行管理;③属于衍生工具。

直接指定为以公允价值计量且其变动计入当期损益的金融负债,是指未满足交易性金融负债条件的金融负债。该指定可以消除或明显减少由于该金融负债的计量基础不同而导致的相关利得或损失在确认和计量方面不一致的情况。指定的目的在于通过直接指定为以公允价值计量,并将其变动计入当期损益,从而消除会计上可能存在的不配比现象。

企业初始确认以公允价值计量且其变动计入当期损益的金融负债时,应当按照公允价值计量,相关交易费用应当直接计入当期损益。

企业对于以公允价值计量且其变动计入当期损益的金融负债,应当设置“交易性金融负债”科目进行核算,相关的会计处理原则与交易性金融资产一致。初始确认时按公允价值计量(即按照实际交易价格确认初始入账价值),发生的相关交易费用计入当期损益(投资收益);按照公允价值进行后续计量,变动计入当期损益(公允价值变动损益)。

四、应付票据

应付票据是指出票人出票,并承诺在票据上规定的不超过一年的期限内支付一定金额给持票人的一种书面证明。应付票据的种类很多,在我国会计实务中应付票据仅指应付商业汇票。

商业汇票按承兑人的不同分为商业承兑汇票和银行承兑汇票。商业承兑汇票的承兑人为付款人;银行承兑汇票的承兑人为银行,银行作为承兑人只是为收款方按期收回债权提供了可靠的信用保证,不会由于银行的承兑而使企业的这项负债消失。我国有关法规规定,商业汇票的最长付款期限为 6 个月。

与应收票据一样,应付票据有不带息票据和带息票据之分。

企业签发的不带息商业汇票,不论是商业承兑汇票还是银行承兑汇票,其到期价值即票面价值。企业应设置“应付票据”账户,用以核算各种签发、承兑的商业汇票。企业在购买材料、商品或者接受劳务开出商业汇票时,应当按照商业汇票的票面金额,借记“原材料”“应交税

费——应交增值税(进项税额)"等科目,贷记"应付票据"科目。企业申请并签发银行承兑汇票而应支付给银行的手续费,应当直接计入财务费用。

企业应于到期日按照商业汇票的票面金额偿还应付票据。对于带息的商业汇票,还应当根据票面金额和票面利率计算并支付相应的利息,借记"应付票据""财务费用"等科目,贷记"银行存款"科目。

【例8-2】某企业赊购一批材料,不含税价格为50 000元,增值税税率为13%,企业开出一张等值的5个月期限的不带息商业承兑汇票,材料到达企业并已验收入库,材料按实际成本核算。其账务处理如下:

(1)购货时:

借:原材料   50 000

  应交税费——应交增值税(进项税额) 6 500

  贷:应付票据   56 500

(2)到期承兑付款时:

借:应付票据   56 500

  贷:银行存款   56 500

如果企业在商业汇票到期时无法支付票据的款项,应按承兑人的不同分别进行处理。如为商业承兑汇票,企业应将应付的票据金额转至"应付账款"科目;如为银行承兑汇票,承兑银行凭票向持票人无条件付款,并对出票人尚未支付票款金额转做逾期贷款处理,并计取罚金。企业无力支付银行承兑汇票,在接到银行转来的有关凭证时,应借记"应付票据",贷记"短期借款"科目。企业支付罚息,应计入财务费用。

【例8-3】沿用例8-2的资料。假定出现企业无法偿还票据到期款项的情况,其账务处理如下:

(1)假定该票据为商业承兑汇票,企业无法偿还票据到期款项时:

借:应付票据   56 500

  贷:应付账款   56 500

(2)假定该票据为银行承兑汇票,企业无法偿还票据到期款项时:

借:应付票据   56 500

  贷:短期借款   56 500

五、应付账款

应付账款是指企业在生产经营过程中因购买材料、商品或接受劳务等应支付的款项。

在会计实务中,应付账款的入账时间一般为企业收到发票账单的时间。如果货物已到或劳务已经接受,但发票账单等凭证尚未到达,对于企业而言负债已经成立,应于月末估价入账以客观反映企业承担的债务。

【例8-4】某企业购买一批原材料并已验收入库,但到月末尚未收到发票账单。企业于月末按照暂估价50 000元入账。其账务处理如下:

(1)月末按照暂估价入账。

借:原材料   50 000

  贷:应付账款——暂估材料款   50 000

（2）下月 1 日用红字冲回。

借：原材料   50 000

  贷：应付账款——暂估材料款   50 000

如果销货方在赊销商品时为了尽快回笼资金给购货方开出现金折扣条件，购货方选择总价法时，将不考虑现金折扣的价款总额确认为应付账款的金额。若在折扣期内付款，获得的现金折扣冲减财务费用。

【例 8-5】某企业于某年 4 月 1 日赊购一批原材料，不含税价格 16 万元，增值税税率为 13%。假定购货的现金折扣条件为"3/10，n/30"，按不含税价格折扣。选择总价法时其账务处理如下：

（1）赊购时：

借：原材料   160 000

   应交税费——应交增值税（进项税额）   20 800

  贷：应付账款   180 800

（2）若该企业 10 天之内付款：

借：应付账款   180 800

  贷：银行存款   176 000

    财务费用   4 800

（3）若该企业超过 10 天而在 30 天之内付款：

借：应付账款   180 800

  贷：银行存款   180 800

六、预收账款

预收账款是指企业根据购销合同的规定，向购货方预先收取的款项。企业在收到款项后，应在合同规定的期限内给购货单位发出货物或提供劳务，否则，必须如数退还预收的款项。

企业应设置"预收账款"账户核算预收账款业务。企业收到预收货款时，借记"银行存款"等科目，贷记"预收账款"科目；待企业以商品或劳务偿还时，借记"预收账款"科目，贷记"主营业务收入""应交税费——应交增值税（销项税额）"等科目。

企业销售商品或提供劳务后，如果预收账款的金额不足以支付全部价款和相关税费，则应当在收到剩余补付款金额时，借记"银行存款"科目，贷记"预收账款"科目。

【例 8-6】2020 年 2 月 15 日，甲企业收到乙企业的预付货款 75 000 元。2 月 25 日，甲企业按合同规定向乙企业发出商品，并开出增值税专用发票，注明的货款为 160 000 元，增值税税额为 20 800 元。该批商品的实际成本为 128 000 元。3 月 5 日，甲企业收到乙企业支付的剩余价款，金额为 105 800 元。其账务处理如下：

（1）2 月 15 日，甲企业收到预收账款。

借：银行存款   75 000

  贷：预收账款   75 000

（2）2月25日，甲企业发货并确认收入。

借：预收账款 180 800
　　贷：主营业务收入 160 000
　　　　应交税费——应交增值税（销项税额） 20 800
借：主营业务成本 128 000
　　贷：库存商品 128 000

（3）3月5日，甲企业收到剩余货款。

借：银行存款 105 800
　　贷：预收账款 105 800

七、应付职工薪酬

（一）职工薪酬的含义与内容

1.职工薪酬的含义

职工薪酬是指企业为获得职工提供的服务或解除劳动关系而给予的各种形式的报酬或补偿。企业提供给职工配偶、子女、受赡养人、已故员工遗属及其他受益人等的福利，也属于职工薪酬。其中，职工包括与企业订立劳动合同的所有人员，含全职、兼职和临时职工，也包括虽未与企业订立劳动合同但由企业正式任命的人员。未与企业订立劳动合同或未由其正式任命，但向企业所提供服务与职工所提供服务类似的人员，也属于职工的范畴，包括通过企业与劳务中介公司签订用工合同而向企业提供服务的人员。

2.职工薪酬的内容

职工薪酬包括短期薪酬、离职后福利、辞退福利和其他长期职工福利四类内容。

（1）短期薪酬。短期薪酬是指企业在职工提供相关服务的年度报告期间结束后12个月内需要全部予以支付的职工薪酬，因解除与职工的劳动关系而给予的补偿除外。短期薪酬具体包括职工工资、奖金、津贴和补贴，职工福利费，医疗保险费、工伤保险费和生育保险费等社会保险费，住房公积金，工会经费和职工教育经费，短期带薪缺勤，短期利润分享计划，非货币性福利以及其他短期薪酬。

（2）离职后福利。离职后福利是指企业为获得职工提供的服务而在职工退休或与企业解除劳动关系后，提供的各种形式的报酬和福利，短期薪酬和辞退福利除外。

（3）辞退福利。辞退福利是指企业在职工劳动合同到期之前解除与职工的劳动关系，或者为鼓励职工自愿接受裁减而给予职工的补偿。

（4）其他长期职工福利。其他长期职工福利是指除短期薪酬、离职后福利、辞退福利之外所有的职工薪酬，包括长期带薪缺勤、长期残疾福利、长期利润分享计划等。

（二）应付短期薪酬的确认与计量

企业应当在职工为其提供服务的会计期间，将实际发生的短期薪酬确认为负债。短期薪酬包括应付工资、应付福利费、应付社会保险费和短期带薪缺勤等内容。

1.以货币形式支付短期薪酬

企业以货币形式支付给职工各项短期薪酬时，应当在职工为其提供服务的会计期间，将应付职工短期薪酬确认为负债，并根据职工提供服务的受益对象，分以下情况处理：应由生产产品、提供劳务负担的职工短期薪酬,计入产品成本或劳务成本;应由在建工程、无形资产开发成本负担的职工短期薪酬,计入建造固定资产的成本或无形资产的开发成本;除上述之外的其他职工短期薪酬计入当期损益。

企业应当根据应计入职工薪酬的工资总额,按照受益对象计入相关资产的成本或当期费用,借记"生产成本""管理费用"等科目,贷记"应付职工薪酬"科目。

企业在实际支付货币性职工薪酬时,应当按照实际应支付给职工的金额,借记"应付职工薪酬"科目;按照实际支付的总额,贷记"银行存款"科目;将应由职工个人负担由企业代扣代缴的职工个人所得税,贷记"应交税费——应交个人所得税"科目;将应由职工个人负担由企业代扣代缴的医疗保险费、住房公积金等,贷记"其他应付款"科目。

特别提示

经财政部修订并于 2014 年 7 月 1 日起施行的《企业会计准则第 9 号——职工薪酬》,将原来的医疗保险、养老保险、失业保险、工伤保险、生育保险和住房公积金中的养老保险和失业保险调整至离职后福利中。对于医疗保险费、工伤保险费和生育保险费,企业应按规定的标准计提;对于工会经费和职工教育经费,分别按照职工工资总额的 2% 和 1.5% 计提;从业人员技术要求高、培训任务重、经济效益好的企业,可以按照职工工资总额的 2.5% 计提职工教育经费。

【例 8-7】甲公司根据劳动工资部门提供的资料确认本期应付职工短期薪酬。在职职工应付工资总额 1 600 万元。其中:生产车间工人工资 800 万元;车间管理人员工资 160 万元;固定资产在建工程人员工资 176 万元;无形资产研发部门人员工资 96 万元;公司行政管理部门人员工资 288 万元;专设销售机构人员工资 80 万元。假定甲公司分别按工资总额的 10%、12%、2% 和 1.5% 提取社会保险费、住房公积金、工会经费和职工教育经费。甲公司当月发放职工工资 1 600 万元,其中,应由公司代扣代缴的个人所得税 48 万元,应由职工个人负担由公司代扣代缴的各种社会保险费和住房公积金 408 万元,实发工资部分已经通过银行转账支付。根据上述资料,编制甲公司工资结算汇总表,如表 8-1 所示。

表 8-1 甲公司工资结算汇总表 单位:元

项目	应付工资	代扣款项			应发现金
		社会保险费等	个人所得税	合计	
生产工人	8 000 000	2 040 000	240 000	2 280 000	5 720 000
车间管理人员	1 600 000	408 000	48 000	456 000	1 144 000
技术开发人员	960 000	244 800	28 800	273 600	686 400
企业管理人员	2 880 000	734 400	86 400	820 800	2 059 200
销售人员	800 000	204 000	24 000	228 000	572 000
在建工程人员	1 760 000	448 800	52 800	501 600	1 258 400
合计	16 000 000	4 080 000	480 000	4 560 000	11 440 000

其账务处理如下：

（1）分配工资费用时：

借：生产成本　　　　　　　　　　　　　　　8 000 000

　　制造费用　　　　　　　　　　　　　　　1 600 000

　　在建工程　　　　　　　　　　　　　　　1 760 000

　　研发支出　　　　　　　　　　　　　　　　960 000

　　管理费用　　　　　　　　　　　　　　　2 880 000

　　销售费用　　　　　　　　　　　　　　　　800 000

　　　贷：应付职工薪酬——工资　　　　　　　　　　16 000 000

（2）提取医疗保险费等其他费用时：

借：生产成本　　　　　　　　　　　　　　　2 040 000

　　制造费用　　　　　　　　　　　　　　　　408 000

　　在建工程　　　　　　　　　　　　　　　　448 800

　　研发支出　　　　　　　　　　　　　　　　244 800

　　管理费用　　　　　　　　　　　　　　　　734 400

　　销售费用　　　　　　　　　　　　　　　　204 000

　　　贷：应付职工薪酬——社会保险费　　　　　　　1 600 000

　　　　　　　　　　　　——住房公积金　　　　　　　1 920 000

　　　　　　　　　　　　——工会经费　　　　　　　　320 000

　　　　　　　　　　　　——职工教育经费　　　　　　240 000

（3）发放职工工资时：

借：应付职工薪酬——工资　　　　　　　　　16 000 000

　　　贷：银行存款　　　　　　　　　　　　　　　11 440 000

　　　　　应交税费——应交个人所得税　　　　　　　480 000

　　　　　其他应付款　　　　　　　　　　　　　　4 080 000

（4）实际缴纳由企业负担的社会保险费和住房公积金时：

借：应付职工薪酬——社会保险费　　　　　　1 600 000

　　　　　　　　　——住房公积金　　　　　　1 920 000

　　　贷：银行存款　　　　　　　　　　　　　　　3 520 000

特别提示

企业用银行存款缴纳由企业负担的社会保险费及住房公积金时，应借记"应付职工薪酬"科目，贷记"银行存款"科目。

2. 应付福利费

职工福利费是指企业向职工提供的生活困难补助、丧葬补助费、抚恤费、职工异地安家费、防暑降温费等职工福利支出。

（1）应付福利费的支出。企业发生的福利费支出，应借记"应付职工薪酬——职工福利费"科目，贷记有关科目。

（2）应付福利费分配。月末，企业应按照受益对象对发生的福利费进行分配。如果每个月发生的职工福利费相差不多,可以根据实际发生的金额进行分配;如果各个月发生的职工福利费相差较大,则应根据估计的金额进行分配。

【例 8-8】甲公司 2020 年 9 月用银行存款支付生产工人福利费 60 000 元,其账务处理如下:

(1)支付福利费:

借:应付职工薪酬——职工福利费　　　　　　 60 000
　　贷:银行存款　　　　　　　　　　　　　　　 60 000

(2)月末分配福利费:

借:生产成本　　　　　　　　　　　　　　　　 60 000
　　贷:应付职工薪酬——职工福利费　　　　　　 60 000

3.非货币性福利薪酬

非货币性福利薪酬是指企业将自己的产品或外购商品作为福利发放给职工,企业将自己拥有的资产提供给职工无偿使用或租赁资产供职工无偿使用,比如给企业高级管理人员提供住房,免费为职工提供诸如医疗保健等服务,或向职工提供企业支付了一定补贴的商品或服务等。

企业向职工提供的非货币性福利薪酬,应当分以下情况处理:

(1)企业以自产产品或外购商品作为非货币性福利提供给职工的,应当作为正常产品(商品)销售处理,按产品或商品的公允价值和相关税费进行计量,并在产品发出时确认销售收入,并结转产品成本。

(2)企业将拥有的住房等固定资产无偿提供给职工作为非货币性福利时,应当按照企业对该固定资产每期计提的折旧来计量应付职工薪酬,同时根据职工提供服务的受益对象计入相关资产成本或当期损益。企业将租赁的住房等固定资产无偿提供给职工作为非货币性福利时,应当按照企业每期支付的租金来计量应付职工薪酬,同时根据职工提供服务的受益对象计入相关资产成本或当期损益。

特别提示

企业提供给职工的非货币性福利在进行账务处理时,应当先通过"应付职工薪酬"科目归集当期应计入成本费用的非货币性福利薪酬金额,以确定完整准确的企业人工成本金额。

【例 8-9】甲公司决定将自产的毛巾作为福利发放给车间生产工人,其成本为 21 600 元,不含税的销售价格为 25 200 元,增值税税额为 3 276 元。其账务处理如下:

(1)甲公司向车间生产工人实际发放毛巾。

借:应付职工薪酬——非货币性福利　　　　　 28 476
　　贷:主营业务收入　　　　　　　　　　　　　 25 200
　　　　应交税费——应交增值税(销项税额)　　 3 276

同时结转产品成本。

借:主营业务成本　　　　　　　　　　　　　　 21 600
　　贷:库存商品　　　　　　　　　　　　　　　 21 600

(2)按用途对发生的非货币性福利进行分配。

借:生产成本　　　　　　　　　　　　　　　　 28 476
　　贷:应付职工薪酬——非货币性福利　　　　　 28 476

【例8-10】乙公司计提为管理人员无偿提供的住房的折旧费用35 000元,并于月末按用途对发生的非货币性福利进行分配。其账务处理如下:

借:应付职工薪酬——非货币性福利　　　　　　　35 000

　　贷:累计折旧　　　　　　　　　　　　　　　　　　35 000

借:管理费用　　　　　　　　　　　　　　　　　　35 000

　　贷:应付职工薪酬——非货币性福利　　　　　　　35 000

特别提示

企业的职工薪酬除短期薪酬、离职后福利、辞退福利之外,还包括长期带薪缺勤、长期残疾福利、长期利润分享计划等其他长期职工福利。企业向职工提供的其他长期职工福利,符合设定提存计划条件的,应当根据设定提存计划的有关规定进行处理。如果企业适用设定受益计划,应按相关规定确认和计量其他长期职工福利净负债或净资产。

八、应交税费

企业在一定时期内取得的营业收入和实现的利润或发生特定的经营行为,要按照规定向国家缴纳各种税费。这些应缴的税金在尚未缴纳之前,应按权责发生制的原则确认,形成企业的一项负债。企业按照规定应缴纳的税费主要包括增值税、消费税、城市维护建设税、资源税、所得税、土地增值税、房产税、车船税、土地使用税、教育费附加、矿产资源补偿费等。其中,增值税、消费税是企业缴纳的两个主要税种。

(一)应交增值税

1.增值税的含义、性质及税率

增值税是对在境内销售货物、无形资产或者不动产,提供服务,以及进口货物的单位和个人的增值额征收的一种流转税。按照增值税有关规定,企业购入商品支付的增值税(即进项税额),可以从销售商品按规定收取的增值税(即销项税额)中抵扣。增值税的纳税人分为一般纳税人和小规模纳税人,年应税销售额超过财政部和国家税务总局规定标准的纳税人为一般纳税人,未超过规定标准的纳税人为小规模纳税人。

自2019年4月1日起,一般纳税人的税率具体规定如下:

(1)销售或者进口除基本生活必需品之外的货物,提供加工、修理修配或有形资产租赁服务,适用的增值税税率为13%。

(2)销售或者进口保证基本生活的必需品,包括农产品(含粮食)、食用植物油、自来水、天然气、书刊、农药、化肥、电子出版物、音像制品、食用盐等商品,适用的增值税税率为9%。

(3)提供交通运输、邮政、基础电信、建筑、不动产租赁服务,销售不动产,转让土地使用权,适用的增值税税率为9%。

(4)提供金融服务、研发和技术服务、信息技术服务、文化创意服务、物流辅助服务、鉴证咨询服务等,适用的增值税税率为6%。

(5)零税率,即税率为零,仅适用于法律不限制或不禁止的报关出口货物,以及输往保税区、保税工厂、保税仓库的货物。零税率不但不需要缴税,还可以退还以前纳税环节所缴纳的增值税,因而零税率意味着退税。

2.一般纳税人增值税核算的账户设置

我国增值税的计算采用购进抵扣法,以商品的销售额为计税依据,按照税法规定的税率计算出商品应负担的销项税额,同时扣除企业为生产货物或提供劳务外购原材料等物资在以前购买环节已交的进项税额,抵扣后的余额即实际应交的增值税,用公式表示如下:

$$应交增值税＝销项税额－进项税额$$

增值税一般纳税人应当在"应交税费"科目下设置"应交增值税""未交增值税""预交增值税"等明细科目。

(1)增值税一般纳税人应在"应交增值税"明细账内设置"进项税额""销项税额抵减""已交税金""转出未交增值税""销项税额""出口退税""进项税额转出""转出多交增值税"等专栏。其中:

①"进项税额"专栏,记录一般纳税人购进货物、加工修理修配劳务、服务、无形资产或不动产而支付或负担的,准予从当期销项税额中抵扣的增值税税额;

②"销项税额抵减"专栏,记录一般纳税人按照现行增值税制度规定因扣减销售额而减少的销项税额;

③"已交税金"专栏,记录一般纳税人当月已缴纳的应交增值税税额;

④"转出未交增值税"和"转出多交增值税"专栏,分别记录一般纳税人月度终了转出当月应交未交或多交的增值税税额;

⑤"销项税额"专栏,记录一般纳税人销售货物、加工修理修配劳务、服务、无形资产或不动产应收取的增值税税额;

⑥"出口退税"专栏,记录一般纳税人出口货物、加工修理修配劳务、服务、无形资产按规定退回的增值税税额;

⑦"进项税额转出"专栏,记录一般纳税人购进货物、加工修理修配劳务、服务、无形资产或不动产等发生非正常损失以及其他原因而不应从销项税额中抵扣,按规定转出的进项税额。

(2)"未交增值税"明细科目,核算一般纳税人月度终了从"应交增值税"或"预交增值税"明细科目转入当月应交未交、多交或预缴的增值税税额,以及当月缴纳以前期间未交的增值税税额。

(3)"预交增值税"明细科目,核算一般纳税人转让不动产、提供不动产经营租赁服务、提供建筑服务、采用预收款方式销售自行开发的房地产项目等,以及其他按现行增值税制度规定应预缴的增值税税额。

3.一般纳税人一般购销业务的账务处理

我国增值税实行的是价外税。价外税是指企业销售(购买)货物或提供(接受)劳务的价款为不含税价款,并按不含税价款乘以增值税税率收取(支付)销项或进项税额。

根据上述内容,一般纳税人企业在账务处理上的特点主要有两个:一是在购进阶段,账务处理时实行价与税的分离,价与税分离的依据为增值税专用发票上注明的增值税税额和价款,属于价款的部分,计入购入货物的成本,属于增值税税额的部分,计入进项税额;二是在销售阶段,销售价格中不再含税,如果定价时含税,应还原为不含税价格作为销售收入,向购买方收取的增值税作为销项税额。将含税销售额换算成不含税销售额的公式如下:

$$不含税销售额＝含税销售额/(1＋增值税税率)$$

具体的账务处理为:一般纳税人购进货物、加工修理修配劳务、服务、无形资产或不动产,按应计入相关成本费用或资产的金额,借记"在途物资"或"原材料"、"库存商品"、"生产成本"、"无形资产"、"固定资产"、"管理费用"等科目,按当月已认证的可抵扣增值税税额,借记"应交税费——应交增值税(进项税额)"科目,按应付或实际支付的金额,贷记"应付账款""应付票据""银行存款"等科目。发生退货的,如原增值税专用发票已做认证,应根据税务机关开具的红字增值税专用发票做相反的会计分录;如原增值税专用发票未做认证,应将发票退回并做相反的会计分录。

【例8-11】某企业为增值税一般纳税人,本月购进一批原材料,增值税专用发票上注明的原材料价款为200万元,增值税税额为26万元。货款已经支付,材料已经验收入库。同时,该企业当期销售产品收入为300万元(不含应向购买方收取的增值税),货款已经收到。假定该产品的增值税税率为13%。其账务处理如下:

(1)购进存货时:

借:原材料   2 000 000
    应交税费——应交增值税(进项税额)   260 000
    贷:银行存款   2 260 000

(2)销售产品时:

销项税额=300×13%=39(万元)

借:银行存款   3 390 000
    贷:主营业务收入   3 000 000
        应交税费——应交增值税(销项税额)   390 000

【例8-12】甲会计师事务所于2020年3月1日和乙企业签订合同,为乙企业提供咨询服务,期限为3个月,总价为636 000元(含税),适用的增值税税率为6%。甲会计师事务所于2020年5月31日按时完成该咨询服务,款项尚未收到。

本例中的合同价款636 000元为含税价格,首先应当计算不含税的服务价格,在此基础上计算应交增值税的销项税额。

不含税的收入金额=636 000/(1+6%)=600 000(元)

应交增值税销项税额=600 000×6%=36 000(元)

甲会计师事务所于2020年5月31日确认服务收入时应编制的会计分录如下:

借:应收账款   636 000
    贷:主营业务收入   600 000
        应交税费——应交增值税(销项税额)   36 000

4.视同销售业务的账务处理

企业的某些行为虽然没有取得销售收入,也视同发生应税行为,应当缴纳增值税。常见的视同销售行为包括:企业将自产、委托加工或购买的货物分配给股东,将自产、委托加工的货物用于集体福利或个人消费,无偿转让无形资产或者不动产等,但用于公益事业或者以社会公众为对象的除外。

【例8-13】甲公司将自产的一批产品分配给股东。该批产品的成本为40 000元,一般售价(不含税)为48 000元,适用的增值税税率为13%。其账务处理如下:

借:利润分配   46 240
    贷:库存商品   40 000
        应交税费——应交增值税(销项税额)   6 240

【例8-14】甲企业将某产品的商标权无偿转让给乙公司。该批产品的成本为40万元,市场售价(计税价格)为 48 万元,适用的增值税税率为 13%。

该业务属于视同销售业务,甲企业应当按照产品的计税价格和适用税率计算增值税的销项税额。

销项税额＝480 000×13%＝62 400(元)

其账务处理如下:

借:营业外支出　　　　　　　　　　　　　　　462 400

　　贷:无形资产　　　　　　　　　　　　　　　400 000

　　　　应交税费——应交增值税(销项税额)　　　62 400

【例 8-15】甲企业用一批产品对乙企业投资,投资各方协商按公允价值作价。该批产品的成本为 192 万元,计税价格和公允价值均为 240 万元。该批产品的增值税税率为 13%。其账务处理如下:

(1)甲企业的账务处理。

对外投资转出产品的销项税额＝240×13%＝31.2(万元)

借:长期股权投资　　　　　　　　　　　　　2 712 000

　　贷:主营业务收入　　　　　　　　　　　　2 400 000

　　　　应交税费——应交增值税(销项税额)　　312 000

借:主营业务成本　　　　　　　　　　　　　1 920 000

　　贷:库存商品　　　　　　　　　　　　　　1 920 000

(2)乙企业的账务处理。

收到投资时,视同购进处理。

借:原材料　　　　　　　　　　　　　　　　2 400 000

　　应交税费——应交增值税(进项税额)　　　312 000

　　贷:实收资本　　　　　　　　　　　　　　2 712 000

5.进项税额不予抵扣的账务处理

在某些情况下,税法规定,企业发生的进项税额不得从销项税额中抵扣,主要情形包括:

(1)用于简易计税方法计税项目、免征增值税项目、集体福利或者个人消费的购进货物、加工修理修配劳务、服务、无形资产和不动产。

(2)非正常损失的购进货物,以及相关的加工修理修配劳务和交通运输服务。

(3)非正常损失的在产品、产成品所耗用的购进货物(不包括固定资产)、加工修理修配劳务和交通运输服务。

(4)非正常损失的不动产,以及该不动产所耗用的购进货物、设计服务和建筑服务。

(5)非正常损失的不动产在建工程所耗用的购进货物、设计服务和建筑服务。

(6)购进的旅客运输服务、贷款服务、餐饮服务、居民日常服务和娱乐服务。

在上述情形下,已经发生的增值税进项税额应当予以转出,贷记"应交税费——应交增值税(进项税额转出)"科目,不得从当期销项税额中抵扣。

【例 8-16】甲企业为增值税一般纳税人,本期购入一批材料,增值税专用发票上注明的增值税税额为 31.2 万元,材料价款为 240 万元。材料已入库,货款已通过银行转账支付,企业的存货采用实际成本进行核算。材料入库后,甲企业将该批材料全部用于发放职工福利。其账务处理如下:

（1）购入材料并入库时：

借：原材料 　　　　　　　　　　　　　　2 400 000

　　应交税费——应交增值税（进项税额）　312 000

　　贷：银行存款 　　　　　　　　　　　　　　2 712 000

（2）用于发放职工福利时：

借：应付职工薪酬 　　　　　　　　　　　2 712 000

　　贷：原材料 　　　　　　　　　　　　　　　2 400 000

　　　　应交税费——应交增值税（进项税额转出）　312 000

【例8-17】甲企业本月购进的一批原材料因管理不善发生霉烂，损失的材料成本为24 000元，其进项税额为3 120元。甲企业查明原因并经过批准，由责任人赔偿损失20 000元，其余部分为净损失。其账务处理如下：

本例中的原材料发生非正常损失，进项税额不允许从销项税额中抵扣，应当予以转出。

（1）发生材料损失时：

借：待处理财产损溢 　　　　　　　　　　27 120

　　贷：原材料 　　　　　　　　　　　　　　　24 000

　　　　应交税费——应交增值税（进项税额转出）　3 120

（2）查明原因后批准处理时：

借：其他应收款 　　　　　　　　　　　　20 000

　　管理费用 　　　　　　　　　　　　　7 120

　　贷：待处理财产损溢 　　　　　　　　　　　27 120

6. 转出多交增值税、未交增值税及缴纳增值税的账务处理

为了分别反映一般纳税人欠交增值税和待抵扣增值税的情况，确保企业及时足额上交增值税，避免出现企业用以前月份欠交的增值税抵扣以后月份未抵扣的增值税的情况，企业应当在"应交税费"科目下设"未交增值税"科目。

月度终了，企业应当将当月应交未交或多交的增值税自"应交增值税"明细科目转入"未交增值税"明细科目。对于当月应交未交的增值税，借记"应交税费——应交增值税（转出未交增值税）"科目，贷记"应交税费——未交增值税"科目；对于当月多交的增值税，借记"应交税费——未交增值税"科目，贷记"应交税费——应交增值税（转出多交增值税）"科目。

缴纳当月应交增值税时应分不同情况处理：

（1）企业缴纳当月应交的增值税，借记"应交税费——应交增值税（已交税金）"科目（小规模纳税人应借记"应交税费——应交增值税"科目），贷记"银行存款"科目。

（2）企业缴纳以前期间未交的增值税，借记"应交税费——未交增值税"科目，贷记"银行存款"科目。

（3）企业预缴增值税时，借记"应交税费——预交增值税"科目，贷记"银行存款"科目。月末，企业应将"预交增值税"明细科目余额转入"未交增值税"明细科目，借记"应交税费——未交增值税"科目，贷记"应交税费——预交增值税"科目。房地产开发企业等在预缴增值税后，直至纳税义务发生时方可从"应交税费——预交增值税"科目结转至"应交税费——未交增值税"科目。

【例8-18】甲房地产开发企业为增值税一般纳税人,2020年8月预售房地产项目收取的总价款为1 128万元,预计2021年12月交房,企业按照5%的预征率在不动产所在地预缴税款。当月,该企业向购房者交付其认购的另一房地产项目,项目总价款为1 812万元(其中,销项税额为132万元,已预缴90.6万元),购房者于2019年7月预交了房款且该企业预缴了增值税。其账务处理如下:

(1)预售房地产项目时:

借:银行存款 11 280 000
    贷:预收账款 11 280 000
借:应交税费——预交增值税 564 000
    贷:银行存款 564 000

(2)交付另一房地产项目时:

借:预收账款 18 120 000
    贷:主营业务收入 16 800 000
        应交税费——应交增值税(销项税额) 1 320 000
借:应交税费——未交增值税 906 000
    贷:应交税费——预交增值税 906 000

7.小规模纳税人应交增值税的核算

小规模纳税人是指应纳增值税销售额在规定的标准以下,并且会计核算不健全的纳税人。小规模纳税人增值税的主要特点有:购买货物或接受劳务时,按照所应支付的全部价款计入存货入账价值,不论是否取得增值税专用发票,支付的增值税税额均不确认为进项税额;销售货物或者提供应税劳务时,销售额通常含增值税;应纳增值税税额按照不含税销售额和征收率(3%)计算确定。应纳增值税税额的计算公式如下:

$$销售额=含税销售额/(1+3\%)$$
$$应纳增值税税额=不含税销售额\times3\%$$

【例8-19】某企业为小规模纳税人,某年7月购买一批材料,收到的增值税专用发票上注明的材料价款为80 000元,增值税税额为10 400元,另外负担运杂费2 200元,全部价款已用银行存款支付。材料收到并已验收入库。其账务处理如下:

借:原材料 92 600
    贷:银行存款 92 600

【例8-20】某企业为小规模纳税人,某年7月销售一批产品,开出的普通发票上注明的产品价款(含税)为24 720元,货款尚未收到。该批产品的成本为20 800元。适用的增值税征收率为3%。其账务处理如下:

不含税销售额=24 720/(1+3%)=24 000(元)

应交增值税=24 000×3%=720(元)

借:应收账款 24 720
    贷:主营业务收入 24 000
        应交税费——应交增值税 720

同时结转商品成本。

借:主营业务成本 20 800
    贷:库存商品 20 800

(二)应交消费税

1. 消费税的含义及应纳税额的计算

消费税是以特定消费品的流转额为计税依据而征收的一种商品税。消费税的征收采取从价定率和从量定额两种基本方法。实行从价定率方法计算的应纳税额的税基为销售额,包括价款及价外费用,如价外收取的包装费、运输装卸费、代垫款项等。实行从量定额办法计算的应纳税额的销售数量是指应税消费品的数量。

实行从价定率征收时,应纳税额的计算公式如下:

$$应纳税额=销售额×消费税税率$$

实行从量定额征收时,应纳税额的计算公式如下:

$$应纳税额=销售数量×单位税额$$

2. 应交消费税的账务处理

企业生产的应税消费品直接对外销售的,按其应交的消费税,借记"税金及附加"科目,贷记"应交税费——应交消费税"科目。

【例8-21】甲公司某年8月销售20件应税消费品,每件销售价格为12 000元(不含应向购买方收取的增值税税额),货款尚未收到,每件成本为5 800元。该产品适用的增值税税率为13%、消费税税率为10%。甲公司的账务处理如下:

应向购买方收取的增值税额=12 000×20×13%=31 200(元)

应交的消费税=12 000×20×10%=24 000(元)

借:应收账款	271 200	
贷:主营业务收入		240 000
应交税费——应交增值税(销项税额)		31 200
借:税金及附加	24 000	
贷:应交税费——应交消费税		24 000
借:主营业务成本	116 000	
贷:库存商品		116 000

企业将应税消费品对外投资或用于在建工程等方面,按规定应交的消费税计入有关成本。

【例8-22】甲公司将一批自产的应税消费品用于一项集体福利房屋建造工程。该批产品的生产成本为480 000元,售价为640 000元。该产品适用的增值税税率为13%、消费税税率为10%。甲公司的账务处理如下:

增值税=640 000×13%=83 200(元)

消费税=640 000×10%=64 000(元)

借:在建工程	627 200	
贷:库存商品		480 000
应交税费——应交增值税(销项税额)		83 200
——应交消费税		64 000

3. 委托加工应税消费品的会计处理

按照税法规定,企业如有委托加工的应税消费品,应由受托方在向委托方交货时代收代缴消费税。委托方收回应税消费品后,若用于连续生产应税消费品,所纳税款准予按规定抵扣。

委托方可将已代扣代缴的消费税,借记"应交税费——应交消费税"科目,贷记"应付账款""银行存款"等科目,待用委托加工的应税消费品生产出应纳消费税的产品销售时,再缴纳消费税。如果委托方收回应税消费品后直接用于销售,委托方可将代扣代缴的消费税计入委托加工的应税消费品成本,借记"委托加工物资""生产成本"等科目,贷记"应付账款""银行存款"等科目,委托加工应税消费品销售时,不需要再缴纳消费税。

【例 8-23】甲公司委托外单位加工应税消费品,甲公司提供成本为 16 000 元的原材料,支付加工费用 5 600 元,应支付的增值税进项税额为 728 元,应支付的消费税为 2 400 元,全部价款已用银行存款支付。若甲公司收回委托加工材料后用于连续生产应税消费品,代缴的消费税按规定可以抵扣。甲公司的账务处理如下:

(1)发出材料时:

借:委托加工物资	16 000	
贷:原材料		16 000

(2)支付加工费及税费时:

借:委托加工物资	5 600	
应交税费——应交增值税(进项税额)	728	
——应交消费税	2 400	
贷:银行存款		8 728

(3)收回委托加工材料并验收入库时:

借:原材料	21 600	
贷:委托加工物资		21 600

【例 8-24】沿用例 8-23 资料。若甲公司收回委托加工材料后直接用于销售,代缴的消费税不得抵扣,直接计入成本。甲公司的账务处理如下:

(1)发出材料时:

借:委托加工物资	16 000	
贷:原材料		16 000

(2)支付加工费及税费时:

借:委托加工物资	8 000	
应交税费——应交增值税(进项税额)	728	
贷:银行存款		8 728

(3)收回委托加工材料并验收入库时:

借:原材料	24 000	
贷:委托加工物资		24 000

(三)其他应交税费

1.资源税

资源税是对我国境内开采矿产品或者生产盐的单位和个人征收的税种。资源税应当按照应税产品的课税数量和规定的单位税额计算。

企业销售产品或自产自用产品按规定应交的资源税,借记"税金及附加""生产成本""制造费用"等科目,贷记"应交税费——应交资源税"科目。企业实际缴纳资源税时,借记"应交税费——应交资源税"科目,贷记"银行存款"科目。

2.土地增值税

土地增值税是对转让国有土地使用权、地上建筑物及其附着物并取得收入的单位和个人，按照转让房地产所取得的增值额和规定的税率计算征收的税种。

企业计算应缴纳的土地增值税，借记"固定资产清理""在建工程"等科目，贷记"应交税费——应交土地增值税"科目。企业实际缴纳土地增值税时，借记"应交税费——应交土地增值税"科目，贷记"银行存款"科目。

3.房产税、土地使用税和车船税

房产税是国家对在城市、县城、建制镇和工矿区的房产征收的税种，房产税由产权所有人缴纳。土地使用税是国家为了合理利用城镇土地，调节土地级差收入，提高土地使用效益，加强土地管理而开征的税种，以纳税人实际占用的土地面积为计税依据。车船税是指对在我国境内应依法到公安、交通运输、农业、渔业、军事等管理部门办理登记的车辆、船舶，根据其种类，按照规定的计税依据和年税额标准计算征收的一种财产税。从 2007 年 7 月 1 日开始，我国境内的单位和个人在投保交强险时由保险公司代收代缴车船税。

企业按规定计算应交房产税、土地使用税和车船税时，借记"税金及附加"科目，分别贷记"应交税费——应交房产税""应交税费——应交土地使用税""应交税费——应交车船税"科目。企业实际缴纳房产税时，借记"应交税费——应交房产税"等科目，贷记"银行存款"科目。

4.印花税

印花税是对书立、领受购销合同等凭证行为征收的税种，实行由纳税人根据规定自行计算应纳税额，购买并以此贴足印花税票的缴纳方法。企业应当根据应纳税凭证的性质，分别按比例税率或者按件定额计算应纳税额。由于企业缴纳的印花税不会发生应付未付税款的情况，也不需要预计应纳税金额，不存在与税务机关结算或清算的问题，因此不需要通过"应交税费"科目核算，而应当于购买印花税票时，借记"税金及附加"科目，贷记"银行存款"科目。

5.城市维护建设税

城市维护建设税是我国为了加强城市的维护建设，扩大和稳定城市维护建设资金的来源而开征的税种。缴纳增值税、消费税的单位和个人应当以本期实际缴纳的增值税、消费税税额为计税依据计算本期应交城市维护建设税的金额。

企业按规定计算应交城市维护建设税时，借记"税金及附加"科目，贷记"应交税费——应交城市维护建设税"科目。企业实际缴纳城市维护建设税时，借记"应交税费——应交城市维护建设税"科目，贷记"银行存款"科目。

6.所得税

所得税是按照企业当期应纳税所得额和适用税率计算征收的税种。企业期末按规定计算本期应交所得税时，借记"所得税费用"科目，贷记"应交税费——应交所得税"科目。企业实际缴纳所得税时，借记"应交税费——应交所得税"科目，贷记"银行存款"科目。

7.耕地占用税

耕地占用税是国家为了合理利用土地资源，加强土地管理，保护农用耕地而征收的税种。耕地占用税根据实际占用的耕地面积和适用税率计算。企业缴纳的耕地占用税不需要通过"应交税费"科目核算，按规定计算缴纳耕地占用税时，借记"在建工程"科目，贷记"银行存款"科目。

8. 教育费附加

教育费附加是为了加快发展地方教育事业,扩大地方教育经费的资金来源而征收的一种附加费。缴纳增值税、消费税的单位和个人应当以本期实际缴纳的增值税、消费税税额为计税依据计算本期应交教育费附加的金额。

企业按规定计算应交教育费附加时,借记"税金及附加"科目,贷记"应交税费——应交教育费附加"科目。企业实际缴纳教育费附加时,借记"应交税费——应交教育费附加"科目,贷记"银行存款"科目。

9. 矿产资源补偿费

矿产资源补偿费是指国家作为矿产资源所有者,依法向开采矿产资源的单位和个人收取的费用。企业按规定计算应交矿产资源补偿费时,借记"税金及附加"科目,贷记"应交税费——应交矿产资源补偿费"科目。企业实际缴纳矿产资源补偿费时,借记"应交税费——应交矿产资源补偿费"科目,贷记"银行存款"科目。

九、其他应付款

企业除了应付票据、应付账款、预收账款、应付职工薪酬等以外,还会发生一些应付、暂收其他单位或个人的款项,如应付租入包装物的租金、存入保证金、企业代职工缴纳的社会保险费和住房公积金等。这些应付、暂收款项构成了企业的流动负债,在我国会计核算中,设置"其他应付款"账户进行核算。企业发生的各种应付、暂收款项,借记"管理费用"等科目,贷记"其他应付款"科目;实际支付其他各种应付、暂收款项时,借记"其他应付款"科目,贷记"银行存款"科目。

第三节 非流动负债

一、非流动负债概述

1. 非流动负债的入账价值

非流动负债是指除流动负债以外的债务,通常是指偿还期在一年以上的债务。与流动负债相比,非流动负债具有债务金额较大、偿还期限较长的特点。理论上,非流动负债应按其未来现金流出量的现值入账,能够更准确地反映企业现时义务的实际价值。但考虑到折现率的主观性,企业通常的做法是,对长期借款、长期应付款、预计负债和租赁负债以未来偿付的金额计量,仅对应付债券以其现值计量。

2. 非流动负债的利息费用

非流动负债的利息费用金额较大,根据非流动负债的使用用途,每期计提的利息费用在符合资本化条件时,应予以资本化,计入相关资产的成本;否则,应将利息予以费用化,计入当期损益。

二、长期借款

长期借款是指企业向银行或其他金融机构借入的偿还期在一年以上(不含一年)的各种借款。长期借款的还本付息方式有:到期一次还本付息,分期付息、到期还本。

企业应当设置"长期借款"账户核算长期借款的取得和归还以及利息确认等业务。企业可在"长期借款"科目下设置"本金""利息调整""应计利息"三个二级明细账户。其中,"利息调整"科目核算因实际利率与合同利率不同产生的利息调整额,如果合同利率和实际利率差异不大,可以不考虑利息调整;"应计利息"科目用于核算到期付息的借款,表示已经计提但尚未支付的利息。

企业应当在资产负债表日确认长期借款当期的利息费用,按照长期借款的摊余成本和实际利率计算确定的利息费用,符合资本化条件的部分,借记"在建工程"等科目,不符合资本化条件的部分,借记"财务费用"科目;依据按照借款本金和合同利率计算确定的应支付的利息,贷记"应付利息"科目;按照二者的差额,贷记"长期借款——利息调整"科目。

企业取得的长期借款,若是到期一次支付利息,应将已计提但尚未支付的借款利息与本金一样,记作非流动负债,即贷记"长期借款——应计利息"科目;若是分期付息的,计提利息时应贷记"应付利息"科目。

企业在付息日实际支付利息时,按照本期应支付的利息金额,借记"应付利息"科目,贷记"银行存款"科目。

企业到期偿还长期借款时,按照偿还的长期借款本金金额,借记"长期借款——本金"科目,贷记"银行存款"科目。

【例8-25】甲公司于某年1月1日从某银行借入人民币200万元,期限3年,用于建造厂房。年利率为8%,该公司与银行约定本息的偿还方式为分期付息、到期还本,即每年年末归还借款利息,3年后一次还清本金,按单利计算。厂房在第二年年末达到预定可使用状态。假定该借款的利息在建造工程达到预定可使用状态前符合资本化条件。甲公司的账务处理如下:

(1)取得借款存入银行时:

借:银行存款 2 000 000
　贷:长期借款——本金 2 000 000

(2)第一年计算年利息并偿还时:

应计利息=200×8%×1=16(万元)

借:在建工程 160 000
　贷:应付利息 160 000
借:应付利息 160 000
　贷:银行存款 160 000

(3)第二年计算年利息并偿还时:

账务处理与第一年相同。

(4)第三年计算年利息时:

借:财务费用 160 000
　贷:应付利息 160 000

(5)第三年年末偿还利息时:

借:应付利息 160 000
　贷:银行存款 160 000

（6）第三年年末偿还本金时：

借：长期借款——本金　　　　　　　　　　　　　　　2 000 000

　　贷：银行存款　　　　　　　　　　　　　　　　　　　　2 000 000

三、应付债券

1. 债券的性质

债券是企业为筹集长期资金而发行的约定于一定日期支付一定的本金，以及定期支付一定的利息给持有者的一种有价证券。发行债券是企业筹集长期资金的重要方式之一，是公司取得长期筹资的主要形式。与银行借款相比，债券具有金额较大、期限较长的优点。债券根据发行主体的不同，可以分为政府债券和公司债券。

发行债券时，要严格规定债券的票面金额、票面利率、偿还期限、利息支付方式等。债券面值也称债券的到期值，即债券到期应偿还的本金。债券利率也称名义利率或票面利率，是相对于债券发行时的市场利率而言的，债券利率一般用年利率表示。到期日是指偿还债券本金的日期，取决于债券的偿还期限。利息支付方式是指债券利息每半年支付一次或每年支付一次，支付的利息额等于债券面值乘以票面利率。

2. 债券发行价格的确定与发行方式

债券的发行价格由债券发行期间的现金流量的现值来确定，包括债券本金的现金流量现值和债券利息的现金流量现值两部分。债券发行价格的计算公式如下：

$$债券发行价格＝债券面值的现值＋应计利息的现值$$

由于债券发行价格是由发行时的市场利率决定的，因此，如果票面利率高于市场利率，则债券溢价发行，溢价作为发行人对将来按票面利率计算比按市场利率计算多付出利息的资金来源；如果票面利率等于市场利率，则债券平价发行，即按面值发行；如果票面利率低于市场利率，则债券折价发行，折价意味着发行人对将来按票面利率计算比按市场利率计算少付利息而提前预付的利息。

显而易见，债券的发行价格与市场利率呈反方向变动，当市场利率上升时，债券的价格下跌；当市场利率下降时，债券的价格则上涨。例如：某年 1 月 1 日，甲公司经批准发行面值为 5 000 000 元的公司债券。该债券的票面利率为 5％，期限为 5 年，每年 6 月 30 日和 12 月 31 日各付息一次，债券发行时的市场利率为 6％。

本例中由于债券的票面利率低于市场利率，债券应折价发行，发行价格计算如下：

债券本金的现值＝5 000 000×(P/F,3％,10)＝5 000 000×0.744 1＝3 720 500（元）

债券利息的现值＝5 000 000×5％×6/12×(P/A,3％,10)＝125 000×8.530 2＝1 066 275（元）

债券的发行价格＝3 720 500＋1 066 275＝4 786 775（元）

3. 债券发行的账务处理

企业应设置"应付债券"科目，用来核算企业发行债券的本金和利息，并设置"面值""利息调整""应计利息"三个明细账户。其中："面值"核算的是债券的票面金额；"利息调整"核算的是债券入账价值与债券面值之间的差额；"应计利息"仅用于公司发行的到期一次付息债券所计提的利息。

【**例 8-26**】某年 1 月 1 日，甲公司经批准发行面值为 5 000 000 元的公司债券。该债券的票面利率为 8％，期限为 3 年，每年 6 月 30 日和 12 月 31 日各付息一次，债券发行时的市场利率为8%。甲公司发行债券的账务处理如下：

借：银行存款   5 000 000

 贷：应付债券——面值   5 000 000

【例8-27】沿用例8-26的资料。假定甲公司发行债券的票面利率为10%，其他条件不变。债券发行价格的计算及账务处理如下：

债券的发行价格＝5 000 000×(P/F,4%,6)+5 000 000×10%×1/2×(P/A,4%,6)＝5 000 000×0.790 3+5 000 000×10%×1/2×5.242 1＝5 262 025(元)

借：银行存款   5 262 025

 贷：应付债券——面值   5 000 000

     ——利息调整   262 025

【例8-28】沿用例8-26的资料。假定甲公司发行债券的票面利率为6%，其他条件不变。债券发行价格的计算及账务处理如下：

债券的发行价格＝5 000 000×0.790 3+5 000 000×6%×1/2×5.242 1＝4 737 815(元)

借：银行存款   4 737 815

 应付债券——利息调整   262 185

 贷：应付债券——面值   5 000 000

特别提示

发行债券通常会发生发行费用，如印刷费、律师费、手续费、广告费以及经纪人承销佣金等，这些费用统称为债券的发行费用。我国现行企业会计准则要求将债券的发行费用计入债券的初始确认金额，并按照借款费用的原则予以资本化或费用化。

4.债券摊余成本和利息费用的确定

债券的摊余成本是指应付债券的初始确认金额(债券的发行价格)经过下列调整后的结果：扣除已偿还的本金，加上或减去采用实际利率法将该初始确认金额与到期日金额之间的差额进行摊销形成的累计摊销额。

在举债期间，企业实际负担的各期利息费用，除每期支付的利息外，还应包括债券溢价或折价的摊销，即将债券溢价逐期在利息费用中扣除，将债券折价逐期转为利息费用。因此，发行债券企业每期的利息费用可用公式表示如下：

利息费用＝支付的利息－溢价摊销

或   利息费用＝支付的利息＋折价摊销

我国现行企业会计准则规定，应当采用实际利率法摊销债券的溢价或折价。实际利率法是以债券发行时的实际利率乘以每期期初债券的摊余成本，求得每期利息费用的一种方法。利息费用与实际支付利息的差额即该期利息调整(溢价或折价)的摊销。其中，实际利率是指将应付债券在债券存续期间的未来现金流量折现为该债券当前账面价值所使用的利率，即债券发行时的市场利率。实际利率一旦确定，在整个债券的存续期间内保持不变。

在实际利率法下，每期的利息调整(溢价或折价)的摊销额可按下列公式计算：

溢价摊销额＝应支付的利息－实际利息费用

折价摊销额＝实际利息费用－应支付的利息

其中   实际利息费用＝债券该期期初摊余成本×实际利率

（1）债券存续期间按面值发行的账务处理。企业以面值发行债券时，应在债券存续期内按期计提利息，每期计提利息时，按应计利息借记"财务费用"科目或"在建工程"科目，贷记"应付利息"科目（分期付息）或"应付债券——应计利息"科目（到期付息）。

【例 8-29】 沿用例 8-26 的资料。甲公司每半年应计提并支付的利息金额为 200 000 元（5 000 000×8％×1/2）。其账务处理如下：

借：在建工程或财务费用　　　　　　　　　　　　200 000
　　贷：应付利息　　　　　　　　　　　　　　　　　200 000
借：应付利息　　　　　　　　　　　　　　　　　200 000
　　贷：银行存款　　　　　　　　　　　　　　　　　200 000

（2）债券存续期间溢价或折价发行的账务处理。企业溢价或折价发行债券时，应在债券存续期内按期计提利息并摊销溢价或折价金额。每期计提利息并摊销溢价或折价金额时，应按实际利息，借记"财务费用"或"在建工程"科目，按溢价或折价金额的摊销额，借记或贷记"应付债券——利息调整"科目，按应计利息，贷记"应付债券——应计利息"科目。若为分期付息债券，通过"应付利息"科目核算。

【例 8-30】 某年 1 月 1 日，甲公司经批准发行面值为 5 000 000 元的公司债券。该债券的票面利率为 10％，期限为 3 年，每年 6 月 30 日和 12 月 31 日各付息一次。发行时的市场利率为 8％，发行收入 5 262 025 元已存入银行。按实际利率法编制的债券溢价摊销表见表8-2。

表 8-2　甲公司债券溢价摊销表（实际利率法）　　　　　　　　单位：元

付息期次（半年）	实付利息 (1)=面值×5％	利息费用 (2)=上期(4)×4％	利息调整 (3)=(1)-(2)	摊余成本 (4)=上期(4)-(3)
第 0 期				5 262 025
第 1 期	250 000	210 481	39 519	5 222 506
第 2 期	250 000	208 900	41 100	5 181 406
第 3 期	250 000	207 256	42 744	5 138 662
第 4 期	250 000	205 546	44 454	5 094 208
第 5 期	250 000	203 768	46 232	5 047 976
第 6 期	250 000	202 024*	47 976	5 000 000
合计	1 500 000	1 237 975	262 025	—

注：* 含尾差调整。

甲公司第 1 期期末的账务处理如下：

借：在建工程或财务费用　　　　　　　　　　　　210 481
　　应付债券——利息调整　　　　　　　　　　　　39 519
　　贷：应付利息　　　　　　　　　　　　　　　　　250 000
实际支付利息时：
借：应付利息　　　　　　　　　　　　　　　　　250 000
　　贷：银行存款　　　　　　　　　　　　　　　　　250 000

以后各期的账务处理略。

【例 8-31】某年 1 月 1 日,甲公司经批准发行面值为 5 000 000 元的公司债券。该债券的票面利率为 6%,期限为 3 年,每年 6 月 30 日和 12 月 31 日各付息一次。发行时的市场利率为 8%,发行收入 4 737 815 元已存入银行。按实际利率法编制的债券折价摊销表见表8-3。

表 8-3　甲公司债券折价摊销表(实际利率法)　　　　　　　单位:元

付息期次 (半年)	实付利息 (1)=面值×3%	利息费用 (2)=上期(4)×4%	利息调整 (3)=(2)-(1)	摊余成本 (4)=上期(4)+(3)
第 0 期				4 737 815
第 1 期	150 000	189 513	39 513	4 777 328
第 2 期	150 000	191 093	41 093	4 818 421
第 3 期	150 000	192 737	42 737	4 861 158
第 4 期	150 000	194 446	44 446	4 905 604
第 5 期	150 000	196 224	46 224	4 951 828
第 6 期	150 000	198 172*	48 172	5 000 000
合计	900 000	1 162 185	262 185	—

注:* 含尾差调整。

甲公司第 1 期期末的账务处理如下:

借:财务费用　　　　　　　　　　　　　　189 513
　　贷:应付债券——利息调整　　　　　　　　　39 513
　　　　应付利息　　　　　　　　　　　　　　150 000

实际支付利息时:

借:应付利息　　　　　　　　　　　　　　150 000
　　贷:银行存款　　　　　　　　　　　　　　150 000

以后各期的账务处理略。

特别提示

采用实际利率法对利息调整进行摊销时,若债券溢价发行,随着每期溢价的摊销,债券的账面价值逐期递减,每期的利息费用也逐期递减,而每期实付利息相等,所以每期摊销的溢价是递增的。若债券折价发行,债券的账面价值逐期递增,每期的利息费用也逐期递增,而每期实付利息相等,所以每期摊销的折价也是递增的。

四、长期应付款

长期应付款是指企业除长期借款和应付债券以外的其他各种长期应付款项,包括以分期付款方式购入固定资产、无形资产或存货等发生的应付款项等。

企业在购买固定资产、无形资产或存货过程中,延期支付的购买价款超过正常信用条件,实质上具有融资性质的,应当按照未来分期付款的现值,借记“固定资产”“无形资产”“原材料”等科目;按照未来分期付款的总额,贷记“长期应付款”科目;按照差额,借记“未确认融资费用”

科目。企业在按照合同约定的付款日分期支付价款时,借记"长期应付款"科目,贷记"银行存款"等科目。

思考题

1.什么是负债？负债有何特征？

2.带息票据与不带息票据在会计处理上有何异同？

3.职工薪酬包括哪些内容？职工薪酬应如何确认与计量？

实务练习题

1.甲公司某年发生如下经济业务:

(1)4月2日,购入A材料,价款为40 000元,增值税税额为5 200元,付款条件为"2/10, n/30"。

(2)4月27日,购入B材料,价款为10 000元,增值税税额为1 300元,付款条件为"1/10, n/30"。

(3)5月3日,用银行存款支付购入A材料的款项。

(4)5月5日,用银行存款支付购入B材料的款项。

要求:采用总价法编制有关会计分录。

2.甲企业某月用银行存款购入一批材料,不含税价款为80 000元,增值税税额为10 400元;当年累计销售产品的不含税金额为14 000元,增值税税额为18 200元;甲企业月初尚有未抵扣的增值税进项税额4 700元;当月共缴纳了增值税2 600元。

要求:对甲企业该月有关增值税的业务进行账务处理。

即测即评　　　　延伸阅读

第九章
所有者权益

通过本章的学习,掌握实收资本及股本增减的会计处理;掌握资本公积的来源及不同用途会计处理;了解其他综合收益的来源;掌握留存收益的来源及不同用途的会计处理。

引导案例

光华有限责任公司原由张华、李悦和徐睿三个人于 2015 年 6 月 20 日发起设立,每个投资者各出资 200 万元,三人各占总权益的 1/3,公司共计实收资本 600 万元。2019 年 8 月 5 日乙公司提出投资光华有限责任公司。光华有限责任公司股东大会通过决议同意乙公司认缴现金 150 万元和原材料一批(原材料不含增值税市场价格为 100 万元,适用的增值税税率为 13%),投入资本确认为 200 万元,分享 25% 的权益,乙公司加入后光华有限责任公司注册资本增加至 800 万元。

思考:

光华有限责任公司接受乙公司投入存货的价值如何确定?相应的增值税如何处理?乙公司投入资本应该如何进行会计处理?

所有者权益的内容根据其来源可以分为实收资本(股本)、其他权益工具、资本公积、其他综合收益、盈余公积和未分配利润等部分。其中,盈余公积和未分配利润统称为留存收益。

所有者权益具有如下特征:

(1)除非发生减资、清算或分派现金股利,企业不需要偿还所有者权益;

(2)企业清算时,只有在清偿所有的负债后,所有者权益才返还给所有者;

(3)所有者凭借所有者权益能够参与企业利润的分配。

第一节　实收资本(股本)

一、实收资本(股本)概述

按照我国公司法的规定,投资者设立公司首先必须投入资本。实收资本是指企业按照章程规定或合同、协议约定,接受投资者投入企业的资本。股份有限公司以外的企业应通过"实收资本"科目核算,股份有限公司通过"股本"科目核算投资者投入资本的增减变动情况。

投资者可以是国家、企业和个人;投资者既可以来自国内,也可以来自国外。投资者向企业投入的资本,在一般情况下无须偿还,可以长期周转使用。投资者投入资金的多少反映了不同的产权关系,表明不同所有者对企业应享有的权利和应承担的义务。所有者一旦对企业投资后,即对企业的资产、企业经营的结果、参与企业经营的权利等享有一种权益,称为所有者权益。实收资本或股本的构成比例,通常是确定所有者在企业所有者权益中所占的份额和参与企业财务经营决策的基础,也是企业进行利润分配或股利分配的依据,同时还是企业清算时确定所有者对净资产的要求权的依据。

股份有限公司是指全部资本由等额股份构成并通过发行股票筹集资本、股东以其认购的股份为限对公司承担责任、公司以其全部财产对公司债务承担责任的企业法人。股份有限公司设立有两种方式,即发起式和募集式。发起式设立是指公司的股份全部由发起人认购,不向发起人之外的任何人募集股份,一般不会发生设立公司失败的情况;募集式设立是公司股份除发起人认购外,还可以采用向其他法人或自然人发行股票的方式进行募集。社会募集股份,其筹资对象广泛,在资本市场不景气或股票的发行价格不恰当的情况下,有发行失败(即股票未被全部认购)的可能,因此,其筹资风险大。按照有关规定,发行失败损失由发起人负担,包括承担筹建费用、公司筹建过程中的债务和对认股人已缴纳的股款支付银行同期存款利息等责任。

股份有限公司股票的面值与股份总数的乘积为股本,股本应等于企业的注册资本。股本是很重要的指标,企业应将核定的股本总额、股份总数、每股面值在股本账户中做备查记录。为了反映企业股东情况,企业可在"股本"科目下按股东单位或姓名设置明细账。

二、实收资本或股本的会计处理

(一)企业成立或投资者追加投资

投资者投资的资产可以是现金资产和非现金资产,其中非现金资产中的无形资产投入公司法会有比例限制。企业实际收到投资者投入的各种资产,应按下列原则计价入账。

(1)非现金资产(包括存货、固定资产、无形资产等)投资计价及入账。投资者投入非现金资产入账价值,应当按照投资合同或协议约定的价值确定,但合同或协议约定价值不公允的除外。企业对投资者投入的资产,应在办理实物产权转移手续时,或按照合同、协议或公司章程规定移交无形资产等有关凭证时,按实际收到或者存入企业开户银行的金额或投资合同或协议约定的资产价值确定记入"原材料""库存商品""固定资产""无形资产"有关资产科目。

(2)投资者资本处理。企业接受投入资产后,应该按照协议中投资者在该企业注册资本中所占份额记入"实收资本"科目,或者按照股票面值记入"股本"科目;投入资产金额超过投资者在该企业注册资本中所占份额或股本的部分,或者股票溢价发行取得的收入超过股票面值的部分扣除发行股票支付的手续费、印刷费等费用后的余额,作为资本溢价或股本溢价,计入资本公积。按照面值发行股票中的发行费用,或者发行溢价小于发行费用时,可以依次冲减"资本公积——股本溢价""盈余公积""未分配利润"。通常法律规定股票不允许低于面值发行。我国公司法也有同样的规定。

【例9-1】光华有限责任公司原由三个投资者出资组成,每个投资者各出资200万元,共计实收资本600万元。现有乙公司加入,光华有限责任公司注册资本增加至800万元,乙公司认缴现金150万元和原材料一批,分享25%的权益。乙公司投入原材料的价值经光华有限责任公司和乙公司确认为 100 万元,该价格为公允价,经税务部门认定后乙公司已开具了增值税专用发票,增值税税额为 13 万元。经约定光华有限责任公司接受乙公司的投入资本为 200 万元。不考虑其他因素,光华有限责任公司的账务处理如下:

借:银行存款   1 500 000

  原材料   1 000 000

  应交税费——应交增值税(进项税额) 130 000

  贷:实收资本   2 000 000

    资本公积——资本溢价   630 000

【例 9-2】秦中股份有限公司委托某证券公司代理发行普通股 5 000 万股,每股面值为 1 元,每股发行价格为 5 元。假定秦中股份有限公司按发行收入的 1% 向证券公司支付发行费用,证券公司从发行收入中抵扣。股票发行成功,股款已划入秦中股份有限公司的银行账户。秦中股份有限公司的账务处理如下:

股票发行费用 = 5 000 × 5 × 1% = 250(万元)

实际收到的股款 = 5 000 × 5 - 250 = 24 750(万元)

借:银行存款   247 500 000

  贷:股本   50 000 000

    资本公积——股本溢价   197 500 000

(二)其他方式形成实收资本或者股本

1.资本公积或盈余公积转增资本或者股本

一般在扩大企业规模和促进企业发展时,可能将资本公积或盈余公积转增资本(在我国更多的是作为一种股票股利)。公司将资本公积或盈余公积转增资本时,必须经股东会决议批准,在实际将盈余公积转增资本时,按股东原有持股比例结转(我国公司法规定盈余公积转增资本时,转增后留存的盈余公积的数额不得少于转增前公司注册资本的 25%)。

企业采用资本公积或盈余公积转增资本时,应按照转增的资本金额,借记"资本公积""盈余公积"科目,贷记"实收资本或股本"科目。

【例 9-3】因扩大经营规模需要,经批准,光华有限责任公司将资本公积 50 万元,以及盈余公积 50 万元转增资本。账务处理如下:

借:资本公积   500 000

  盈余公积   500 000

  贷:实收资本   1 000 000

2.企业分配股票股利

为了扩大企业规模和促进企业发展,企业还可能采用发放股票股利实现增资的,在发放股票股利时,按照股东原来持有的股数分配。股份有限公司股东大会或类似机构批准采用发放股票股利的方式增资时,公司应在实施该方案并办理完增资手续后,根据实际发放的股票股利数,借记"利润分配",贷记"股本"。

(三)企业减资的会计处理

当对未来经营预计不佳时,公司可能减少投入的资本。对于有限责任公司,公司按法定程序报经批准减少注册资本的,按减少的注册资本金额减少实收资本,借记"实收资本",贷记"银行存款"等。对于股份有限公司,公司一般可以采用收购本公司股票方式减资。这时,公司按股票面值和注销股数计算的股票面值总额,借记"股本"科目,按所注销库存股的账面余额,贷记"库存股"科目,回购库存股支付的价款超过注销股票数量计算的面值总额的部分,依次冲减"资本公积""盈余公积""利润分配——未分配利润"等科目;相反增加资本公积(股本溢价)。

【例9-4】秦中股份有限公司2019年12月31日的股份为35 000万股,面值为1元,资本公积(股本溢价)为20 000万元,盈余公积为10 000万元。2020年3月20日经股东大会批准,秦中股份有限公司以现金回购本公司股票6 000万股并注销,假定回购价格为每股5元。

假定不考虑其他因素,秦中股份有限公司的账务处理如下:

回购本公司股份时:

借:库存股 300 000 000
　　贷:银行存款 300 000 000

注销本公司股份时:

借:股本 60 000 000
　　资本公积——股本溢价 200 000 000
　　盈余公积 40 000 000
　　贷:库存股 300 000 000

第二节 资本公积和其他综合收益

一、资本公积

(一)资本公积概述

资本公积是指企业收到投资者出资额超出其在注册资本(股本)中所占份额的部分,以及其他资本公积等。资本公积包括资本溢价(股本溢价)和其他资本公积等。

在企业创立时,出资者认缴的出资额往往与注册资本一致,不会产生资本公积。但在企业重组或者有新的投资者加入时,为了维护原投资者的权益,新加入的投资者的出资额,并不一定全部作为实收资本处理。这是因为,在企业正常经营过程中投入的资金即使与企业创业时投入的资金在数量上一致,其获利能力却可能不一致。在企业进入正常生产经营后,其资本利润率通常要高于企业初创阶段。另外,企业可能有内部积累,如从净利润中提取的盈余公积以及形成的未分配利润等,新投资者加入企业时,对这些积累也要分享。

(二)资本溢价(股本溢价)

1.资本溢价

非股份有限公司接受投资者投入资产的金额超过投资者在企业注册资本中所占份额的部分,通过"资本公积——资本溢价"科目核算。

2.股本溢价

在按面值发行股票的情况下,企业发行股票取得的收入,应全部作为股本处理;在溢价发行股票的情况下,企业发行股票取得的收入,等于股票面值部分作为股本处理,超出股票面值的溢价收入应作为股本溢价处理。

（三）其他资本公积

其他资本公积是指除资本溢价（股本溢价）项目以外所形成的资本公积。其来源主要有长期股权投资采用权益法核算情况下产生的资本公积和以权益结算的股份支付形成的资本公积。

1.长期股权投资采用权益法核算情况下产生的资本公积

企业长期股权投资采用权益法核算时，因被投资单位除净损益、其他综合收益和利润分配以外的所有者权益的其他变动，投资企业按应享有份额而增加或减少资本公积。其会计分录为：借记"长期股权投资"科目，贷记"资本公积——其他资本公积"科目，或做相反分录。

如果以后将该长期股权投资处置了，那么计入资本公积的部分应该转入损益中，即计入投资收益中，会计分录为：借记"资本公积——其他资本公积"科目，贷记"投资收益"科目，或做相反分录。

2.以权益结算的股份支付形成的资本公积

以权益结算的股份支付换取职工或其他方提供服务的，应按照确定的金额，记入"管理费用"等科目，同时增加资本公积。在行权日，应按实际行权的权益工具数量计算确定的金额，借记"资本公积——其他资本公积"科目，按记入实收资本或股本的金额，贷记"实收资本"或"股本"科目，并将其差额记入"资本公积——资本溢价"或"资本公积——股本溢价"科目。

二、其他综合收益

其他综合收益是指企业根据企业会计准则的规定未在当期损益中确认的各种利得和损失，包括以后会计期间不能重分类进损益的其他综合收益和以后会计期间满足规定条件时重分类进损益的其他综合收益。

（一）以后会计期间不能重分类进损益的其他综合收益

以后会计期间不能重分类进损益的其他综合收益包括的内容有：

（1）重新计量设定受益计划净负债或净资产导致的变动；

（2）按照权益法核算因被投资单位重新计量设定受益计划净负债或净资产导致的权益变动，投资企业按持股比例计算确认的该部分其他综合收益项目；

（3）其他权益工具投资公允价值变动而形成的其他综合收益金额，在其他权益工具处置时，将直接按比例转入盈余公积和未分配利润，不能转入当期损益。

（二）以后会计期间满足规定条件时重分类进损益的其他综合收益

以后会计期间满足规定条件时重分类进损益的其他综合收益包括的内容有：

（1）以公允价值计量且其变动计入其他综合收益的金融资产公允价值的变动。以公允价值计量且其变动计入其他综合收益的金融资产公允价值变动形成的利得，除减值损失和外币货币性金融资产形成的汇兑差额外，借记"其他权益工具投资（或其他债权投资）——公允价值变动"科目，贷记"其他综合收益"科目；公允价值变动形成的损失，做相反的会计分录。

（2）可供出售外币非货币性项目的汇兑差额。以公允价值计量的可供出售非货币性项目发生的汇兑损失，借记"其他综合收益"科目，贷记"可供出售金融资产"科目；发生的汇兑收益，借记"可供出售金融资产"科目，贷记"其他综合收益"科目。

（3）金融资产的重分类。将以摊余成本计量的金融资产重分类为以公允价值计量且其变动计入其他综合收益的金融资产，重分类日，该投资的账面价值与其公允价值之间的差额记入

"其他综合收益"科目,在处置该金融资产时转出,计入当期损益。

（4）采用权益法核算的长期股权投资。采用权益法核算的长期股权投资,按照被投资单位实现其他综合收益以及持股比例计算应享有或分担的金额,调整长期股权投资的账面价值,同时增加或减少其他综合收益,借记（或贷记）"长期股权投资——其他综合收益"科目,贷记（或借记）"其他综合收益"科目,待该项股权投资处置时,将原计入其他综合收益的金额转入当期损益。

（5）存货或自用房地产转换为投资性房地产。企业将作为存货的房地产转换为公允价值模式计量的投资性房地产时,应当按该项房地产在转换日的公允价值,借记"投资性房地产——成本"科目;原已计提跌价准备的,借记"存货跌价准备"科目;按其账面余额,贷记"开发产品"科目。同时,转换日的公允价值小于账面价值的,按其差额借记"公允价值变动损益"科目;转换日的公允价值大于账面价值的,按其差额贷记"其他综合损益"科目。

企业将作为自用的建筑物转换为公允价值模式计量的投资性房地产时,应当按该项房地产在转换日的公允价值,借记"投资性房地产——成本"科目;原已计提减值准备的,借记"固定资产减值准备"科目;按已提折旧,借记"累计折旧"科目;按其账面余额,贷记"固定资产"科目。同时,转换日的公允价值小于账面价值的,按其差额借记"公允价值变动损益"科目;转换日的公允价值大于账面价值的,按其差额贷记"其他综合损益"科目。

待处置该项投资性房地产时,因转换计入其他综合收益的部分转入当期损益。

【例 9-5】光华有限责任公司持有乙公司 30% 的股份,并能够对乙公司施加影响。2019 年 12 月,乙公司将作为固定资产的房地产转换为公允价值模式计量的投资性房地产,转换日公允价值大于账面价值 3 000 万元,计入了其他综合收益。不考虑其他因素,光华有限责任公司当期按照权益法核算应确认的其他综合收益的会计处理如下:

借:长期股权投资——其他综合收益　　　　　　9 000 000
　　贷:其他综合收益　　　　　　　　　　　　　　9 000 000

2020 年 5 月,光华有限责任公司处置该项股权投资,收取价款 11 000 万元。处置股权投资时,其有关资料如表 9-1 所示。

表 9-1　长期股权投资资料表　　　　　　单位:万元

总账科目	明细账科目	借方余额	贷方余额
长期股权投资	成本	8 000	
	损益调整	500	
	所有者权益其他变动		100
	其他综合收益	900	

不考虑其他因素,甲公司按照权益法核算处置该项股权投资的会计处理如下:

借:银行存款　　　　　　　　　　　　　　　　110 000 000
　　长期股权投资——所有者权益其他变动　　　　1 000 000
　　贷:长期股权投资——投资成本　　　　　　　80 000 000
　　　　　　　　　　　　——损益调整　　　　　 5 000 000
　　　　　　　　　　　　——其他综合收益　　　 9 000 000

投资收益	17 000 000
借:其他综合收益	9 000 000
贷:投资收益	8 000 000
资本公积——其他资本公积	1 000 000

第三节 留存收益

留存收益是指企业从历年实现的利润中提取或形成的留存于企业的内部积累。留存收益来源于企业实现的净利润。留存收益包括企业盈余公积和未分配利润两个部分。盈余公积是指企业按照有关规定从净利润中提取的积累资金。未分配利润是企业实现的净利润经过弥补亏损、提取盈余公积和向投资者分配利润后留存企业的、历年结存的利润。

盈余公积是指企业按照规定从净利润中提取的各种积累资金。盈余公积分为两种:一是法定盈余公积。公司制企业的法定盈余公积按照税后利润的10%提取,法定盈余公积累计额已达注册资本的50%时可以不再提取。二是任意盈余公积。任意盈余公积是企业按照股东会或股东大会决议提取的盈余公积。法定盈余公积和任意盈余公积的区别就在于其各自计提的依据不同。前者以国家法律或行政法规为依据提取;后者则由企业自行决定提取。

企业提取的盈余公积可以用于弥补亏损、转增资本或股本等。将盈余公积转增资本(股本)时,必须经股东大会或类似机构批准,而且用盈余公积转增资本(股本)后,留存的盈余公积不得少于转增前注册资本的25%。

一、企业利润形成

年度终了,企业应将全年实现的净利润,自"本年利润"科目转入"利润分配"科目,借记"本年利润"科目,贷记"利润分配——未分配利润"科目;如为净亏损,做相反的会计分录。

【例9-6】光华有限责任公司2020年度实现税后利润800万元。2020年12月31日光华公司结转本年利润的会计分录如下:

借:本年利润	8 000 000
贷:利润分配——未分配利润	8 000 000

二、利润分配

利润分配是指企业根据国家有关规定和企业章程、投资者的决议等,对企业当年可供分配的利润所进行的分配。企业本年实现的净利润(或净亏损)加上年初未分配利润(或减年初未弥补亏损)和其他转入后的余额,为可供分配的利润。

可供分配利润=当年实现的净利润(或净亏损)+年初未分配利润(或年初未弥补亏损)+其他转入

利润分配的顺序为:①提取法定盈余公积;②提取任意盈余公积;③向投资者分配利润。

一般企业或股份有限公司在按规定提取各项盈余公积时,应当按照提取的各项盈余公积金额,借记"利润分配——提取法定盈余公积""利润分配——提取任意盈余公积""利润分配——应付现金股利或利润"科目,贷记"盈余公积——法定盈余公积""盈余公积——任意盈余公积"科目。

【例9-7】光华有限责任公司2020年度实现税后利润800万元。按10%的比例提取法定

盈余公积 80 万元。分配给股东现金股利 500 万元。根据上述业务,可做如下会计处理:

借:利润分配——提取法定盈余公积　　　　　800 000

利润分配——应付现金股利或利润　　　5 000 000

贷:盈余公积　　　　　　　　　　　　　　800 000

应付利润　　　　　　　　　　　　5 000 000

企业按股东大会或类似机构批准的应分配股票股利或应转增的资本金额,在办理增资手续后,借记"利润分配——转作股本的股利"科目,贷记"实收资本"或"股本"科目(如实际发放的股票股利的金额与股票票面金额不一致,应按其差额,贷记"资本公积——股本溢价"科目)。

三、盈余公积弥补亏损及转增资本

按照我国公司法的规定,盈余公积可以用于弥补亏损及转增资本。企业经股东大会或类似机构决议,用盈余公积弥补亏损时,应当借记"盈余公积"科目,贷记"利润分配——盈余公积补亏"科目。用盈余公积转增资本时,应借记"盈余公积"科目,贷记"实收资本"或"股本"科目。如果两者之间有差额,应贷记"资本公积——资本溢价(或股本溢价)"科目。

【例 9 - 8】2020 年度秦中公司亏损 200 万元,经股东大会决议,用以前年度提取的法定盈余公积弥补当期亏损。秦中公司的账务处理如下:

借:盈余公积——法定盈余公积　　　2 000 000

贷:利润分配——盈余公积补亏　　　2 000 000

四、未分配利润

未分配利润是指企业实现的净利润经过弥补亏损、提取盈余公积和向投资者分配利润后留存在企业的、历年结存的利润。未分配利润有两层含义:一是留待以后年度处理的利润;二是未指定特定用途的利润。相对于所有者权益的其他组成部分,企业对于未分配利润的使用分配有较大的自主权。

从数量上讲,未分配利润是期初未分配利润,加上本期实现的税后利润,减去提取的各种盈余公积和分配利润后的余额。

企业以当年实现的利润弥补以前年度的未弥补亏损时,不需要进行专门的账务处理,将当年实现的利润自"本年利润"科目的借方转入"利润分配——未分配利润"科目的贷方,其贷方发生额与"利润分配——未分配利润"科目借方余额自然抵补。

企业在会计期末,应将"利润分配"科目下的其他明细科目的余额转入"利润分配"科目的"未分配利润"明细科目。结转后,除"未分配利润"明细科目外,"利润分配"科目的其他明细科目应无余额。"利润分配——未分配利润"科目年末余额,反映企业历年积存的未分配利润(或未弥补亏损)。

【例 9 - 9】光华有限责任公司 2020 年度实现税后利润 800 万元。按 10% 的比例提取法定盈余公积 80 万元。分配给股东现金股利 500 万元。期末结转利润分配科目中的明细科目的会计分录如下:

借:利润分配——未分配利润　　　　5 800 000

贷:利润分配——提取法定盈余公积　　　800 000

——应付现金股利或利润　　　5 000 000

思考题

1. 所有者权益包括哪些内容？其与负债有何区别？
2. 什么是留存收益？留存收益包含哪些内容？
3. 盈余公积的用途是什么？怎样进行盈余公积的核算？

实务练习题

1. 秦中公司 2020 年度的有关资料如下：年初未分配利润为 100 万元，本年实现净利润 260 万元，按税后利润的 10％提取法定盈余公积，向投资者宣告分派现金股利 80 万元。

要求：

（1）编制秦中公司结转本年净利润的会计分录。

（2）编制秦中公司提取法定盈余公积的会计分录。

（3）编制秦中公司向投资者宣告分派现金股利的会计分录。

（4）编制秦中公司年末未分配利润结转的会计分录。

2. 请完成以下业务的会计分录。

（1）维嘉有限责任公司 2012 年 2 月 3 日由甲、乙两位股东各出资 60 万元设立，设立时的实收资本为 120 万元。

（2）经过经营，截至 2019 年 6 月 30 日丙投资者有意加入该企业，并愿意出资 100 万元享有该企业三分之一的股份（60 万元），这时维嘉有限责任公司的盈余公积为 60 万元，未分配利润合计为 20 万元。

（3）由于 2019 年 8 月开始维嘉有限责任公司商品价格发生较大幅度下降，公司当年亏损 30 万元。

（4）2020 年 3 月 10 日，维嘉有限责任公司董事会决定用盈余公积金弥补亏损，用盈余公积金分派现金股利 15 万元。

（5）2020 年 3 月 10 日，维嘉有限责任公司结转"利润分配——未配利润"之外项目余额。

3. 甲股份有限公司截至 2020 年 3 月 31 日共发行股票 30 000 000 股，股票面值为 1 元，资本公积（股本溢价）9 000 000 元，盈余公积 6 000 000 元。经股东大会批准，甲公司以现金回购本公司股票 5 000 000 股并注销。假定甲公司按照每股 5 元回购股票，不考虑其他因素。

要求：

（1）请分析注销股票时应冲减的项目以及冲减项目的金额。

（2）做出甲公司的会计处理。

即测即评　　　　延伸阅读

第十章
收入、费用与利润

学习目标

通过本章的学习,掌握收入确认和计量的五步法;学会特殊情况下的收入确认和计量业务处理;掌握营业成本的结转和费用的会计处理;熟悉利润计算和利润各个部分的组成。

引导案例

新城控股集团股份有限公司(以下简称新城控股)是一家跨住宅地产和商业地产的综合性房地产集团,2020年位列中国房地产行业第8位。新城控股近几年爆发出了巨大增长潜力,企业股价、市值全线飘红,这样极速的规模扩张和股价飞涨,引起了上交所的特别注意。在2018年年报公布后不久,新城控股就收到了上交所长达7页的问询函,其中新城控股因采用新收入准则而对2018年年报产生重大影响也被上交所做了重点问询。

据了解,在房地产行业,新城控股是国内第一例采用新收入准则的企业。通过查阅并整理新城控股2015年至2018年A股上市后年报中披露的收入确认政策后发现,新城控股在2017年及以前的收入确认政策是交付验收确认收入,属于按照时点确认收入。物业销售收入于相关开发产品已经完成竣工验收、签订销售合同、向购买方交付物业,并符合上述销售商品收入确认的其他条件时确认。确认收入前预售物业收取的款项列示于资产负债表预收账款项下。而新城控股在2018年年报开始,提早按新收入准则将房地产销售业务收入确认政策调整为"时段+时点"模式。该公司2018年因采用新收入准则调增营业收入34.20亿元。

思考:

新城控股这种收入政策变更的依据是什么? 是否合理? 对公司业绩产生了怎样的影响?

第一节 收入概述

一、收入的含义

根据《企业会计准则——基本准则》,收入是指企业在日常活动中形成的、会导致所有者权益增加、与所有者投入资本无关的经济利益的总流入。收入只有在经济利益很可能流入从而导致企业资产增加或者负债减少且经济利益的流入额能够可靠计量时才能予以确认。其中,日常活动是指企业为完成其经营目标所从事的经常性活动以及与之相关的活动。例如,工业企业制造并销售产品、商品流通企业销售商品、咨询公司提供咨询服务、软件公司为客户开发软件、安装公司提供安装服务、建筑企业提供建造服务等,均属于企业的日常活动。

企业确认收入的方式应当反映其向客户转让商品或提供服务的模式,收入的金额应当反映因转让商品或服务而预期有权收入的对价金额。

二、收入的分类

按照企业经营业务收入的主次,收入可以分为主营业务收入和其他业务收入。主营业务收入是企业通过主要生产经营活动而取得的收入,如工业、商品流通企业销售商品而产生的收入。其他业务收入是指主营业务以外的、企业附带经营的业务所取得的收入,如工业企业出售原材料、出租固定资产、出租周转材料、提供非工业性劳务等业务取得的收入。符合收入定义和收入确认条件的项目,应当列入利润表。

第二节 收入确认和计量

一、收入确认和计量的五步法

收入确认和计量大致分为五步:第一步,识别与客户订立的合同;第二步,识别合同中的单项履约义务;第三步,确定交易价格;第四步,将交易价格分摊至合同中的单项履约义务;第五步,履行履约义务时确认收入。其中,第一步、第二步和第五步与收入确认有关,第三步和第四步与收入计量有关。

(一)识别与客户订立的合同

1.合同的含义

所谓合同是指双方或多方之间订立有法律约束力的权利义务的协议。合同包括书面形式、口头形式以及其他形式(如隐含于商业惯例或企业以往的习惯做法中等)。商品零售交易在付款的同时交付商品,虽不签订书面合同,可以视为双方达成了口头合同。

2.收入确认的原则

企业应当在履行了合同中的履约义务,即在合同取得相关商品的控制权时确认收入。客户取得相关商品控制权,必须具备三个要素:一是能力,即客户能够主导商品的使用并从中获得几乎全部经济利益。该控制权是现时权力,如果只能在未来的某一时期主导该商品的使用并从中获益,不表明客户取得该商品的控制权。二是主导性,客户能够允许或阻止其他方使用该商品。三是客户能够获得和控制权相关的几乎全部经济利益。商品的经济利益是指商品的潜在现金流量,包括现金流入的增加和现金流出的减少。

3.收入确认的前提条件

收入确认的前提条件是企业与客户之间的合同应该同时满足以下五项条件:

(1)合同各方已批准该合同并承诺将履行各自义务。这一条说明合同约定的权利和义务具有法律约束力,具有不可撤销性。如果合同各方均有权单方面终止完全未执行的合同,且无须对合同其他方做出补偿,可以视为该合同不存在。其中,完全未执行的合同,是指企业尚未向客户转让任何合同中承诺的商品,也尚未收取且尚未有权收取已承诺商品的任何对价的合同。

（2）该合同明确了合同各方与所转让商品相关的权利和义务。

（3）该合同有明确的与所转让商品相关的支付条款。

（4）该合同具有商业实质，即履行该合同将改变企业未来现金流量的风险、时间分布或金额。

（5）企业因向客户转让商品而有权取得的对价很可能收回。企业在评估其因向客户转让商品而有权取得的对价是否很可能收回时，应考虑客户到期时支付对价的能力和意图（即客户的信用风险）。

【例 10-1】甲房地产开发公司与乙公司签订合同，向其销售一栋建筑物，合同价款为 100 万元。该建筑物的成本为 60 万元，乙公司在合同开始日即取得了该建筑物的控制权。根据合同约定，乙公司在合同开始日支付了 5% 的保证金 5 万元，并就剩余 95% 的价款与甲公司签订了不附追索权的长期融资协议，如果乙公司违约，甲公司可重新拥有该建筑物，即使收回的建筑物不能涵盖所欠款项的总额，甲公司也不能向乙公司索取进一步的赔偿。乙公司计划在该建筑物内开设一家餐馆，并以该餐馆的收益偿还甲公司的欠款。但是，在该建筑物所在的地区，餐饮行业面临激烈的竞争，且乙公司缺乏餐饮行业的经营经验。

本例中，乙公司计划以该餐馆产生的收益偿还甲公司的欠款，除此之外并无其他的经济来源，乙公司也未对该笔欠款设定任何担保。如果乙公司违约，则甲公司可重新拥有该建筑物，但是，根据合同约定，即使收回的建筑物不能涵盖所欠款项的总额，甲公司也不能向乙公司索取进一步的赔偿。因此，甲公司对乙公司还款的能力和意图存在疑虑，认为该合同不满足合同价款很可能收回的条件。甲公司应当将收到的 5 万元确认为一项负债。

（二）识别合同中的单项履约义务

合同开始日，企业应当对合同进行评估，识别该合同所包含的各单项履约义务，并确定各单项履约义务是在某一时段内履行，还是在某一时点履行。然后，在履行了各单项履约义务时分别确认收入。

履约义务是指合同中企业向客户转让可明确区分商品的承诺。可明确区分商品是指企业从该商品或该商品与其他资源的组合中收益，且企业向客户转让该商品的承诺与合同中的其他承诺可单独区分。

企业向客户承诺的商品可能包括企业为销售而生产的产品、为转售而购进的商品或使用某商品的权利（如机票等）、向客户提供的各种服务、随时准备向客户提供商品或提供随时可供客户使用的服务（如随时准备为客户提供软件更新服务等）、安排他人向客户提供商品、授权使用许可、可购买额外商品的选择权等。

企业向客户转让可明确区分商品（或者商品组合）的承诺，或者企业向客户转让一系列实质相同且转让模式相同的、可明确区分商品的承诺时，可将该承诺视为单项履约义务。

在识别合同中的单项履约义务时，如果合同承诺的某项商品不可明确区分，企业应当将该商品与合同中承诺的其他商品进行组合，直到该组合满足可明确区分的条件。

某些情况下，合同中承诺的所有商品组合在一起构成单项履约义务。

某公司向客户提供的单项商品可能包括砖头、水泥、人工等，虽然这些单项商品本身都能够使客户获益（如客户可将这些建筑材料以高于残值的价格出售，也可以将其与其他建筑商提供的材料或人工等资源一起使用），在该合同下，该公司向客户承诺的是为其建造一栋办公楼，而并非提供这些砖头、水泥和人工等，该公司需提供重大的服务将这些单项商品进行整合，以形成合同约定的一项组合产出(即写字楼)转让给客户。因此,在该合同中,砖头、水泥和人工等商品彼此之间不能单独作为可明确区分商品。

(三)确定交易价格

交易价格,是指企业因向客户转让商品而预期有权收取的对价金额。企业代第三方收取的款项(例如增值税)以及企业预期将退还给客户的款项,应当作为负债进行会计处理,不计入交易价格。

合同标价并不一定代表交易价格,企业应当根据合同条款,并结合以往的习惯做法确定交易价格。在确定交易价格时,企业应当考虑可变对价、合同中存在的重大融资成分、非现金对价等因素的影响。

1.可变对价

企业与客户的合同中约定的对价金额可能是固定的,也可能会因折扣、价格折让、返利、退款、奖励积分、索赔等因素而变化。此外,企业有权收取的对价金额,将根据一项或多项或有事项的发生有所不同的情况,也属于可变对价的情形。例如,企业售出商品,但允许客户退货时,由于企业有权收取的对价金额将取决于客户是否退货,因此该合同的交易价格是可变的。企业在判断交易价格是否为可变对价时,应当考虑各种相关因素(如企业已公开宣布的政策、特定声明、以往的习惯做法、销售战略以及客户所处的环境等),以确定其是否会接受一个低于合同标价的金额,即企业向客户提供一定的价格折让。

【例10-2】甲公司为其客户建造一栋厂房,合同约定的价款为100万元,但是,如果甲公司不能在合同签订之日起的120天内竣工,则须支付10万元罚款,该罚款从合同价款中扣除。上述金额均不含增值税。本例中,该合同的对价金额实际由两部分组成,90万元的固定价格以及10万元的可变对价。

2.合同中存在重大融资成分

当企业将商品的控制权转移给客户的时间与客户实际付款的时间不一致时,如企业以赊销的方式销售商品,或者要求客户支付预付款等,如果各方已经在合同中明确(或者以隐含的方式)约定的付款时间为客户或企业就转让商品的交易提供了重大融资利益,则合同中即包含了重大融资成分,企业在确定交易价格时,应当对已承诺的对价金额做出调整,以剔除货币时间价值的影响。

合同中存在重大融资成分的,企业应当按照假定客户在取得商品控制权时即以现金支付的应付金额(即现销价格)确定交易价格。交易价格与合同对价之间的差额,应当在合同期内采用实际利率法摊销。

3.非现金对价

当企业因转让商品而有权向客户收取的对价是非现金形式时,如实物资产、无形资产、股权、客户提供的广告服务等。企业通常应当按照非现金对价在合同开始日的公允价值确定交易价格。非现金对价公允价值不能合理估计的,企业应当参照其承诺向客户转让商品的单独售价间接确定交易价格。

(四)将交易价格分摊至合同中的单项履约义务

1.分摊的方法

当合同中包含两项或多项履约义务时,为了使企业分摊至每一单项履约义务的交易价格能够反映其因向客户转让已承诺的相关商品(或提供已承诺的相关服务)而预期有权收取的对价金额,企业应当在合同开始日,按照各单项履约义务所承诺商品的单独售价相对比例,将交易价格分摊至各单项履约义务。

【例 10-3】甲公司与客户签订合同,向其销售 A、B、C 三件产品,合同价款为 10 000 元。A、B、C 产品的单独售价分别为 5 000 元、2 500 元和 7 500 元,合计 15 000 元。上述价格均不包含增值税。

本例中,根据上述交易价格分摊原则,A 产品应当分摊的交易价格为 3 333 元(5 000/15 000×10 000),B 产品应当分摊的交易价格为 1 667 元(2 500/15 000×10 000),C 产品应当分摊的交易价格为 5 000 元(7 500/15 000×10 000)。

2.单独售价

单独售价,是指企业向客户单独销售商品的价格。企业在类似环境下向类似客户单独销售某商品的价格,应作为确定该商品单独售价的最佳证据。单独售价无法直接观察的,企业应当综合考虑其能够合理取得的全部相关信息,采用市场调整法、成本加成法、余值法等方法合理估计单独售价。

市场调整法,是指企业根据某商品或类似商品的市场售价,考虑本企业的成本和毛利等进行适当调整后的金额,确定其单独售价的方法。企业可以对其销售商品的市场进行评估,进而估计客户在该市场上购买本企业的商品所愿意支付的价格,也可以参考其竞争对手销售类似商品的价格,并在此基础上进行必要调整以反映本企业的成本及毛利。

成本加成法,是指企业根据某商品的预计成本加上其合理毛利后的金额,确定其单独售价的方法。其中,预计成本应当与企业在定价时通常会考虑的成本因素一致,既包括直接成本,也包括间接成本。在确定合理毛利时,应当考虑的因素包括类似商品单独售价的毛利水平、行业内的历史毛利水平、行业平均售价、市场情况等。

余值法,是指企业根据合同交易价格减去合同中其他商品可观察单独售价后的余额,确定某商品单独售价的方法。企业在商品近期售价波动幅度巨大,或者因未定价且未曾单独销售而使售价无法可靠确定时,可采用余值法估计其单独售价。

【例 10-4】企业以 10 万元的价格向客户销售 A、B、C 三件可明确区分的商品。其中,A 商品和 B 商品经常单独对外销售,销售价格分别为 2.5 万元和 4.5 万元;C 商品为新产品,企业尚未对其定价且未曾单独销售,市场上也无类似商品出售。在这种情况下,企业采用余值法估计 C 商品的单独售价为 3 万元,即合同价格 10 万元减去 A 商品和 B 商品的单独售价之和 7 万元后的余额。

(五)履行履约义务时确认收入

1.会计处理原则

企业应当在履行了合同中的履约义务,即客户取得相关商品控制权时确认收入。企业应当根据实际情况,首先判断履约义务是否满足在某一时段内履行的条件,如不满足,则该履约义务属于在某一时点履行的履约义务。对于在某一时段内履行的履约义务,企业应当选取恰当的方法来确定履约进度;对于在某一时点履行的履约义务,企业应当综合分析控制权转移的迹象,判断其转移时点。

2.在某一时段内履行的履约义务的收入确认条件

满足下列条件之一的,属于在某一时段内履行的履约义务,相关收入应当在该履约义务履行的期间内确认：

（1）客户在企业履约的同时即取得并消耗企业履约所带来的经济利益。企业在履约过程中持续地向客户转移该服务的控制权，该履约义务属于在某一时段内履行的履约义务，企业应当在提供该服务的期间内确认收入。

企业在进行判断时，可以假定在企业履约过程中更换为其他企业继续履行剩余履约义务，如果该继续履行合同的企业实质上无须重新执行企业累计至今已经完成的工作，则表明客户在企业履约的同时即取得并消耗了企业履约所带来的经济利益。

【例 10-5】企业承诺将客户的一批货物从 A 市运送到 B 市，假定该批货物在途经 C 市时，由另外一家运输公司接替企业继续提供该运输服务，由于 A 市到 C 市之间的运输服务是无须重新执行的，因此，表明客户在企业履约的同时即取得并消耗了企业履约所带来的经济利益。可以判断，企业提供的运输服务属于在某一时段内履行的履约义务。

（2）客户能够控制企业履约过程中在建的商品。企业在履约过程中创建的商品包括在产品、在建工程、尚未完成的研发项目、正在进行的服务等，由于客户控制了在建的商品，客户在企业提供商品的过程中获得其利益，因此，该履约义务属于在某一时段内履行的履约义务，应当在该履约义务履行的期间内确认收入。

【例 10-6】企业与客户签订合同，在客户拥有的土地上按照客户的设计要求为其建造厂房。在建造过程中客户有权修改厂房设计，并与企业重新协商设计变更后的合同价款。客户每月末按当月工程进度向企业支付工程款。如果客户终止合同，已完成建造部分的厂房归客户所有。

企业为客户建造厂房，该厂房位于客户的土地上，客户终止合同时，已建造的厂房归客户所有。这些均表明客户在该厂房建造的过程中就能够控制该在建的厂房。因此，企业提供的该建造服务属于在某一时段内履行的履约义务，企业应当在提供该服务的期间内确认收入。

3. 在某一时点履行的履约义务的收入确认

对于在某一时点履行的履约义务，企业应当在客户取得相关商品控制权时点确认收入。在判断客户是否已取得商品控制权时，企业应当考虑下列迹象：

（1）企业就该商品享有现时收款权利，即客户就该商品负有现时付款义务。如果企业就该商品享有现时的收款权利，则可能表明客户已经有能力主导该商品的使用并从中获得几乎全部的经济利益。

（2）企业已将该商品的法定所有权转移给客户，即客户已拥有该商品的法定所有权。客户如果取得了商品的法定所有权，则可能表明客户已取得对该商品的控制权。如果企业仅仅是为了确保到期收回货款而保留商品的法定所有权，那么企业所保留的这项权利通常不会对客户取得对该商品的控制权构成障碍。

（3）企业已将该商品实物转移给客户，即客户已占有该商品实物。客户如果已经占有商品实物，则可能表明其有能力主导该商品的使用并从中获得其几乎全部的经济利益，或者使其他企业无法获得这些利益。需要说明的是，客户占有了某项商品的实物并不意味着其就一定取得了该商品的控制权；反之亦然。

二、收入的会计处理

(一)收入会计处理应设置的会计科目

收入的会计处理,一般需要设置下列会计科目。

1."主营业务收入"科目

本科目核算企业确认的销售商品、提供服务等主营业务的收入。本科目可按主营业务的种类进行明细核算。

2."其他业务收入"科目

本科目核算企业确认的除主营业务活动以外的其他经营活动实现的收入,包括出租固定资产、出租无形资产、出租包装物和商品、销售材料、用材料进行非货币性交换(非货币性资产交换具有商业实质且公允价值能够可靠计量)或债务重组等实现的收入。本科目可按其他业务的种类进行明细核算。

3."主营业务成本"科目

本科目核算企业确认销售商品、提供服务等主营业务收入时应结转的成本,本科目可按主营业务的种类进行明细核算。

4."其他业务成本"科目

本科目核算企业确认的除主营业务活动以外的其他经营活动所发生的支出,包括销售材料的成本、出租固定资产的折旧额、出租无形资产的摊销额、出租包装物的成本或摊销额等。除主营业务活动以外的其他经营活动发生的相关税费,在"税金及附加"科目核算。采用成本模式计量投资性房地产的,其投资性房地产计提的折旧额或摊销额,也通过本科目核算。

期末,以上的损益类科目的余额转入"本年利润"科目,结转后上述损益类科目无余额。

5."应收退货成本"科目

本科目核算销售商品时预期将退回商品的账面价值,扣除收回该商品预计发生的成本(包括退回商品的价值减损)后的余额。

6."合同资产"科目

本科目核算企业已向客户转让商品而有权收取对价的权利,且该权利仅取决于时间流逝因素之外的其他因素。合同资产与应收款项的区别在于:应收款项代表无条件收取合同对价的权利,即企业随着时间流逝即可收款;而合同资产并不是一项无条件的收款权,该权利取决于其他条件(例如,履行合同中的其他履约义务)满足才能收取相应的合同对价。因此,合同资产和应收款项相关的风险是不同的,应收款项仅承担信用风险,而合同资产除信用风险之外,还可能承担其他风险,如履约风险等。本科目应按合同进行明细核算。

7."合同负债"科目

本科目核算企业已收或应收客户对价而应向客户转让商品的义务。本科目应按合同进行明细核算。

(二)企业收入核算的一般业务

1.含有单项履约义务的收入核算

企业将商品所有权上的主要风险和报酬转移给客户,客户能够主导商品的使用并从中获得几乎全部经济利益。企业在符合收入确认条件时确认收入,并结转成本。根据收款的实际情况,借记"银行存款""应收票据""应收账款"等科目;根据不含税的价款,贷记"主营业务收入"科目,根据收取的增值税销项税额,贷记"应交税费——应交增值税(销项税额)"科目。并同时结转商品成本,借记"主营业务成本",贷记"库存商品"科目。

【例 10-7】2020 年 3 月 1 日,甲公司与客户签订合同,向其销售 A、B 两项商品,A 商品的单独售价为 6 000 元,B 商品的单独售价为 24 000 元,合同价款为 25 000 元。合同约定,A 商品于合同开始日交付,B 商品在一个月之后交付,只有当两项商品全部交付之后,甲公司才有权收取 25 000 元的合同对价。假定 A 商品和 B 商品分别构成了单项履约义务,其控制权在交付时转移给客户。上述价格均不包含增值税,且假定不考虑相关税费影响。

本例中,分摊至 A 商品的合同价款为 5 000[6 000/(6 000+24 000)×25 000]元,分摊至 B 商品的合同价款为 20 000[24 000/(6 000+24 000)×25 000]元。甲公司的账务处理如下:

(1)交付 A 商品时:

借:合同资产   5 000

 贷:主营业务收入   5 000

(2)交付 B 商品时:

借:应收账款   25 000

 贷:合同资产   5 000

  主营业务收入   20 000

2.销售折扣、销售折让和现金折扣的会计处理

企业销售商品可能发生的折扣和折让分为商业折扣、销售折让和现金折扣。商业折扣,是指企业为促进商品销售而在商品标价上给予的价格扣除。发生商业折扣时,收入的确认按照抵减后的金额入账,不需要特别处理。如果商业折扣反映在销售开出的同一张发票时,按照抵减金额来计算应交销项税额,否则,按照未抵扣商业折扣金额计算应交销项税额。

现金折扣,是指债权人为鼓励债务人在规定的期限内付款而向债务人提供的债务扣除。销售商品涉及现金折扣的,应当按照扣除现金折扣前的金额确定销售商品收入金额。现金折扣在实际发生时计入当期损益。

销售折让,是企业销售商品,由于商品的品种、质量等不符合销售合同要求,但客户仍旧愿意接受,企业给予客户在价格上的减让。企业处理销售折让,分别根据不同情况来处理:

(1)销售折让如果发生在销售收入确认之前,则直接扣除销售折让后的净额值确认本期销售收入。

(2)如果销售折让发生在销售收入确认之后,且属于本会计期间,直接冲减当期已确认的收入,如按规定允许扣减增值税税额的,还应冲减已确认的应交增值税(销项税额)。

(3)如果销售折让属于资产负债表日后事项,则适用《企业会计准则第 29 号——资产负债表日后事项》,按照资产负债表日后事项的相关规定进行会计处理。

【例 10-8】甲公司为一般增值税纳税人。2020 年 4 月 1 日,甲公司与乙公司签订合同,向乙公司销售商品 20 000 件,由于乙公司购置数量较大,甲公司给予乙公司 10% 的价格优惠。该商品价格为 40 元/件,单位产品成本为 30 元。当日,甲公司发出商品,履行了履约义务。同时,乙公司通过银行转账支付了全部货款和增值税。销售当日,甲公司完成了销售业务的账务处理。一般纳税人增值税税率为 13%。

5日后,乙公司由于商品包装有损,要求5%的销售折让,甲公司同意给予折让,并根据销售折让证明单开具红字发票,同时退回货款。

(1)2020年4月1日确认销售收入并结转产品销售成本。

借:银行存款　　　　　　　　　　　　　813 600
　贷:主营业务收入　　　　　　　　　　　720 000
　　　应交税费——应交增值税(销项税额)　93 600
借:主营业务成本　　　　　　　　　　　　600 000
　贷:库存商品　　　　　　　　　　　　　600 000

(2)2020年4月6日给予5%的销售折让。

借:主营业务收入　　　　　　　　　　　　36 000
　　应交税费——应交增值税(销项税额)　　4 680
　贷:银行存款　　　　　　　　　　　　　40 680

3.销售退回的会计处理

销售退回,指企业已销售的商品,由于品种、规格、质量等不符合购销合同约定而发生的退货。企业销售商品发生的销售退回,分别根据不同情况进行会计处理:

一是尚未确认销售商品收入的售出商品发生退回的,销售方应当将已记入"发出商品"等科目的商品成本转回,记入"库存商品"科目。

二是已确认销售商品收入的售出商品发生销售退回的,不论是本年销售的本年退回,还是以前销售的本年退回,除属于资产负债表日后事项外,一般应在发生时应退还已收到的货款或冲销应收账款,冲减当期主营业务收入和增值税销项税额,同时冲减当期销售商品成本。

三是发生销售退回的商品,如果是报告年度的资产负债表日及以前售出的商品,在年度资产负债表日至财务报表批准报出日之间发生退回,则属于资产负债表日后事项,按照资产负债表日后事项的相关规定进行会计处理。

【例10-9】甲公司2020年6月15日收到乙公司因质量问题而退回的商品10件,每件商品成本为25 000元。该批商品系甲公司2019年10月15日出售给乙公司,每件商品售价为32 000元,适用的增值税税率为13%,货款已经支付。甲公司同意该批商品退回,并于退货当日支付了退货款,并按规定向购货方开具了增值税专用发票(红字)。

2020年6月15日甲公司会计处理如下:

借:主营业务收入　　　　　　　　　　　　320 000
　　应交税费——应交增值税(销项税额)　　41 600
　贷:银行存款　　　　　　　　　　　　　361 600
借:库存商品　　　　　　　　　　　　　　250 000
　贷:主营业务成本　　　　　　　　　　　250 000

(三)企业收入核算的特殊业务

1.附有销售退回条款的商品销售

附有销售退回条款的销售,是指客户依照有关合同有权退货的销售方式。有关退货权条款可能会在合同中明确约定,也有可能是隐含的。隐含的退货权可能来自企业在销售过程中向客户做出的声明或承诺,也有可能来自法律法规的要求或企业以往的习惯做法等。客户选择退货时可能有权要求返还其已经支付的全部或部分对价、抵减其对企业已经产生或将会产生的欠款或者要求换取其他商品。

客户取得商品控制权之前退回该商品不属于销售退回。需要说明的是,企业在允许客户退货的期间内随时准备接受退货的承诺,并不构成单项履约义务,但可能会影响收入确认的金额。企业应当遵循可变对价(包括将可变对价计入交易价格的限制要求)的处理原则来确定其预期有权收取的对价金额,即交易价格不应包含预期将会被退回的商品的对价金额。

企业应当在客户取得相关商品控制权时,按照因向客户转让商品而预期有权收取的对价金额确认收入。预期收取的对价不包含预期因销售退回将退还的金额,按照预期因销售退回将退还的金额确认负债;同时,按照预期将退回商品转让时的账面价值,扣除收回该商品预计发生的成本(包括退回商品的价值减损)后的余额,确认一项资产,按照所转让商品转让时的账面价值,扣除上述资产成本的净额结转成本。

每一资产负债表日,企业应当重新估计未来销售退回情况,并对上述资产和负债进行重新计量。如有变化,应当作为会计估计变更进行会计处理。

首先企业要合理估计退货的可能性及金额,将全部商品分为两部分进行单独核算:对不会退货的已销售商品确认收入,借记"银行存款""应收账款"等科目,贷记"主营业务收入"科目,同时结转主营业务成本;对可能退货的已销售商品确认发出商品,借记"发出商品"科目(也可单独设置"应收退货成本"科目),贷记"库存商品"科目。

如果企业已收可能退货商品的价款,应确认为预计负债;如果企业开具了增值税专用发票,则应确认应交增值税,贷记"应交税费——应交增值税(销项税额)"科目。

如果企业无法合理确定退货的可能性,则应全部确认为发出商品,于退货期满时确认营业收入。

【例10-10】甲公司是一家健身器材销售公司。2020年10月1日,甲公司向乙公司销售5 000件健身器材,单位销售价格为500元,单位成本为400元,开出的增值税专用发票上注明的销售价格为250万元,增值税税额为32.5万元。健身器材已经发出,但款项尚未收到。根据协议约定,乙公司应于2020年12月1日之前支付货款,在2021年3月31日之前有权退还健身器材。发出健身器材时,甲公司根据过去的经验,估计该批健身器材的退货率约为20%;在2020年12月31日,甲公司对退货率进行了重新评估,认为只有10%的健身器材会被退回。甲公司为增值税一般纳税人,健身器材发出时纳税义务已经发生,实际发生退回时取得税务机关开具的红字增值税专用发票。假定健身器材发出时控制权转移给乙公司。增值税税率为13%。甲公司的账务处理如下:

(1)2020年10月1日发出健身器材。

应确认的收入的金额=500×5 000×80%=2 000 000(元)

确认的预计负债=500×5 000×20%=500 000(元)

借:应收账款　　　　　　　2 825 000
　　贷:主营业务收入　　　　　　　　　　　2 000 000
　　　　预计负债——应付退货款　　　　　　　500 000
　　　　应交税费——应交增值税(销项税额)　 325 000

结转不退货商品的成本,并将可能退货成本计入应收退货成本。

结转不退货商品的成本=400×5 000×80%=1 600 000(元)

可能发生退货的商品成本＝400×5 000×20％＝400 000(元)

借：主营业务成本　　　　　　　　1 600 000
　　应收退货成本　　　　　　　　　400 000
　　贷：库存商品　　　　　　　　　　　　2 000 000

(2)2020 年 12 月 1 日前收到货款。

借：银行存款　　　　　　　　　　2 825 000
　　贷：应收账款　　　　　　　　　　　　2 825 000

(3)2020 年 12 月 31 日,甲公司对退货率进行重新评估。

借：预计负债——应付退货款　　　　250 000
　　贷：主营业务收入　　　　　　　　　　250 000
借：主营业务成本　　　　　　　　　200 000
　　贷：应收退货成本　　　　　　　　　　200 000

(4)2021 年 3 月 31 日发生销售退回,实际退货量为 400 件,退货款项已经支付。

实际发生退货,结转实际退货成本 160 000 元,冲销退货的销项税款＝400×500×13％＝26 000(元)。

同时,结转预计负债,确认未退货商品的收入＝250 000－200 000＝50 000(元),同时结转主营业务成本。

①实际发生退货,结转实际退货成本 160 000 元。

借：库存商品　　　　　　　　　　　　　　160 000
　　贷：应收退货成本　　　　　　　　　　　　　160 000

②结转预计负债,确认未退货商品的收入＝250 000－200 000＝50 000(元)。

借：预计负债——应付退货款　　　　　　　250 000
　　应交税费——应交增值税(销项税额)　　26 000
　　贷：主营业务收入　　　　　　　　　　　　　50 000
　　　　银行存款　　　　　　　　　　　　　　226 000

③同时结转主营业务成本。

借：主营业务成本　　　　　　　　　　　　40 000
　　贷：应收退货成本　　　　　　　　　　　　　40 000

2.附有质量保证条款的销售

企业在向客户销售商品时,根据合同约定、法律规定或本企业以往的习惯做法等,可能会为所销售的商品提供质量保证,这些质量保证的性质因行业或者客户而不同。其中,有一些质量保证是为了向客户保证所销售的商品符合既定标准,即保证类质量保证;而另一些质量保证则是在向客户保证所销售的商品符合既定标准之外提供了一项单独的服务,即服务类质量保证。

企业应当对其所提供的质量保证的性质进行分析,对于客户能够选择单独购买质量保证的,表明该质量保证构成单项履约义务;对于客户虽然不能选择单独购买质量保证,但是如果该质量保证在向客户保证所销售的商品符合既定标准之外提供了一项单独服务的,也应当作为单项履约义务。

作为单项履约义务的质量保证应当按《企业会计准则第 14 号——收入》规定进行会计处理,并将部分交易价格分摊至该项履约义务。对于不能作为单项履约义务的质量保证,企业应当按照《企业会计准则第13号——或有事项》的规定进行会计处理。

企业在评估一项质量保证是否在向客户保证所销售的商品符合既定标准之外提供了一项单独的服务时,应当考虑的因素有以下几个:

(1)该质量保证是否为法定要求。当法律要求企业提供质量保证时,该法律规定通常表明企业承诺提供的质量保证不是单项履约义务,这是因为,这些法律规定通常是为了保护客户,以免其购买瑕疵或缺陷商品,而并非为客户提供一项单独的服务。

(2)质量保证期限。企业提供质量保证的期限越长,越有可能表明企业向客户提供了保证商品符合既定标准之外的服务。因此,企业承诺提供的质量保证越有可能构成单项履约义务。

(3)企业承诺履行任务的性质。如果企业必须履行某些特定的任务以保证所销售的商品符合既定标准(例如,企业负责运输被客户退回的瑕疵商品),则这些特定的任务可能不构成单项履约义务。

【例10-11】甲公司与客户签订合同,销售一部手机。该手机自售出起一年内如果发生质量问题,甲公司负责提供质量保证服务。此外,在此期间内,由于客户使用不当(例如手机进水)等原因造成的产品故障,甲公司也免费提供维修服务。该维修服务不能单独购买。

本例中,甲公司的承诺包括销售手机、提供质量保证服务以及维修服务。甲公司针对产品的质量问题提供的质量保证服务是为了向客户保证所销售商品符合既定标准,因此不构成单项履约义务;甲公司对由于客户使用不当而导致的产品故障提供的免费维修服务,属于在向客户保证所销售商品符合既定标准之外提供的单独服务,尽管其没有单独销售,该服务与手机可明确区分,应该作为单项履约义务。因此,在该合同下,甲公司的履约义务有两项:销售手机和提供维修服务。甲公司应当按照其各自单独售价的相对比例,将交易价格分摊至这两项履约义务,并在各项履约义务履行时分别确认收入。甲公司提供的质量保证服务,应当按照《企业会计准则第13号——或有事项》的规定进行会计处理。

3.分期收款销售商品

企业采用分期收款方式销售商品,如果收款期较短,在满足收入确认条件时,全额确认收入,同时结转商品销售成本。在发出商品时,不需要缴纳增值税。按照增值税相关规定,分期收款在合同约定的收款日期确认应交增值税。在发出商品时,确认待转销项税额,即贷记"应交税费——待转销项税额";在合同规定的收款日期,开具增值税专用发票,根据收到的全部款项,借记"银行存款",贷记"应收账款",同时按照确认的增值税,借记"应交税费——待转销项税额",贷记"应交税费——应交增值税(销项税额)"。

如果分期收款销售商品时间较长,超过3年以上,则说明这项销售具有融资性质,应按照应收的合同或协议价款的公允价值确定销售商品收入金额。应收的合同或协议价款与其公允价值之间的差额,应当在合同或协议期间内采用实际利率法进行摊销,计入当期损益。

分期收款销售商品的一般账务处理如下:

(1)发出商品时:

借:长期应收款

  贷:主营业务收入

    未实现融资收益

借:主营业务成本

  贷:库存商品

（2）每期收款时：

借：银行存款

　　贷：长期应收款

　　　　应交税费——应交增值税（销项税额）

（3）每期计算确认各期利息收益：

借：未实现融资收益

　　贷：财务费用

【例 10－12】乙公司于 2019 年年初销售商品给甲公司，总价款为 1 000 万元，成本 700 万元。双方约定分三次结款，2019 年年末收 400 万元，2020 年年末收 300 万元，2021 年年末收 300 万元。税法规定，在约定的结款点按约定的结款额计算并出销项税票。假定资本市场利率为 10％，增值税税率为 13％，无其他相关税费。

（1）此业务的本质是：

①2019 年年初实现收入＝[400/(1＋10％)＋300/(1＋10％)^2＋300/(1＋10％)^3]＝836.96 万元；

②放贷资金 836.96 万元，收回本息 1 000 万元，实现利息收益 163.04 万元。

（2）会计分录如下：

①2019 年年初销售商品。

借：长期应收款　　　　　　　　　　10 000 000

　　贷：主营业务收入　　　　　　　　　8 369 600

　　　　未实现融资收益　　　　　　　　1 630 400

②每年利息收益的推算表如表 10－1 所示。

表 10－1　每年利息收益推算表

单位：万元

年份	年初本金	当年利息收益	当年收款额	当年收本额
2019	836.96	83.7	400	316.3
2020	520.66	52.07	300	247.93
2020	272.73	27.27	300	272.73

③2019 年年末收到商品款及增值税销项税，并认定利息收益。

借：未实现融资收益　　　　　　　　837 000

　　贷：财务费用　　　　　　　　　　837 000

借：银行存款　　　　　　　　　　　4 000 000

　　贷：长期应收款　　　　　　　　　4 000 000

借：银行存款　　　　　　　　　　　520 000

　　贷：应交税费——应交增值税（销项税额）　520 000

④2020 年年末收到商品款及增值税销项税，并认定利息收益。

借：未实现融资收益　　　　　　　　520 700

　　贷：财务费用　　　　　　　　　　520 700

借:银行存款　　　　　　　　　　　　　　　　3 000 000

　贷:长期应收款　　　　　　　　　　　　　　　　3 000 000

借:银行存款　　　　　　　　　　　　　　　　　390 000

　贷:应交税费——应交增值税(销项税额)　　　　390 000

⑤2021年年末收到商品款及增值税销项税,并认定利息收益。

借:未实现融资收益　　　　　　　　　　　　　272 700

　贷:财务费用　　　　　　　　　　　　　　　　272 700

借:银行存款　　　　　　　　　　　　　　　　3 000 000

　贷:长期应收款　　　　　　　　　　　　　　　　3 000 000

借:银行存款　　　　　　　　　　　　　　　　　390 000

　贷:应交税费——应交增值税(销项税额)　　　　390 000

4.附有客户额外购买选择权的销售

某些情况下,企业在销售商品的同时,会向客户授予选择权,允许客户可以据此免费或者以折扣价格购买额外的商品。企业向客户授予的额外购买选择权的形式包括销售激励、客户奖励积分、未来购买商品的折扣券以及合同续约选择权等。

对于附有客户额外购买选择权的销售,企业应当评估该选择权是否向客户提供了一项重大权利。如果客户只有在订立了一项合同的前提下才取得了额外购买选择权,并且客户行使该选择权购买额外商品时,能够享受到超过该地区或该市场中其他同类客户所能够享有的折扣,则通常认为该选择权向客户提供了一项重大权利。该选择权向客户提供重大权利的,应当作为单项履约义务。在这种情况下,客户在该合同下支付的价款实际上购买了两项单独的商品:一是客户在该合同下原本购买的商品;二是客户可以免费或者以折扣价格购买额外商品的权利。企业应当将交易价格在这两项商品之间进行分摊,其中,分摊至后者的交易价格与未来的商品相关,因此,企业应当在客户未来行使购买选择权取得相关商品的控制权时,或者在该选择权失效时,确认相应的收入。

当企业向客户提供了额外购买选择权,但客户在行使该选择权购买商品的价格反映了该商品的单独售价时,即使客户只能通过与企业订立特定合同才能获得该选择权,该选择权也不应被视为企业向该客户提供了一项重大权利。例如,电信公司与客户签订合同,以套餐的方式向客户销售一部手机和两年的通信服务,包括每月200分钟的语音服务和4G的数据流量,并按月收取固定费用;同时,客户可以根据需要,在任何月份按照约定的价格购买额外的语音服务和数据流量。如果该约定的价格与其他客户单独购买语音服务和数据流量时的价格相同,则表明电信公司向客户提供的该额外购买选择权并不构成一项重大权利,企业无须分摊交易价格,只有在客户行使选择权购买额外的商品时才需要进行相应的会计处理。

企业提供的额外购买选择权构成单项履约义务的,企业应当按照交易价格分摊的相关原则,将交易价格分摊至该履约义务。客户额外购买选择权的单独售价无法直接观察的,企业应当综合考虑客户行使和不行使该选择权所能获得的折扣的差异以及客户行使该选择权的可能性等全部相关信息后,予以合理估计。

【例10-13】甲公司以100元的价格向客户销售A商品,购买该商品的客户可得到一张40%的折扣券,客户可以在未来的30天内使用该折扣券购买甲公司原价不超过100元的任一商品。同时，甲公司计划推出季节性促销活动，在未来 30 天内针对所有产品均提供 10% 的折扣。上述两项优惠不能叠加使用。根据历史经验，甲公司预计有 80% 的客户会使用该折扣券，额外购买的商品的金额平均为 50 元。上述金额均不包含增值税，且假定不考虑相关税费影响。

本例中，购买 A 商品的客户能够取得 40% 的折扣券，其远高于所有客户均能享有的 10% 的折扣，因此，甲公司认为该折扣券向客户提供了重大权利，应当作为单项履约义务。考虑到客户使用该折扣券的可能性以及额外购买的金额，甲公司估计该折扣券的单独售价为 12 元 $[50 \times 80\% \times (40\% - 10\%)]$。甲公司按照 A 产品和折扣券单独售价的相对比例对交易价格进行分摊，A 商品分摊的交易价格为 89 元 $[100/(100+12) \times 100]$，折扣券选择权分摊的交易价格为 11 元 $[12/(100+12) \times 100]$。甲公司在销售 A 商品时的账务处理如下：

销售该商品时，确认相应收入：

借：银行存款　　　　　　100

　贷：主营业务收入　　　　89

　　　合同负债　　　　　　11

5. 提供一段时间劳务合同收入的确认和计量

对于在某一时段内履行的履约义务，企业应当在该段时间内按照履约进度确认收入，履约进度不能合理确定的除外。企业应当采用恰当方法确定履约进度，以使其如实反映企业向客户转让商品的履约情况。确定履约进度的方法分别有产出法和投入法。

产出法就是根据已转移客户的商品对于客户的价值确定履约进度，例如采用实际测量完工进度确定履约进度。

【例 10-14】甲企业与客户签订合同，为该客户拥有的一条铁路更换 100 根铁轨，合同价格为 10 万元（不含税价）。截至 2020 年 12 月 31 日，甲公司共更换铁轨 60 根，剩余部分预计在 2021 年 3 月 31 日之前完成。该合同仅包括一项履约进度，且该履约义务满足在某一时段内履行的条件。假定不考虑其他情况。

本例中，甲公司提供的更换铁轨的服务属于在某一时段内履约的履约义务，甲公司按照已完成的工作量确定履约进度。因此，截至 2020 年 12 月 31 日，该合同的履约进度应为 60%（60/100），甲公司应确认的收入为 6 万元（10 万元 × 60%）。

第三节　费用和利润

一、费用的概念和特征

根据《企业会计准则——基本准则》，费用是指企业在日常活动中发生的、会导致所有者权益减少的、与向所有者分配利润无关的经济利益的总流出。

费用有狭义和广义之分，广义的费用泛指企业各种日常活动发生的所有耗费，狭义的费用仅指与本期营业收入相配比的那部分耗费。

费用只有在经济利益很可能流出从而导致企业资产减少或者负债增加且经济利益的流出额能够可靠计量时才能予以确认。费用的主要特征如下：

（1）费用的发生和日常活动有着直接关系。所谓日常活动是指企业为完成其经营目标所从事的经常性活动以及与之相关的活动。比如,工业企业制造并销售产品、商品流通企业销售商品、保险公司签发保单、咨询公司提供咨询服务、软件企业为客户开发软件、安装公司提供安装服务、商业银行对外贷款、租赁公司出租资产等,均属于企业为完成其经营目标所从事的经常性活动。

（2）区别费用与成本。成本是指企业为生产产品、提供劳务而发生的各种耗费。企业应当合理划分期间费用和成本的界限。期间费用直接计入当期损益;成本计入所生产的产品、提供劳务的成本。企业应将当期已销产品或已提供劳务的成本转入当期的费用;商品流通企业应将当期已销商品的进价转入当期的费用。

（3）费用会导致企业所有者权益的减少。费用所反映的经济利益的总流出,本质上是经济资源的一种耗费,表现为资产的减少,或负债的增加,如增加应交税费等,根据"资产－负债＝所有者权益"的会计等式,费用一定会导致企业所有者权益的减少。

（4）费用与向所有者分配利润无关。向所有者分配利润或股利,属于企业利润分配的内容,不构成企业费用。

二、期间费用

期间费用是企业当期发生,不能直接或间接归入某种产品成本的、直接计入损益的各种费用,包括管理费用、销售费用和财务费用。

1.管理费用

管理费用是指企业为组织和管理企业生产经营所发生的费用,包括企业的董事会和行政管理部门在企业的经营管理中发生的,或者应当由企业统一负担的公司经费(包括行政管理部门职工工资、修理费、物料消耗、低值易耗品摊销、办公费和差旅费等)、工会经费、待业保险费、劳动保险费、董事会费、聘请中介机构费、咨询费(含顾问费)、诉讼费、业务招待费、技术转让费、矿产资源补偿费、无形资产摊销、职工教育经费、研究与开发费、排污费等。

2.销售费用

销售费用是指企业在销售商品过程中发生的费用,包括企业销售商品过程中发生的运输费、装卸费、包装费、保险费、展览费和广告费,以及为销售本企业商品而专设的销售机构(含销售网点、售后服务网点等)的职工工资及福利费、类似工资性质的费用、业务费等经营费用。商品流通企业在购买商品过程中所发生的进货费用,也包括在内。

3.财务费用

财务费用,是指企业为筹集生产经营所需资金等而发生的费用,包括应当作为期间费用的利息支出(减利息收入)、汇兑损失(减汇兑收益)以及相关的手续费、提供相关的现金折扣。

第四节 利润

一、利润的含义与构成

利润是企业在一定会计期间的经营成果。利润按照形成过程,分为营业利润、利润总额和净利润三个层次。利润相关的计算公式如下：

1. 营业利润

营业利润＝营业收入－营业成本－税金及附加－销售费用－管理费用－财务费用－资产减值损失－预期信用减值损失＋公允价值变动收益(－公允价值变动损失)＋其他收益＋投资收益(－投资损失)＋资产处置损益

预期信用减值损失，是指企业持有金融工具按照预期信用损失模型计提的减值损失。预期信用损失模型适用的金融工具包括以摊余成本计量的金融资产、以公允价值计量的且其变动计入其他综合收益的金融资产、租赁应收款、合同资产(依照《企业会计准则第14号——收入》定义的合同资产)、部分贷款承诺和财务担保合同等。

资产减值损失，是指企业对存货、长期股权投资、固定资产、无形资产、在建工程、工程物资等发生减值确认的减值损失。根据企业会计准则，除存货外，企业对长期股权投资、固定资产、无形资产、在建工程、工程物资等计提的减值准备，一经确认，不得转回。

其他收益，是指企业收到的与日常活动相关的，不冲减相关成本费用的政府补助等。政府补助是企业从政府无偿取得的货币资产或非货币性资产形成的利得，不包括政府作为所有者对企业的资本投入。其中，与企业日常活动相关的政府补助计入其他收益或冲减相关成本费用；与企业日常活动无关的政府补助应计入营业外收入。通常计入其他收益的政府补助有增值税的即征即退、先征后退、先征后返以及个税手续费、消费税的返还等。

投资收益是指企业从事各项对外投资活动取得的收益(或损失)。

公允价值变动损益，是指由于公允价值变动形成的损益，包括公允价值变动计入当期损益的金融资产和以公允价值计量的投资性房地产等价值变动产生的损益。

资产处置损益是指企业将固定资产、在建工程及无形资产等出售或对外投资时产生的损益。当发生资产处置收益时，应借记有关资产科目，贷记"资产处置损益"科目；反之，当发生资产处置损失时，做相反会计分录。

2. 利润总额

利润总额＝营业利润＋营业外收入－营业外支出

其中，营业外收入(或支出)是指企业发生的与日常活动无直接关系的各项利得(或损失)。

3. 净利润

净利润＝利润总额－所得税费用

其中，所得税费用是指企业确认的应从当期利润总额中扣除的所得税费用。

4. 综合收益

按照全面收益观，企业的综合收益应包括净利润和其他综合收益，扣除所得税影响后的净额。其计算公式表示如下：

综合收益＝净利润＋其他综合收益－所得税费用

二、营业外收入和营业外支出

1. 营业外收入

营业外收入是指企业发生的利润以外的收益。营业外收入不是企业经营资金耗费所产生的，不需要企业付出代价，不需要与相关的费用进行配比。营业外收入主要包括非流动资产毁损报废利得、债务重组利得、与企业日常活动无关的政府补助、盘盈利得和捐赠利得等。

非流动资产毁损报废利得,是指因自然灾害等发生毁损,已丧失使用功能而报废非流动资产所产生的清理收益。

债务重组利得,是指重组债务的账面价值超过清偿债务的现金、非现金资产的公允价值、所转股份的公允价值,或重组后债务账面价值的余额。

盘盈利得,是指企业对于现金等资产清查盘点的资产,报经批准后计入营业外收入的金额。

政府补助,是指与企业日常活动无关的,从政府无偿取得货币性资产或非货币性资产形成的利得。

捐赠利得,是指企业接受捐赠产生的利得。企业接受的捐赠和债务豁免,按照会计准则规定应确认为当期收益。但是,如果企业接受控股股东(或控股股东的子公司)或非控股股东(或非控股股东的子公司)直接或间接代为偿债、债务豁免或捐赠,属于控股股东或非控股股东对企业的资本性投入,应当将其相关利得计入所有者权益(资本公积)。

企业应当按照"营业外收入"科目,核算营业外收入取得或结转情况。该科目可按营业外收入项目进行明细核算。期末,应将该科目余额转入"本年利润"科目,结转后该科目无余额。

2. 营业外支出

营业外支出,是指企业发生的营业利润以外的支出,主要包括非流动资产毁损报废损失、债务重组损失、公益性捐赠支出、非常损失和盘亏损失等。

非流动资产毁损报废损失,是指因自然灾害等发生毁损,已丧失使用功能而报废非流动资产所产生的清理损失。

债务重组损失,是指重组债权的账面余额与受让资产的公允价值,所转股份的公允价值,或者重组后债权的账面价值之间的差额。

公益性捐赠支出,是指企业对外进行公益性捐赠发生的支出。

非常损失,是指对于因客观因素(如自然灾害等)造成的损失,在扣除保险公司赔偿后计入营业外支出的净损失。

企业应通过"营业外支出"科目,核算营业外支出的发生及结转情况。该科目可按营业外支出项目进行明细核算。期末,应将该科目余额转入"本年利润"科目,结转后该科目无余额。应注意,营业外收入和营业外支出应分别核算。在具体核算时,不得以营业外支出直接冲减营业外收入,或营业外收入冲减营业外支出。

三、本年利润的会计处理

企业应设置"本年利润"科目,核算其当期实现的净利润(或发生的净亏损)。企业期末结转利润时,应将各种损益类科目的金额转入该科目,结平各损益类科目。结转后该科目的贷方余额为当期实现的净利润;借方余额为当期发生的净亏损。

年度终了,应将本年收入利得和费用、损失相抵后结出本年实现的净利润,转入"利润分配"科目,借记该科目,贷记"利润分配——未分配利润"科目,如为净亏损做相反的会计分录。结转后该科目应无余额。

四、利润分配

每个会计年度结束后,企业可对当期获得的净利润进行分配。利润分配的过程如下:

第一,若存在以前年度亏损,须首先弥补亏损。按照税法规定,企业亏损可在 5 年内用税前利润弥补,自第 6 年起,须用税后净利润弥补。

第二,按净利润的 10% 提取法定盈余公积,按公司决定的比例计提任意盈余公积。

第三,向投资者分配利润,对于股份公司,应包括向优先股股东和普通股股东分派股利。

为核算利润分配的过程,企业应设置"利润分配"科目,并设置多个二级明细科目,包括"未分配利润""提取法定盈余公积""提取任意盈余公积""应付利润"等。利润分配并结转后,除"未分配利润"二级科目外,其他二级科目应无余额。

思考题

1. 收入确认的五步法有哪五步?

2. 什么是单项履约义务?

3. 如何确定企业所获得收入为某一时点确认的收入?

实务练习题

1. 甲公司为增值税一般纳税人,增值税税率为 13%。有关业务如下:2020 年 3 月 1 日,向乙公司销售保健品 100 件,每件不含税价格为 10 万元,每件成本为 8 万元,增值税发票已开出。协议约定,购货方应于当日付款,本年 6 月 30 日前有权退货。甲公司根据经验,估计退货率为 10%。2020 年 3 月 1 日,收到全部货款存入银行。2020 年 3 月未发生退货。假定销售退回实际发生退货时支付货款,且可冲减增值税税额。甲公司根据过去的经验,无法估计该批保健品的退货率。

要求:

(1)编制 2020 年 3 月 1 日销售商品的会计分录。

(2)假定 2020 年 4 月 30 日退回 5 件,编制其会计分录。

(3)假定 2020 年 6 月 30 日退回 1 件,编制其会计分录。

(4)假定 2020 年 6 月 30 日退回 6 件,编制其会计分录。

2. 2020 年 1 月 1 日,甲公司与乙公司签订合同,向其销售一批产品,合同约定,该批产品将于 2 年后交货,合同中包含两种可供选择的付款方式,即乙公司可以在 2 年后交付产品时支付 449.44 万元,或者在合同签订时支付 400 万元,乙公司选择在合同签订时支付货款,此产品的控制权在交货时转移,甲公司于 2020 年 1 月 1 日收到乙公司支付的货款。上述价格不包含增值税,且假定不考虑相关税费影响。内含报酬率为 6%。编制甲公司相关的会计分录。

3. 甲公司是一家健身器材销售公司。2019 年 11 月 1 日,甲公司向乙公司销售 5 000 件健身器材,单位销售价格为 500 元,单位成本为 400 元,开出的增值税专用发票上注明的销售价格为 250 万元,增值税税额为 40 万元。健身器材已经发出,但款项尚未收到。根据协议约定,乙公司应于 2019 年 12 月 31 日之前支付货款,在 2020 年 3 月 31 日之前有权退还健身器材。甲公司根据过去的经验,估计该批健身器材的退货率约为 20%。在 2019 年 12 月 31 日,甲公司对退货率进行了重新评估,认为只有 10% 的健身器材会被退回。甲公司为增值税一般纳税人,健身器材发出时纳税义务已经发生,实际发生退回时取得税务机关开具的红字增值税专用发票。假定健身器材发出时控制权转移给乙公司。编制甲公司相关的会计分录。

即测即评　　　延伸阅读

第十一章
财务报告编制

学习目标

通过本章的学习,了解企业财务报告的种类和编制要求;掌握资产负债表、利润表和现金流量表的结构、内容及编制方法,并能够根据一般企业账簿记录及相关资料,编制资产负债表、利润表和现金流量表;熟悉所有者权益变动表的内容和编制方法;熟悉财务报表附注的作用和主要内容。

引导案例

光华有限责任公司的投资者张华在大学里学的专业是机械制造,当他审阅 2020 年 12 月 31 日的资产负债表时,看到了以往报表中没有的项目,在负债项目中看到有一项其他应付款有 20 万元,在利润表有 10 万元的资产价值损失,他觉得很奇怪,于是找来会计询问:"这个其他应付款是我们欠别人的款项吗? 可是我们目前并不欠其他人的款项呀?""在利润表中有 10 万元的资产价值损失,这是什么? 是我们的损失和支出吗?"

思考:

如果会计是按照会计准则做出的报表,你能对以上问题做出分析和回答吗?

第一节　财务报告概述

财务报告(又称财务会计报告),是指企业对外提供的反映企业某一特定日期的财务状况和某一会计期间的经营成果、现金流量等会计信息的文件。财务报告包括财务报表和其他应当在财务报告中披露的相关信息和资料。

一、财务报表的概念和作用

(一)财务报表的概念和类别

财务报表是对企业财务状况、经营成果和现金流量的结构性表述。财务报表至少应当包括下列组成部分:①资产负债表;②利润表;③现金流量表;④所有者权益(或股东权益,下同)变动表;⑤附注。财务报表的这些组成部分具有同等的重要程度。

财务报表可以按照不同的标准进行分类:

(1)按财务报表编报期间的不同,可以分为中期财务报表和年度财务报表。中期财务报表

167

是以短于一个完整会计年度的报告期间为基础编制的财务报表,包括月报、季报和半年报等。

(2)按财务报表编报主体的不同,可以分为个别财务报表和合并财务报表。个别财务报表是由企业在自身会计核算基础上对账簿记录进行加工而编制的财务报表,它主要用以反映企业自身的财务状况、经营成果和现金流量情况。合并财务报表是以母公司和子公司组成的企业集团为会计主体,根据母公司和所属子公司的财务报表,由母公司编制的综合反映企业集团财务状况、经营成果及现金流量的财务报表。

(二)财务报表的作用

企业编制财务报表的目的是向企业外部有关会计信息使用者提供经济决策所需的会计信息。财务报表的作用具体表现在以下几方面:

(1)向企业的投资者(包括潜在投资者)和债权人(包括潜在债权人)提供投资决策信息。为了进行正确的投资决策和信贷决策,投资者(包括潜在投资者)和债权人(包括潜在债权人)需要利用财务报表了解企业有关经营成果、财务状况和现金流动情况的会计信息。

(2)提供企业管理者受托责任实现情况信息。企业管理者为了考核和分析财务成本计划和预算的完成情况,总结经济工作的成绩和存在的问题,评价经济效益,需要利用财务报表掌握本企业有关财务状况、经营成果和现金流动情况的会计信息。

(3)向国家宏观经济管理部门提供管理决策信息。国家宏观经济管理中需要企业财务报表信息资料,以便了解和掌握各部门、各地区经济计划(预算)完成情况以及各种财经法律制度的执行情况,并针对存在的问题,及时运用经济杠杆和其他手段,调控经济活动,优化资源配置。

二、财务报表列报的基本要求

(一)依据各项会计准则确认和计量的结果编制财务报表

企业应当根据实际发生的交易和事项,遵循《企业会计准则——基本准则》、各项具体会计准则的规定进行确认和计量,并在此基础上编制财务报表。企业应当在附注中对这一情况做出声明,只有遵循了企业会计准则的所有规定时,财务报表才应当被称为"遵循了企业会计准则"。同时,企业不应以在附注中披露代替对交易和事项的确认和计量,不恰当的确认和计量也不能通过充分披露相关会计政策而纠正。

(二)以持续经营为列报基础

持续经营是会计的基本前提,也是会计确认、计量及编制财务报表的基础。在编制财务报表的过程中,企业管理层应当利用其所有可获得信息来评价企业自报告期末起至少12个月的持续经营能力,若某些重大不确定因素可能导致对主体持续经营产生严重怀疑时,应对不确定因素充分披露。但企业不能以附注披露代替确认和计量。

以持续经营为基础编制财务报表不再合理的,企业应当采用其他基础编制财务报表,并在附注中披露这一事实,声明财务报表未以持续经营为基础列报,披露未以持续经营为基础编制的原因以及财务报表的编制基础。企业在当期已经决定或正式决定下一个会计期间进行清算或停止营业,表明其处于非持续经营状态,应当采用其他基础编制财务报表,如破产企业的资产应当采用可变现净值计量等,并在附注中声明财务报表未以持续经营为基础列报,披露未以持续经营为基础编制的原因以及财务报表的编制基础。企业存在以下情况之一的,通常表明企业处于非持续经营状态:

（1）企业已在当期进行清算或停止营业；

（2）企业已经正式决定在下一个会计期间进行清算或停止营业；

（3）企业已确定在当期或下一个会计期间没有其他可供选择的方案而将被迫进行清算或停止营业。

（三）重要性项目单独列报

性质或功能类似的项目，其所属类别具有重要性的，应当按其类别在财务报表中单独列报。性质或功能不同的项目，应当在财务报表中单独列报，但不具有重要性的项目除外。

如果项目的省略或误报会单独或共同影响内外部使用者做出的经济决策，则该项目是重要的。重要性应当根据企业所处的具体环境，从项目的性质和金额大小两方面加以判断。其中：项目的性质应当考虑该项目是否属于企业日常活动、是否对企业的财务状况和经营成果具有较大影响等因素；项目金额大小的重要性，应当通过单项金额占资产总额、负债总额、所有者权益总额、营业收入总额、营业成本总额、净利润、综合收益总额等直接相关项目金额的比重加以确定。

（四）财务报表项目金额间的相互抵销

财务报表项目应当以总额列报，资产和负债、收入和费用、直接计入当期利润的利得和损失项目的金额不能相互抵销，即不得以净额列报，但企业会计准则另有规定的除外。比如，企业欠客户的应付款不得与其他客户欠本企业的应收款相抵销，如果相互抵销就掩盖了交易的实质。

下列三种情况不属于抵销，可以净额列示：

（1）一组类似交易形成的利得和损失以净额列示的，不属于抵销。比如，汇兑损益应当以净额列报，为交易目的而持有的金融工具形成的利得和损失应当以净额列报等。但是如果相关利得和损失具有重要性，则应当单独列报。

（2）资产或负债项目按扣除备抵项目后的净额列示，不属于抵销。比如，对资产计提减值准备，表明资产的价值确实已经发生减损，按扣除减值准备后的净额列示，才反映了资产当时的真实价值。

（3）非日常活动产生的利得和损失，以同一交易形成的收益扣减相关费用后的净额列示更能反映交易实质的，不属于抵销。非日常活动并非企业主要的业务，非日常活动产生的损益以收入扣减费用后的净额列示，更有利于报表使用者的理解。比如，非流动资产处置形成的利得或损失，应当按处置收入扣除该资产的账面金额和相关销售费用后的净额列报。

（五）列报比较信息

企业在列报当期财务报表时，至少应当提供所有列报项目上一个可比会计期间的比较数据，以及与理解当期财务报表相关的说明，目的是向报表使用者提供对比数据，提高信息在会计期间的可比性，以反映企业财务状况、经营成果和现金流量的发展趋势，提高报表使用者的判断与决策能力。

列报比较信息的这一要求适用于财务报表的所有组成部分，既适用于四张报表，也适用于附注。通常情况下，企业列报所有列报项目上一个可比会计期间的比较数据，至少包括两期各报表及相关附注。

三、披露要求

企业应当在财务报表的显著位置至少披露下列各项:①编报企业的名称;②资产负债表日或财务报表涵盖的会计期间;③人民币金额单位;④财务报表是合并财务报表的,应当予以标明。

企业披露的财务报表一般分为表首、正表两部分。其中,企业应当在表首部分概括地说明下列基本信息:①编报企业的名称,如企业名称在所属当期发生了变更的,还应明确标明;②对资产负债表而言,应当披露资产负债表日,对利润表、现金流量表、所有者权益变动表而言,应当披露报表涵盖的会计期间。

企业至少应当按年编制财务报表。根据《中华人民共和国会计法》的规定,会计年度自公历 1 月 1 日起至 12 月 31 日止。因此,在编制年度财务报表时,可能存在年度财务报表涵盖的期间短于一年的情况,比如企业在年度中间(如 3 月 1 日)开始设立等。在这种情况下,企业应当披露年度财务报表的实际涵盖期间及其短于一年的原因,并说明由此引起财务报表项目与比较数据不具可比性这一事实。

第二节 资产负债表

一、资产负债表的内容及结构

(一)资产负债表的内容

资产负债表是反映企业在某一特定日期财务状况的报表。它反映企业在某一特定日期所拥有或控制的经济资源、所承担的现时义务和所有者对净资产的要求权。资产负债表是企业主要会计报表之一,其作用主要表现在以下方面:

1.反映企业拥有或控制的经济资源及其分布情况

资产负债表把企业所拥有或控制的资产按经济性质、用途分成流动资产和非流动性资产。在各类别下,又分成若干明细项目。这样,报表的使用者就可以从报表上了解到企业在某一特定日期所拥有或控制的资产总量及其结构。

2.反映企业的权益结构

所谓权益结构,是指在企业的权益总额中负债和所有者权益(或股东权益)的相对比例。企业资金的提供者,无外乎债权人和所有者,相应的,企业的权益也由他们享有。资产负债表把企业的权益分成负债和所有者权益两大类。同时,又把各种不同性质的负债分为流动负债和非流动负债;把所有者权益分为实收资本(或股本)、资本公积、盈余公积和未分配利润。这样,报表的使用者就可以清楚地从资产负债表上了解到企业在某一特定日期的资金来源及其构成。

3.反映企业的流动性和财务实力

所谓流动性,又称变现能力,是指资产转换成现金或负债到期清偿所需的时间。资产转换成现金或负债到期清偿所需的时间越短,表明企业的流动性越强。由于资产负债表上的资产项目是按其流动性排列的,通过研究资产项目的构成及其比例,企业资产的流动性就可以得到充分的反映。

所谓财务实力,是指企业运用其财务资源以适应环境变化的能力。企业的财务实力,取决于企业的资产结构和其权益结构(或称资本结构)。保持合理的资产和资本结构,既可使企业以较低的成本获得资金,也可增强企业的财务弹性。资产负债表所显示的资产、负债及所有者权益,有助于评估企业的财务实力。

4.提供进行财务分析的基本资料

通过对资产负债表上有关的项目进行分析,我们可以解释、评价和预测企业的短期偿债能力、长期偿债能力、财务弹性和企业的绩效,帮助管理部门做出合理的经营决策。如通过资产负债表,我们可以计算出流动比率、速动比率等,了解企业的短期偿债能力,并进而做出正确的投资和融资决策。

(二)资产负债表的结构

资产负债表的结构,包括表首标题、报表主体和附注三部分。表首标题列示资产负债表的名称、编制单位、编制日期、货币单位等;报表主体包括资产、负债和所有者权益各项目的期初和期末数,是资产负债表的主要部分,反映企业在一定日期的资产、负债和所有者权益的状况;附注则用于进一步说明报表的主要项目和编制基础。

资产负债表中的项目分为资产、负债和所有者权益三类,分别结算出总额。在我国,资产负债表主体采用的是账户式结构,报表分为左右两方。左方列示资产各项目,反映全部资产的分布及存在形态;右方列示负债和所有者权益各项目,反映全部负债和所有者权益的内容及构成情况。资产负债表左右双方平衡,资产总计等于负债和所有者权益总计,即"资产＝负债＋所有者权益"。

按照企业会计准则的要求,我国的资产负债表中资产、负债和所有者权益项目需提供比较数据。除了按照重要性添加外,我国资产负债报表中的具体项目通常不可以随便移动。资产负债表格式具体见表 11-1。

表 11-1　资产负债表

编制单位:　　　　　　　　　　2020 年 12 月 31 日　　　　　　　　　　单位:元

资产	期末余额	上年年末余额	负债和所有者权益 (或股东权益)	期末余额	上年年末余额
流动资产:			流动负债:		
货币资金			短期借款		
交易性金融资产			交易性金融负债		
衍生金融资产			衍生金融负债		
应收票据			应付票据		
应收账款			应付账款		
应收款项融资			预收款项		
预付款项			合同负债		
其他应收款			应付职工薪酬		
存货			应交税费		

资产	期末余额	上年年末余额	负债和所有者权益（或股东权益）	期末余额	上年年末余额
合同资产			其他应付款		
持有待售资产			持有待售负债		
一年内到期的非流动资产			一年内到期的非流动负债		
其他流动资产			其他流动负债		
流动资产合计			流动负债合计		
非流动资产：			非流动负债：		
债权投资			长期借款		
其他债权投资			应付债券		
长期应收款			其中：优先股		
长期股权投资			永续债		
其他权益工具投资			租赁负债		
其他非流动金融资产			长期应付款		—
投资性房地产			预计负债		
固定资产			递延收益		
在建工程			递延所得税负债		
生产性生物资产			其他非流动负债		
油气资产			非流动负债合计		
使用权资产			负债合计		
无形资产			所有者权益（或股东权益）：		
开发支出			实收资本（或股本）		
商誉			其他权益工具		
长期待摊费用			其中：优先股		
递延所得税资产			永续债		
其他非流动资产			资本公积		
非流动资产合计			减：库存股		
			其他综合收益		
			专项储备		
			盈余公积		
			未分配利润		
			所有者权益（或股东权益）合计		
资产总计			负债和所有者权益（或股东权益）总计		

此外,高危行业企业如有按国家规定提取安全生产费的,应当在资产负债表所有者权益项目下"其他综合收益"项目和"盈余公积"项目之间增设"专项储备"项目,反映企业提取的安全生产费期末余额。

二、资产和负债的流动与非流动性列报

根据《企业会计准则第 30 号——财务报表列报》的规定,资产和负债应当分别按流动资产和非流动资产、流动负债和非流动负债列示。

(一)流动资产和非流动资产的划分

资产满足下列条件之一的,应当归类为流动资产:

(1)预计在一个正常营业周期中变现、出售或耗用。这主要包括存货、应收票据及应收账款等资产。需要指出的是,变现一般针对应收票据及应收账款等而言,指将资产变为现金;出售一般针对产品等存货而言;耗用一般指将存货(如原材料)转变成另一种形态(如产成品)。

(2)主要为交易目的而持有。比如一些根据《企业会计准则第 22 号——金融工具确认和计量》划分的交易性金融资产。但是,并非所有交易性金融资产均为流动资产,比如自资产负债表日起超过 12 个月到期且预期持有超过 12 个月的衍生工具应当划分为非流动资产或非流动负债。

(3)预计在资产负债表日起一年内(含一年,下同)变现。

(4)自资产负债表日起一年内,交换其他资产或清偿负债的能力不受限制的现金或现金等价物。

流动资产以外的资产应当归类为非流动资产。

(二)流动负债与非流动负债的划分

负债满足下列条件之一的,应当归类为流动负债:

(1)预计在一个正常营业周期中清偿。

(2)主要为交易目的而持有。

(3)自资产负债表日起一年内到期应予以清偿。

(4)企业无权自主地将清偿推迟至资产负债表日后一年以上。但是,企业正常营业周期中的经营性负债项目即使在资产负债表日后超过一年才予清偿的,仍应划分为流动负债。经营性负债项目包括应收票据及应付账款、应付职工薪酬等,这些项目属于企业正常营业周期中使用的营运资金的一部分。关于可转换工具负债成分的分类还需要注意的是,负债在其对手方选择的情况下可通过发行权益进行清偿的条款与在资产负债表日负债的流动性划分无关。

(三)资产负债表日后事项对流动负债与非流动负债划分的影响

对于资产负债表日后事项对流动负债与非流动负债划分的影响,需要特别加以考虑:

(1)资产负债表日起一年内到期的负债。对于在资产负债表日起一年内到期的负债,企业预计能够自主地将清偿义务展期至资产负债表日后一年以上的,应当归类为非流动负债;不能自主地将清偿义务展期的,即使在资产负债表日后、财务报告批准报出日前签订了重新安排清偿计划协议,从资产负债表日来看,此项负债仍应当归类为流动负债。

(2)违约长期债务。企业在资产负债表日或之前违反了长期借款协议,导致贷款人可随时要求清偿的负债,应当归类为流动负债。这是因为,在这种情况下,债务清偿的主动权并不在企业,企业只能被动地无条件归还贷款,而且该事实在资产负债表日即已存在,所以该负债应

当作为流动负债列报。但是,如果贷款人在资产负债表日或之前同意提供在资产负债表日后一年以上的宽限期,企业能够在此期限内改正违约行为,且贷款人不能要求随时清偿时,在资产负债表日的此项负债并不符合流动负债的判断标准,应当归类为非流动负债。

三、资产负债表的填列方法

(一)"上年年末余额"栏的填列方法

资产负债表中的"上年年末余额"栏通常根据上年年末有关项目的期末余额填列,且与上年年末资产负债表"期末余额"栏相一致。

(二)"期末余额"栏的填列方法

"期末余额"是指相关项目某一资产负债表日的金额,即月末、季末、半年末或年末的金额。资产负债表各项目"期末余额"的数据来源,可以通过以下几种方式取得:

1.根据总账科目的余额填列

"其他权益工具投资""递延所得税资产""长期待摊费用""短期借款""持有待售负债""交易性金融负债""递延收益""递延所得税负债""实收资本(或股本)""其他权益工具""库存股""资本公积""其他综合收益""专项储备""盈余公积"等项目,应根据有关总账科目的余额填列。其中,长期待摊费用摊销年限(或期限)只剩一年或不足一年的,或者预计在一年内(含一年)进行摊销的部分,仍在"长期待摊费用"项目中列示,不转入"一年内到期的非流动资产"项目。

有些项目则应根据几个总账科目的余额计算填列,如"货币资金"项目,需根据"库存现金""银行存款""其他货币资金"三个总账科目余额的合计数填列;"其他应付款"项目,需根据"其他应付款""应付利息""应付股利"三个总账科目余额的合计数填列。

2.根据明细账科目的余额分析计算填列

"开发支出"项目,应根据"研发支出"科目中所属的"资本化支出"明细科目期末余额填列;"预收款项"项目,应根据"预收账款"和"应收账款"科目所属各明细科目的期末贷方余额合计数填列;"交易性金融资产"项目,应根据"交易性金融资产"科目的明细科目期末余额分析填列;自资产负债表日起超过一年到期且预期持有超过一年的以公允价值计量且其变动计入当期损益的非流动金融资产,在"其他非流动金融资产"项目中填列;"其他债权投资"项目,应根据"其他债权投资"科目的明细科目余额分析填列;自资产负债表日起一年内到期的长期债权投资,在"一年内到期的非流动资产"项目中填列;购入的以公允价值计量且其变动计入其他综合收益的一年内到期的债权投资,在"其他流动资产"项目中填列;"应交税费"项目,应根据"应交税费"科目的明细科目期末余额分析填列,其中的借方余额,应当根据其流动性在"其他流动资产"或"其他非流动资产"项目中填列;"应付职工薪酬"项目,应根据"应付职工薪酬"科目的明细科目期末余额分析填列;"预计负债"项目,应根据"预计负债"科目的明细科目期末余额分析填列;"未分配利润"项目,应根据"利润分配"科目中所属的"未分配利润"明细科目期末余额填列。

3.根据总账科目和明细账科目的余额分析计算填列

"应付票据"及"应付账款"项目,应分别根据"应付票据"总账科目的期末余额及"应付账款"和"预付账款"科目所属的相关明细科目的期末贷方余额合计数填列;"长期借款""应付债券"项目,应分别根据"长期借款""应付债券"总账科目余额扣除"长期借款""应付债券"科目所属的明细科目中将在资产负债表日起一年内到期,且企业不能自主地将清偿义务展期的部分后的金额计算填列;"其他非流动负债"项目,应根据有关科目的期末余额减去将于一年内(含一年)到期偿还数后的金额填列。

4. 根据有关科目余额减去其备抵科目余额后的净额填列

"持有待售资产""长期股权投资""商誉"项目,应根据相关科目的期末余额填列,已计提减值准备的,还应扣减相应的减值准备;"在建工程"项目,应根据"在建工程"和"工程物资"科目的期末余额,扣减"在建工程减值准备"和"工程物资减值准备"科目的期末余额后的金额填列;"固定资产"项目,应根据"固定资产"和"固定资产清理"科目的期末余额,减去"累计折旧"和"固定资产减值准备"科目的期末余额后的金额填列;"无形资产""投资性房地产""生产性生物资产""油气资产"项目,应根据相关科目的期末余额扣减相关的累计折旧(或摊销、折耗)填列,已计提减值准备的,还应扣减相应的减值准备,折旧(或摊销、折耗)年限(或期限)只剩一年或不足一年的,或者预计在一年内(含一年)进行折旧(或摊销、折耗)的部分,仍在上述项目中列示,不转入"一年内到期的非流动资产"项目,采用公允价值计量的上述资产,应根据相关科目的期末余额填列;"长期应收款"项目,应根据"长期应收款"科目的期末余额,减去相应的"未实现融资收益"科目和"坏账准备"科目所属相关明细科目期末余额后的金额填列;"长期应付款"项目,应根据"专项应付款"和"长期应付款"科目的期末余额,减去相应的"未确认融资费用"科目期末余额后的金额填列。

5. 综合运用上述填列方法分析填列

"其他应收款"项目,应根据"其他应收款""应收利息""应收股利"科目的期末余额,减去"坏账准备"科目中有关坏账准备期末余额后的金额填列。"应收票据"及"应收账款"项目,应分别根据"应收票据"科目的期末余额,以及"应收账款"和"预收账款"科目所属各明细科目的期末借方余额合计数,减去"坏账准备"科目中相关坏账准备期末余额后的金额填列。"预付款项"项目,应根据"预付账款"和"应付账款"科目所属各明细科目的期末借方余额合计数,减去"坏账准备"科目中有关预付款项计提的坏账准备期末余额后的金额填列。"债权投资"项目,应根据"债权投资"科目的相关明细科目的期末余额,减去"债权投资减值准备"科目中相关减值准备的期末余额后的金额分析填列,自资产负债表日起一年内到期的长期债权投资,在"一年内到期的非流动资产"项目中填列,购入的以摊余成本计量的一年内到期的债权投资,在"其他流动资产"项目中填列。"合同资产"和"合同负债"项目,应根据"合同资产"科目和"合同负债"科目的明细科目期末余额分析填列,同一合同下的合同资产和合同负债应当以净额列示。其中净额为借方余额的,应当根据其流动性在"合同资产"或"其他非流动资产"项目中填列,已计提减值准备的,还应减去"合同资产减值准备"科目中相应的期末余额后的金额填列;其中净额为贷方余额的,应当根据其流动性在"合同负债"或"其他非流动负债"项目中填列。"存货"项目,应根据"材料采购""原材料""发出商品""库存商品""周转材料""委托加工物资""生产成本""受托代销商品"等科目的期末余额及"合同履约成本"科目的明细科目中初始确认时摊销期限不超过一年或一个正常营业周期的期末余额合计,减去"受托代销商品款""存货跌价准备"科目期末余额及"合同履约成本减值准备"科目中相应的期末余额后的金额填列;材料采用计划成本核算,以及库存商品采用计划成本核算或售价核算的企业,还应按加或减材料成本差异、商品进销差价后的金额填列。"其他非流动资产"项目,应根据有关科目的期末余额减去将于一年内(含一年)收回数后的金额,以及"合同取得成本"科目和"合同履约成本"科目的明细科目中初始确认时摊销期限在一年或一个正常营业周期以上的期末余额,减去"合同取得成本减值准备"科目和"合同履约成本减值准备"科目中相应的期末余额填列。

第三节 利润表

一、利润表的内容及结构

(一)利润表的内容

利润表,又称收益表,是反映企业在一定会计期间(如年度、季度、月度)的经营成果的报表。利润表属于动态会计报表,其作用主要体现在以下几个方面:

1.有助于分析企业的经营成果和获利能力

经营成果通常是一个绝对数指标,是一定期间的营业收入配比相关的费用(成本)后的余额,体现着企业财富增长的规模。获利能力是一个相对数指标,是企业运用一定的经济资源获取经营成果的能力。利润表可以提供经营成果和获利能力分析的基本资料。例如:将销货成本与存货平均余额进行比较,计算出存货周转率;将净利润与资产总额进行比较,计算出资产收益率等。利润表可以反映企业资金周转情况以及企业的盈利能力和水平,便于报表使用者判断企业未来的发展趋势,做出经济决策。

2.有助于考核企业管理人员的经营业绩

由于所有权与经营权的分离,考核管理人员对受托资源经营管理的绩效,是一个重大的问题。而利润表中所提供的赢利方面的信息,是一项综合性的信息,它是企业在生产、经营、理财、投资等各项活动中管理效率和效益的直接表现,是生产经营过程中投入与产出对比的结果,基本上能够反映企业管理当局的经营业绩和管理效率。

3.有助于使用者判断净利润的质量及其风险,预测净利润的持续性

利润表可以反映企业一定会计期间的收入实现情况,如实现的营业收入、实现的投资收益、实现的营业外收入各有多少,可以充分反映企业经营业绩的主要来源和构成,以使信息使用者判断净利润的质量及其风险,预测净利润的持续性。

4.有助于企业管理人员的未来决策

利润表可以反映一定会计期间的费用耗费情况,如耗费的营业成本、税金及附加、销售费用、管理费用、研发费用、财务费用、营业外支出各有多少。企业管理当局通过比较和分析利润表中的各种构成要素,可以把握各项收入、成本、费用与利润之间此消彼长的关系,发现工作中存在的问题,揭露缺点,找出差距,采取措施,改善经营管理。

(二)利润表的结构

常见的利润表结构主要有单步式和多步式两种。多步式利润表中的当期净利润,是通过多步计算确定的。《企业会计准则第 30 号——财务报表列报》及其应用指南要求企业采用多步式利润表。利润表主要反映以下几方面的内容:

(1)营业收入。营业收入由主营业务收入和其他业务收入组成。

(2)营业利润。营业收入减去营业成本(主营业务成本、其他业务成本)、税金及附加、销售费用、管理费用、研发费用、财务费用、资产减值损失、信用减值损失,加上其他收益、投资收益、

净敞口套期收益、公允价值变动收益、资产处置收益,即为营业利润。

(3)利润总额。营业利润加上营业外收入,减去营业外支出,即为利润总额。

(4)净利润。利润总额减去所得税费用,即为净利润。净利润按照经营可持续性具体分为"持续经营净利润"和"终止经营净利润"两项。

(5)其他综合收益。其他综合收益,是指企业根据其他会计准则规定未在当期损益中确认的各项利得和损失。其他综合收益项目分为下列两类:

①不能重分类进损益的其他综合收益,主要包括重新计量设定受益计划变动额、权益法不能转损益的其他综合收益、其他权益工具投资公允价值变动、企业自身信用风险公允价值变动等。

②将重分类进损益的其他综合收益,主要包括按照权益法下可转损益的其他综合收益、其他债权投资公允价值变动、金融资产重分类计入其他综合收益的金额、其他债权投资信用减值准备、现金流量套期储备、外币财务报表折算差额、自用房地产或作为存货的房地产转换为以公允价值模式计量的投资性房地产在转换日公允价值大于账面价值部分等。

(6)综合收益总额。净利润加上其他综合收益税后净额,即为综合收益总额。

(7)每股收益。每股收益包括基本每股收益和稀释每股收益两项指标。

此外,为了使报表使用者通过比较不同期间利润的实现情况,判断企业经营成果的未来发展趋势,我国企业会计准则需要提供比较利润表,利润表还就各项目再分为"本期金额"和"上期金额"两栏分别填列。利润表具体格式见表11-2。

表11-2 利润表

编制单位: ____年____月   单位:元

项目	本期金额	上期金额
一、营业收入		
减:营业成本		
税金及附加		
销售费用		
管理费用		
研发费用		
财务费用		
其中:利息费用		
利息收入		
加:其他收益		
投资收益(损失以"-"号填列)		
其中:对联营企业和合营企业的投资收益		
以摊余成本计量的金融资产终止确认收益(损失以"-"号填列)		

续表

项目	本期金额	上期金额
净敞口套期收益（损失以"－"号填列）		
公允价值变动收益（损失以"－"号填列）		
信用减值损失（损失以"－"号填列）		
资产减值损失（损失以"－"号填列）		
资产处置收益（损失以"－"号填列）		
二、营业利润（亏损以"－"号填列）		
加：营业外收入		
减：营业外支出		
三、利润总额（亏损总额以"－"号填列）		
减：所得税费用		
四、净利润（净亏损以"－"号填列）		
（一）持续经营净利润（净亏损以"－"号填列）		
（二）终止经营净利润（净亏损以"－"号填列）		
五、其他综合收益的税后净额		
（一）不能重分类进损益的其他综合收益		
1.重新计量设定受益计划变动额		
2.权益法下不能转损益的其他综合收益		
3.其他权益工具投资公允价值变动		
4.企业自身信用风险公允价值变动		
……		
（二）将重分类进损益的其他综合收益		
1.权益法下可转损益的其他综合收益		
2.其他债权投资公允价值变动		
3.金融资产重分类计入其他综合收益的金额		
4.其他债权投资信用减值准备		
5.现金流量套期储备		
6.外币财务报表折算差额		
……		
六、综合收益总额		
七、每股收益		
（一）基本每股收益		
（二）稀释每股收益		

二、利润表的填列方法

利润表反映企业在一定期间内利润（或亏损）的实际情况，报告企业的经营成果。利润表中的"本期金额"栏反映各项目的本期实际发生数；"上期金额"栏反映各项目的上期实际发生数，在编报中期财务会计报告时，填列上年同期累计实际发生数，在编报年度财务会计报告时，填列上年全年累计实际发生数。如果上年度利润表的项目名称和内容与本年度利润表不一致，应对上年度报表项目的名称和数字按本年度的规定进行调整，并按调整后的数字填入报表的"上期金额"栏。利润表中的各项目，主要根据各损益类科目的发生额填列。利润表中"本期金额"栏内各项数字一般应当反映以下内容：

（1）"营业收入"项目，反映企业经营主要业务和其他业务所确认的收入总额，应根据"主营业务收入"和"其他业务收入"账户的贷方发生额扣除借方发生额后的净额计算填列。

（2）"营业成本"项目，反映企业经营主要业务和其他业务发生的实际成本总额，应根据"主营业务成本"和"其他业务支出"账户的借方发生额扣除贷方发生额后的净额计算填列。

（3）"税金及附加"项目，反映企业经营业务应负担的消费税、城市维护建设税、资源税、土地增值税、教育费附加、土地使用税、车船使用税、房产税、印花税等企业税费，应根据"税金及附加"科目的借方发生额填列。

（4）"销售费用"项目，反映企业在销售商品过程中发生的包装费、广告费等费用和为销售本企业商品而专设的销售机构的职工薪酬、业务费等经营费用。"管理费用"项目，反映企业为组织和管理生产经营发生的管理费用。"财务费用"项目，反映企业筹集生产经营所需资金等而发生的筹资费用。企业发生勘探费用的，应在"管理费用"和"财务费用"项目之间，增设"勘探费用"项目反映。这些项目根据对应项目的借方发生额分析填列。"利息费用"和"利息收入"项目，应根据"财务费用"科目所属的相关明细科目的发生额分析填列。

（5）"研发费用"项目，应根据"管理费用"科目下的"研发费用"明细科目的发生额以及"管理费用"科目下的"无形资产摊销"明细科目的发生额分析填列。

（6）"信用减值损失""资产减值损失"项目，反映企业各项资产发生的减值损失。这些项目根据对应项目的借方发生额分析填列，如果"信用减值损失"是贷方余额计算营业利润时应该为加项。

（7）"公允价值变动收益"项目，反映企业按照相关准则规定应当计入当期损益的资产或负债公允价值变动净收益，如交易性金融资产当期公允价值的变动额。如为净损失，以"－"号填列。"投资收益"项目，反映企业以各种方式对外投资所取得的收益。如为净损失，以"－"号填列。企业持有的交易性金融资产处置时的处置收益，包括自"公允价值变动损益"项目转出的部分。"对联营企业和合营企业的投资收益"项目，应根据"投资收益"科目所属的相关明细科目的发生额分析填列。

（8）"营业外收入""营业外支出"项目，反映企业发生的与其经营活动无直接关系的各项收入和支出。"所得税费用"项目，反映企业根据所得税准则确认的应从当期利润总额中扣除的所得税费用。这些项目应根据有关科目的发生额分析填列。

（9）"其他综合收益的税后净额"项目及其各组成部分，应根据"其他综合收益"科目及其所属明细科目的本期发生额分析填列。

（10）"营业利润""利润总额""净利润""综合收益总额"项目,反映企业实现的利润情况,应根据利润表中相关项目计算填列。如为亏损总额,以"－"号填列。

（11）"（一）持续经营净利润"和"（二）终止经营净利润"项目,应根据《企业会计准则第42号——持有待售的非流动资产、处置组和终止经营》的相关规定分别填列。

（12）"（一）基本每股收益"和"（二）稀释每股收益"项目,应当根据《企业会计准则第34号——每股收益》的规定计算的金额填列。

第四节　现金流量表

一、现金流量表的内容及结构

（一）现金流量表的内容

现金流量表是反映企业一定会计期间内现金及现金等价物流入和流出信息的会计报表。它是一张从动态的角度反映企业资金运行过程和结果的会计报表。现金流量表在评价企业经营业绩、衡量企业财务资源和财务风险以及预测企业未来前景方面,有着十分重要的作用。具体来说,现金流量表的作用主要表现为三个方面:

第一,现金流量表提供的企业现金流量信息,有助于会计报表使用者对企业整体财务状况做出客观的评价。现金流量表以收付实现制为前提,分别提供有关经营活动、投资活动、筹资活动现金流入、流出方面的会计信息对企业财务状况和经营成果的影响,可以使会计报表使用者了解企业销售商品与回收货款的情况以及投资活动现金使用和回报情况,客观地对企业经营业绩进行客观的评价,从而进一步了解企业的经营活动能否顺利开展、经营资金的周转是否顺畅等。配合资产负债表和利润表,将现金与流动负债比较、与发行在外的普通股加权平均股数进行比较,与净利润进行比较,可以了解企业的现金能否偿还到期债务、支付股利和进行必要的固定资产投资,了解企业现金流转效率和效果等,从而便于投资者做出投资决策、债权人做出信贷决策。

第二,现金流量表提供的企业现金流量信息,有助于预测企业未来现金流量。通过现金流量表所反映的企业过去一定期间的现金流量以及其他生产经营指标,可以了解企业现金的来源和用途是否合理,了解经营活动产生的现金流量有多少,企业在多大程度上依赖外部资金;从投资活动流出现金、筹资活动流入和流出现金情况,可以分析企业是否过度扩大经营规模。根据现金流量表可以预测企业未来现金流量,从而为企业编制现金流量计划、组织现金调度、合理节约地使用现金创造条件,为投资者和债权人评价企业的未来现金流量、做出投资和信贷决策提供必要信息。

第三,现金流量表提供的企业现金流量信息,有助于分析企业收益质量及影响现金净流量的因素。利润表是按照权责发生制原则编制的,它不能反映企业经营活动产生了多少现金,并且没有反映投资活动和筹资活动对企业财务状况的影响。通过编制现金流量表,可以掌握企业经营活动、投资活动和筹资活动的现金流量,将经营活动产生的现金流量与净利润相比较,就可以从现金流量的角度了解净利润的质量，并进一步判断，是哪些因素影响现金流入，从而为分析和判断企业的财务前景提供信息。

(二)现金及现金流量的含义及其分类

1.现金与现金流量的含义

现金流量，是指现金和现金等价物的流入和流出量。其中，现金，是指企业库存现金以及可以随时用于支付的存款。现金具体包括库存现金、银行存款和其他货币资金。应注意的是，不能随时用于支付的存款不属于现金。即银行存款和其他货币资金中有些不能随时用于支付的存款，如不能随时支取的定期存款等，不应作为现金，而应列作投资；提前通知金融企业便可支取的定期存款，则应包括在现金范围内。

现金等价物，是指企业持有的期限短、流动性强、易于转换为已知金额现金、价值变动风险很小的投资。期限短，一般是指从购买日起三个月内到期。现金等价物通常包括三个月内到期的债券投资等。权益性投资变现的金额通常不确定，因而不属于现金等价物。企业应当根据具体情况，确定现金等价物的范围，一经确定不得随意变更。

2.现金流量的分类

现金流量是现金流量表所要反映的一个重要指标，它反映了企业各类活动形成的现金流量的最终结果，它有不同的来源，也有不同的用途。《企业会计准则第 31 号——现金流量表》将现金流量分为三类，即经营活动产生的现金流量、投资活动产生的现金流量和筹资活动产生的现金流量。

(1)经营活动产生的现金流量。经营活动是指企业投资活动和筹资活动以外的所有交易和事项。也就是说，除归属于企业投资活动和筹资活动以外的所有交易和事项，都可归属于经营活动。对于工商企业而言，经营活动主要包括销售商品、提供劳务、从事经营性租赁、购买商品、接受劳务、制造产品、进行广告宣传、推销产品、支付税费等。

(2)投资活动产生的现金流量。投资活动是指企业长期资产的购建和不包括在现金等价物范围内的投资及其处置活动，包括实物资产投资，也包括金融资产投资。这里的长期资产是指固定资产、无形资产、在建工程、其他资产等持有期限在一年或一个营业周期以上的资产。

(3)筹资活动产生的现金流量。筹资活动是指导致企业资本及债务规模和构成发生变化的活动。这里所说的资本，包括实收资本(股本)，也包括资本溢价(股本溢价)；这里所说的债务，指对外举债，包括向银行借款、发行债券。应付账款、应付票据等商业应付款等属于经营活动，不属于筹资活动。

二、现金流量的列报方法及程序

(一)现金流量的列报方法

现金流量的列报方法有直接法和间接法两种，它们通常也被称为现金流量表的报告方法。

1. 直接法

直接法是指按现金收入和现金支出的主要类别直接反映企业经营活动产生的现金流量，如销售商品、提供劳务收到的现金，购买商品、接受劳务支付的现金等就是按现金收入和支出的来源直接反映的。在直接法下，一般是以利润表中的营业收入为起点，调节与经营活动有关的项目的增减变动，然后计算出经营活动产生的现金流量。采用直接法编报的现金流量表，便于分析企业经营活动产生的现金流量的来源和用途，预测和评价企业现金流量的未来前景。

采用直接法编制现金流量表可以直接揭示经营活动产生的现金流量的总额，预测和评价企业现金流量的未来前景。

2. 间接法

间接法是指以本期净利润为起点，通过不涉及现金的收入、费用、营业外收支以及经营性应收应付等项目的增减变动，调整不属于经营活动的现金收支项目，据此计算并列报经营活动产生的现金流量的方法。

我国企业会计准则规定企业应当采用直接法编报，同时要求提供在净利润基础上调节经营活动产生现金流量的信息。

(二)编制现金流量表的基本方法与程序

编制现金流量表的方法包括工作底稿法、T 形账户法、现金流量表日记账法和直接分析填列法。其中：现金流量表日记账法是通过设立以现金流量表项目开设账户的日记账来逐日登记相关金额，期末汇总填列现金流量表的方法；工作底稿法、现金流量表日记账法和 T 形账户法比较复杂但思路清晰，不易出现差错；直接分析填列法需要对整个报表体系有一个透彻的把握。这里仅介绍工作底稿法和 T 形账户法。

1. 工作底稿法

采用工作底稿法编制现金流量表，就是以工作底稿为手段，以利润表和资产负债表数据为基础，对每一项目进行分析并编制调整分录，从而编制出现金流量表。在直接法下，整个工作底稿纵向分成三段：第一段是资产负债表项目，其中又分为借方项目和贷方项目；第二段是利润表项目；第三段是现金流量表项目。工作底稿横向分为五栏。在资产负债表部分，第一栏是项目栏，填列资产负债表各项目名称；第二栏是年初数，用来填列资产负债表项目的期初数；第三栏是调整分录的借方；第四栏是调整分录的贷方；第五栏是期末数，用来填列资产负债表项目的期末数。在利润表和现金流量表部分，第一栏也是项目栏，用来填列利润表和现金流量表各项目名称；第二栏空置不填；第三、第四栏分别是调整分录的借方和贷方；第五栏是本期数，利润表部分此栏数字应和本期利润表数字保持一致，现金流量表部分此栏的数字可直接用于填制正式的现金流量表。

采用工作底稿法编制现金流量表的程序是：

第一步，将资产负债表的期初数和期末数过入工作底稿的期初数栏和期末数栏。

第二步，对当期业务进行分析并编制调整分录。调整分录大体有这样几类：第一类涉及利润表中的收入、成本和费用项目以及资产负债表中的资产、负债及所有者权益项目，通过调整，将权责发生制下的收入费用转换为现金基础的流入和流出;第二类是涉及资产负债表和现金流量表中的投资、筹资项目,反映投资和筹资活动的现金流量;第三类是涉及利润表和现金流量表中的投资和筹资项目,目的是将利润表中有关投资和筹资方面的收入和费用列入现金流量表投资、筹资现金流量中去。此外,还有一些调整分录并不涉及现金收支,只是为了核对资产负债表项目的期末期初变动。在调整分录中,有关现金和现金等价物的事项,并不直接借记或贷记现金,而是分别记入"经营活动产生的现金流量""投资活动产生的现金流量""筹资活动产生的现金流量"有关项目,借记表明现金流入,贷记表明现金流出。

第三步,将调整分录过入工作底稿中的相应部分。

第四步,核对调整分录,借贷合计应当相等,资产负债表项目期初数加减调整分录中的借贷金额以后,应当等于期末数。

第五步,根据工作底稿中的现金流量表项目部分编制正式的现金流量表。

2.T 形账户法

采用 T 形账户法,就是以 T 形账户为手段,以利润表和资产负债表数据为基础,对每一项目进行分析并编制调整分录,从而编制出现金流量表。采用 T 形账户法编制现金流量表的程序如下:

第一步,为所有的非现金项目(包括资产负债表项目和利润表项目)分别开设 T 形账户,并将各自的期末期初变动数过入各账户。

第二步,开设三类"现金及现金等价物",分别为经营活动、投资活动和筹资活动 T 形账户,左边记现金流入,右边记现金流出。与其他账户一样,过入期末期初变动数。

第三步,以利润表项目为基础,结合资产负债表分析每一个非现金项目的增减变动,并据此编制调整分录。

第四步,将调整分录过入各 T 形账户,并进行核对,该账户借贷相抵后的余额与原先过入的期末期初变动数应当一致。

第五步,根据经营活动、投资活动和筹资活动 T 形账户数据,编制正式的现金流量表。

现金流量表如表 11-3 所示。

表 11-3　现金流量表

编制单位:　　　　　　　　　　　2020 年度　　　　　　　　　　　单位:元

项目	本期金额	上期金额
一、经营活动产生的现金流量		
销售商品、提供劳务收到的现金		
收到的税费返还		
收到其他与经营活动有关的现金		
经营活动现金流入小计		
购买商品、接受劳务支付的现金		

项目	本期金额	上期金额
支付给职工以及为职工支付的现金		
支付的各项税费		
支付其他与经营活动有关的现金		
经营活动现金流出小计		
经营活动产生的现金流量净额		
二、投资活动产生的现金流量		
收回投资收到的现金		
取得投资收益收到的现金		
处置固定资产、无形资产和其他长期资产收回的现金净额		
处置子公司及其他营业单位收到的现金净额		
收到其他与投资活动有关的现金		
投资活动现金流入小计		
购建固定资产、无形资产和其他长期资产支付的现金		
投资支付的现金		
取得子公司及其他营业单位支付的现金净额		
支付其他与投资活动有关的现金		
投资活动现金流出小计		
投资活动产生的现金流量净额		
三、筹资活动产生的现金流量		
吸收投资收到的现金		
取得借款收到的现金		
收到其他与筹资活动有关的现金		
筹资活动现金流入小计		
偿还债务支付的现金		
分配股利、利润或偿付利息支付的现金		
支付其他与筹资活动有关的现金		
筹资活动现金流出小计		
筹资活动产生的现金流量净额		
四、汇率变动对现金及现金等价物的影响		
五、现金及现金等价物净增加额		
加：期初现金及现金等价物余额		
六、期末现金及现金等价物余额		

三、现金流量表主表项目的内容与填列方法

(一)经营活动产生的现金流量

(1)"销售商品、提供劳务收到的现金"项目,反映企业本年销售商品、提供劳务收到的现金,以及以前年度销售商品、提供劳务本年收到的现金(包括应向购买者收取的增值税销项税额)和本年预收的款项,减去本年销售本年退回商品和以前年度销售本年退回商品支付的现金。企业销售材料和代购代销业务收到的现金,也在该项目反映。

销售商品、提供劳务收到的现金＝主营业务收入＋应交税费(应交增值税——销项税额)＋(应收账款年初余额－应收账款期末余额)＋(应收票据年初余额－应收票据期末余额)＋(预收账款期末余额－预收账款期初余额)＋当期收回已核销坏账＋本期核销坏账减少的应收账款

(2)"收到的税费返还"项目,反映企业收到返还的所得税、增值税、消费税、关税和教育费附加等各种税费返还款。

(3)"收到其他与经营活动有关的现金"项目,反映企业经营租赁收到的租金等其他与经营活动有关的现金流入,金额较大的应当单独列示。

(4)"购买商品、接受劳务支付的现金"项目,反映企业本年购买商品、接受劳务实际支付的现金(包括增值税进项税额),以及本年支付以前年度购买商品、接受劳务的未付款项和本年预付款项,减去本年发生的购货退回收到的现金。企业购买材料和代购代销业务支付的现金,也在该项目中反映。

购买商品、接受劳务支付的现金＝主营业务成本＋应交税费(应交增值税——进项税额)－(存货年初余额－存货期末余额)＋(应付账款年初余额－应付账款期末余额)＋(应付票据年初余额－应付票据期末余额)＋(预付账款期末余额－预付账款年初余额)－当期列入生产成本、制造费用的职工薪酬－当期列入生产成本、制造费用的折旧费和固定资产修理费

(5)"支付给职工以及为职工支付的现金"项目,反映企业本年实际支付给职工的工资、资金、各种津贴和补贴等职工薪酬(包括代扣代缴的职工个人所得税)。

支付给职工以及为职工支付的现金＝生产成本、制造费用、管理费用中职工薪酬＋(应付职工薪酬年初余额－应付职工薪酬期末余额)－〔应付职工薪酬(在建工程)年初余额－应付职工薪酬(在建工程)期末余额〕

(6)"支付的各项税费"项目,反映企业本年发生并支付、以前各年发生本年支付以及预交的各项税费,包括所得税、增值税、消费税、印花税、房产税、土地增值税、车船使用税、教育费附加等。

支付的各项税费＝当期所得税费用＋税金及附加＋应交税费(应交增值税——已交税金)－(应交所得税期末余额－应交所得税期初余额)

(7)"支付其他与经营活动有关的现金"项目,反映企业经营租赁支付的租金以及支付的差旅费、业务招待费、保险费、罚款支出等其他与经营活动有关的现金流出,金额较大的应当单独列示。

支付其他与经营活动有关的现金＝其他管理费用＋销售费用

(二)投资活动产生的现金流量

(1)"收回投资收到的现金"项目,反映企业出售、转让或到期收回除现金等价物以外的

对其他企业长期股权投资而收到的现金,但处置子公司及其他营业单位收到的现金净额除外。

收回投资收到的现金＝交易性金融资产贷方发生额＋与交易性金融资产一起收回的投资收益

(2)"取得投资收益收到的现金"项目,反映企业除现金等价物以外的对其他企业的长期股权投资等分回的现金股利和利息等。

取得投资收益所收到的现金＝收到的股息收入

(3)"处置固定资产、无形资产和其他长期资产收回的现金净额"项目,反映企业出售、报废固定资产、无形资产和其他长期资产所取得的现金(包括因资产毁损而收到的保险赔偿收入),减去为处置这些资产而支付的有关费用后的净额。

(4)"处置子公司及其他营业单位收到的现金净额"项目,反映企业处置子公司及其他营业单位所取得的现金,减去相关处置费用以及子公司及其他营业单位持有的现金和现金等价物后的净额。

(5)"购建固定资产、无形资产和其他长期资产支付的现金"项目,反映企业购买、建造固定资产及取得无形资产和其他长期资产所支付的现金(含增值税款等),以及用现金支付的应由在建工程和无形资产负担的职工薪酬。

购建固定资产支付的现金＝用现金购买的固定资产、工程物资＋支付给在建工程人员的薪酬

(6)"投资支付的现金"项目,反映企业取得除现金等价物以外的对其他企业的长期股权投资所支付的现金以及支付的佣金、手续费等附加费用,但取得子公司及其他营业单位支付的现金净额除外。

(7)"取得子公司及其他营业单位支付的现金净额"项目,反映企业购买子公司及其他营业单位购买价中以现金支付的部分,减去子公司及其他营业单位持有的现金和现金等价物后的净额。

(8)"收到其他与投资活动有关的现金""支付其他与投资活动有关的现金"项目,反映企业除上述(1)至(7)项目外收到或支付的其他与投资活动有关的现金,金额较大的应当单独列示。

(三)筹资活动产生的现金流量

(1)"吸收投资收到的现金"项目,反映企业以发行股票、债券等方式筹集资金实际收到的款项,减去直接支付的佣金、手续费、宣传费、咨询费、印刷费等发行费用后的净额。

(2)"取得借款收到的现金"项目,反映企业举借各种短期、长期借款而收到的现金。

(3)"偿还债务支付的现金"项目,反映企业为偿还债务本金而支付的现金。

(4)"分配股利、利润或偿付利息支付的现金"项目,反映企业实际支付的现金股利、支付给其他投资单位的利润或用现金支付的借款利息和债券利息。

(5)"收到其他与筹资活动有关的现金""支付其他与筹资活动有关的现金"项目,反映企业除上述(1)至(4)项目外收到或支付的其他与筹资活动有关的现金,金额较大的应当单独列示。

(四)汇率变动对现金及现金等价物的影响

编制现金流量表时,应当将企业外币现金流量以及境外子公司的现金流量折算成记账本位币。外币现金流量以及境外子公司的现金流量,应当采用现金流量发生日的即期汇率或按照系统合理的方法确定的、与现金流量发生日即期汇率近似的汇率折算。汇率变动对现金的影响应当作为调节项目,在现金流量表中单独列报。

"汇率变动对现金及现金等价物的影响"项目,反映下列项目之间的差额:①企业外币现金流量折算为记账本位币时,采用现金流量发生日的即期汇率近似的汇率折算的金额;②企业外币现金及现金等价物净增加额按年末汇率折算的金额。

在编制现金流量表时,对当期发生的外币业务,也可不必逐笔计算汇率变动对现金的影响,可以通过现金流量表补充资料中"现金及现金等价物净增加额"与现金流量表中"经营活动产生的现金流量净额""投资活动产生的现金流量净额""筹资活动产生的现金流量净额"三项之和比较,其差额即为"汇率变动对现金的影响"。

特别提示

对于企业日常活动之外的、不经常发生的特殊项目,如自然灾害损失、保险赔款、捐赠等,应当归并到相关类别中,并单独反映。比如,对于自然灾害损失和保险赔款,如果能够确指属于流动资产损失,应当列入经营活动产生的现金流量;属于固定资产损失,应当列入投资活动产生的现金流量。

四、现金流量表补充资料的内容与填列方法

除现金流量表反映的信息外,企业还应在附注中披露将净利润调节为经营活动现金流量、不涉及现金收支的重大投资和筹资活动、现金及现金等价物净变动情况等。现金流量表补充资料的具体格式见表11-4。

表 11 - 4　现金流量表补充资料

补充资料	本期金额	上期金额
1.将净利润调节为经营活动现金流量:		
净利润		
加:资产减值准备		
信用损失准备		
固定资产折旧、油气资产折耗、生产性生物资产折旧		
无形资产摊销		
长期待摊费用摊销		
处置固定资产、无形资产和其他长期资产的损失(收益以"-"号填列)		
固定资产报废损失(收益以"-"号填列)		
净敞口套期损失(收益以"-"号填列)		
公允价值变动损失(收益以"-"号填列)		
财务费用(收益以"-"号填列)		
投资损失(收益以"-"号填列)		

续表

补充资料	本期金额	上期金额
递延所得税资产减少（增加以"－"号填列）		
递延所得税负债增加（减少以"－"号填列）		
存货的减少（增加以"－"号填列）		
经营性应收项目的减少（增加以"－"号填列）		
经营性应付项目的增加（减少以"－"号填列）		
其他		
2.不涉及现金收支的重大投资和筹资活动：		
债务转为资本		
一年内到期的可转换公司债券		
融资租入固定资产		
3.现金及现金等价物净变动情况：		
现金的期末余额		
减：现金的期初余额		
加：现金等价物的期末余额		
减：现金等价物的期初余额		
现金及现金等价物净增加额		

1.将净利润调节为经营活动现金流量

现金流量表采用直接法反映经营活动产生的现金流量，同时，企业还应采用间接法反映经营活动产生的现金流量。在我国，现金流量表补充资料应采用间接法反映经营活动产生的现金流量情况，以对现金流量表中采用直接法反映的经营活动现金流量进行核对和补充说明。

采用间接法列报经营活动产生的现金流量时，需要对四大类项目进行调整：①实际没有支付现金的费用；②实际没有收到现金的收益；③不属于经营活动的损益；④经营性应收应付项目的增减变动。

2.不涉及现金收支的重大投资和筹资活动

不涉及现金收支的重大投资和筹资活动，反映企业一定期间内影响资产或负债但不形成该期现金收支的所有投资和筹资活动的信息。这些投资和筹资活动虽然不涉及现金收支，但对以后各期的现金流量有重大影响，例如，企业融资租入设备，将形成的负债计入"长期应付款"账户，当期并不支付设备款及租金，但以后各期必须为此支付现金，从而在一定期间内形成了一项固定的现金支出。

企业应当在附注中披露不涉及当期现金收支但影响企业财务状况或在未来可能影响企业现金流量的重大投资和筹资活动，主要包括：①债务转为资本，反映企业本期转为资本的债务金额；②一年内到期的可转换公司债券，反映企业一年内到期的可转换公司债券的本息；③融资租入固定资产，反映企业本期融资租入的固定资产。

3.现金及现金等价物的构成

企业应当在附注中披露与现金及现金等价物有关的下列信息:①现金及现金等价物的构成及其在资产负债表中的相应金额。②企业持有但不能由母公司或集团内其他子公司使用的大额现金及现金等价物金额。企业持有现金及现金等价物余额但不能被集团使用的情形多种多样,例如,国外经营的子公司,由于受当地外汇管制或其他立法的限制,其持有的现金及现金等价物,不能由母公司或其他子公司正常使用。

第五节 所有者权益变动表

一、所有者权益变动表的内容及结构

(一)所有者权益变动表的内容

所有者权益变动表是反映构成所有者权益各组成部分当期增减变动情况的报表。所有者权益变动表应当全面反映一定时期所有者权益变动的情况,不仅包括所有者权益总量的增减变动,还包括所有者权益增减变动的重要结构性信息,让报表使用者准确理解所有者权益增减变动的根源。

在所有者权益变动表中,综合收益和与所有者(或股东)的资本交易导致的所有者权益的变动,应当分别列示。企业至少应当单独列示反映下列信息的项目:①综合收益总额;②会计政策变更和前期差错更正的累积影响金额;③所有者投入资本和向所有者分配利润等;④提取的盈余公积;⑤所有者权益各组成部分的期初和期末余额及其调节情况。

(二)所有者权益变动表的结构

为了清楚地表明构成所有者权益的各组成部分当期的增减变动情况,所有者权益变动表应当以矩阵的形式列示:一方面,列示导致所有者权益变动的交易或事项,改变了以往仅仅按照所有者权益的各组成部分反映所有者权益变动情况,而是从所有者权益变动的来源对一定时期所有者权益变动情况进行全面反映;另一方面,按照所有者权益各组成部分(包括实收资本、资本公积、其他综合收益、盈余公积、未分配利润和库存股等)及其总额列示交易或事项对所有者权益的影响。此外,企业还需要提供比较所有者权益变动表,所有者权益变动表还就各项目再分为"本年金额"和"上年金额"两栏分别填列。所有者权益变动表的具体格式如表11-5所示。

表11-5 所有者权益变动表

2020年度

编制单位：   单位：元

项目	本年金额											上年金额										
	实收资本（或股本）	其他权益工具			资本公积	减：库存股	其他综合收益	专项储备	盈余公积	未分配利润	所有者权益合计	实收资本（或股本）	其他权益工具			资本公积	减：库存股	其他综合收益	专项储备	盈余公积	未分配利润	所有者权益合计
		优先股	永续债	其他									优先股	永续债	其他							
一、上年年末余额																						
加：会计政策变更																						
前期差错更正																						
其他																						
二、本年初余额																						
三、本年增减变动金额（减少以"－"号填列）																						
（一）综合收益总额																						
（二）所有者投入和减少资本																						
1.所有者投入的普通股																						
2.其他权益工具持有者投入资本																						
3.股份支付计入所有者权益的金额																						
4.其他																						

续表

项目	本年金额											上年金额										
	实收资本（或股本）	其他权益工具			资本公积	减：库存股	其他综合收益	专项储备	盈余公积	未分配利润	所有者权益合计	实收资本（或股本）	其他权益工具			资本公积	减：库存股	其他综合收益	专项储备	盈余公积	未分配利润	所有者权益合计
		优先股	永续债	其他									优先股	永续债	其他							
（三）利润分配																						
1. 提取盈余公积																						
2. 对所有者（或股东）的分配																						
3. 其他																						
（四）所有者权益内部结转																						
1. 资本公积转增资本（或股本）																						
2. 盈余公积转增资本（或股本）																						
3. 盈余公积弥补亏损																						
4. 设定受益计划变动额结转留存收益																						
5. 其他综合收益结转留存收益																						
6. 其他																						
四、本年末余额																						

二、所有者权益变动表的填列方法

(一)"上年金额"栏的填列方法

所有者权益变动表"上年金额"栏内各项数字,应根据上年度所有者权益变动表"本年金额"栏内所列数字填列。如果上年度所有者权益变动表规定的项目的名称和内容与本年度不一致,应对上年度所有者权益变动表各项目的名称和金额按照本年度的规定进行调整,填入所有者权益变动表"上年金额"栏内。

(二)"本年金额"栏的填列方法

所有者权益变动表"本年金额"栏内各项数字一般应根据"实收资本(或股本)""其他权益工具""资本公积""盈余公积""其他综合收益""利润分配""库存股""以前年度损益调整"等科目及其明细科目的发生额分析填列。

第六节　财务报表附注披露

一、财务报表附注的含义及披露的总体要求

(一)财务报表附注概述

财务报表附注是对资产负债表、利润表、现金流量表和所有者权益变动表等报表中列示项目的文字描述或明细资料,以及对未能在这些报表中列示项目的说明等。它是财务会计报表不可或缺的一个组成部分。财务报表附注的作用主要是提供更多与决策相关的信息和提高财务报表信息的可理解性。

1.提供更多与决策相关的信息

财务报表是对企业财务状况、经营成果和现金流量的结构性表述。受到财务报表固定格式的限制,财务报表只能披露数量有限的定量信息,无法满足财务报表使用者的信息需求,如企业收入确认时遵循的原则及方法、企业拥有的厂房及设备的具体信息、企业的年金支付计划等无法在报表上看到的信息等。这就需要借助财务报表附注提供更多的信息,以满足会计信息使用者的决策需要。

2.提高财务报表信息的可理解性

财务报表中的信息是按照企业特定的会计政策和会计估计编制产生的。由于不同的企业可能对同一交易或事项采用不同的会计政策或具有不同的会计估计,所产生的会计信息可能具有不同的信息含义。因而在财务报表附注中披露有关的会计政策和会计估计等信息有助于财务报表使用者了解生成会计信息的基础、依据、原则和方法等,从而增强会计信息在企业内部的纵向可比性和在企业之间的横向可比性。

(二)财务报表附注披露的总体要求

财务报表附注主要是对财务报表中所列示项目以及未能在这些报表中列示的项目进行说明。各国会计准则制定机构对财务报表附注应披露的内容都予以了明确规定。《企业会计准则第30号——财务报表列报》对财务报表附注提出了最低披露;同时,企业还应当按照各项具体会计准则的规定在附注中披露相关信息。

《企业会计准则第 30 号——财务报表列报》要求,财务报表附注应当披露财务报表的编制基础,相关信息应当与资产负债表、利润表、现金流量表和所有者权益变动表等报表中列示的项目相互参照,以有助于使用者联系相关联的信息,并由此从整体上更好地理解财务报表。企业还应当在附注中披露在资产负债表日后、财务报告批准报出日前提议或宣布发放的股利总额和每股股利金额(或向投资者分配的利润总额)。

二、财务报表附注的主要内容

《企业会计准则第 30 号——财务报表列报》要求,财务报表附注按照如下顺序至少披露下列内容:①企业的基本情况;②财务报表的编制基础;③遵循企业会计准则的声明;④重要会计政策和会计估计;⑤会计政策和会计估计变更以及差错更正的说明;⑥报表重要项目的说明;⑦或有和承诺事项、资产负债表日后非调整事项、关联方关系及其交易等需要说明的事项;⑧有助于财务报表使用者评价企业管理资本的目标、政策及程序的信息。

(一)企业的基本情况

企业及报表批准报出的基本情况的具体内容包括:

(1)企业注册地、组织形式和总部地址。

(2)企业的业务性质和主要经营活动。

(3)母公司以及集团最终母公司的名称。

(4)财务报告的批准报出者和财务报告批准报出日,或者以签字人及其签字日期为准。

(5)营业期限有限的企业,还应当披露有关其营业期限的信息。

(二)报表编制基础及遵循会计准则的声明

1.财务报表的编制基础

按照《企业会计准则——基本准则》的规定,企业应当对其发生的交易或者事项进行会计确认、计量和报告,应当以权责发生制为基础,以持续经营为前提。如果企业的会计核算基础与上述要求不相符,则提供的财务信息就会发生重大差异。比如,某个企业进入破产清算程序,其会计核算以非持续经营为前提,因而会计核算结果就与持续经营前提下的核算结果有较大的差异;又如,企业对某项交易采用现金收付制的核算基础,其结果与权责发生制下的核算结果也会产生较大差异。

2.遵循会计准则的声明

企业会计准则是企业进行会计确认、计量和披露的依据和准绳。按照会计准则进行会计核算是保障会计信息真实性的要求,有利于提高会计信息在企业之间的横向可比性和企业内部的纵向可比性。因此,遵循会计准则是企业管理层的责任。企业管理层应当声明其编制的财务报表符合企业会计准则的要求,真实、完整地反映了企业的财务状况、经营成果和现金流量等有关信息,以此明确企业编制财务报表所依据的制度基础。

如果企业编制的财务报表只是部分地遵循了企业会计准则,附注中不得做出这种表述。

(三)重要会计政策和会计估计的说明

1.会计政策

会计政策的确定依据主要是指企业在运用会计政策过程中所做的重要判断,这些判断对在报表中确认的项目金额具有重要影响。比如,企业对存货的计价既可以采用先进先出法,也可以采用加权平均法,而不同的计价方法会产生不同的产品销售成本,进而影响到企业的营业利润;企业如何判断收入实现,对企业财务信息将产生重大影响;长期股权投资后续计量采用的是成本法还是权益法,具体使用中的条件是什么,也会对收益和所有者权益产生不同的影响。

企业通常需要在财务报表附注中披露的会计政策包括:①各类金融资产和金融负债的后续计量方法;②存货分类依据,即确定不同类别存货可变现净值的依据,存货的盘存制度以及低值易耗品和包装物的摊销方法;③投资性房地产的后续计量方法,其中采用公允价值模式进行计量的投资性房地产,应披露该项会计政策选择的依据;④认定融资租赁的依据,融资租入固定资产的计价方法、折旧方法;⑤闲置固定资产的确定标准、折旧方法;⑥在建工程的类别、结转为固定资产的标准和时点;⑦划分公司内部研究开发项目研究阶段支出和开发阶段支出的具体标准;⑧长期待摊费用的摊销方法;⑨计提应收款项坏账准备、存货跌价准备依据,计提可供出售金融资产、长期股权投资、固定资产、在建工程、无形资产、商誉及其他资产减值的依据;⑩未纳入合并范围的被投资公司股权计价基础及核算方法;⑪借款费用资本化的确认原则;⑫销售商品、提供劳务及让渡资产使用权等日常活动取得的收入所采用的确认方法;⑬所得税费用的确认方法;⑭可转换债券的确认方法;⑮编制合并报表时,合并范围的确定方法;⑯资产证券化业务的主要会计处理方法;⑰通过同一控制下的企业合并取得的子公司和通过非同一控制下的企业合并取得的子公司的分类标准等。

2.会计估计

会计估计是对未来的不确定性所做的判断,不同的会计人员可能会得出不同的判断结果,而不同的判断结果就可能产生出不同的会计信息。例如,固定资产折旧、折耗年限判断将影响到每年计入损益的折旧费用和资产金额。又如,对于正在进行中的诉讼提取准备,企业应当披露最佳估计数的确定依据,将影响的企业负债和企业利润。因此,披露重大的会计估计有利于提高报表使用者对会计信息的理解。

一般来说,企业需要披露的重要会计估计包括:①固定资产的折旧年限和净残值;②资产减值损失;③或有负债;④收入确认中的会计估计;⑤无形资产的摊销期限;⑥长期待摊费用的摊销年限等。

企业应当披露采用的重要会计政策和会计估计,不重要的会计政策和会计估计可以不披露。在披露重要会计政策和会计估计时,应当披露重要会计政策的确定依据和财务报表项目的计量基础,以及会计估计中所采用的关键假设和不确定因素。

(四)会计政策和会计估计变更以及差错更正的说明

企业应当按照《企业会计准则第28号——会计政策、会计估计变更和差错更正》的规定,在财务报表附注中披露会计政策和会计估计变更以及差错更正的有关情况。

(五)财务报表重要项目的说明

企业对报表重要项目的说明,应当按照资产负债表、利润表、现金流量表、所有者权益变动表及其项目列示的顺序,采用文字和数字描述相结合的方式进行披露。报表重要项目的明细金额合计应当与报表项目金额相衔接。

思考题

1. 编制财务报告应当遵循哪些基本要求?
2. 财务报表附注的作用是什么?

实务练习题

1. 大华有限责任公司为增值税一般纳税人,适用的增值税税率为13%。2020年11月30日的科目余额(部分科目)如表11-6所示。

表11-6 大华有限责任公司2020年11月30日的科目余额　　　单位:元

科目名称	借方余额	贷方余额	科目名称	借方余额	贷方余额
银行存款	27 000		短期借款		17 500
交易性金融资产	800		应付账款		10 000
应收账款	20 000		预收账款		25 600
坏账准备		80	应交税费	1 250	
预付账款	3 500		应付利息		3 920
原材料	10 000		实收资本		120 000
库存商品	45 000		资本公积		9 000
持有至到期投资	27 000		盈余公积		5 500
固定资产	64 000		利润分配		4 950
累计折旧		13 000	本年利润		10 000
在建工程	21 000				

假定坏账准备均为应收账款计提。

大华有限责任公司12月有关资料如下:

(1)本月销售商品不含税售价25 000元,增值税税额3 250元,款项尚未收到。商品成本为21 000元。

(2)收回以前年度已核销的坏账4 800元。

(3)向承包商支付部分工程款6 500元,工程尚未完工。

(4)计提本月管理用固定资产折旧1 250元,另用银行存款支付其他管理费用2 000元。

(5)购入交易性金融资产,买价5 000元,另支付交易费用60元,款项用银行存款支付。

(6)本月支付已计提的短期借款利息3 500元。

(7)用银行存款偿还短期借款5 500元。

(8)发生财务费用283元,均以银行存款支付。

(9)企业经过对应收账款风险的分析,决定年末按应收账款余额的1%计提坏账准备。

(10)公司所得税税率为25%,1—11月的所得税费用已转入本年利润。本月应交所得税为 1 198.63 元,已用银行存款缴纳,假定不存在纳税调整事项。

(11)按规定计提的法定盈余公积和任意盈余公积的金额均为 1 359.59 元。

要求:根据上述给出的经济业务(1)~(11),做出会计分录。

2.大华公司属于工业企业,为增值税一般纳税人,适用 13% 的增值税税率,售价中不含增值税。商品销售时,同时结转成本。2020 年 11 月 30 日损益类有关科目的余额如表 11-7 所示。

表 11-7　大华公司 2020 年 11 月 30 日损益类有关科目的余额　　　单位:万元

科目名称	借方余额	科目名称	贷方余额
主营业务成本	1 000	主营业务收入	1 750
税金及附加	14.5	其他业务收入	50
其他业务成本	30	投资收益	40
销售费用	40	营业外收入	30
管理费用	250	公允价值变动损益	30
财务费用	20		
资产减值损失	80		
营业外支出	17		

2020 年 12 月大华公司发生如下经济业务:

(1)销售商品一批,增值税专用发票上注明的售价为 200 万元,增值税税额为 26 万元,款项尚未收到。该批商品的实际成本为 120 万元。

(2)本月发生应付职工薪酬 150 万元,其中生产工人工资 100 万元,车间管理人员工资 10 万元,厂部管理人员工资 25 万元,销售人员工资 15 万元。

(3)本月收到增值税返还 50 万元。

(4)本月摊销自用无形资产成本 20 万元。

(5)本月主营业务应交城市维护建设税 5 万元、教育费附加 0.5 万元。

(6)12 月 31 日,某项交易性金融公允价值上升 2 万元。

(7)12 月 31 日,计提坏账准备 5 万元,计提存货跌价准备 10 万元。

(8)12 月 1 日以 100 万元取得一项其他权益性投资,12 月 31 日其公允价值为 120 万元。

(9)计算本期所得税费用和应交所得税均为 145 万元。

要求:

(1)编制大华公司 2020 年 12 月相关业务的会计分录。

(2)编制大华公司 2020 年度利润表。

即测即评　　　　延伸阅读

第十二章
投资性房地产

学习目标

通过本章的学习,掌握投资性房地产的概念和范围;掌握投资性房地产初始计量的核算;掌握投资性房地产后续计量的核算;理解投资性房地产转换的形式;了解投资性房地产的终止计量问题。

引导案例

遍数全世界最繁华的大都市,每每都有一个或几个标志性建筑,纽约帝国大厦、伦敦金融区的"小黄瓜"、香港环球贸易广场、上海金茂大厦、北京国贸三期,每一个经典地标都背负着城市的经济使命和形象。萧华集团旨在提升企业形象新建的 30 层办公大楼于 2019 年 6 月投入使用,财务部门列为固定资产核算。经过 1 年试运行,萧华集团发现尚有 8 层办公大楼闲置,为了提高资产运营效果,经过董事会同意,发布了公司办公大楼招租公告。由于地理位置优势明显,8 层闲置大楼整体经营租赁给远方公司,租金每年合计 1 000 万元。此时,萧华集团自有房地产的投资行为开始给企业带来稳定的现金流入。

思考:

萧华集团的经营行为如何进行核算? 涉及哪些会计事项和会计科目?

第一节　投资性房地产概述

旨在规范投资性房地产的确认、计量和相关信息的披露,根据《企业会计准则——基本准则》,财政部制定了《企业会计准则第 3 号——投资性房地产》,其中,将投资性房地产明确界定为"为赚取租金或资本增值,或者两者兼有而持有的房地产"。投资性房地产核算范围主要包括已出租的土地使用权、持有并准备增值后转让的土地使用权以及已出租的建筑物,从而把为生产商品、提供劳务或者经营管理而持有的房地产和作为存货的房地产排除在该准则之外。

一、投资性房地产的基本特征

(一)性质界定:投资性房地产显著区别于用于生产经营的房地产和用于销售的房地产

房地产是土地和房屋及其权属的总称,在我国任何个人和单位只能取得土地使用权而不能取得土地所有权。因此房地产中的土地指土地使用权,房屋指土地上的建筑物及构筑物。企业持有的房地产除了可以用作自身管理、生产经营活动场所和对外销售外,还可以将房地产用于赚取租金或增值收益的活动。应将投资性房地产与自用的厂房、办公楼等房地产以及作为存货(已建完工商品房)的房地产加以区别。

(二)目标选择:投资性房地产实质是一种经营性行为

投资性房地产的主要形式是出租建筑物、出租土地使用权,实质是让渡资产使用权的行为。获取的租金即让渡资产使用权取得的收入,是企业为完成其经营目标所从事的经营性活动以及与之相关的其他活动形成的经济利益总流入;投资性房地产还有一种形式是持有并准备增值后转让的土地使用权,其目的在于增值后转让从而赚取增值收益,也是企业为完成其经营目标所从事的经营性活动以及与之相关的其他活动形成的经济利益总流入,其增值收益通常与市场供求、经济发展等因素相关。

(三)计量模式:成本模式与公允价值模式

投资性房地产的后续计量模式有两种,即成本模式和公允价值模式。企业通常采用成本模式对投资性房地产进行后续计量,若有确凿证据表明其公允价值能够持续可靠取得的,也可采用公允价值模式进行后续计量。同一个企业只能采用一种后续计量模式,不得对一部分投资性房地产采用成本模式计量,对另一部分投资性房地产采用公允价值模式计量。企业选择公允价值模式,就应对其所有投资性房地产采用公允价值计量。

根据《企业会计准则第3号——投资性房地产》第十二条规定:"企业对投资性房地产的计量模式一经确定,不得随意更改。成本模式转为公允价值模式的,应当作为会计政策变更,按照《企业会计准则第28号——会计政策、会计估计变更和差错更正》处理。已采用公允价值计量的投资性房地产,不得从公允价值模式转为成本模式。"

二、投资性房地产的核算范围

根据《企业会计准则第3号——投资性房地产》第三条规定,投资性房地产包括已出租的土地使用权、持有并准备增值后转让的土地使用权、已出租的建筑物。

(一)已出租的土地使用权

已出租的土地使用权,是指企业通过出让或者转让方式取得、以经营租赁方式出租的土地使用权。即企业在一级市场上以缴纳土地出让金的方式取得、在二级市场上接受其他单位转让取得,并以经营租赁方式出租给其他单位使用的土地使用权,属于投资性房地产。但是,企业计划用于出租但尚未出租的土地使用权、承租人以经营租赁方式租入再转租给其他单位的土地使用权,不能确认为投资性房地产。

【例12-1】2020年5月20日,百佳公司与A公司签订了一项经营租赁合同,约定自2020年6月1日起,百佳公司以年租金6 000 000元租赁使用A公司拥有的一块300 000平方米的场地,租赁期为8年。2020年7月1日,百佳公司又将这块场地转租给B公司,以赚取租金差价,租赁期为3年。以上交易假设不违反国家有关规定。

对于百佳公司而言,这项土地使用权不能予以确认,也不属于其投资性房地产。对于A公司而言,自租赁期开始日(2020年6月1日)起,这项土地使用权属于投资性房地产。

（二）持有并准备增值后转让的土地使用权

持有并准备增值后转让的土地使用权，是指企业通过出让或转让方式取得、准备增值后转让的土地使用权，很可能给企业带来资本增值收益。但是，企业取得土地使用权后，未经原批准用地的人民政府同意，超过规定期限未动工开发建设的属于闲置土地。按照国家有关规定认定的闲置土地，不属于持有并准备增值的土地使用权。

（三）已出租的建筑物

已出租的建筑物，指企业拥有产权且以经营租赁方式出租的房屋等建筑物，包括自行建造或开发活动完成后用于出租的建筑物以及正在建造或开发过程中将要用于出租的建筑物。

企业在判断和确认已出租的建筑物时，需注意以下几点：

（1）用于出租的建筑物是指企业拥有产权的建筑物，以经营租赁方式租入再转租的建筑物不属于投资性房地产。

【例 12-2】2020 年 6 月 15 日，百佳公司与 A 公司签订了一项经营租赁合同，A 公司将其拥有产权的两层写字楼出租给百佳公司，租赁期为 6 年。百佳公司一开始将这两层写字楼用于自行使用。1 年后，由于连续亏损、规模缩减，百佳公司把两层写字楼转租给 B 公司，以赚取租金差价。

对于百佳公司而言，这两层写字楼属于以经营租赁方式租入后又转租的建筑物，百佳公司并不拥有其产权，不能将其确认为投资性房地产。A 公司拥有这两层写字楼的产权并以经营租赁方式对外出租，可以将其确认为投资性房地产。

（2）已出租的建筑物，指企业已经与其他方签订了租赁协议，约定以经营租赁方式出租的建筑物。一般自租赁协议规定的租赁期开始日起，经营租出的建筑物才属于已出租的建筑物。另外，企业持有的空置或在建的建筑物，若董事会已做出正式书面决议，将其用于经营出租且短期内不再发生变化，即使未签订协议，也可视为投资性房地产。

（3）企业已将建筑物出租，按照租赁协议向承租人提供相关辅助服务且在整个协议中不重大的，例如，企业在出租房屋的同时，向承租人提供维修、保安等日常辅助业务，企业应当将其确认为投资性房地产。

（四）不属于投资性房地产的项目

根据《企业会计准则第 3 号——投资性房地产》第四条规定，企业自用（为生产商品、提供劳务或者经营管理而持有）以及作为存货的房地产，不属于投资性房地产。

1. 自用房地产

企业持有的房地产用于生产商品、提供劳务或者经营管理，即自用房地产，其特征是为企业自身的生产经营提供服务，其价值会随着房地产的使用转移到企业的产品和服务中去。例如，企业自行经营的旅馆饭店，其经营目的主要是通过提供客房服务赚取服务收入，该旅馆饭店不确认为投资性房地产。

2. 作为存货的房地产

房地产开发企业在正常经营过程中销售的或为销售而正在开发的商品房和土地，属于房地产开发企业的存货。房地产开发企业依法取得的、用于开发后出售的土地使用权，属于企业存货，即使决定待增值后再转让其开发的土地，也不得将其确认为投资性房地产。

某项房地产，部分用于赚取租金或资本增值，部分用于生产商品、提供劳务或者经营管理。

能够单独计量和出售的、用于赚取租金或资本增值的部分,应当确认为投资性房地产;不能单独计量和出售的、用于赚取租金或资本增值的部分,不应当确认为投资性房地产。例如,某房地产企业开发一栋商住两用大楼,一层为商铺,以经营租赁方式出租给一家生活超市,其余楼层均为住宅,正在销售。若一层商铺能够单独计量和出售,应确认为投资性房地产,其余楼层为存货,不确认为投资性房地产。

第二节 投资性房地产初始计量

一、投资性房地产的确认条件

投资性房地产同时满足下列条件的,才能予以确认:

(1)与该投资性房地产有关的经济利益很可能流入企业;

(2)该投资性房地产的成本能够可靠地计量。

确认已出租的土地使用权或建筑物为投资性房地产的时点,一般从租赁期开始日,即土地使用权和建筑物进入出租状态、赚取租金的日期开始,但企业用以未来经营出租、可视为投资性房地产的建筑物,确认为投资性房地产的时点,是企业董事会或类似机构做出正式书面决议的日期。持有以备增值后转让的土地使用权确认为投资性房地产的时点,是企业将该土地使用权停止使用、准备增值后转让的日期。

二、外购投资性房地产的初始计量

企业外购房地产的成本包括购买价款、相关税费和可直接归属于该资产的其他支出。如果外购房地产既用于出租(或资本增值)也用于自用,且用于出租(或资本增值)的部分可以单独确认为投资性房地产的,应根据不同部分的公允价值占公允价值总额的比例计算,将成本合理分配于各部分之间。

外购投资性房地产时,应用成本模式计量的企业,应根据购买的实际成本,借记“投资性房地产”科目,贷记“银行存款”等科目。应用公允价值模式计量的企业,需要在“投资性房地产”科目下设置“成本”和“公允价值变动”两个明细科目,用以分别核算取得投资房地产时的成本和持有期间的累计公允价值变动金额,应根据购买的实际成本,借记“投资性房地产——成本”科目,贷记“银行存款”等科目。

【例 12-3】2020 年 1 月,风华公司计划购买一栋办公大楼用于对外出租。3 月 20 日,风华公司与世新公司签订了经营租赁合同,约定自该办公大楼购买日起,出租给世新公司,租赁期为 5 年,2020 年 6 月 30 日,风华公司购入一栋办公大楼,实际支付购买价款和相关税费共计 3 600 万元。租赁合同规定,租赁期从 7 月 1 日开始。

(1)假设风华公司采用成本模式进行后续计量。

借:投资性房地产——办公大楼   36 000 000
  贷:银行存款   36 000 000

(2)假设风华公司采用公允价值模式进行后续计量。

借:投资性房地产——办公大楼(成本)   36 000 000
  贷:银行存款   36 000 000

三、自行建造投资性房地产的初始计量

企业自行建造的房地产,成本为建造该项资产时达到预定可使用状态前所发生的必要支出,包括土地开发费、建筑安装费、资本化的借款费用、分摊的间接费用等。建造过程中若有非正常损失直接计入当期营业外支出,不计入建造成本。

采用成本模式计量的企业,自行建造的投资性房地产达到可使用状态时,应根据实际发生成本,借记"投资性房地产"科目,贷记"投资性房地产——在建"科目或"在建工程""开发产品"等科目;采用公允价值模式计量的企业,自行建造的投资性房地产达到可使用状态时,应根据实际发生成本,借记"投资性房地产——成本"科目,贷记"投资性房地产——在建""开发产品"等科目。

【例12-4】2020年3月1日,风华公司以800万元从D企业购入一项土地使用权,准备自行建造2栋写字楼。2020年11月30日,2栋写字楼同时竣工,每栋楼实际造价2 000万元,可以单独出售。同日,风华公司决定将其中一栋写字楼对外出租,并与E公司签订了经营租赁合同,将该栋写字楼出租给E公司,租赁期开始日为2020年12月1日。另一栋写字楼作为本企业办公使用。

(1)假设风华公司采用成本模式进行后续计量。

转换为投资性房地产的土地使用权成本=800×1/2=400(万元)

借:投资性房地产——写字楼　　　　　　　　　　20 000 000

　　固定资产——写字楼　　　　　　　　　　　　20 000 000

　　　贷:在建工程　　　　　　　　　　　　　　　　　40 000 000

借:投资性房地产——土地使用权　　　　　　　　4 000 000

　　　贷:无形资产——土地使用权　　　　　　　　　　4 000 000

(2)假设风华公司采用公允价值模式进行后续计量。

借:投资性房地产——写字楼(成本)　　　　　　20 000 000

　　固定资产——写字楼　　　　　　　　　　　　20 000 000

　　　贷:在建工程　　　　　　　　　　　　　　　　　40 000 000

借:投资性房地产——土地使用权(成本)　　　　4 000 000

　　　贷:无形资产——土地使用权　　　　　　　　　　4 000 000

四、与投资性房地产有关的后续支出

(一)资本化后续支出

与投资性房地产有关的后续支出,满足投资性房地产确认条件的,应当计入投资性房地产成本。例如企业根据日后发展需要,对投资性房地产进行改扩建时发生的合理支出,应当将其资本化。

应用成本模式计量的企业,投资性房地产转入改扩建后,应根据其账面价值,借记"投资性房地产——在建""投资性房地产累计折旧"等科目,贷记"投资性房地产"科目。予以资本化的改造或装修支出,通过"投资性房地产——在建"科目核算,借记"投资性房地产——在建"科目,贷记"银行存款""应付账款"等科目。改扩建工程完成后,借记"投资性房地产"科目,贷记"投资性房地产——在建"科目。

应用公允价值模式计量的企业,投资性房地产转入改扩建后,借记"投资性房地产——在建"科目,贷记"投资性房地产——成本""投资性房地产——公允价值变动"等科目;改扩建完成后,借记"投资性房地产——成本"科目,贷记"投资性房地产——在建"科目。

投资性房地产通过改扩建等再开发为投资性房地产时,再开发期间应继续视其为投资性房地产,企业不计提折旧或摊销。

【例12-5】2020年6月,A公司与B公司有一份办公楼经营租赁合同即将到期。该办公楼原价为25 000 000元,已计提折旧5 000 000元。为了提高日后该办公楼的租金收入,A公司决定于合同到期后对该办公楼进行改建,并与C公司签订了经营租赁合同,约定竣工后将该办公楼出租给C公司。2020年6月30日,与B公司的租赁合同到期,该办公楼开始改建。2020年11月30日,该办公楼改建完成,共计支出1 000 000元,已支付完成,随即按租赁合同出租给C公司。假设A公司采用成本计量模式。

假设该案例中的改建支出属于后续支出,符合《企业会计准则第3号——投资性房地产》第六条的规定,应计入投资性房地产的成本。

A公司的账务处理如下:

(1)2020年6月30日,该办公楼转入改扩建工程。

借:投资性房地产——办公楼——在建   20 000 000
 投资性房地产累计折旧   5 000 000
  贷:投资性房地产——办公楼   25 000 000

(2)2020年6月30日至2020年11月30日,发生改扩建支出。

借:投资性房地产——办公楼——在建   1 000 000
  贷:银行存款   1 000 000

(3)2020年11月30日,改扩建工程完工。

借:投资性房地产——办公楼   21 000 000
  贷:投资性房地产——办公楼——在建   21 000 000

(二)费用化后续支出

与投资性房地产有关的后续支出,不满足投资性房地产确认条件的,如企业对投资性房地产日常维护支出的费用,应在发生时直接计入当期损益,借记"其他业务成本"等科目,贷记"银行存款"等科目。

第三节　投资性房地产后续计量

根据《企业会计准则第3号——投资性房地产》规定,企业通常应当采用成本模式对投资性房地产进行后续计量,也可采用公允价值模式对投资性房地产进行后续计量。但同一企业只能采用一种模式对所有投资性房地产进行后续计量,不得同时采用两种计量模式。

一、基于成本模式后续计量的投资性房地产

(一)账户设置

基于成本模式后续计量的投资性房地产,在实施会计核算时,一般设置"投资性房地产"

"投资性房地产累计折旧(摊销)""投资性房地产减值准备"三个一级科目,分别核算投资性房地产账面价值、计提折旧与摊销、存在减值迹象时计提减值准备。已经计提的投资性房地产减值准备,不允许转回。

(二)采用成本模式进行后续计量的会计处理

(1)在成本模式下,应当按照固定资产和无形资产的有关规定,对投资性房地产进行后续计量,按期(月)计提折旧或摊销。

借:其他业务成本
　　贷:投资性房地产累计折旧(摊销)

(2)取得租金收入。

借:银行存款
　　贷:其他业务收入
　　　　应交税费——应交增值税(销项税额)

(3)投资性房地产存在减值迹象的,应当按照《企业会计准则第8号——资产减值》的有关规定进行处理。经减值测试后确定发生减值的,应当计提减值准备。

借:资产减值损失
　　贷:投资性房地产减值准备

【例12-6】2018年8月31日,ABC股份有限公司购入写字楼,实际支付购买价款和相关税费共计3 600万元。该写字楼预计使用寿命为15年,预计净残值为零,采用直线法计提折旧。2018年9月1日,ABC股份有限公司将外购的写字楼以经营租赁方式出租给东华公司使用,租赁合同约定,写字楼租赁期为5年,年租金为150万元,东华公司须于每年8月31日之前预付下一期租赁年度的租金。ABC股份有限公司对投资性房地产采用成本模式进行后续计量。2020年12月31日,写字楼出现减值迹象,经减值测试,确定可收回金额为2 400万元。

(1)2018年8月31日,预收租金。

借:银行存款　　　　　　　　　　　　　　　1 500 000
　　贷:预收账款——东华公司　　　　　　　　　1 500 000

(2)2018年9月30日,计提折旧。

月折旧额＝3 600/(15×12)＝20(万元)

借:其他业务成本　　　　　　　　　　　　　200 000
　　贷:投资性房地产累计折旧　　　　　　　　　200 000

(3)2018年9月30日,确认租金收入。

月租金收入＝150/12＝12.5(万元)

借:预收账款——东华公司　　　　　　　　　125 000
　　贷:其他业务收入　　　　　　　　　　　　　125 000

(4)2020年12月31日,计提减值准备。

投资性房地产账面价值:3 600－20×28＝3 040(万元)

投资性房地产减值金额:3 040－2 400＝640(万元)

借:资产减值损失　　　　　6 400 000
　　贷:投资性房地产减值准备　　6 400 000

二、基于公允价值模式后续计量的投资性房地产

(一)采用公允价值模式计量的前提条件

根据《企业会计准则第 3 号——投资性房地产》第十条规定,只有存在确凿证据表明投资性房地产的公允价值能够持续可靠取得的,才可以采用公允价值模式计量。

采用公允价值模式计量的投资性房地产,应当同时满足下列条件:

(1)投资性房地产所在地有活跃的房地产交易市场。所在地,通常是指投资性房地产所在的城市。对于大中型城市,应当为投资性房地产所在的城区。

(2)企业能够从活跃的房地产交易市场上取得同类或类似房地产的市场价格及相关信息,从而对投资性房地产的公允价值做出合理的估计。

同类或类似的房地产,对建筑物而言,是指所处地理位置和地理环境相同、性质相同、结构类型相同或相近、新旧程度相同或相近、可使用状况相同或相近的建筑物;对土地使用权而言,是指同一城区、同一位置区域、所处地理环境相同或相近、可使用状况相同或相近的土地。

(二)账户设置

基于公允价值模式后续计量的投资性房地产,在实施会计核算时,一般设置"投资性房地产——成本""投资性房地产——公允价值变动""公允价值变动损益"三个科目,分别核算投资性房地产的账面价值、投资性房地产公允价值变动。基于公允价值模式后续计量的投资性房地产不提折旧与摊销。

(三)采用公允价值模式进行后续计量的会计处理

(1)不对投资性房地产计提折旧或摊销,应当以资产负债表日的公允价值计量,公允价值的变动计入当期损益。资产负债表日,投资性房地产公允价值高于其账面余额时,应按二者之间的差额,调增投资性房地产的账面余额,同时确认公允价值上升的收益。

借:投资性房地产——公允价值变动
　　贷:公允价值变动损益

(2)资产负债表日,投资性房地产公允价值低于其账面余额时,应按二者之间的差额,调减投资性房地产的账面余额,同时确认公允价值下跌的损失。

借:公允价值变动损益
　　贷:投资性房地产——公允价值变动

(3)取得租金收入。

借:银行存款
　　贷:其他业务收入
　　　　应交税费——应交增值税(销项税额)

【例 12-7】ABC 公司为从事房地产经营开发的企业。2020 年 10 月 1 日,ABC 公司与丙公司签订协议,约定将 ABC 公司开发的一栋精装修的写字楼于开发完成的同时开始租赁给丙公司使用,租赁期为 8 年。当年 10 月 1 日,该写字楼开发完成并开始出租,写字楼的造价为 8 000 万元。2020 年 12 月 31 日,该写字楼的公允价值为 8 500 万元。假设 ABC 采用公允价值计量模式。

ABC 公司的账务处理如下：

(1)2020 年 10 月 1 日,ABC 公司开发完成写字楼并出租。

借:投资性房地产——成本　　　　　　　　　　　80 000 000

　　贷:开发成本　　　　　　　　　　　　　　　　　　　80 000 000

(2)2020 年 12 月 31 日,以公允价值为基础调整其账面价值,公允价值与原账面价值之间的差额计入当期损益。

借:投资性房地产——公允价值变动　　　　　　5 000 000

　　贷:公允价值变动损益　　　　　　　　　　　　　　5 000 000

三、投资性房地产后续计量模式的变更

企业对投资性房地产的计量模式一经确定,不得随意变更。成本模式转为公允价值模式的,应当作为会计政策变更处理,按计量模式变更时公允价值与账面价值的差额,调整期初留存收益。

已采用公允价值模式计量的投资性房地产,不得从公允价值模式转为成本模式。投资性房地产后续计量模式的变更如图 12-1 所示。

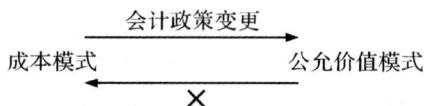

图 12-1　投资性房地产后续计量模式变更

投资性房地产后续计量由成本模式变更为公允价值模式的账务处理：

借:投资性房地产(变更日公允价值)

　　投资性房地产累计折旧(摊销)

　　投资性房地产减值准备

贷:投资性房地产(原价)

　　利润分配——未分配利润(或借方)

　　盈余公积(或借方)

【例 12-8】ABC 股份有限公司的投资性房地产原采用成本模式进行后续计量。由于 ABC 股份有限公司所在地的房地产市场现已比较成熟,房地产的公允价值能够持续可靠地取得,可以满足采用公允价值模式的条件,ABC 股份有限公司决定从 2020 年 1 月 1 日起,对投资性房地产采用公允价值模式进行后续计量。ABC 股份有限公司作为投资性房地产核算的资产有两项:一项是成本为 6 000 万元、累计已提折旧为 800 万元的写字楼;另一项是成本为 2 100 万元、累计已摊销金额为 500 万元的土地使用权。2020 年 1 月 1 日,写字楼的公允价值为 5 400 万元,土地使用权的公允价值为 1 800 万元。ABC 股份有限公司按净利润的 10% 提取盈余公积。

(1)写字楼转为公允价值模式计量。

借:投资性房地产——写字楼(成本)　　　　　54 000 000

　　投资性房地产累计折旧　　　　　　　　　　8 000 000

　　贷:投资性房地产——写字楼　　　　　　　　　　60 000 000

盈余公积	200 000
利润分配——未分配利润	1 800 000

（2）土地使用权转为公允价值模式计量。

借：投资性房地产——土地使用权（成本）	18 000 000
投资性房地产累计摊销	5 000 000
贷：投资性房地产——土地使用权	21 000 000
盈余公积	200 000
利润分配——未分配利润	1 800 000

第四节 投资性房地产转换

一、投资性房地产转换的基本概念

（一）投资性房地产转换形式

房地产转换是指企业进行会计核算时房地产用途发生改变后对房地产进行的重新分类。企业将投资性房地产转换为其他资产或者将其他资产转换为投资性房地产，必须满足下列两方面：其一，企业董事会或类似机构应当就改变房地产用途形成正式的书面决议；其二，房地产因用途改变而发生实际状态上的改变，如从自用状态变为出租状态。

房地产转换的具体形式包括：

1.投资性房地产转为非投资性房地产

（1）投资性房地产开始自用。如：将原用于出租赚取租金或资本增值的建筑物转为自用办公楼，相应地将投资性房地产转为固定资产；或是将已出租的用于赚取租金的土地使用权转为自用，相应地将投资性房地产转为无形资产。

（2）企业将投资性房地产转为存货。这通常指房地产企业将原用于经营出租的房地产重新对外销售，对应地将投资性房地产转为存货核算。

2.非投资性房地产转换为投资性房地产

（1）作为存货的房地产，改为出租，通常指房地产企业将持有的开发产品以经营租赁的方式出租。

（2）自用土地使用权停止自用，用于赚取租金或资本增值。即企业将原用于生产商品、提供劳务或经营管理的土地使用权改用于赚取租金或资本增值，无形资产改为投资性房地产。

（3）自用建筑物停止自用，改为出租。即企业将原用于生产商品、提供劳务或经营管理的建筑物改为出租，固定资产改为投资性房地产。

（二）投资性房地产转换日期

投资性房地产转换日期根据转换形式确定，见表12-1。

表 12 - 1 投资性房地产的转换日

形式		转换日
投资性房地产转为非投资性房地产	投资性房地产开始自用(固定资产或无形资产)	房地产达到自用状态,企业开始将其用于生产商品、提供劳务或者经营管理的日期
	房地产企业将用于经营出租的房地产重新开发用于对外销售,从投资性房地产转为存货	租赁期满,企业董事会或类似机构做出书面决议明确表明将其重新开发用于对外销售的日期
非投资性房地产转为投资性房地产	作为存货的房地产,改为出租	租赁期开始日
	自用建筑物停止自用,改为出租	租赁期开始日
	自用土地使用权停止自用,用于赚取租金或资本增值	自用土地使用权停止自用后,确定用于赚取租金或资本增值的日期

二、投资性房地产转换为非投资性房地产

(一)成本模式后续计量方式下的投资性房地产转换为自用房地产

企业将采用成本模式计量的投资性房地产转换为自用房地产时,应当将房地产转换前的账面价值作为转换后的入账价值。

在进行会计核算时,将该项投资性房地产在转换日的账面余额、累计折旧、减值准备等,分别转入"固定资产"或"无形资产"、"累计折旧(摊销)"、"固定资产减值准备"或"无形资产减值准备"等科目。按其账面余额,借记"固定资产"或"无形资产"科目,贷记"投资性房地产"科目;按已计提的折旧,借记"投资性房地产累计折旧(摊销)"科目,贷记"累计折旧(摊销)"科目;原已计提减值准备的,借记"投资性房地产减值准备"科目,贷记"固定资产减值准备"或"无形资产减值准备"科目。

【例 12-9】宏远公司采用成本模式对投资性房地产进行后续计量。2020 年 1 月 15 日,宏远公司拟将已出租的位于高新技术开发区的平房收回用于开辟新生产线生产新产品。5 月 28 日,新生产线正式建成并进入测试阶段。6 月 1 日,该厂房正式开始用于生产新产品,其账面价值为 402 万元,其中,原价 500 万元,已计提折旧 80 万元,计提减值准备 18 万元。

宏远公司将该平房转换为投资性房地产的转换日是哪一天? 宏远公司应该如何进行账务处理?

企业将投资性房地产开始自用的,转换日为企业正式将其用于生产产品、提供劳务或经营管理的日期。因此,宏远公司该项投资性房地产的转换日为 2020 年 6 月 1 日。

宏远公司 2020 年 6 月 1 日的账务处理如下:

借:固定资产　　　　　　　　　　　　　　　　4 020 000
　　投资性房地产累计折旧　　　　　　　　　　　　800 000
　　投资性房地产减值准备　　　　　　　　　　　　180 000

贷:投资性房地产	4 020 000
累计折旧	800 000
固定资产减值准备	180 000

(二)公允价值模式后续计量方式下的投资性房地产转换为自用房地产

企业将采用公允价值模式计量的投资性房地产转换为自用房地产时,应当以其转换当日的公允价值作为自用房地产的账面价值,公允价值与原账面价值的差额计入当期损益。转换日,按该项投资性房地产的公允价值,借记"固定资产"或"无形资产"科目;按该项投资性房地产的成本,贷记"投资性房地产——成本"科目;按该项投资性房地产的累计公允价值变动,贷记或借记"投资性房地产——公允价值变动"科目;按其差额,贷记或借记"公允价值变动损益"科目。

【例12-10】2020年3月5日,宏远公司将出租到期的写字楼收回,开始作为公司新设项目部的办公场所,当日该写字楼的公允价值为800万元。该写字楼在转换前采用公允价值模式计量,原账面价值为785万元,其中,成本为760万元,公允价值变动增值25万元。

宏远公司的账务处理如下:

2020年3月5日

借:固定资产	8 000 000
贷:投资性房地产——成本	7 600 000
——公允价值变动	250 000
公允价值变动损益	150 000

三、投资性房地产转换为存货

(一)成本模式后续计量方式下的投资性房地产转换为存货

企业将采用成本模式后续计量的投资性房地产转为存货时,按该项投资性房地产在转换日的账面价值,借记"开发产品"科目;按已计提的折旧或摊销,借记"投资性房地产累计折旧(摊销)"科目;原已计提减值准备的,借记"投资性房地产——减值准备"科目;按其账面余额,贷记"投资性房地产"科目。

(二)公允价值模式后续计量方式下的投资性房地产转换为存货

企业将采用公允价值模式计量的投资性房地产转换为存货时,应当以转换当日的公允价值作为存货的入账价值。

按该项被转换投资性房地产在转换日的公允价值借记"开发产品",按该项投资性房地产的成本贷记"投资性房地产——成本";按该项投资性房地产的累计公允价值变动,贷记或借记"投资性房地产——公允价值变动";按其差额,贷记或借记"公允价值变动损益"科目。

【例12-11】2019年1月8日,宏远房地产开发公司将其开发的写字楼用于对外经营租赁。2020年11月6日,该写字楼租赁期满,宏远房地产开发公司将出租的写字楼收回且其董事会做出书面决议,将该写字楼重新开发用于对外销售。

(1)该项投资性房地产的转换日是哪一天?

(2)如果转换日该写字楼的账面原价为5 600万元,已计提折旧500万元,计提减值准备

100万元。宏远房地产开发公司对投资性房地产采用成本模式后续计量,该如何进行账务处理?

（3）如果转换日该写字楼公允价值为5 800万元,原账面价值为5 600万元,其中,成本为5 000万元,公允价值变动增值600万元。宏远房地产开发公司对投资性房地产采用公允价值模式后续计量,该如何进行账务处理?

（1）房地产企业将用于经营出租的房地产重新开发用于对外销售,从投资性房地产转为存货,租赁期满,企业董事会或类似机构做出书面决议明确表明将其重新开发用于对外销售的日期即为该投资性房地产的转换日。故宏远房地产开发公司该写字楼从投资性房地产转为存货的日期是2020年11月6日。

（2）宏远房地产开发公司采用成本模式后续计量的账务处理如下:

2020年11月6日

借:开发产品 50 000 000

　　投资性房地产累计折旧 5 000 000

　　投资性房地产减值准备 1 000 000

　　贷:投资性房地产 56 000 000

（3）宏远房地产开发公司采用公允价值模式后续计量的账务处理如下:

2020年11月6日

借:开发产品 58 000 000

　　贷:投资性房地产——成本 50 000 000

　　　　　　——公允价值变动 6 000 000

　　公允价值变动损益 2 000 000

四、非投资性房地产转换为投资性房地产

（一）非投资性房地产转换为基于成本模式后续计量的投资性房地产

1. 自用房地产转换为投资性房地产

企业将自用建筑物或土地使用权转换为采用成本模式计量的投资性房地产时,应当将该项建筑物或土地使用权在转换日的原价、累计折旧（摊销）、减值准备分别转入“投资性房地产”“投资性房地产累计折旧（摊销）”“投资性房地产减值准备”科目。按该项资产的账面余额借记“投资性房地产”,贷记“固定资产”或“无形资产”科目;按已计提的折旧或摊销,借记“累计折旧”或“累计摊销”,贷记“投资性房地产累计折旧（摊销）”;按已计提的减值准备,借记“固定资产减值准备”或“无形资产减值准备”,贷记“投资性房地产减值准备”。

【例12-12】宏远公司拥有一栋用于办公的写字楼,考虑公司未来发展,宏远公司董事会就该栋办公楼用于出租形成了书面决议。2020年2月1日,宏远公司与万胜公司签订了经营租赁协议,将这栋写字楼整体出租给万胜公司使用,租赁开始日为2020年8月1日,租期为3年。2020年8月1日,这栋写字楼的账面余额为5 000万元,已计提折旧500万元。假设宏远公司所在城市不存在活跃的房地产交易市场。宏远公司采用成本模式对投资性房地产后续计量。

宏远公司的账务处理如下:

2020年8月1日

借:投资性房地产——写字楼　　　　　　　　　　　50 000 000
　累计折旧　　　　　　　　　　　　　　　　　　　5 000 000
　贷:固定资产——写字楼　　　　　　　　　　　　　　50 000 000
　　投资性房地产累计折旧　　　　　　　　　　　　　 5 000 000

2.存货转换为投资性房地产

企业将作为待出售的存货核算的投资性房地产转换为采用成本模式后续计量的投资性房产时,应按照该项存货的账面价值贷记"投资性房地产",并按已计提的存货跌价准备,借记"存货跌价准备",按其账面余额,贷记"开发产品"科目。

【例12-13】宏远公司是从事房地产开发的企业,2020年8月16日,宏远公司董事会决定就将其开发的一栋写字楼不再出售改用于出租并做出了书面决议。宏远公司遂与万胜公司签订了租赁协议,将此写字楼整体出租给万胜公司使用,租赁期开始日为2020年9月12日,租赁期为5年。2020年9月12日,该写字楼的账面余额为80 000 000元,未计提存货跌价准备,转换后采用成本模式进行后续计量。

宏远公司的账务处理如下:
2020年9月12日
借:投资性房地产——写字楼　　　　　　　　　　　80 000 000
　贷:开发产品　　　　　　　　　　　　　　　　　　　80 000 000

(二)非投资性房地产转换为基于公允价值模式后续计量的投资性房地产

1.自用房地产转换为投资性房地产

企业将自用建筑物或土地使用权转换为采用公允价值模式后续计量的投资性房地产时,在转换日,按该项建筑物或土地使用权的公允价值,借记"投资性房地产——成本"科目;按其已计提的折旧或摊销,借记"累计折旧"或"累计摊销";按其已计提的减值准备,借记"固定资产减值准备"或"无形资产减值准备";按其账面余额,借记"固定资产"或"无形资产"科目。同时按其账面价值小于其在转换日的公允价值产生的差额,贷记"其他综合收益";按其账面价值大于其在转换日的公允价值产生的差额,借记"公允价值变动损益"。待该项投资性房地产处置时,因转换计入其他综合收益的部分应转入当期损益。

【例12-14】宏远公司在2019年初开始修建新办公楼——宏远大厦。2020年9月12日,宏远公司开始计划将办公场所搬至新建办公楼,由于原办公楼——远方大楼处于繁华的商业街区,宏远公司决定将其出租,以赚取租金收入,公司董事会已批准并形成书面决议。2020年9月28日,宏远公司将办公场所完全搬至宏远大厦。2020年10月1日,宏远公司与万胜公司签订了租赁协议,将远方大楼租赁给万胜公司使用,约定租赁期开始日为2020年10月1日,租赁期为2年。

宏远公司对出租的远方大楼采用公允价值模式计量(远方大楼所在地房地产交易活跃,能够及时从市场上取得同类或类似办公楼活跃报价)。2020年10月1日,远方大楼的公允价值为1 800万元,其原价为3 500万元,已计提折旧1 500万元。

宏远公司的账务处理如下:
2020年10月1日(转换日)
借:投资性房地产——成本(远方大楼)　　　　　　　18 000 000
　公允价值变动损益——投资性房地产　　　　　　　　2 000 000

| 累计折旧 | 15 000 000 | |
| 贷：固定资产——远方大楼 | | 35 000 000 |

2.存货转换为投资性房地产

企业将原作为存货核算的房地产转换为采用公允价值模式计量的投资性房地产时，按该项存货在转换日的公允价值借记"投资性房地产——成本"科目；按已计提的存货跌价准备，借记"存货跌价准备"；按该项存货的账面余额，贷记"开发产品"。同时，将转换日该项存货账面价值小于公允价值产生的差额，贷记"其他综合收益"；按其账面价值大于公允价值产生的差额，借记"公允价值变动损益"。待该项投资性房地产处置时，因转换计入其他综合收益的部分应转入当期损益。

【例12-15】2020年10月1日，宏远房地产开发公司董事会形成书面决议，将其开发的一栋办公楼用于出租。宏远房地产开发公司遂与众诚公司签订了租赁协议，租赁期开始日为2020年11月3日，租赁期为3年。2020年11月3日，该写字楼的账面余额为3 000万元，公允价值为3 800万元。

宏远房地产开发公司的账务处理如下：

2020年11月3日

借：投资性房地产——成本	38 000 000	
贷：开发产品		30 000 000
其他综合收益——公允价值变动		8 000 000

第五节　投资性房地产终止计量

投资性房地产的处置主要指投资性房地产的出售、报废和毁损，也包括对外投资、非货币性资产交换、债务重组等原因转出投资性房地产的情形。当投资性房地产被处置，或者永久退出使用且预计不能从其处置中取得经济利益时，应当终止确认该项投资性房地产。

企业出售、转让、报废投资性房地产或者发生投资性房地产毁损，应当将处置收入扣除其账面价值和相关税费后的金额计入当期损益。此外，企业因其他原因，如非货币性资产交换等而减少投资性房地产，也属于投资性房地产的处置。

一、基于成本模式计量的投资性房地产的处置

处置采用成本模式计量的投资性房地产时，应当按实际收到的金额，借记"银行存款"等科目，贷记"其他业务收入"科目；按该项投资性房地产的账面价值，借记"其他业务成本"科目；按其账面余额，贷记"投资性房地产"科目；按已计提的折旧或摊销，借记"投资性房地产累计折旧（摊销）"科目；原已计提减值准备的，借记"投资性房地产减值准备"科目。

【例12-16】百佳公司将其出租的一栋写字楼确认为投资性房地产，采用成本模式计量。在租赁期满后，百佳公司将其出售给A公司，合同价款为15 500万元，A公司以银行存款形式付清。出售该写字楼成本为14 000万元，已计提折旧1 320万元，假定不考虑相关税费。

百佳公司的账务处理如下：

| 借：银行存款 | 155 000 000 | |
| 贷：其他业务收入 | | 155 000 000 |

借:其他业务成本	140 000 000	
投资性房地产累计折旧	13 200 000	
贷:投资性房地产——写字楼		153 200 000

二、基于公允价值模式计量的投资性房地产的处置

处置采用公允价值模式计量的投资性房地产时,应当按实际收到的金额,借记"银行存款"等科目,贷记"其他业务收入"科目;按该项投资性房地产的账面余额,借记"其他业务成本"科目,将其成本贷记"投资性房地产——成本"科目,按其累计公允价值变动,贷记或借记"投资性房地产——公允价值变动"科目。同时结转投资性房地产累计公允价值变动。若存在原转换日计入其他综合收益的金额,也一并结转。

【例 12-17】2018 年 6 月 5 日,百佳公司与 B 公司签订经营租赁协议,将其原为自用的一栋大楼出租给 B 公司使用,租期 2 年,租赁期开始日为 2018 年 7 月 1 日。大楼建造成本为 46 000 万元,截至 2018 年 6 月 30 日,已计提折旧 5 750 万元。百佳公司对投资性房地产采用公允价值模式计量。2018 年 7 月 1 日,大楼公允价值为 42 000 万元;2018 年 12 月 31 日,大楼公允价值为 41 000 万元;2019 年 12 月 31 日,大楼公允价值为 44 000 万元。2020 年 6 月 30 日,租赁期满,百佳公司收回大楼,并以 45 000 万元出售,以银行存款方式取得价款,不考虑其他相关税费。

百佳公司的账务处理如下:

(1)2018 年 7 月 1 日,自用房地产转换为投资性房地产。

借:投资性房地产——成本	420 000 000	
累计折旧	57 500 000	
贷:固定资产		460 000 000
其他综合收益——公允价值变动		17 500 000

(2)2018 年 12 月 31 日,确认公允价值变动。

| 借:公允价值变动损益 | 10 000 000 | |
| 贷:投资性房地产——公允价值变动 | | 10 000 000 |

(3)2019 年 12 月 31 日,确认公允价值变动。

| 借:投资性房地产——公允价值变动 | 30 000 000 | |
| 贷:公允价值变动损益 | | 30 000 000 |

(4)2020 年 6 月 30 日,出售投资性房地产。

借:银行存款	450 000 000	
贷:其他业务收入		450 000 000
借:其他业务成本	440 000 000	
贷:投资性房地产——成本		420 000 000
——公允价值变动		20 000 000
借:公允价值变动损益	20 000 000	
贷:其他业务成本		20 000 000
借:其他综合收益——公允价值变动	17 500 000	
贷:其他业务成本		17 500 00

思考题

1. 什么叫投资性房地产？具体包括哪些内容？
2. 确认投资性房地产应满足哪些条件？
3. 外购投资性房地产的成本包括哪些内容？
4. 投资性房地产的后续支出应如何处理？
5. 对投资性房地产采用公允价值模式计量，应满足哪些条件？

实务练习题

1. ABC 公司采用公允价值模式计量投资性房地产，有关资料如下：

(1)2017 年 11 月 10 日，ABC 公司与甲公司签订协议，将自用的办公楼出租给甲公司，租期为 3 年，每年租金为 500 万元，于每年年末收取，2018 年 1 月 1 日为租赁期开始日，2020 年 12 月 31 日到期。2018 年 1 月 1 日，该办公楼的公允价值为 9 000 万元，账面原值为 30 000 万元，已计提的累计折旧为 20 000 万元，未计提减值准备。各年年末均收到租金。

(2)2018 年 12 月 31 日，该办公楼的公允价值为 12 000 万元。

(3)2019 年 12 月 31 日，该办公楼的公允价值为 18 000 万元。

(4)2020 年 12 月 31 日，租赁协议到期，ABC 公司将办公楼出售，取得价款 30 000 万元。

要求：

(1)编制 ABC 公司转换日转换房地产的有关会计分录。

(2)编制 ABC 公司 2018 年收到租金、2018 年 12 月 31 日调整投资性房地产账面价值的会计分录。

(3)编制 ABC 公司 2019 年 12 月 31 日调整投资性房地产账面价值的会计分录，说明 2019 年 12 月 31 日资产负债表中"投资性房地产"项目的列示金额。

(4)编制 ABC 公司 2020 年 12 月 31 日处置投资性房地产的相关会计分录，并计算出售投资性房地产时影响营业利润的金额。

2. A 房地产开发公司适用的所得税税率为 25%，所得税采用资产负债表债务法核算。A 公司对投资性房地产采用公允价值模式计量，有关房地产的相关业务资料如下：

(1)2017 年 12 月，A 公司与 B 公司签订租赁协议，约定将 A 公司开发的一栋写字楼于开发完成的同时开始租赁给 B 公司使用，租期为 3 年，每年收取租金 600 万元，租金于每年年末收取。

(2)2018 年 1 月 1 日，该写字楼开发完成并开始起租，写字楼的造价为 9 000 万元。

(3)2018 年 12 月 31 日，该写字楼的公允价值为 9 700 万元。

(4)2019 年 12 月 31 日，该写字楼的公允价值为 9 300 万元。

(5)2020 年 1 月 1 日，租赁期届满，A 公司收回该项投资性房地产。为了提高该写字楼的租金收入，A 公司决定于当日起对该写字楼进行装修改良。

(6)2020 年 12 月 31 日，该写字楼改良工程完工，共发生支出 1 000 万元，均以银行存款支付完毕，即日按照租赁合同出租给 C 公司。

（7）对于该项房地产，税法规定采用直线法计提折旧，预计使用年限为 40 年，预计净残值为零。税法规定资产在持有期间的公允价值变动不计入应纳税所得额，待处置时一并计算确定应计入应纳税所得额的金额。

（8）各期租金均已按期收到；假定不考虑除所得税以外的其他税费；假定投资性房地产改良期间税法上不计提折旧或摊销。

要求：

（1）编制 A 公司 2018 年与该项投资性房地产有关的分录。

（2）编制 A 公司 2019 年与该项投资性房地产有关的分录。

（3）编制 A 公司 2020 年与该项投资性房地产有关的分录。

即测即评　　　　　延伸阅读

第十三章

资产减值

学习目标

通过本章的学习,了解认定资产可能发生减值的迹象;掌握资产可收回金额的计量方法;理解资产减值损失的确定原则;掌握资产组的认定方法及其减值的处理;熟悉资产减值的特征。

引导案例

诚鑫股份有限公司资产减值计提

诚鑫股份有限公司一台生产设备历史成本为 50 万元,目前已使用 3 年,折旧已计提 27 万元。由于市场上这种设备更新换代,同类设备市价大幅下跌,如果出售该设备,仅能售出 15 万元。如果继续使用,由于使用效率偏低,该设备预计带来的未来现金流量折现价值为 18 万元。

请问作为诚鑫股份有限公司的财务人员,怎样在账面上反映这台设备的价值才更符合会计确认计量的原则?

根据诚鑫股份有限公司的信息,可以得出该生产机器的账面价值为 23 万元,公允价值为 15 万元,未来现金流量折现价值为 18 万元。故可收回金额为公允价值和未来现金流量折现价值的孰高值 18 万元。因为可收回金额小于账面价值,故要计提减值准备,会计处理如下:

借:资产减值损失　　　　　　　50 000

　贷:固定资产减值准备　　　　　50 000

第一节　资产减值概述

一、资产减值的特征及范围

资产减值,是指资产的可收回金额低于其账面价值。本章所指资产,除特别说明外,包括单项资产和资产组。由于企业不同资产的特性不同,其减值的会计处理也有差异,适用的会计准则因此也不一样。比如,存货、采用公允价值模式进行后续计量的投资性房地产、消耗性生物资产、建造合同形成的资产、递延所得税资产、融资租赁中出租人未担保余值、未探明石油天然气矿区权益、由《企业会计准则第 22 号——金融工具确认和计量》所规范的金融资产等的减值,分别适用存货、投资性房地产、生物资产、建造合同、所得税、租赁、石油天然气开采、金融工具确认和计量等会计准则,按照本书相关章节进行会计处理,本章不涉及。本章涉及的资产主要是企业的非流动资产,具体包括以下资产:①对子公司、联营企业和合营企业的长期股权投资;②采用成本模式进行后续计量的投资性房地产;③固定资产;④生产性生物资产;⑤无形资产;⑥商誉;⑦探明石油天然气矿区权益和井及相关设施。

二、资产减值的迹象与测试

(一)资产减值迹象的判断

企业应当在资产负债表日判断资产是否存在可能发生减值的迹象。资产可能发生减值的迹象,主要可从外部信息来源和内部信息来源两方面加以判断。

从企业外部信息来源看,以下情况均属于资产可能发生减值的迹象,企业需要据此估计资产的可收回金额,确定是否需要确认减值损失:

(1)资产的市价当期大幅度下跌,其跌幅明显高于因时间的推移或者正常使用而预计的下跌。

(2)企业经营所处的经济、技术或者法律等环境以及资产所处的市场在当期或者将在近期发生重大变化,从而对企业产生不利影响。

(3)市场利率或者其他市场投资报酬率在当期已经提高,从而影响企业计算资产预计未来现金流量现值的折现率,导致资产可收回金额大幅度降低。

从企业内部信息来源看,以下情况均属于资产可能发生减值的迹象,企业需要据此估计资产的可收回金额,确定是否需要确认减值损失:

(1)有证据表明资产已经陈旧过时或者其实体已经损坏。

(2)资产已经或者将被闲置、终止使用或者计划提前处置。

(3)企业内部报告的证据表明资产的经济绩效已经低于或者将低于预期,如资产所创造的净现金流量或者实现的营业利润(或者亏损)远远低于(或者高于)预计金额等。

此外,采用成本法核算的长期股权投资,除取得投资时实际支付的价款或对价中包含的已宣告但尚未发放的现金股利或利润外,投资企业按照享有被投资单位宣告发放的现金股利或利润确认投资收益后,应当考虑长期股权投资是否发生了减值。在判断该类长期股权投资是否存在减值迹象时,应当关注长期股权投资的账面价值是否大于享有被投资单位净资产(包括相关商誉)账面价值的份额等类似情况。

(二)资产减值的测试

如果资产存在发生减值的迹象,应当进行减值测试,估计资产的可收回金额。资产存在减值迹象是资产是否需要进行减值测试的必要条件。但是以下资产除外,即因企业合并形成的商誉和使用寿命不确定的无形资产,对于这些资产,无论是否存在减值迹象,都应当每年年度终了进行减值测试。对于尚未达到可使用状态的无形资产,因其价值通常具有较大的不确定性,也至少应当每年进行减值测试。

企业在判断资产减值迹象以决定是否需要估计资产可收回金额时,应当遵循重要性要求。企业资产存在下列情况的,可以不估计其可收回金额:

(1)以前报告期间的计算结果表明,资产可收回金额显著高于其账面价值,之后又没有发生消除这一差异的交易或者事项的,资产负债表日可以不重新估计该资产的可收回金额。

（2）以前报告期间的计算与分析表明，资产可收回金额相对于某种减值迹象反应不敏感，在本报告期间又发生了该减值迹象的，可以不因该减值迹象的出现而重新估计该资产的可收回金额。比如，当期市场利率或市场投资报酬率上升，对计算资产未来现金流量现值采用的折现率影响不大的，可以不重新估计资产的可收回金额。

【例 13-1】（单选题）下列各项资产中，无论是否存在减值迹象，至少应于每年年度终了对其进行减值测试的是（A）。

  A. 使用寿命不确定的无形资产   B. 固定资产

  C. 长期股权投资   D. 投资性房地产

【例 13-2】（多选题）下列项目中，属于资产发生减值迹象的有（ABCD）。

  A. 资产已经或者将被闲置

  B. 有证据表明资产已经陈旧过时

  C. 资产的市价当期大幅度下跌，其跌幅明显高于因时间的推移或者正常使用而预计的下跌

  D. 资产实体已经损坏

第二节　资产可收回金额的计量和减值损失的确定

一、资产可收回金额计量的基本要求

企业资产存在可能发生减值迹象的，企业应当进行减值测试，估计可收回金额。资产的可收回金额，应当根据资产的公允价值减去处置费用后的净额与资产预计未来现金流量的现值两者之间较高者确定。处置费用包括与资产处置有关的法律费用、相关税费、搬运费以及为使资产达到可销售状态所发生的直接费用等。因此，估计资产的可收回金额，通常需要同时估计该资产的公允价值减去处置费用后的净额和资产预计未来现金流量的现值。但是在下列情况下，可以有例外或者做特殊考虑：

（1）如果资产的公允价值减去处置费用后的净额与资产预计未来现金流量的现值，只要有一项超过了资产的账面价值，就表明资产没有发生减值，不需要再估计另一项金额。

（2）如果没有确凿证据或者理由表明，资产预计未来现金流量的现值显著高于其公允价值减去处置费用后的净额，可以将资产的公允价值减去处置费用后的净额视为资产的可收回金额。比如，企业持有待售的非流动资产，该资产在持有期间（处置之前）产生的现金流量可能很少，其最终取得的未来现金流量往往就是资产的处置净流入。在这种情况下，以资产的公允价值减去处置费用后的净额作为其可收回金额是恰当的，因为该类资产的未来现金流量现值通常不会显著高于其公允价值减去处置费用后的净额。

（3）资产的公允价值减去处置费用后的净额无法可靠估计的，应当以资产预计未来现金流量的现值作为其可收回金额。

二、资产的公允价值减去处置费用后净额的确定

资产的公允价值减去处置费用后的净额，通常反映的是资产如果被出售或者处置时可以收回的净现金流入。其中，资产的公允价值，是指市场参与者在计量日发生的有序交易中，出

售一项资产所能收到的价格或者转移一项负债所需支付的价格。有序交易,是指在计量日前一段时期内相关资产或负债具有惯常市场活动的交易,清算等被迫交易不属于有序交易。处置费用,是指可以直接归属于资产处置的增量成本,包括与资产处置有关的法律费用、相关税费、搬运费以及为使资产达到可销售状态所发生的直接费用等,但是财务费用和所得税费用等不包括在内。

资产的公允价值减去处置费用后的净额,应当按照下列顺序确定:

首先,应当根据公平交易中资产的销售协议价格减去可直接归属于该资产处置费用的金额确定。这是估计资产的公允价值减去处置费用后净额的最佳方法,企业应当优先采用这一方法。但是在实务中,企业的资产往往都是内部持续使用的,取得资产的销售协议价格并不容易,在这种情况下,需要采用后面所述方法估计资产的公允价值减去处置费用后的净额。

其次,在资产不存在销售协议但存在活跃市场的情况下,应当根据该资产的市场价格减去处置费用后的净额确定。资产的市场价格通常应当按照资产的买方出价确定。如果难以获得资产在资产负债表日买方出价的,企业可以将资产最近的交易价格作为其公允价值减去处置费用后的净额的估计基础,其前提是在此期间,有关经济、市场环境等没有发生重大变化。

最后,在既不存在资产销售协议又不存在活跃市场的情况下,企业应当以可获取的最佳信息为基础,根据在资产负债表日假定处置该资产,熟悉情况的交易双方自愿进行公平交易愿意提供的交易价格减去资产处置费用后的净额,估计资产的公允价值减去处置费用后的净额。在实务中,该净额可以参考同行业类似资产的最近交易价格或者结果进行估计。

企业按照上述顺序仍然无法可靠估计资产的公允价值减去处置费用后的净额的,应当以该资产预计未来现金流量的现值作为其可收回金额。

三、资产预计未来现金流量现值的确定

资产预计未来现金流量的现值,应当按照资产在持续使用过程中和最终处置时所产生的预计未来现金流量,选择恰当的折现率进行折现后的金额加以确定。预计资产未来现金流量的现值,需要综合考虑资产的预计未来现金流量、资产的使用寿命和折现率三个因素。其中,资产使用寿命的预计与《企业会计准则第 4 号——固定资产》《企业会计准则第 6 号——无形资产》等规定的使用寿命预计方法相同。

(一)资产未来现金流量的预计

1. 预计资产未来现金流量的基础

预计资产未来现金流量时,企业管理层应当在合理和有依据的基础上对资产剩余使用寿命内整个经济状况进行最佳估计,并将资产预计未来现金流量的估计建立在经企业管理层批准的最近财务预算或者预测数据的基础上。出于数据的可靠性和便于操作等方面的考虑,建立在财务预算或者预测基础上的预计未来现金流量最多涵盖 5 年,企业管理层如能证明更长的期间是合理的,可以涵盖更长的期间。

对于最近财务预算或者预测期之后的现金流量,企业应当以该预算或者预测期之后年份稳定的或者递减的增长率为基础进行估计。企业管理层如能证明递增的增长率是合理的,可以递增的增长率为基础进行估计,所使用的增长率除了企业能够证明更高的增长率是合

理的外,不应当超过企业经营的产品、市场、所处的行业或者所在国家或地区的长期平均增长率,或者该资产所处市场的长期平均增长率。在恰当、合理的情况下,该增长率可以是零或者负数。

在经济环境经常变化的情况下,资产的实际现金流量与预计数往往会有出入,而且预计资产未来现金流量时的假设也有可能发生变化,因此,企业管理层在每次预计资产未来现金流量时,应当分析以前期间现金流量预计数与现金流量实际数的差异情况,以评判预计当期现金流量所依据假设的合理性。通常情况下,企业管理层应当确保当期预计现金流量所依据的假设与前期实际结果相一致。

2.预计资产未来现金流量应当包括的内容

(1)资产持续使用过程中预计产生的现金流入。

(2)为实现资产持续使用过程中产生的现金流入所必需的预计现金流出(包括为使资产达到预定可使用状态所发生的现金流出)。该现金流出应当是可直接归属于或者可通过合理和一致的基础分配到资产中的现金流出,后者通常是指那些与资产直接相关的间接费用。对于在建工程、开发过程中的无形资产等,企业在预计其未来现金流量时,应当包括预期为使该类资产达到预定可使用(或可销售)状态而发生的全部现金流出数。

(3)资产使用寿命结束时,处置资产所收到或者支付的净现金流量。该现金流量应当是在公平交易中,熟悉情况的交易双方自愿进行交易时,企业预期可从资产的处置中获取的、减去预计处置费用后的金额。

3.预计资产未来现金流量应当考虑的因素

(1)以资产的当前状况为基础预计资产未来现金流量。

企业资产在使用过程中有时会因为改良、重组等原因发生变化。在预计资产未来现金流量时,企业应当以资产的当前状况为基础,不应当包括与将来可能会发生的、尚未做出承诺的重组事项或者与资产改良有关的预计未来现金流量。但是,企业未来发生的现金流出,如果是为了维持资产正常运转或者资产正常产出水平而必要的支出或者属于资产维护支出,应当在预计资产未来现金流量时将其考虑在内。

企业已经承诺重组的,在确定资产的未来现金流量现值时,预计的未来现金流入和流出数,应当反映重组所能节约的费用和由重组所带来的其他利益,以及因重组所导致的估计未来现金流出数。其中,重组所能节约的费用和由重组所带来的其他利益,通常应当根据企业管理层批准的最近财务预算或者预测数据进行估计;因重组所导致的估计未来现金流出数应当根据《企业会计准则第13号——或有事项》所确认的因重组所发生的预计负债金额进行估计。

(2)预计资产未来现金流量不应当包括筹资活动产生的现金流入或者流出以及与所得税收付有关的现金流量。

预计资产未来现金流量不应当包括筹资活动产生的现金流入或者流出,主要是因为筹资活动与经营活动性质不同,筹资活动产生的现金流量不应当纳入资产的预计未来现金流量,而且,筹集资金的货币时间价值已经通过折现因素考虑在内。预计资产未来现金流量现值采用的折现率是建立在所得税前的基础上,预计资产未来现金流量也应当以所得税前计算为基础,从而可以有效地避免计算资产预计未来现金流量的现值过程中可能出现的重复计算等问题。

（3）对通货膨胀因素的考虑应当和折现率相一致。

企业预计资产未来现金流量和折现率时,应当在一致的基础上考虑因一般通货膨胀而导致物价上涨等因素的影响。如果折现率考虑了这一影响因素,预计资产未来现金流量也应当考虑这一影响因素;如果折现率没有考虑这一影响因素,预计资产未来现金流量也不应当考虑这一影响因素。总之,在考虑通货膨胀影响因素问题上,预计资产未来现金流量和确定折现率,应当保持一致。

（4）对内部转移价格应当予以调整。

在部分企业或企业集团,出于整体发展战略的考虑,某些资产生产的产品或者其他产出可能供企业或者企业集团内部其他企业使用或者对外销售,所确定的交易价格或者结算价格建立在内部转移价格的基础上,而内部转移价格很可能与市场交易价格不同。在这种情况下,为了如实估计资产的可收回金额,企业不应当以内部转移价格为基础预计资产未来现金流量,而应当采用在公平交易中企业管理层能够达成的最佳未来价格估计数进行估计。

（5）分析以前期间现金流量数与实际数的差异情况。

预计未来现金流量,应当分析以前期间现金流量预计数与实际数的差异情况,以评判预计当期现金流量所依据的假设的合理性。通常应当确保当期预计现金流量所依据假设与前期实际结果相一致。

4.预计资产未来现金流量的方法

预计资产未来现金流量,通常应当根据资产未来期间最有可能产生的现金流量进行预测,即使用单一的未来每期预计现金流量和单一的折现率计算资产未来现金流量现值。

【例13-3】甲公司拥有剩余使用年限为3年的MN固定资产。甲公司预计在正常情况下,未来3年中,MN固定资产每年可为公司产生的净现金流量分别为:第1年2 000 000元;第2年1 000 000元;第3年200 000元。该现金流量通常即为最有可能产生的现金流量,甲公司应以该现金流量的预计数为基础计算MN固定资产的现值。

在实务中,如果影响资产未来现金流量的因素较多、不确定性较大,使用单一的现金流量可能并不能如实反映资产创造现金流量的实际情况。此时,如果采用期望现金流量法更为合理,企业应当采用期望现金流量法预计资产未来现金流量,即资产未来现金流量应当根据每期现金流量期望值进行预计,每期现金流量期望值按照各种可能情况下的现金流量乘以相应的发生概率加总计算。

【例13-4】沿用例13-3,如果MN固定资产生产的产品受市场行情波动影响较大,在产品市场行情好、一般和差三种可能情况下,产生的现金流量有较大差异。MN固定资产预计未来3年每年产生的现金流量情况见表13-1。

表13-1　各年现金流量概率分布及发生情况

单位:元

年限	市场行情好（30%可能性）	市场行情一般（60%可能性）	市场行情差（10%可能性）
第1年	3 000 000	2 000 000	1 000 000
第2年	1 600 000	1 000 000	400 000
第3年	400 000	200 000	0

在本例中，甲公司采用期望现金流量法预计资产未来现金流量更为合理，即资产未来现金流量应当根据每期现金流量期望值进行预计，每期现金流量期望值按照各种可能情况下的现金流量乘以相应的发生概率加总计算。因此，根据表 13-1 提供的信息，甲公司计算 MN 固定资产每年预计未来现金流量如下：

第 1 年预计现金流量（期望现金流量）＝3 000 000×30％＋2 000 000×60％＋1 000 000×10％＝2 200 000（元）

第 2 年预计现金流量（期望现金流量）＝1 600 000×30％＋1 000 000×60％＋400 000×10％＝1 120 000（元）

第 3 年预计现金流量（期望现金流量）＝400 000×30％＋200 000×60％＋0×10％＝240 000（元）

预计资产未来现金流量现值时，如果资产未来现金流量的发生时间不确定，企业应当根据资产在每一种情况下的现值乘以相应的发生概率加总计算。

（二）折现率的预计

在资产减值测试中，计算资产未来现金流量现值时所使用的折现率应当是反映当前市场货币时间价值和资产特定风险的税前利率。该折现率是企业在购置或者投资资产时所要求的必要报酬率。预计资产未来现金流量时，如果企业已经对资产特定风险的影响做了调整，估计折现率时不需要考虑这些特定风险；如果用于估计折现率的基础是所得税后的，应当将其调整为所得税前的折现率，以便与资产未来现金流量的估计基础相一致。

企业确定折现率时，通常应当以该资产的市场利率为依据。如果该资产的市场利率无法从市场获得，可以使用替代利率估计折现率。在估计替代利率时，企业应当充分考虑资产剩余使用寿命期间的货币时间价值和其他相关因素，如资产未来现金流量金额及其时间的预计离散程度、资产内在不确定性的定价等。如果预计资产未来现金流量已经对这些因素做了有关调整，应当予以剔除。企业在估计替代利率时，可以根据企业的加权平均资金成本、增量借款利率或者其他相关市场借款利率做适当调整后确定。调整时，应当考虑与资产预计现金流量有关的特定风险以及其他有关货币风险和价格风险等。

企业在估计资产未来现金流量现值时，通常应当使用单一的折现率。但是如果资产未来现金流量的现值对未来不同期间的风险差异或者利率的期限结构反应敏感，企业应当在未来不同期间采用不同的折现率。

（三）资产未来现金流量现值的确定

在预计资产的未来现金流量和折现率的基础上，企业将该资产的预计未来现金流量按照预计折现率在预计期限内予以折现后，即可确定该资产未来现金流量的现值。

计算公式如下：

$$资产未来现金流量的现值（PV）=\sum \frac{第\ t\ 年预计资产未来现金流量（NCF_t）}{[1+折现率（R）]^t}$$

【例 13-5】甲航运公司于 2020 年年末对一艘远洋运输船舶进行减值测试。该船舶账面价值为 320 000 000 元，预计尚可使用年限为 8 年。甲航运公司难以确定该船舶的公允价值减去处置费用后的净额，因此，需要通过计算其未来现金流量的现值确定资产的可收回金额。假定甲航运公司的增量借款利率为 15％，公司认为 15％ 是该资产的最低必要报酬率，已考虑了与该资产有关的货币时间价值和特定风险。因此,计算该船舶未来现金流量现值时,使用15%作为其折现率(所得税前)。

甲航运公司管理层批准的最近财务预算显示:公司将于2025年更新船舶的发动机系统,预计为此发生资本性支出36 000 000元,这一支出将降低船舶运输油耗、提高使用效率,因此,将显著提高船舶的运营绩效。

为了计算船舶在2020年年末未来现金流量的现值,甲航运公司首先必须预计其未来现金流量。假定公司管理层批准的2020年年末与该船舶有关的预计未来现金流量见表13-2。

表13-2 未来现金流量预计表 单位:元

年份	预计未来现金流量(不包括改良的影响金额)	预计未来现金流量(包括改良的影响金额)
2021	50 000 000	
2022	49 200 000	
2023	47 600 000	
2024	47 200 000	
2025	47 800 000	
2026	49 400 000	65 800 000
2027	50 000 000	66 320 000
2028	50 200 000	67 800 000

甲航运公司在2020年年末预计资产未来现金流量时,应当以资产的当前状况为基础,不应当考虑与该资产改良有关的预计未来现金流量,因此,尽管2025年船舶的发动机系统将进行更新从而改良资产绩效,提高资产未来现金流量,但是在2020年年末对其进行减值测试时,不应将其包括在内,即在2020年年末计算该资产未来现金流量现值时,应当以不包括资产改良影响金额的未来现金流量为基础加以计算。具体计算过程见表13-3。

表13-3 现值计算

年份	预计未来现金流量/元 (不包括改良的影响金额)	折现率15%的折现系数	预计未来现金流量现值/元
2021	50 000 000	0.869 6	43 480 000
2022	49 200 000	0.756 1	37 200 000
2023	47 600 000	0.657 5	31 300 000
2024	47 200 000	0.571 8	26 990 000
2025	47 800 000	0.497 2	23 770 000
2026	49 400 000	0.432 3	21 360 000
2027	50 000 000	0.375 9	18 800 000
2028	50 200 000	0.326 9	16 410 000
合计			219 310 000

由于在 2020 年年末,船舶的账面价值(尚未确认减值损失)为 320 000 000 元,可收回金额为 219 310 000 元,账面价值高于其可收回金额,因此,应当确认减值损失,并计提相应的资产减值准备。

应当确认的减值损失＝320 000 000－219 310 000 ＝100 690 000(元)

假定在 2021—2024 年,该船舶没有发生进一步减值的迹象,因此不必再进行减值测试,无须计算其可收回金额。2025 年发生了 36 000 000 元的资本性支出,改良了资产绩效,导致其未来现金流量增加,由于《企业会计准则第 8 号——资产减值》不允许将以前期间已经确认的长期资产减值损失予以转回,因此,在这种情况下,不必计算其可收回金额。

(四)外币未来现金流量及其现值的确定

预计资产的未来现金流量如果涉及外币,企业应当按照下列步骤确定资产未来现金流量的现值:

首先,应当以该资产所产生的未来现金流量的结算货币为基础预计其未来现金流量,并按照该货币适用的折现率计算资产预计未来现金流量的现值。

其次,将该外币现值按照计算资产未来现金流量现值当日的即期汇率进行折算,从而折算成按照记账本位币表示的资产未来现金流量的现值。

最后,在该现值基础上,将其与资产公允价值减去处置费用后的净额相比较,确定其可收回金额,再将可收回金额与资产账面价值相比较,确定是否需要确认减值损失以及确认多少减值损失。

四、资产减值损失的确定及其账务处理

(一)资产减值损失的确定

企业在对资产进行减值测试并计算确定资产的可收回金额后,如果资产的可收回金额低于账面价值,应当将资产的账面价值减记至可收回金额,减记的金额确认为资产减值损失,计入当期损益,同时计提相应的资产减值准备。资产的账面价值是指资产成本扣减累计折旧(或累计摊销)和累计减值准备后的金额。资产减值损失确认后,减值资产的折旧或者摊销费用应当在未来期间做相应调整,以使该资产在剩余使用寿命内,系统地分摊调整后的资产账面价值(扣除预计净残值)。比如,固定资产计提了减值准备后,固定资产账面价值为抵减了计提的固定资产减值准备后的金额,因此,在以后会计期间对该固定资产计提折旧时,应当以固定资产的账面价值(扣除预计净残值)为基础计算每期的折旧额。

《企业会计准则第 8 号——资产减值》规定,资产减值损失一经确认,在以后会计期间不得转回。资产报废、出售、对外投资、以非货币性资产交换方式换出、通过债务重组抵偿债务等符合资产终止确认条件的,企业应当将相关资产减值准备予以转销。

(二)资产减值损失的账务处理

企业应当设置"资产减值损失"科目,核算企业计提各项资产减值准备所形成的损失。对于固定资产、无形资产、长期股权投资等资产发生减值的,企业应当按照所确认的可收回金额低于账面价值的差额,借记"资产减值损失"科目,贷记"固定资产减值准备""无形资产减值准备""长期股权投资减值准备"等科目。

【例 13－6】沿用例 13－5,根据甲航运公司船舶减值测试结果,在 2020 年年末,船舶的账

面价值为 320 000 000 元,可收回金额为 219 310 000 元,可收回金额低于账面价值 100 690 000 元。甲航运公司应当在 2020 年年末计提固定资产减值准备,确认相应的资产减值损失。

账务处理如下:

借:资产减值损失——固定资产减值损失——船舶　　　100 690 000

贷:固定资产减值准备　　　　　　　　　　　　　　　100 690 000

第三节　资产组认定及减值处理

一、资产组的认定

如果有迹象表明一项资产可能发生减值,企业应当以单项资产为基础估计其可收回金额。在企业难以对单项资产的可收回金额进行估计的情况下,应当以该资产所属的资产组为基础确定资产组的可收回金额,并据此判断是否需要计提资产减值准备以及应当计提多少资产减值准备。因此,资产组的认定十分重要。

(一)资产组的概念

资产组是指企业可以认定的最小资产组合,其产生的现金流入应当基本上独立于其他资产或资产组产生的现金流入。资产组应当由与创造现金流入相关的资产构成。

(二)认定资产组应当考虑的因素

(1)资产组的认定,应当以资产组产生的主要现金流入是否独立于其他资产或者资产组的现金流入为依据。因此,资产组能否独立产生现金流入是认定资产组的最关键因素。比如,企业的某一生产线、营业网点、业务部门等,如果能够独立于其他部门或者单位等形成收入、产生现金流入,或者其形成的收入和现金流入绝大部分独立于其他部门或者单位,并且属于可认定的最小资产组合的,通常应将该生产线、营业网点、业务部门等认定为一个资产组。

【例 13-7】丙矿业公司拥有一个煤矿,与煤矿的生产和运输相配套,建设有一条专用铁路线。该铁路线除非报废出售,否则,其在持续使用过程中,难以脱离与煤矿生产和运输相关的资产而产生单独的现金流入。因此,丙矿业公司难以对专用铁路线的可收回金额进行单独估计。专用铁路线和煤矿其他相关资产必须结合在一起,成为一个资产组,以估计该资产组的可收回金额。

企业在认定资产组时,如果几项资产的组合生产的产品(或者其他产出)存在活跃市场,无论这些产品(或者其他产出)是用于对外出售还是仅供企业内部使用,均表明这几项资产的组合能够独立产生现金流入,在符合其他相关条件的情况下,应当将这些资产的组合认定为资产组。

【例 13-8】丁公司拥有 A、B、C 三家工厂,以生产某单一产品。A、B、C 三家工厂分别位于三个不同的国家,三个国家又位于三个不同的洲。工厂 A 生产一种组件,由工厂 B 或者工厂 C 进行组装,最终产品由工厂 B 或者工厂 C 销往世界各地,工厂 B 的产品可以在本地销售,也可以在工厂 C 所在洲销售(如果将产品从工厂 B 运到工厂 C 所在洲更方便的话)。工厂 B 和工厂 C 的生产能力合在一起尚有剩余,没有被完全利用。工厂 B 和工厂 C 生产能力的利用程度依赖于丁公司对于所销售产品在两地之间的分配。以下分别认定与工厂 A、工厂 B、工厂 C 有关的资产组。

如果工厂 A 生产的产品（即组件）存在活跃市场，则工厂 A 很可能可以认定为一个单独的资产组，原因是它生产的产品尽管主要用于工厂 B 或者工厂 C 组装销售，但是由于该产品存在活跃市场，可以产生独立的现金流量，因此，通常应当认定为一个单独的资产组。在确定其未来现金流量现值时，丁公司应当调整其财务预算或预测，按照在公平交易中对工厂 A 所生产产品未来价格的最佳估计数，而不是内部转移价格，估计工厂 A 的预计未来现金流量。

对于工厂 B 和工厂 C 而言，即使组装的产品存在活跃市场，工厂 B 和工厂 C 的现金流入依赖于产品在两地之间的分配。工厂 B 和工厂 C 的未来现金流入不可能单独地确定，但是，工厂 B 和工厂 C 组合在一起是可以认定的、可产生基本上独立于其他资产或者资产组的现金流入的资产组合。因此，工厂 B 和工厂 C 应当认定为一个资产组。在确定该资产组未来现金流量现值时，丁公司也应当调整其财务预算或预测，按照在公平交易中从工厂 A 所购买产品未来价格的最佳估计数，而不是内部转移价格，估计工厂 B 和工厂 C 的预计未来现金流量。

（2）资产组的认定，应当考虑企业管理层管理生产经营活动的方式（如是按照生产线、业务种类还是按照地区或者区域等）和对资产的持续使用或者处置的决策方式等。比如，企业各生产线都是独立生产、管理和监控的，则各生产线很可能应当认定为单独资产组；如果某些机器设备是相互关联、相互依存，且其使用和处置是一体化决策的，则这些机器设备很可能应当认定为一个资产组。

【例 13-9】A 家具制造有限公司由 M 车间和 N 车间两个生产车间组成，M 车间专门生产家具部件且该部件没有活跃市场，生产后由 N 车间负责组装并对外销售。A 家具制造有限公司对 M 车间和 N 车间资产的使用和处置等决策是一体化的。在这种情况下，M 车间和 N 车间通常应当认定为一个资产组。

（三）资产组认定后不得随意变更

资产组一经确定，在各个会计期间应当保持一致，不得随意变更，即资产组各项资产的构成通常不能随意变更。但是企业如果由于重组、变更资产用途等原因，导致资产组的构成确需变更的，企业可以进行变更，但企业管理层应当证明该变更是合理的，并应当在附注中做出说明。

二、资产组可收回金额和账面价值的确定

资产组的可收回金额应当按照该资产组的公允价值减去处置费用后的净额与其预计未来现金流量的现值两者之间较高者确定。

资产组账面价值的确定基础应当与其可收回金额的确定方式相一致。资产组的账面价值包括可直接归属于资产组与可以合理和一致地分摊至资产组的资产账面价值，通常不应当包括已确认负债的账面价值，但如不考虑该负债金额就无法确认资产组可收回金额的除外。这是因为估计资产组可收回金额时，既不包括与该资产组的资产无关的现金流量，也不包括与已在财务报表中确认的负债有关的现金流量。

资产组在处置时如要求购买者承担一项负债（如环境恢复负债等），该负债金额已经确认并计入相关资产账面价值，而且企业只能取得包括上述资产和负债在内的单一公允价值减去处置费用后的净额的，为了比较资产组的账面价值和可收回金额，在确定资产组的账面价值及其预计未来现金流量的现值时，应当将已确认的负债金额从中扣除。

【例 13 - 10】甲公司经营一座有色金属矿山,根据有关规定,公司在矿山完成开采后应当将该地区恢复原貌。弃置费用主要是山体表层复原费用(比如恢复植被等),因为山体表层必须在矿山开发前挖走。因此,甲公司在山体表层挖走后,确认了一项金额为 10 000 000 元的预计负债,并计入矿山成本。

2020 年 12 月 31 日,随着开采的进展,甲公司发现矿山中的有色金属储量远低于预期,有色金属矿山有可能发生了减值,因此,对该矿山进行了减值测试。考虑到矿山的现金流量状况,整座矿山被认定为一个资产组。该资产组在 2020 年年末的账面价值为 20 000 000 元(包括确认的恢复山体原貌的预计负债)。

甲公司如果在 2020 年 12 月 31 日对外出售矿山(资产组),买方愿意出价 16 400 000 元(包括恢复山体原貌成本,即已经扣减这一成本因素),预计处置费用为 400 000 元,因此该矿山的公允价值减去处置费用后的净额为 16 000 000 元。甲公司估计矿山的未来现金流量现值为 24 000 000 元,不包括弃置费用。

为比较资产组的账面价值和可收回金额,甲公司在确定资产组的账面价值及其预计未来现金流量现值时,应当将已确认的预计负债金额从中扣除。

在本例中,资产组的公允价值减去处置费用后的净额为 16 000 000 元,该金额已经考虑了弃置费用。该资产组预计未来现金流量现值在考虑了弃置费用后为 14 000 000 元(24 000 000 - 10 000 000)。因此,该资产组的可收回金额为 16 000 000 元。资产组的账面价值在扣除了已确认的恢复原貌预计负债后的金额为 10 000 000 元(20 000 000 - 10 000 000)。资产组的可收回金额大于其账面价值,没有发生减值,甲公司不应当确认资产减值损失。

三、资产组减值测试

资产组减值测试的原理和单项资产相同,即企业需要估计资产组(包括资产组组合)的可收回金额并计算资产组的账面价值,并将两者进行比较,如果资产组的可收回金额低于其账面价值,应当按照差额确认相应的减值损失。减值损失金额应当按照下列顺序进行分摊:

首先,抵减分摊至资产组中商誉的账面价值。

其次,根据资产组中除商誉之外的其他各项资产的账面价值所占比重,按比例抵减其他各项资产的账面价值。

以上资产账面价值的抵减,应当作为各单项资产(包括商誉)的减值损失处理,计入当期损益。抵减后的各资产的账面价值不得低于以下三者之中最高者:该资产的公允价值减去处置费用后的净额(如可确定的)、该资产预计未来现金流量的现值(如可确定的)和零。因此而导致的未能分摊的减值损失金额,应当按照相关资产组中其他各项资产的账面价值所占比重继续进行分摊。

【例 13 - 11】丙公司拥有一条生产线生产某精密仪器,该生产线由 A、B、C 三部机器构成,成本分别为 800 000 元、1 200 000 元和 2 000 000 元。使用年限均为 10 年,预计净残值均为 0,都采用年限平均法计提折旧。

2020 年,该生产线生产的精密仪器有替代产品上市,导致公司生产的精密仪器销售量锐减 40%,该生产线可能发生了减值,因此,丙公司在 2020 年 12 月 31 日对该生产线进行减值测试。假定至 2020 年 12 月 31 日,丙公司整条生产线已经使用 5 年,预计尚可使用 5 年,以前年度未计提固定资产减值准备,因此,A、B、C 三部机器在 2020 年 12 月 31 日的账面价值分别为 400 000 元、600 000 元和 1 000 000 元。

丙公司在综合分析后认为，A、B、C 三部机器均无法单独产生现金流量，但整条生产线构成完整的产销单元，属于一个资产组。丙公司估计机器 A 的公允价值减去处置费用后的净额为 300 000 元，机器 B 和机器 C 都无法合理估计其公允价值减去处置费用后的净额以及未来现金流量的现值。

丙公司估计整条生产线未来 5 年的现金流量及其恰当的折现率后，得到该生产线预计未来现金流量现值为 1 200 000 元。由于无法合理估计整条生产线的公允价值减去处置费用后的净额，丙公司以该生产线预计未来现金流量现值为其可收回金额。

在 2020 年 12 月 31 日，该生产线的账面价值为 2 000 000 元，可收回金额为 1 200 000 元，生产线的账面价值高于其可收回金额，该生产线发生了减值，应当确认减值损失 800 000 元，并将该减值损失分摊到构成生产线的 A、B、C 三部机器中。由于 A 机器的公允价值减去处置费用后的净额为 300 000 元，因此，A 机器分摊减值损失后的账面价值不应低于 300 000 元。具体分摊过程见表 13-4。

表 13-4　资产组减值损失分摊表

项目	机器 A	机器 B	机器 C	整条生产线（资产组）
账面价值/元	400 000	600 000	1 000 000	2 000 000
可收回金额/元				1 200 000
减值损失/元				800 000
减值损失分摊比例/%	20	30	50	
分摊减值损失/元	100 000*	240 000	400 000	740 000
分摊后账面价值/元	300 000	360 000	600 000	
尚未分摊的减值损失/元				60 000
二次分摊比例/%		37.50	62.50	60 000
二次分摊减值损失/元		22 500	37 500	
二次分摊后应确认减值损失总额/元		262 500	437 500	
二次分摊后账面价值/元		337 500	562 500	

注：* 按照分摊比例，机器 A 应当分摊减值损失 160 000 元（800 000×20%），但由于机器 A 的公允价值减去处置费用后的余额为 300 000 元，因此机器 A 最多只能确认减值损失 100 000 元（400 000−300 000），未能分摊的减值损失 60 000 元（160 000−100 000），应当在机器 B 和机器 C 之间进行再分摊。

根据上述计算和分摊结果，构成生产线的机器 A、机器 B 和机器 C 应当分别确认减值损失 100 000 元、262 500 元和 437 500 元，账务处理如下：

借：资产减值损失——固定资产减值损失——机器 A　　　100 000

　　　　　　　　　　　　　　　　　——机器 B　　　262 500

　　　　　　　　　　　　　　　　　——机器 C　　　437 500

　　贷：固定资产减值准备——机器 A　　　　　　　　　　　100 000

　　　　　　　　　　　——机器 B　　　　　　　　　　　262 500

　　　　　　　　　　　——机器 C　　　　　　　　　　　437 500

四、总部资产减值测试

企业总部资产包括企业集团或其事业部的办公楼、电子数据处理设备、研发中心等资产。总部资产的显著特征是难以脱离其他资产或者资产组产生独立的现金流入,其账面价值也难以完全归属于某一资产组。因此,总部资产通常难以单独进行减值测试,需要结合其他相关资产组或者资产组组合进行。资产组组合,是指由若干个资产组组成的最小资产组组合,包括资产组或者资产组组合,以及按合理方法分摊的总部资产部分。

在资产负债表日,如果有迹象表明某项总部资产可能发生减值,企业应当计算确定该总部资产所归属的资产组或者资产组组合的可收回金额,然后将其与相应的账面价值进行比较,据以判断是否需要确认资产减值损失。

企业在对某一资产组进行减值测试时,应当先认定所有与该资产组相关的总部资产,再根据相关总部资产能否按照合理和一致的基础分摊至该资产组,分下列情况进行处理。

(1)对于相关总部资产能够按照合理和一致的基础分摊至该资产组的部分,应当将该部分总部资产的账面价值分摊至该资产组,再据以比较该资产组的账面价值(包括已分摊的总部资产的账面价值部分)和可收回金额,并按照前述有关资产组减值损失处理顺序和方法处理。

(2)对于相关总部资产难以按照合理和一致的基础分摊至该资产组的,应当按照下列步骤进行处理:

首先,在不考虑相关总部资产的情况下,估计和比较资产组的账面价值和可收回金额,并按照前述有关资产组减值损失处理顺序和方法处理。

其次,认定由若干个资产组组成的最小的资产组组合,该资产组组合应当包括所测试的资产组与可以按照合理和一致的基础将该总部资产的账面价值分摊其上的部分。

最后,比较所认定的资产组组合的账面价值(包括已分摊的总部资产的账面价值部分)和可收回金额,并按照前述有关资产组减值损失处理顺序和方法处理。

【例 13-12】丁公司属于高科技企业,拥有 A、B 和 C 三条生产线,分别认定为三个资产组。在 2020 年年末,A、B、C 三个资产组的账面价值分别为 4 000 000 元、6 000 000 元和 8 000 000 元;预计剩余使用寿命分别为 10 年、20 年和 20 年,采用直线法计提折旧;不存在商誉。丁公司的竞争对手通过技术创新开发出了技术含量更高的新产品,且广受市场欢迎,从而对丁公司生产的产品产生了重大不利影响,用于生产该产品的 A、B、C 三条生产线可能发生减值,为此,丁公司于 2020 年年末对 A、B、C 三条生产线进行减值测试。

首先,丁公司在对资产组进行减值测试时,应当认定与其相关的总部资产。丁公司的生产经营管理活动由公司总部负责,总部资产包括一个研发中心和一栋办公大楼,研发中心的账面价值为 6 000 000 元,办公大楼的账面价值为 2 000 000 元。研发中心的账面价值可以在合理和一致的基础上分摊至各资产组,但是办公大楼的账面价值难以在合理和一致的基础上分摊至各相关资产组。

其次,丁公司根据各资产组的账面价值和剩余使用寿命加权平均计算的账面价值分摊比例,分摊研发中心的账面价值,具体见表 13-5。

表 13 - 5 各资产账面价值

项目	资产组 A	资产组 B	资产组 C	合计
各资产组账面价值/元	4 000 000	6 000 000	8 000 000	18 000 000
各资产组剩余使用寿命/年	10	20	20	
按使用寿命计算的权重	1	2	2	
加权计算后的账面价值/元	4 000 000	12 000 000	16 000 000	32 000 000
研发中心分摊比例(各资产组加权计算后的账面价值/各资产组加权计算后的账面价值合计)/%	12.5	37.5	50	100
研发中心账面价值分摊到各资产组的金额/元	750 000	2 250 000	3 000 000	6 000 000
包括分摊的研发中心账面价值部分的各资产组账面价值/元	4 750 000	8 250 000	11 000 000	24 000 000

最后,丁公司应当确定各资产组的可收回金额,并将其与账面价值(包括已分摊的研发中心的账面价值部分)进行比较,确定相应的资产减值损失。考虑到办公大楼的账面价值难以按照合理和一致的基础分摊至相关资产组,因此,丁公司确定由 A、B、C 三个资产组组成最小资产组组合(即为丁公司整个企业),通过计算该资产组组合的可收回金额,并将其与账面价值(包括已分摊的办公大楼和研发中心的账面价值部分)进行比较,以确定相应的资产减值损失。假定各资产组和资产组组合的公允价值减去处置费用后的净额难以确定,丁公司根据它们的预计未来现金流量现值计算其可收回金额,计算现值所用的折现率为 15%,计算过程见表13 - 6。

表 13 - 6 计算现值   单位:元

年限	资产组 A		资产组 B		资产组 C		包括办公大楼在内的最小资产组组合(丁公司)	
	未来现金流量	现值	未来现金流量	现值	未来现金流量	现值	未来现金流量	现值
1	720 000	626 112	360 000	313 056	400 000	347 840	1 560 000	1 356 576
2	1 240 000	937 564	640 000	483 904	800 000	604 880	2 880 000	2 177 568
3	1 480 000	973 100	960 000	631 200	1 360 000	894 200	4 200 000	2 761 500
4	1 680 000	960 624	1 160 000	663 288	1 760 000	1 006 368	5 120 000	2 927 616
5	1 840 000	914 848	1 280 000	636 416	2 040 000	1 010 208	5 720 000	2 843 984
6	2 080 000	899 184	1 320 000	570 636	2 240 000	968 352	6 200 000	2 680 260
7	2 200 000	826 980	1 360 000	511 224	2 400 000	902 160	6 480 000	2 435 832
8	2 200 000	719 180	1 400 000	457 660	2 520 000	823 788	6 640 000	2 170 616
9	2 120 000	602 716	1 400 000	398 020	2 600 000	739 180	6 680 000	1 899 124

年限	资产组 A		资产组 B		资产组 C		包括办公大楼在内的最小资产组组合（丁公司）	
	未来现金流量	现值	未来现金流量	现值	未来现金流量	现值	未来现金流量	现值
10	1 920 000	474 624	1 400 000	346 080	2 640 000	652 608	6 760 000	1 671 072
11			1 440 000	309 456	2 640 000	567 336	5 280 000	1 134 672
12			1 400 000	261 660	2 640 000	493 416	5 240 000	979 356
13			1 400 000	227 500	2 640 000	429 000	5 240 000	851 500
14			1 320 000	186 516	2 600 000	367 380	5 120 000	723 456
15			1 200 000	147 480	2 480 000	304 792	4 880 000	599 752
16			1 040 000	111 176	2 400 000	256 560	4 600 000	491 740
17			880 000	81 752	2 280 000	211 812	4 320 000	401 328
18			720 000	58 176	2 040 000	164 832	3 880 000	313 504
19			560 000	39 368	1 720 000	120 916	3 400 000	239 020
20			400 000	24 440	1 400 000	85 540	2 840 000	173 524
现值合计		7 934 932		6 459 008		10 951 168		28 832 000

根据表 13-6 可知，资产组 A、资产组 B、资产组 C 的可收回金额分别为 7 934 932 元、6 459 008 元和 10 951 168 元，相应的账面价值（包括分配的研发中心账面价值）分别为 4 750 000 元、8 250 000 元和 11 000 000 元，资产组 B 和资产组 C 的可收回金额均低于其账面价值，应当分别确认 1 790 992 元和 48 832 元减值损失，并将该减值损失在研发中心和资产组之间进行分摊。根据分摊结果，因资产组 B 发生减值损失 1 790 992 元而导致研发中心减值 488 452 元（1 790 992×2 250 000/8 250 000），导致资产组 B 所包括的资产发生减值 1 302 540 元（1 790 992×6 000 000/8 250 000）；因资产组 C 发生减值损失 48 832 元而导致研发中心减值 13 318 元（48 832×3 000 000/11 000 000），导致资产组 C 所包括的资产发生减值 35 514 元（48 832×8 000 000/11 000 000）。

经过上述减值测试后，资产组 A、资产组 B、资产组 C 和研发中心的账面价值分别为 4 000 000 元、4 697 460 元、7 964 486 元和 5 498 230 元，办公大楼的账面价值仍为 2 000 000 元，由此包括办公大楼在内的最小资产组组合（即丁公司）的账面价值总额为 24 160 176 元（4 000 000＋4 697 460＋7 964 486＋5 498 230＋2 000 000），但其可收回金额为 28 832 000 元，高于其账面价值，因此，丁公司不必再进一步确认减值损失（包括办公大楼的减值损失）。

根据上述计算和分摊结果，丁公司的生产线 B、生产线 C、研发中心应当分别确认减值损失 1 302 540 元、35 514 元和 501 770 元，账务处理如下：

借：资产减值损失——固定资产减值损失——生产线 B　　　　　1 302 540

　　　　　　——生产线 C　　　　　　　　　　　　　　　35 514

——研发中心	501 770
贷：固定资产减值准备——生产线B	1 302 540
——生产线C	35 514
——研发中心	501 770

思考题

1. 表明资产可能发生减值的迹象有哪些？
2. 什么是资产的处置费用？
3. 计算资产的公允价值减去处置费用后的净额时，该净额如何确定？
4. 计算预计资产未来现金流量的现值时，应综合考虑哪些因素？
5. 预计资产的未来现金流量应当考虑哪些因素？

实务练习题

1. 甲公司 2020 年年末对某资产组进行减值测试，该资产组包括 A、B、C、D、E 设备，账面价值分别为 885 万元、1 170 万元、1 425 万元、270 万元、600 万元。五个设备无法单独使用，使用寿命相同，不能单独产生现金流量，因此作为一个资产组。C 设备公允价值减去处置费用后的净额为 1 233 万元，其余四个设备的公允价值减去处置费用后的净额以及预计未来现金流量现值均无法单独确定，但甲公司确定该资产组的公允价值减去处置费用后的净额为 3 450 万元，预计未来现金流量现值为 2 850 万元。（计算结果保留两位小数）

(1) 计算资产组的减值损失。

(2) 计算 C 设备应分摊的资产组的减值损失。

(3) 分别计算 A、B、D、E 设备应分摊的资产组的减值损失。

(4) 编制资产组减值损失的会计分录。

2. A 公司在甲、乙、丙三地拥有的三家分公司的经营活动由总部负责运作。由于甲、乙、丙三家分公司均能产生独立于其他分公司的现金流入，所以该公司将这三家分公司确定为三个资产组。2020 年 12 月 1 日，企业经营所处的技术环境发生了重大不利变化，出现减值迹象，需要进行减值测试。假设总部资产的账面价值为 200 万元，能够按照各资产组账面价值的比例进行合理分摊，甲、乙、丙分公司和总部资产的使用寿命均为 20 年。减值测试时，甲、乙、丙三个资产组的账面价值分别为 320 万元、160 万元、320 万元。A 公司计算得出甲、乙、丙三个资产组的可收回金额分别为 420 万元、160 万元、380 万元。

计算甲、乙、丙三个资产组和总部资产应计提的减值准备。

3. 甲公司系生产家用电器的上市公司，实行事业部制管理，有平板电视机、洗衣机、电冰箱三个事业部，分别生产不同的家用电器，每一事业部为一个资产组。甲公司有关总部资产以及平板电视机、洗衣机、电冰箱三个事业部的资料如下：

(1) 甲公司的总部资产为一组服务器，至 2020 年年末，总部资产服务器的账面价值为 6 000 万元，预计剩余使用年限为 16 年。服务器用于平板电视机、洗衣机、电冰箱三个事业部的行政管理，由于技术已经落后，其存在减值迹象。

(2)平板电视机资产组为一生产线,该生产线由A、B、C三部机器组成。至2020年年末,A、B、C机器的账面价值分别为10 000万元、15 000万元、25 000万元,预计剩余使用年限均为4年。由于产品技术落后于其他同类产品,平板电视机资产组出现减值迹象。

经对平板电视机资产组(包括分配的总部资产,下同)未来4年的现金流量进行预测并按适当的折现率折现后,甲公司预计平板电视机资产组未来现金流量现值为42 400万元。甲公司无法合理预计平板电视机资产组公允价值减去处置费用后的净额,因A、B、C机器均无法单独产生现金流量,因此也无法预计A、B、C机器各自的未来现金流量现值。甲公司估计A机器公允价值减去处置费用后的净额为9 000万元,但无法估计B、C机器公允价值减去处置费用后的净额。

(3)洗衣机资产组为一条生产线,至2020年年末,该生产线的账面价值为7 500万元,预计剩余使用年限为16年。洗衣机资产组未出现减值迹象。

经对洗衣机资产组(包括分配的总部资产,下同)未来16年的现金流量进行预测并按适当的折现率折现后,甲公司预计洗衣机资产组未来现金流量现值为13 000万元。甲公司无法合理预计洗衣机资产组公允价值减去处置费用后的净额。

(4)电冰箱资产组为一条生产线,至2020年年末,该生产线的账面价值为10 000万元,预计剩余使用年限为8年。电冰箱资产组出现减值迹象。

经对电冰箱资产组(包括分配的总部资产,下同)未来8年的现金流量进行预测并按适当的折现率折现后,甲公司预计电冰箱资产组未来现金流量现值为10 080万元。甲公司无法合理预计电冰箱资产组公允价值减去处置费用后的净额。

(5)其他资料如下:

①全部资产均采用年限平均法计提折旧,预计净残值均为零。

②服务器按各资产组的账面价值和剩余使用年限加权平均计算的账面价值比例进行分配。

③除上述所给资料外,不考虑其他因素。

要求:

(1)计算甲公司2020年12月31日将总部资产服务器分配至平板电视机、洗衣机、电冰箱资产组的账面价值。

(2)计算各个资产组(包括分配的总部资产)应计提的减值准备,并计算各个资产组(不包括分配的总部资产)和总部资产服务器应分配的减值准备,编制总部资产减值的会计分录。

(3)计算分摊平板电视机资产组各资产的减值准备,并编制有关平板电视机资产组减值的会计分录。(金额单位用万元表示)

即测即评　　　延伸阅读

第十四章
借款费用

通过本章的学习,掌握借款费用的范围、借款费用资本化和费用化的处理原则,以及不同借款类型下借款费用的账务处理。

引导案例

渝钛白的借款费用资本化——在费用与资产之间游走

重庆渝港钛白粉股份有限公司(简称"渝钛白")主要生产和销售钛白粉。该公司1997年度报告被审计师出具了中国证券市场上有关上市公司的第一份否定意见审计报告,在审计报告中,注册会计师声称该公司1997年度应计入财务费用的借款及应付债券利息8 064万元,公司将其资本化计入了钛白粉工程成本。

1993年7月12日,渝钛白在深交所挂牌上市。公司上市时正值钛白粉项目建设期,而上市仅融资7 000万元,近10亿元的工程建设资金几乎全靠银行贷款,平均每年负担的银行利息高达8 000多万元。仅就1997年而言,为该项工程发生的借款利息及应付债券利息就有8 064万元。

钛白粉项目为国家重点项目,目标是建成年产1.5万吨硫酸法金红石型钛白粉工程,工程于1992年1月破土动工,1995年6月完成主体工程建设,8月18日投料试生产,11月20日生产出金红石型高档钛白粉产品,并经国家指定检验部门检测,质量达到国家标准。由于该钛白粉装置还不够完善和当时缺乏流动资金及与英国ICI公司合资谈判的需要,公司自1996年3月起停车整改,直至1997年7月开始批量生产。1997年度共生产出1 680吨钛白粉。

注册会计师在审计中发现并认为:从该事项的经济实质来看,工程既已投入使用,而且能够生产合格产品,创造效益,说明该工程已经达到预定可使用状态;而1997年发生的借款利息及应付债券利息8 064万元,渝钛白将其资本化计入了钛白粉工程成本,应调整计入财务费用。

而渝钛白公司则认为:钛白粉工程项目不同于一般的基建项目。一方面,钛白粉这种基础化工产品不同于普通商品,对各项技术指标的要求非常严格,需要通过反复试生产,逐步调整质量、消耗等指标,直到生产出合格的产品才能投放市场,而试生产期间的试产品性能不稳定,是不能投放市场的;另一方面,原料的腐蚀性很强,如生产钛白粉的主要原料是硫酸,一旦停工,就会淤积于管道、容器中,再次开车前,就必须进行彻底的清洗、维护,并调试设备。因此,钛白粉项目交付使用进入投资回报期、产生效益前,还有一个过渡期,即整改和试生产期间,这仍属于工程在建期。因此,项目建设期的借款利息及应付债券利息 8 064 万元理应资本化计入钛白粉工程成本。

渝钛白公司拒绝了注册会计师事务所的调整建议,最终事务所出具了否定意见的审计报告。

思考:

注册会计师为何认为 8 064 万元利息不能计入钛白粉工程成本,而应该计入财务费用?

第一节　借款费用概述

一、借款费用的含义与范围

借款费用,是指企业因借款而发生的利息、折价或溢价的摊销和辅助费用,以及因外币借款而发生的汇兑差额。对于企业发生的权益性融资费用,不应包括在借款费用中。借款费用具体包括如下内容:

(一)因借款而发生的利息

因借款而发生的利息,包括企业向银行或者其他金融机构等借入资金发生的利息、发行公司债券发生的利息以及为构建或者生产符合资本化条件的资产而发生的带息债务所承担的利息等。

(二)因借款而发生的折价或溢价的摊销

因借款而发生的折价或溢价主要指发行债券等所发生的折价或溢价。发行债券中的折价或溢价,是对债券票面利息的调整(即将债券票面利率调整为实际利率法),属于借款费用的范畴。

(三)因外币借款而发生的汇兑差额

因外币借款而发生的汇兑差额,是指由于汇率变动导致市场汇率与账面汇率出现差异,从而对外币借款的本金及其利息的记账本位币的金额产生影响的金额。外币借款相关汇率变化往往和利率变化联系在一起,因此,汇兑差额属于借款方费用的组成部分。

(四)因借款而发生的辅助费用

辅助费用,是指企业在借款过程中发生的诸如手续费、佣金等费用。这些费用是因安排借款而发生的,也属于借入资金所付出的代价,是借款费用的构成部分。

二、借款的范围

借款包括专门借款和一般借款。专门借款是指为购建或者生产符合资本化条件的资产而专门借入的款项。专门借款有明确的用途,在合同中一般会注明专门借款的用途。如某房地产企业为开发某住宅小区向银行借入专门贷款 2 亿元,某施工企业为完成某运动场馆建造向银行专门贷款 5 000 万元,均属于专门借款。

符合资本化条件的存货,主要包括房地产开发企业开发的用于对外出售的房地产开发产品、企业制造的用于对外出售的大型机械设备等,这类存货通常需要经过相当长时间的建造或者生产过程,才能达到预定可销售状态。

一般借款,是指除专门借款之外的借款。相对于专门借款而言,一般借款在借入时,其用途通常没有特指用于符合资本化条件的资产的购建或者生产。

三、符合资本化条件的资产

符合资本化条件的资产,是指需要经过相当长时间的购建或者生产活动才能达到预定可使用或者可销售状态的固定资产、投资性房地产、存货等资产。建造合同成本、确认为无形资产的开发支出等在符合条件的情况下,也可以认定为符合资本化条件的资产。"相当长时间"是指为资产的购建或者生产所必需的时间,通常为一年以上(含一年)。在实务中,如果由于人为或故意等非正常因素导致资产的购建或者生产时间相当长的,该资产不属于符合资本化条件的资产。

【例14-1】(多选题)下列各项中,属于借款费用的有(ABC)。

A.银行借款的利息　　　　　　B.债券溢价的摊销

C.债券折价的摊销　　　　　　D.发行股票的手续费

【例14-2】(单选题)企业发生的下列各项融资费用中,不属于借款费用的是(A)。

A.股票发行费用　　　　　　　B.长期借款的手续费

C.外币借款的汇兑差额　　　　D.溢价发行债券的利息调整

第二节　借款费用的确认

借款费用的确认主要解决的是将每期发生的借款费用资本化、计入相关资产的成本,还是将有关借款费用费用化、计入当期损益的问题。根据《企业会计准则第17号——借款费用》规定,企业发生的借款费用,可直接归属于符合资本化条件的资产的购建或者生产的,应当予以资本化,计入相关资产成本;其他借款费用,应当在发生时根据其发生额确认为费用,计入当期损益。

企业只有发生在资本化期间的有关借款费用,才允许资本化。资本化期间的确定是借款费用确认和计量的重要前提。

借款费用资本化期间,是指从借款费用开始资本化时点到停止资本化时点的期间,但不包括借款费用暂停资本化的期间。

一、借款费用开始资本化的时点

借款费用允许开始资本化,必须同时满足三个条件,即资产支出已经发生、借款费用已经发生、为使资产达到预定可使用或者可销售状态所必要的购建或者生产活动已经开始。这三个条件中,只要有一个条件不满足,相关借款费用就不能资本化。

(一)"资产支出已经发生"的界定

"资产支出已经发生",是指企业已经发生了支付现金、转移非现金资产和承担带息债务形式所发生的支出。其中:

(1)支付现金是指用货币资金支付符合资本化条件的资产的购建或者生产支出。

【例 14-3】某企业用现金或者银行存款购买为建造或者生产符合资本化条件的资产所需用材料,支付有关职工薪酬,向工程承包商支付工程进度款等,这些支出均属于资产支出。

(2)转移非现金资产是指企业将自己的非现金资产直接用于符合资本化条件的资产的购建或者生产。

【例 14-4】某企业将自己生产的产品,包括自己生产的水泥、钢材等,用于符合资本化条件的资产的建造或者生产,企业同时还将自己生产的产品向其他企业换取用于符合资本化条件的资产的建造或者生产所需用工程物资的,这些产品成本均属于资产支出。

(3)承担带息债务是指企业为了购建或者生产符合资本化条件的资产所需物资等而承担的带息应付款项(如带息应付票据)。

企业以赊购方式购买这些物资所产生的债务可能带息,也可能不带息。如果企业赊购这些物资承担的是不带息债务,就不应当将购买价款计入资产支出,因为该债务在偿付前不需要承担利息,也没有占用借款资金。企业只有等到实际偿付债务,发生了资源流出时,才能将其作为资产支出。如果企业赊购物资承担的是带息债务,则企业要为这笔债务付出代价,支付利息,这与企业向银行借入款项用以支付资产支出在性质上是一致的。企业为购建或者生产符合资本化条件的资产而承担的带息债务应当作为资产支出,当该带息债务发生时,视同资产支出已经发生。

【例 14-5】某企业因建设长期工程所需,于 2020 年 3 月 1 日购入一批工程用物资,开出一张 10 万元的带息银行承兑汇票,期限为 6 个月,票面年利率为 6%。对于该事项,企业尽管没有为工程建设的目的直接支付现金,但承担了带息债务,所以应当将 10 万元的购买工程用物资款作为资产支出,自 3 月 1 日开出承兑汇票开始即表明资产支出已经发生。

(二)"借款费用已经发生"的界定

借款费用已经发生,是指企业已经发生了因购建或者生产符合资本化条件的资产而专门借入款项的借款费用或者所占用的一般借款的借款费用。

【例 14-6】某企业于 2021 年 1 月 1 日为建造一幢建设期为 2 年的厂房,从银行专门借入款项 5 000 万元,当日开始计息。在 2021 年 1 月 1 日即应当认为借款费用已经发生。

(三)"为使资产达到预定可使用或者可销售状态所必要的购建或者生产活动已经开始"的界定

为使资产达到预定可使用或者可销售状态所必要的购建或者生产活动已经开始,是指符合资本化条件的资产的实体建造或者生产工作已经开始,如主体设备的安装、厂房的实际开工建造等。它不包括仅仅持有资产但没有发生为改变资产形态而进行的实质上的建造或者生产活动。

【例 14-7】某企业为了建设厂房购置了建筑用地,但是尚未开工兴建房屋,有关房屋实体建造活动也没有开始,在这种情况下即使企业为了购置建筑用地已经发生了支出,也不应当将其认为为使资产达到预定可使用状态所必要的购建活动已经开始。

二、借款费用暂停资本化的时间

符合资本化条件的资产在购建或者生产过程中发生非正常中断且中断时间连续超过 3 个月的,应当暂停借款费用的资本化。中断的原因必须是非正常中断,属于正常中断的,相关借款费用仍可资本化。在实务中,企业应当遵循"实质重于形式"等原则来判断借款费用暂停资本化的时间,如果相关资产购建或者生产的中断时间较长而且满足其他规定条件的,相关借款费用应当暂停资本化。

【例14-8】某企业于2020年1月1日利用专门借款开工兴建一幢办公楼,支出已经发生,因此借款费用从当日起开始资本化。工程预计于2021年1月1日完工。2020年5月15日,由于工程施工发生了安全事故,导致工程中断,直到9月10日才复工。该中断就属于非正常中断,因此,上述专门借款在5月15日至9月10日间所发生的借款费用不应资本化,而应作为财务费用计入当期损益。

非正常中断,通常是由于企业管理决策上的原因或者其他不可预见的原因等所导致的中断。比如,企业因与施工方发生了质量纠纷,或者工程、生产用料没有及时供应,或者资金周转发生了困难,或者施工、生产发生了安全事故,或者发生了与资产购建、生产有关的劳动纠纷等原因,导致资产购建或者生产活动发生中断,均属于非正常中断。

非正常中断与正常中断显著不同。正常中断通常仅限于因购建或者生产符合资本化条件的资产达到预定可使用或者可销售状态所必要的程序,或者事先可预见的不可抗力因素导致的中断。比如,某些工程建造到一定阶段必须暂停下来进行质量或者安全检查,检查通过后才可继续下一阶段的建造工作,这类中断是在施工前可以预见的,而且是工程建造必须经过的程序,属于正常中断。某些地区的工程在建造过程中,由于可预见的不可抗力因素(如雨季或冰冻季节等原因)导致施工出现停顿,也属于正常中断。

【例14-9】某企业在北方某地建造某工程期间,遇上冰冻季节(通常为6个月),工程施工因此中断,待冰冻季节过后方能继续施工。由于该地区在施工期间出现较长时间的冰冻为正常情况,由此导致的施工中断是可预见的不可抗力因素导致的中断,属于正常中断。在正常中断期间所发生的借款费用可以继续资本化,计入相关资产的成本。

三、借款费用停止资本化的时点

购建或者生产符合资本化条件的资产达到预定可使用或者可销售状态时,借款费用应当停止资本化。

(1)如果所购建或者生产的符合资本化条件的资产的各部分分别建造、分别完工的,企业应当区别情况界定借款费用停止资本化的时点。所购建或者生产的符合资本化条件的资产的各部分分别完工,且每部分在其他部分继续建造或者生产过程中可供使用或者可对外销售,且为使该部分资产达到预定可使用或者可销售状态所必要的购建或者生产活动实质上已经完成的,应当停止与该部分资产相关的借款费用的资本化,因为该部分资产已经达到了预定可使用或者可销售状态。

【例14-10】某企业利用借入资金建造由若干幢厂房组成的生产车间,每幢厂房完工时间不一样,但每幢厂房在其他厂房继续建造期间均可单独使用。在这种情况下,当其中的一幢厂房完工并达到预定可使用状态时,企业应当停止该幢厂房相关借款费用的资本化。

【例14-11】ABC公司借入一笔款项,于2019年2月10日采用出包方式开工兴建一幢办公楼。2020年10月10日工程全部完工,达到合同要求。10月30日工程验收合格,11月15日办理工程竣工结算,11月20日完成全部资产移交手续,12月1日办公楼正式投入使用。

在本例中,企业应当将 2020 年 10 月 10 日确定为工程达到预定可使用状态的时点,作为借款费用停止资本化的时点。后续的工程验收日、竣工结算日、资产移交日和投入使用日均不应作为借款费用停止资本化的时点,否则会导致资产价值和利润的高估。

(2)如果企业购建或者生产的资产的各部分分别完工,但必须等到整体完工后才可使用或者对外销售的,应当在该资产整体完工时停止借款费用的资本化。在这种情况下,即使各部分资产已经完工,也不能够认为该部分资产已经达到了预定可使用或者可销售状态,企业只能在所购建固定资产整体完工时,才能认为资产已经达到了预定可使用或者可销售状态,借款费用方可停止资本化。

【例 14-12】某企业建设某一涉及数项工程的钢铁冶炼项目,每个单项工程都是根据各道冶炼工序设计建造的,只有在每项工程都建造完毕后,整个冶炼项目才能正式运转,达到生产和设计要求,每一个单项工程完工后不应认为资产已经达到了预定可使用状态,只有等到整个冶炼项目全部完工,达到预定可使用状态时,才停止借款费用的资本化。

(3)在符合资本化条件的资产的实际购建或者生产过程中,如果所购建或者生产的符合资本化条件的资产分别建造、分别完工,企业应当遵循"实质重于形式"原则。

第三节 借款费用的计量

一、借款利息资本化金额的确定

在借款费用资本化期间,每一个会计期间的利息资本化金额,应当按照下列规定确定:

(1)为购建或者生产符合资本化条件的资产而借入专门借款的,应当以专门借款当期实际发生的利息费用,减去将尚未动用的借款资金存入银行取得的利息收入或进行暂时性投资取得的投资收益后的金额,确定专门借款应予资本化的利息金额。

(2)为购建或者生产符合资本化条件的资产而占用了一般借款的,企业应当根据累计资产支出超过专门借款部分的资产支出加权平均数乘以所占用一般借款的资本化率,计算确定一般借款应予资本化的利息金额。资本化率应当根据一般借款加权平均利率计算确定。

(3)每一会计期间的利息资本化金额,不应当超过当期相关借款实际发生的利息金额。

企业在确定每期利息(包括折价或溢价的摊销)资本化金额时,应当首先判断符合资本化条件的资产在购建或者生产过程所占用的资金来源。如果所占用的资金是专门借款资金,则应当在资本化期间内,根据每期实际发生的专门借款利息费用,确定应予资本化的金额。在企业将闲置的专门借款资金存入银行取得利息收入或者进行暂时性投资获取投资收益的情况下,企业还应当将这些相关的利息收入或者投资收益从资本化金额中扣除,以如实反映符合资本化条件的资产的实际成本。

【例 14-13】甲公司于 2019 年 1 月 1 日正式动工兴建一幢厂房,工期预计为 1 年 6 个月,工程采用出包方式,分别于 2019 年 1 月 1 日、2019 年 7 月 1 日和 2020 年 1 月 1 日支付工程进度款。

甲公司为建造厂房于 2019 年 1 月 1 日专门借款 2 000 万元,借款期限为 3 年,年利率为6%。另外在 2019 年 7 月 1 日又专门借款 4 000 万元,借款期限为 5 年,年利率为 7%。借款利息按年支付(如无特别说明,本章例题中名义利率与实际利率均相同)。闲置借款资金均用于固定收益债券短期投资,该短期投资月收益率为 0.5%。厂房于 2020 年 6 月 30 日完工,达到预定可使用状态。甲公司为建造该厂房的支出金额如表 14-1 所示。

表 14-1　甲公司为建造厂房的支出金额　　　　　　　　　　　单位:万元

日期	每期资产支出金额	累计资产支出金额	闲置借款资金用于短期投资金额
2019 年 1 月 1 日	1 500	1 500	500
2019 年 7 月 1 日	2 500	4 000	2 000
2020 年 1 月 1 日	1 500	5 500	500
总计	5 500	—	3 000

由于甲公司使用了专门借款建造厂房,而且厂房建造支出没有超过专门借款金额,因此公司 2019 年、2020 年为建造厂房应予资本化的利息金额计算如下:

(1)确定借款费用资本化期间为 2019 年 1 月 1 日至 2020 年 6 月 30 日。

(2)计算在资本化期间内专门借款实际发生的利息金额。

2019 年专门借款发生的利息金额 $= 2\,000 \times 6\% + 4\,000 \times 7\% \times 6/12 = 260$(万元)

2020 年 1 月 1 日—6 月 30 日专门借款发生的利息金额 $= 2\,000 \times 6\% \times 6/12 + 4\,000 \times 7\% \times 6/12 = 200$(万元)

(3)计算在资本化期间内利用闲置的专门借款资金进行短期投资的收益。

2019 年短期投资收益 $= 500 \times 0.5\% \times 6 + 2\,000 \times 0.5\% \times 6 = 75$(万元)

2020 年 1 月 1 日—6 月 30 日短期投资收益 $= 500 \times 0.5\% \times 6 = 15$(万元)

(4)由于在资本化期间,专门借款利息费用的资本化金额应当以其实际发生的利息费用减去将闲置的借款资金进行短期投资取得的投资收益后的金额确定,因此公司的利息资本化金额计算如下:

公司 2019 年的利息资本化金额 $= 260 - 75 = 185$(万元)

公司 2020 年的利息资本化金额 $= 200 - 15 = 185$(万元)

有关账务处理如下:

2019 年 12 月 31 日

借:在建工程　　　　　　　　　　　1 850 000

　　应收利息(或银行存款)　　　　　750 000

　　贷:应付利息　　　　　　　　　　　　2 600 000

2020 年 6 月 30 日

借:在建工程　　　　　　　　　　　1 850 000

　　应收利息(或银行存款)　　　　　150 000

　　贷:应付利息　　　　　　　　　　　　2 000 000

企业在购建或者生产符合资本化条件的资产时,如果专门借款资金不足而占用了一般借款资金的,或者企业为购建或者生产符合资本化条件的资产并没有借入专门借款,而占用的都是一般借款资金,企业应当根据为购建或者生产符合资本化条件的资产而发生的累计资产支出超过专门借款部分的资产支出加权平均数乘以所占用一般借款的资本化率,计算确定一般借款应予资本化的利息金额。

资本化率应当根据一般借款加权平均利率计算确定。如果符合资本化条件的资产的购建或者生产没有借入专门借款，则应以累计资产支出加权平均数为基础计算所占用的一般借款利息资本化金额。即企业占用一般借款资金购建或者生产符合资本化条件的资产时，一般借款的借款费用的资本化金额的确定应当与资产支出相挂钩。

【例14-14】沿用例14-13，假定甲公司为建造厂房于2019年1月1日专门借款2000万元，借款期限为3年，年利率为6%。除此之外，没有其他专门借款。在厂房建造过程中占用了两笔一般借款，具体资料如下：

(1)向A银行长期贷款2000万元，期限为2018年12月1日至2023年12月1日，年利率为6%，按年支付利息。

(2)发行公司债券1亿元，于2018年1月1日发行，期限为5年，年利率为8%，按年支付利息。假定全年按360天计算。

其他相关资料均同例14-13。

在这种情况下，甲公司应当首先计算专门借款利息的资本化金额，然后计算所占用一般借款利息的资本化金额。具体如下：

(1)计算专门借款利息资本化金额。

2019年专门借款利息资本化金额＝2000×6%－500×0.5%×6＝105(万元)

2020年专门借款利息资本化金额＝2000×6%×180/360＝60(万元)

(2)计算一般借款资本化金额。

在建造厂房过程中，自2019年7月1日起已经有2000万元占用了一般借款，另外，2020年1月1日支出的1500万元也占用了一般借款。计算这两笔资产支出的加权平均数如下：

2019年占用了一般借款的资产支出加权平均数＝2000×180/360＝1000(万元)

一般借款利息资本化率(年)＝(2000×6%＋10000×8%)/(2000＋10000)＝7.67%

2019年应予资本化的一般借款利息金额＝1000×7.67%＝76.70(万元)

2020年占用了一般借款的资产支出加权平均数＝(2000＋1500)×180/360＝1750(万元)

2020年应予资本化的一般借款利息金额＝1750×7.67%＝134.23(万元)

(3)根据上述计算结果，公司建造厂房应予资本化的利息金额如下：

2019年利息资本化金额＝105＋76.70＝181.70(万元)

2020年利息资本化金额＝60＋134.23＝194.23(万元)

(4)有关账务处理如下：

2019年12月31日

借：在建工程	1 817 000	
财务费用	8 433 000	
应收利息(或银行存款)	150 000	
贷：应付利息		10 400 000

注：2019年实际借款利息＝2000×6%＋2000×6%＋10000×8%＝1040(万元)

2020年6月30日

借：在建工程	1 942 300	
财务费用	3 257 700	

贷：应付利息　　　　　　　　　　　　　　5 200 000

注：2020 年 1 月 1 日至 6 月 30 日的实际借款利息＝1 040/2＝520（万元）

二、外币专门借款汇兑差额资本化金额的确定

企业为购建或者生产符合资本化条件的资产所借入的专门借款为外币借款时，由于企业取得外币借款日、使用外币借款日和会计结算日往往并不一致，而外汇汇率又在随时发生变化，因此，外币借款会产生汇兑差额。相应地，在借款费用资本化期间内，为购建固定资产而专门借入的外币借款所产生的汇兑差额，是购建固定资产的一项代价，应当予以资本化，计入固定资产成本。出于简化核算的考虑，《企业会计准则第 17 号——借款费用》规定，在资本化期间内，外币专门借款本金及其利息的汇兑差额，应当予以资本化，计入符合资本化条件的资产的成本。而除外币专门借款之外的其他外币借款本金及其利息所产生的汇兑差额应当作为财务费用，计入当期损益。

【例 14－15】甲公司于 2019 年 1 月 1 日，为建造某工程项目专门以面值发行美元公司债券 1 000 万美元，年利率为 8％，期限为 3 年，假定不考虑与发行债券有关的辅助费用、未支出专门借款的利息收入或投资收益。合同约定，每年 1 月 1 日支付利息，到期还本。

工程于 2019 年 1 月 1 日开始实体建造，2020 年 6 月 30 日完工，达到预定可使用状态，此期间发生的资产支出如下：

2019 年 1 月 1 日，支出 200 万美元；

2019 年 7 月 1 日，支出 500 万美元；

2020 年 1 月 1 日，支出 300 万美元。

公司的记账本位币为人民币，外币业务采用外币业务发生时当日的市场汇率折算。相关汇率如下：

2019 年 1 月 1 日，市场汇率为 1 美元＝7.70 元人民币；

2019 年 12 月 31 日，市场汇率为 1 美元＝7.75 元人民币；

2020 年 1 月 1 日，市场汇率为 1 美元＝7.77 元人民币；

2020 年 6 月 30 日，市场汇率为 1 美元＝7.80 元人民币。

本例中，公司计算外币借款汇兑差额资本化金额如下：

（1）计算 2019 年汇兑差额资本化金额。

①债券应付利息＝1 000×8％×7.75＝620（万元）

账务处理：

借：在建工程　　　　　　　　　　　　　　6 200 000

　贷：应付利息　　　　　　　　　　　　　6 200 000

②外币债券本金及利息汇兑差额＝1 000×（7.75－7.70）－1 000×8％×（7.75－7.75）＝50（万元）

账务处理：

借：在建工程　　　　　　　　　　　　　　500 000

　贷：应付债券　　　　　　　　　　　　　500 000

（2）2020 年 1 月 1 日实际支付利息时，应当支付 80 万美元，折算成人民币为 621.60 万元。该金额与原账面金额之间的差额 1.60 万元应当继续予以资本化，计入在建工程成本。账务处理如下：

借：应付利息   6 200 000

 在建工程   16 000

  贷：银行存款   6 216 000

(3)计算 2020 年 6 月 30 日的汇兑差额资本化金额。

①债券应付利息＝$1\,000\times8\%\times1/2\times7.80＝312$(万元)

账务处理：

借：在建工程   3 120 000

  贷：应付利息   3 120 000

②外币债券本金及利息汇兑差额＝$1\,000\times(7.80－7.75)－1\,000\times8\%\times1/2\times(7.80－7.80)＝$ 50(万元)

账务处理：

借：在建工程   500 000

  贷：应付债券   500 000

思考题

1.借款费用的范围有哪些？

2.什么是符合资本化条件的资产？

3.什么是借款费用开始资本化的时点？

4.什么是借款费用暂停资本化的时间？

5.什么是借款费用停止资本化的时点？

实务练习题

1.为扩大生产规模,大海公司于 2018 年 1 月 1 日动工兴建一条生产线,工程采用出包方式。工程于 2019 年 6 月 30 日完工,达到预定可使用状态。

(1)大海公司为建造该生产线于 2018 年 1 月 1 日取得专门借款 4 000 万元,借款期限为 3 年,年利率为 8%,按年支付利息。除此之外,无其他专门借款(借款不足的,占用自有资金)。闲置专门借款资金存入银行的年利率为 4%,按年计提利息。

(2)大海公司建造工程资产支出如下:2018 年 1 月 1 日,支出 2 500 万元;2018 年 7 月 1 日,支出 1 000 万元;2019 年 1 月 1 日,支出 800 万元。

(3)大海公司为建造该生产线领用一批原材料,成本为 200 万元,人工成本为 60 万元,除此之外无其他支出。

(4)该生产线预计使用寿命为 25 年,预计净残值为 0,采用双倍余额递减法计提折旧。

(5)2020 年 12 月 31 日,该生产线由于市场原因,未来现金流量现值为 4 400 万元,公允价值扣减处置费用后的净额为 4 420 万元。

要求:

(1)分别计算 2018 年和 2019 年专门借款利息资本化金额,并编制相关会计分录。

(2)计算 2019 年 6 月 30 日大海公司所建造生产线的入账价值。

(3)计算 2020 年该生产线计提的折旧额。

(4)分析判断 2020 年 12 月 31 日该生产线是否发生减值,并说明理由。

(答案中的金额单位用万元表示)

2.甲公司经批准于 2019 年 1 月 1 日以 5 010 万元的价格(不考虑相关税费)发行面值总额为 5 000 万元的可转换公司债券,筹集资金专门用于某工程项目,工程项目于当日开工。

(1)该可转换公司债券期限为 3 年,票面年利率为 5%,实际年利率为 6%。自 2020 年起,每年 1 月 1 日支付上年度利息。自 2020 年 1 月 1 日起,该可转换公司债券持有人可以申请按债券面值转为甲公司的普通股股票(每股面值为 1 元),初始转换价格为每股 10 元,即按债券面值每 10 元转换 1 股股票。

2020 年 1 月 1 日甲公司支付了上年度的利息,且债券持有者于当日将可转换公司债券全部转为甲公司的普通股股票,相关手续已于当日办妥。

(2)2019 年 1 月 1 日,支出 2 000 万元;2019 年 5 月 1 日,支出 2 600 万元。2019 年 8 月 1 日,发生安全事故导致人员伤亡,工程停工。2020 年 1 月 1 日,工程再次开工,并于当日发生支出 600 万元。2020 年 12 月 31 日,工程验收合格,试生产出合格产品。专门借款未动用部分用于短期投资,月收益率为 0.5%。

其他资料:$(P/A,6\%,3)=2.673\,0$;$(P/F,6\%,3)=0.839\,6$。

要求:

(1)编制 2019 年 1 月 1 日发行可转换公司债券的会计分录。

(2)判断该在建工程的资本化期间并说明理由。

(3)计算 2019 年专门借款应予资本化的金额,并编制与利息费用相关的会计分录。

(4)编制 2020 年 1 月 1 日支付债券利息及可转换公司债券转为甲公司普通股有关的会计分录。

即测即评　　延伸阅读

第十五章
或有事项

学习目标

通过本章的学习,了解或有事项的概念和分类;掌握或有事项会计业务处理原理;掌握不同条件下或有事项会计核算方法。

引导案例

某企业在 2015 年 9 月受台风天气影响发生一起海上货物运输风险事件,导致成本单价为 2 600 元/吨的 1.3 万吨小麦受损,事发后该企业立即向投保运输险的保险公司发起理赔申请,保险查勘人员定损后于次月给出了每吨 550 元的赔付标准,赔偿金额合计 715 万元。该企业于 11 月将受损小麦以 2 100 元/吨向市场销售,而保险公司以定损时企业未提供充分信息使其做出错误赔偿标准为由,迟迟不履行赔付责任。2015 年 12 月 31 日,企业将该批小麦购买成本与销售收入的差价 650 万元确认为应向保险公司主张的其他应收款。2016 年 5 月,企业将保险公司告上法庭,当地海事法院一审判决企业胜诉,要求保险公司履行上述赔偿责任,并承担律师费、诉讼费及延迟赔付期间的利息等共计 810 万元。但保险公司对一审判决不服,于当年 11 月提起上诉。因此,截至 2016 年 12 月 31 日,该企业存在一起未决诉讼事项。2017 年 2 月某会计师事务所对该企业进行 2016 年度年报审计时发现了上述未决诉讼事项,认为虽然企业一审胜诉,但保险公司提出了二审上诉,因此企业确认的 650 万元其他应收款具有较大不确定性,且将其归类为未决诉讼这一或有事项产生的或有资产,按照谨慎性原则,不得在资产负债表内确认,而应计入当期的营业外支出,确认为损失。企业对该调整事项提出了异议,不予认可。2018 年 6 月,二审法院将上述案件退回当地海事法院,要求重审;当年 12 月,双方经庭外调解,最终达成赔偿 700 万元的协议,并于当月 25 日履约到账。

资料来源:江玲.未决诉讼中或有事项双方的表内确认与表外披露问题:来自年报审计的一场争议[J].财务与金融,2019(4):38-41.

思考:

上述案例涉及哪些会计事项? 这些会计事项处理的依据是什么? 如何进行相应的会计处理?

第一节　或有事项概述

一、或有事项的概念及特征

企业在经营活动中有时会面临诉讼、仲裁、债务担保、产品质量保证、重组等具有较大不确定性的经济事项。这些不确定事项对企业的财务状况和经营成果可能会产生较大的影响。《企业会计准则第 13 号——或有事项》规范了或有事项的确认、计量和相关信息的披露，及时反映或有事项对企业潜在的财务影响，以及企业可能因此承担的风险。

《企业会计准则第 13 号——或有事项》规定，或有事项是指过去的交易或者事项形成的，其结果须由某些未来事项的发生或不发生才能决定的不确定事项。常见的或有事项主要包括未决诉讼或未决仲裁、债务担保、产品质量保证（含产品安全保证）、亏损合同、重组义务、环境污染整治、承诺等。或有事项具有以下特征：

（一）或有事项是由过去的交易或者事项形成的

或有事项作为一种不确定事项，是由过去的交易或者事项形成的，其结果须由某些未来事项的发生或不发生才能决定的不确定事项。或有事项的现存状况是过去交易或者事项引起的客观存在。例如，未决诉讼虽然是正在进行中的诉讼，但该诉讼是企业因过去的经济行为导致起诉其他单位或被其他单位起诉，这是现存的一种状况。

由于或有事项具有因过去的交易或者事项而形成这一特征，未来可能发生的自然灾害、交通事故、经营亏损等事项，不属于《企业会计准则第 13 号——或有事项》规范的或有事项。

（二）或有事项的结果具有不确定性

或有事项的结果具有不确定性，是指或有事项的结果是否发生具有不确定性或者或有事项的结果预计将会发生，但发生的具体时间或金额具有不确定性。例如有些未决诉讼，被告是否会败诉，在案件审理过程中有时是难以确定的，需要根据法院判决情况加以确定。再如，某企业因生产排污治理不力并对周围环境造成污染而被起诉，如无特殊情况，该企业很可能败诉。但是，在诉讼成立时，该企业因败诉将支出多少金额，或者何时将发生这些支出，可能是难以确定的。

（三）或有事项的结果须由未来事项决定

由未来事项决定，是指或有事项的结果只能由未来不确定事项的发生或不发生才能决定。或有事项对企业是有利影响还是不利影响，或已知是有利影响或不利影响但影响多大，在或有事项发生时是难以确定的，只能由未来不确定事项的发生或不发生才能证实。例如，企业为其他单位提供债务担保，该担保事项最终是否会要求企业履行偿还债务的连带责任，一般只能看被担保方的未来经营情况和偿债能力。如果被担保方经营情况和财务状况良好且有较好的信用，那么企业将不需要履行该连带责任。只有在被担保方到期无力还款时，企业（担保方）才承担偿还债务的连带责任。

或有事项与不确定性联系在一起，但会计处理过程中存在的不确定性并不都形成《企业会计准则第 13 号——或有事项》所规范的或有事项，企业应当按照或有事项的定义和特征进行判断。例如，折旧的提取虽然涉及对固定资产净残值和使用寿命的估计，具有一定的不确定性，但固定资产原值是确定的，其价值最终会转移到成本或费用中也是确定的，因此折旧不是或有事项。

二、或有事项形成或有负债和或有资产

或有事项的结果可能会产生预计负债、或有负债或者或有资产等。其中,预计负债属于负债的范畴,一般符合负债的确认条件而应予确认;随着某些未来事项的发生或者不发生,或有负债可能转化为企业的预计负债,或者消失;或有资产也有可能形成企业的资产或者消失。

(一)或有负债

或有负债,是指过去的交易或者事项形成的潜在义务,其存在须通过未来不确定事项的发生或不发生予以证实;或过去的交易或者事项形成的现时义务,履行该义务不是很可能导致经济利益流出企业或该义务的金额不能可靠计量。

或有负债涉及两类义务:一类是潜在义务;另一类是现时义务。

潜在义务是指结果取决于不确定未来事项的可能义务。也就是说,潜在义务最终是否转变为现时义务,由某些未来不确定事项的发生或不发生才能决定。或有负债作为一项潜在义务,其结果如何只能由未来不确定事项的发生或不发生来证实。

现时义务是指企业在现行条件下已承担的义务。作为或有负债的现时义务,其特征是:该现时义务的履行不是很可能导致经济利益流出企业,或者该现时义务的金额不能可靠地计量。其中,"不是很可能导致经济利益流出企业",是指该现时义务导致经济利益流出企业的可能性不超过 50%(含 50%);"金额不能可靠地计量"是指,该现时义务导致经济利益流出企业的金额难以合理预计,现时义务履行的结果具有较大的不确定性。

【例 15-1】2020 年 4 月,B 公司从银行贷款 100 万美元,期限 1 年,由 A 公司担保 50%;2020 年 6 月,C 公司通过银行从 G 公司贷款人民币 1 000 万元,期限 2 年,由 A 公司全额担保。

2020 年 12 月 31 日,B 公司因政策影响和内部管理不善等原因,经营效益不如以往,可能不能偿还到期美元债务;C 公司经营情况良好,预期不存在还款困难。

本例中,对 B 公司而言,A 公司可能需履行连带责任;就 C 公司而言,A 公司履行连带责任的可能性极小。这两项债务担保形成 A 公司的或有负债,不符合预计负债的确认条件,A 公司应当在 2020 年 12 月 31 日的财务报表附注中披露相关债务担保的被担保单位、担保金额及财务影响等。

(二)或有资产

或有资产,是指过去的交易或者事项形成的潜在资产,其存在须通过未来不确定事项的发生或不发生予以证实。

或有资产作为一种潜在资产,其结果具有较大的不确定性,只有随着经济情况的变化,通过某些未来不确定事项的发生或不发生才能证实其是否会形成企业真正的资产。例如,甲企业向法院起诉乙企业侵犯了其专利权。法院尚未对该案件进行公开审理,甲企业是否胜诉尚难判断。对于甲企业而言,将来可能胜诉而获得的赔偿属于一项或有资产,但这项或有资产是否会转化为真正的资产,要由法院的判决结果确定。如果终审判决结果是甲企业胜诉,那么这项或有资产就转化为甲企业的一项资产。如果终审判决结果是甲企业败诉,那么或有资产就消失了。或有资产一般不会形成甲企业的资产。

(三)或有负债和或有资产转化为预计负债和资产

或有负债和或有资产不符合负债或资产的定义和确认条件,企业不应当确认为或有负债

和或有资产,而应当按照《企业会计准则第 13 号——或有事项》的规定进行相应的披露。

但是,影响或有负债和或有资产的多种因素处于不断变化之中,企业应当持续地对这些因素予以关注。随着时间的推移和事态的进展,或有负债对应的潜在义务可能转化为现时义务,原本不是很可能导致经济利益流出的现时义务也可能被证实将很可能导致经济利益流出,并且现时义务的金额也能够可靠地计量。在这种情况下,或有负债就转化为企业的预计负债,应当予以确认。或有资产也是一样,其对应的潜在资产最终是否能够流入企业会逐渐变得明确,如果某一时点企业基本确定能够收到这项潜在资产并且其金额能够可靠地计量,则应当将其确认为企业的资产。

第二节 或有事项的确认和计量

或有事项的确认和计量主要是指预计负债的确认和计量。或有事项形成的或有资产只有在企业基本确定能够收到的情况下,才转变为真正的资产,从而应当予以确认。

一、预计负债的确认条件

与或有事项相关的义务同时满足下列条件的,应当确认为预计负债:①该义务是企业承担的现时义务;②履行该义务很可能导致经济利益流出企业;③该义务的金额能够可靠地计量。

(一)该义务是企业承担的现时义务

该义务是企业承担的现时义务,是指与或有事项相关的义务是在企业当前条件下已承担的义务,企业没有其他的选择,只能履行该现时义务。通常情况下,过去的事项是否导致现时义务是比较明确的,但也存在极少情况,如法律诉讼,特定事项是否已发生或这些事项是否已产生了一项现时义务可能难以确定,企业应当考虑包括资产负债表日后所有可获得的证据、专家意见等,以此确定资产负债表日是否存在现时义务。如果据此判断,资产负债表日很可能存在现时义务,且符合预计负债确认条件的,应当确认一项预计负债;如果资产负债表日现时义务很可能不存在,企业应披露一项或有负债,除非含有经济利益的资源流出企业的可能性极小。

《企业会计准则第 13 号——或有事项》所指的义务包括法定义务和推定义务。其中,法定义务,是指因合同、法规或其他司法解释等产生的义务,通常是企业在经济管理和经济协调中,依照经济法律、法规的规定必须履行的责任。比如,企业与另外企业签订购货合同产生的义务,就属于法定义务。从事矿山开采、建筑施工、危险品生产以及道路交通运输等高危行业的企业,按照国家有关规定提取的安全费,就属于法定义务。如果拟定中的新法律的具体条款还未最终确定,并且仅当该法律基本确定会按草拟的文本颁布时才形成义务,该义务应视为法定义务。

推定义务,是指因企业的特定行为而产生的义务。企业的特定行为,泛指企业以往的习惯做法、已公开的承诺或已公开宣布的经营政策。由于以往的习惯做法,或通过这些承诺或公开的声明,企业向外界表明了它将承担特定的责任,从而使受影响的各方形成了其将履行那些责任的合理预期。例如,甲公司是一家化工企业,因扩大经营规模,到 A 国创办了一家分公司。假定 A 国尚未针对甲公司这类企业的生产经营可能产生的环境污染制定相关法律,因而甲公司的分公司对在 A 国生产经营可能产生的环境污染不承担法定义务。但是甲公司为在 A 国树立良好的形象,自行向社会公告,宣称将对生产经营可能产生的环境污染进行治理。甲公司的分公司为此承担的义务就属于推定义务。

义务通常涉及指向的另一方。没有必要知道义务指向的另一方的身份,实际上义务可能是对公众承担的。通常情况下,义务总是涉及对另一方的承诺,但是管理层或董事会的决定在资产负债表日并不一定形成推定义务,除非该决定在资产负债表日之前已经以一种相当具体的方式传达给受影响的各方,使各方形成了企业将履行其责任的合理预期。

(二)履行该义务很可能导致经济利益流出企业

履行该义务很可能导致经济利益流出企业,是指履行与或有事项相关的现时义务时,导致经济利益流出企业的可能性超过50%但小于或等于95%。

企业因或有事项承担了现时义务,并不说明该现时义务很可能导致经济利益流出企业。例如,2020年5月1日,甲企业与乙企业签订协议,承诺为乙企业的2年期银行借款提供全额担保。对于甲企业而言,由于担保事项而承担了一项现时义务,但这项义务的履行是否很可能导致经济利益流出企业,需依据乙企业的经营情况和财务状况等因素加以确定。假定2020年年末,乙企业的财务状况恶化,且没有迹象表明可能发生好转。此种情况出现,表明乙企业很可能违约,从而甲企业履行承担的现时义务将很可能导致经济利益流出企业。

存在很多类似义务,如产品保证或类似合同,履行时要求经济利益流出的可能性应通过总体考虑才能确定。对于某个项目而言,虽然经济利益流出的可能性较小,但包括该项目的该类义务很可能导致经济利益流出的,应当视同该项目义务很可能导致经济利益流出企业。

(三)该义务的金额能够可靠地计量

该义务的金额能够可靠地计量,是指与或有事项相关的现时义务的金额能够合理地估计。由于或有事项具有不确定性,因此或有事项产生的现时义务的金额也具有不确定性,需要估计。对或有事项确认一项预计负债,相关现时义务的金额应当能够可靠估计。例如,甲企业(被告)涉及一桩诉讼案。根据以往的审判案例推断,甲企业很可能要败诉,相关的赔偿金额也可以估算出一个范围。这种情况下,可以认为甲企业因未决诉讼承担的现时义务的金额能够可靠地估计。

预计负债应当与应付账款、应计项目等其他负债严格区分。因为与预计负债相关的未来支出的时间或金额具有一定的不确定性。应付账款是为已收到或已提供的并已开出发票或已与供应商达成正式协议的货物或劳务支付的负债;应计项目是为已收到或已提供的但还未支付、未开出发票或未与供应商达成正式协议的货物或劳务支付的负债,尽管有时需要估计应计项目的金额或时间,但是其不确定性通常远小于预计负债。应计项目经常作为应付账款和其他应付账款的一部分进行列报,而预计负债则单独进行列报。

二、预计负债的计量

预计负债的计量主要涉及两个问题:一是最佳估计数的确定;二是预期可获得补偿的处理。

(一)最佳估计数的确定

预计负债应当按照履行相关现时义务所需支出的最佳估计数进行初始计量。最佳估计数的确定应当分以下两种情况处理:

(1)所需支出存在一个连续范围,且该范围内各种结果发生的可能性相同,则最佳估计数应当按照该范围内的中间值,即上下限金额的平均数确定。

【例15-2】2019年11月20日,A银行批准B公司的信用贷款(无担保、无抵押)申请,同意向其贷款2 000万元,期限1年,年利率7.2%。2020年11月20日,B公司的借款(本金和利息)到期。B公司具有还款能力,但因与A银行之间存在其他经济纠纷,而未按时归还A银行的贷款。A银行遂与B公司协商,但没有达成协议。2020年12月25日,A银行向法院提起诉讼。截至2020年12月31日,法院尚未对A银行提起的诉讼进行审理。

本例中,A银行如无特殊情况很可能在诉讼中获胜。因此,从2020年12月31日看,A银行可以做"很可能胜诉"的判断,并预计除可以收回本金和利息外,还可能获得罚息等。假定A银行根据规定的标准估计,将来最可能获得罚息等的收入24万元(这项金额在提起诉讼时已做估计)。根据规定,A银行不应当确认这项或有资产,而应当在2020年12月31日于资产负债表附注中披露或有资产24万元,同时说明很可能收回B公司所欠的贷款本金和利息2 144万元。

B公司如无特殊情况很可能败诉。为此,B公司不仅需偿还贷款本金和利息,还需要支付罚息、诉讼费等费用。假定B公司预计将要支付的罚息、诉讼费等费用在20万元至24万元之间,而且这个区间内每个金额的可能性都大致相同。根据规定,B公司应在2020年12月31日确认一项预计负债22万元[(20+24)/2=22,其中支付的诉讼费为3万元],同时在附注中进行披露。有关账务处理如下:

借:管理费用——诉讼费　　　　　　　　　　　30 000
　营业外支出——罚息支出　　　　　　　　　190 000
　　贷:预计负债——未决诉讼　　　　　　　　　　　220 000

(2)所需支出不存在一个连续范围,或者虽然存在一个连续范围但该范围内各种结果发生的可能性不相同。在这种情况下,最佳估计数按照如下方法确定:

①或有事项涉及单个项目的,按照最可能发生金额确定。"涉及单个项目"指或有事项涉及的项目只有一个,如一项未决诉讼、一项未决仲裁或一项债务担保等。

【例15-3】2020年11月2日,A公司因与B公司签订了互相担保协议,成为相关诉讼的第二被告。截至2020年12月31日,诉讼尚未判决。但由于B公司经营困难,A公司很可能要承担还款连带责任。据预计,A公司承担还款金额200万元责任的可能性为60%,而承担还款金额100万元责任的可能性为40%(假定不考虑诉讼费)。

本例中,A公司因连带责任而承担了现时义务,该义务的履行很可能导致经济利益流出企业,且该义务的金额能够可靠地计量。根据规定,A公司应在2020年12月31日确认一项预计负债200万元(最可能发生金额),并在附注中做相关披露。有关账务处理如下:

借:营业外支出——赔偿支出　　　　　　　2 000 000
　　贷:预计负债——未决诉讼　　　　　　　　　　2 000 000

②或有事项涉及多个项目的,按照各种可能结果及相关概率计算确定。"涉及多个项目"指或有事项涉及的项目不止一个,如在产品质量保证中,提出产品保修要求的可能有许多客户。相应地,企业对这些客户负有保修义务。

【例15-4】2020年,乙企业销售产品3万件,销售额达1.2亿元。乙企业的产品质量保证是不能作为单独履约义务的质量保证。根据以往的经验,如果出现较小的质量问题,则须发生的修理费为销售额的1%;而如果出现较大的质量问题,则须发生的修理费为销售额的2%。据预测,本年度已售产品中,有80%不会发生质量问题,有15%将发生较小质量问题,有5%

将发生较大质量问题。

本例中,2020 年年末乙企业应确认的预计负债金额(最佳估计数)＝(1.2×1％)×15％＋(1.2×2％)×5％＝0.003(亿元)。

(二)预期可获得补偿的处理

企业清偿预计负债所需支出全部或部分预期由第三方补偿的,补偿金额只有在基本确定能够收到时才能作为资产单独确认。确认的补偿金额不应当超过预计负债的账面价值。

企业预期从第三方获得的补偿,是一种潜在资产,其最终是否真的会转化为企业真正的资产(即企业是否能够收到这项补偿)具有较大的不确定性,企业只能在基本确定能够收到补偿时才能对其进行确认。同时,根据资产和负债不能随意抵销的原则,预期可获得的补偿在基本确定能够收到时应当确认为一项资产,而不能作为预计负债金额的扣减。

补偿金额的确认涉及两个问题:一是确认时间,补偿只有在"基本确定"能够收到时予以确认;二是确认金额,确认的金额是基本确定能够收到的金额,而且不能超过相关预计负债的账面价值。例如,甲企业因或有事项确认了一项预计负债 50 万元,同时,因该或有事项,甲企业还可从乙企业获得 35 万元的赔偿,且这项金额基本确定能收到。在这种情况下,甲企业应分别确认一项预计负债 50 万元和一项资产 35 万元。如果甲企业基本确定能从乙企业获得 55 万元的赔偿,则应分别确认一项预计负债 50 万元和一项资产 50 万元。

(三)预计负债计量需要考虑的因素

企业在确定最佳估计数时,应当综合考虑与或有事项有关的风险、不确定性和货币时间价值等因素。

1.风险和不确定性

风险是对过去的交易或事项结果的变化可能性的一种描述。风险的变动可能增加预计负债的金额。企业在不确定的情况下进行判断需要谨慎,使得收益或资产不会被高估,费用或负债不会被低估。

企业需要谨慎从事,充分考虑与或有事项有关的风险和不确定性,既不能忽略风险和不确定性对或有事项计量的影响,也要避免对风险和不确定性进行重复调整,从而在低估和高估预计负债金额之间寻找平衡点。

2.货币时间价值

预计负债的金额通常应当等于未来应支付的金额,但未来应支付金额与其现值相差较大的,如油气井及相关设施或核电站的弃置费用等,应当按照未来应支付金额的现值确定。因货币时间价值的影响,资产负债表日后不久发生的现金流出,要比一段时间之后发生的同样金额的现金流出负有更大的义务。所以,如果预计负债的确认时点距离实际清偿有较长的时间跨度,货币时间价值的影响重大,那么在确定预计负债的金额时,应考虑采用现值计量,即通过对相关未来现金流出进行折现后确定最佳估计数。

将未来现金流出折算为现值时,需要注意以下三点:①用来计算现值的折现率,应当是反映货币时间价值的当前市场估计和相关负债特有风险的税前利率。②风险和不确定性既可以在计量未来现金流出时作为调整因素,也可以在确定折现率时予以考虑,但不能重复反映。③随着时间的推移,即使在未来现金流出和折现率均不改变的情况下,预计负债的现值将逐渐增长。企业应当在资产负债表日,对预计负债的现值进行重新计量。

3.未来事项

在确定预计负债金额时,企业应当考虑可能影响履行现时义务所需金额的相关未来事项。也就是说,如果有足够的客观证据表明相关未来事项将会发生,则应当在预计负债计量中予以考虑相关未来事项的影响,但不应考虑预期处置相关资产形成的利得。

预期的未来事项对预计负债的计量可能较为重要。例如,某核电企业预计在生产结束时清理核废料的费用将因未来技术的变化而显著降低。那么,该企业因此确认的预计负债金额应当反映有关专家对技术发展以及清理费用减少做出的合理预测。但是这种预计需要得到相当客观的证据予以支持。

三、亏损合同与重组义务

(一)亏损合同

亏损合同产生的义务满足预计负债确认条件的,应当确认为预计负债。其中,亏损合同是指履行合同义务不可避免会发生的成本超过预期经济利益的合同。预计负债的计量应当反映退出该合同的最低净成本,即履行该合同的成本与未能履行该合同而发生的补偿或处罚两者之中的较低者。企业与其他单位签订的商品销售合同、劳务合同、租赁合同等,均可能变为亏损合同。

企业对亏损合同进行会计处理,需要遵循以下两点:

(1)如果与亏损合同相关的义务不需支付任何补偿即可撤销,企业通常就不存在现时义务,不应确认预计负债;如果与亏损合同相关的义务不可撤销,企业就存在了现时义务,同时满足该义务很可能导致经济利益流出企业和金额能够可靠地计量的,通常应当确认预计负债。

(2)亏损合同存在标的资产的,应当对标的资产进行减值测试并按规定确认减值损失,如果预计亏损超过该减值损失,应将超过部分确认为预计负债;合同不存在标的资产的,亏损合同相关义务满足预计负债确认条件时,应当确认为预计负债。

【例15-5】甲上市公司2019年1月1日采用经营租赁方式租入一条生产线生产A产品,租赁期4年。甲上市公司利用该生产线生产的A产品每年可获利20万元。2020年12月31日,甲上市公司因市政规划调整不得迁址,且因宏观政策调整决定停产A产品,但经营租赁合同不可撤销,还要持续2年,且生产线无法转租给其他单位。

本例中,甲公司与其他公司签订了不可撤销的经营租赁合同,负有法定义务,必须继续履行租赁合同(交纳租金)。因此,甲公司执行原经营租赁合同不可避免要发生的费用很可能超过预期获得的经济利益,该经营租赁合同变成亏损合同,应当在2020年12月31日根据未来应支付的租金的最佳估计数确认预计负债。

【例15-6】乙企业2019年12月1日与某外贸公司签订了一项产品销售合同,约定在2020年5月15日以每件产品150元的价格向外贸公司提供1万件A产品,若不能按期交货,将对乙企业处以总价款30%的违约金。由于这批产品为定制产品,签订合同时产品尚未开始生产。但企业开始筹备原材料以生产这批产品时,原材料价格突然上升,预计生产每件产品需要花费成本175元。

假设乙企业产品成本为每件175元,而销售为每件150元,每销售1件亏25元,不考虑预计销售费用,共计损失25万元。如果撤销合同,则需要交纳45万元的违约金。因此,这项销售合同变成一项亏损合同。有关账务处理如下:

（1）乙企业应当按照履行合同所需成本与违约金中的较低者（25万元）确认一项预计负债。

借：营业外支出　　　　　　250 000

　　贷：预计负债　　　　　　　　250 000

（2）待相关产品生产完成后，将已确认的预计负债（25万元）冲减产品成本。

借：预计负债　　　　　　　250 000

　　贷：库存商品　　　　　　　　250 000

（二）重组义务

重组是指企业制定和控制的，将显著改变企业组织形式、经营范围或经营方式的计划实施行为。属于重组的事项主要包括：①出售或终止企业的部分业务；②对企业的组织结构进行较大调整；③关闭企业的部分营业场所，或将营业活动由一个国家或地区迁移到其他国家或地区。

企业应当将重组与企业合并、债务重组区别开。因为重组通常是企业内部资源的调整和组合，谋求现有资产效能的最大化；企业合并是在不同企业之间的资本重组和规模扩张；债务重组是债权人对债务人做出让步，债务人减轻债务负担，债权人尽可能减少损失。

企业只有在承诺出售部分业务（即签订了约束性出售协议）时，才能确认因重组而承担了重组义务。

企业因重组而承担了重组义务，并且同时满足预计负债确认条件时，才能确认预计负债。首先，同时存在下列情况的，表明企业承担了重组义务：①有详细、正式的重组计划，包括重组涉及的业务、主要地点、需要补偿的职工人数、预计重组支出、计划实施时间等；②该重组计划已对外公告，重组计划已开始实施，或已向受其影响的各方通告了该计划的主要内容，从而使各方形成了对该企业将实施重组的合理预期。其次，需要判断重组义务是否同时满足预计负债确认条件，即判断其承担的重组义务是否是现时义务、履行重组义务是否很可能导致经济利益流出企业、重组义务的金额是否能够可靠地计量。只有同时满足这三个确认条件，才能将重组义务确认为预计负债。

例如，某公司董事会决定关闭一个事业部。如果有关决定尚未传达到受影响的各方，也未采取任何措施实施该项决定，该公司就没有开始承担重组义务，不应确认预计负债；如果有关决定已经传达到受影响的各方并使各方对企业将关闭事业部形成合理预期，通常表明企业开始承担重组义务，同时满足该义务很可能导致经济利益流出企业和金额能够可靠地计量的，应当确认预计负债。

企业应当按照与重组有关的直接支出确定预计负债金额，计入当期损益。其中，直接支出是企业重组必须承担的直接支出，不包括留用职工岗前培训、市场推广、新系统和营销网络投入等支出。有关重组支出的具体内容见表15-1。

表15-1　与重组有关支出的判断表

支出项目	包括	不包括	不包括的原因
自愿遣散	√		
强制遣散（如果自愿遣散目标未满足）	√		
将不再使用的厂房的租赁撤销费	√		

支出项目	包括	不包括	不包括的原因
将职工和设备从拟关闭的工厂转移到继续使用的工厂		√	支出与继续进行的活动相关
剩余职工的再培训		√	支出与继续进行的活动相关
新经理的招募成本		√	支出与继续进行的活动相关
推广公司新形象的营销成本		√	支出与继续进行的活动相关
对新分销网络的投资		√	支出与继续进行的活动相关
重组的未来可辨认经营损失（最新预计值）		√	支出与继续进行的活动相关
特定不动产、厂场和设备的减值损失		√	资产减值准备应当按照《企业会计准则第 8 号——资产减值》进行计提，并作为资产的抵减项

由于企业在计量预计负债时不应当考虑预期处置相关资产的利得或损失，在计量与重组义务相关的预计负债时，不考虑处置相关资产（厂房、店面，有时是一个事业部整体）可能形成的利得或损失，即使资产的出售构成重组的一部分也是如此。这些利得或损失应当单独确认。

四、对预计负债账面价值的复核

企业应当在资产负债表日对预计负债的账面价值进行复核。有确凿证据表明该账面价值不能真实反映当前最佳估计数的，应当按照当前最佳估计数对该账面价值进行调整。例如，某化工企业对环境造成了污染，按照当时的法律规定，只需要对污染进行清理。随着国家对环境保护越来越重视，按照现在的法律规定，该企业不但需要对污染进行清理，还很可能要对居民进行赔偿。这种法律要求的变化，会对企业预计负债的计量产生影响。企业应当在资产负债表日对为此确认的预计负债金额进行复核，如有确凿证据表明预计负债金额不再能反映真实情况时，需要按照当前情况下企业清理和赔偿支出的最佳估计数对预计负债的账面价值进行相应的调整。

企业对已经确认的预计负债在实际支出发生时，应当仅限于最初为之确定该预计负债的支出。也就是说，只有与该预计负债有关的支出才能冲减该预计负债，否则将会混淆不同预计负债确认事项的影响。

【例 15-7】A 公司为机床生产和销售企业。假定 2019 年"预计负债——产品质量保证"科目年末余额为 12 万元。2020 年第一季度、第二季度、第三季度、第四季度分别销售机床 200 台、300 台、400 台和 350 台，每台售价为 5 万元。对购买其产品的消费者，A 公司提出的质量保证不能作为单独履约义务的质量保证。根据以往的经验，发生的保修费一般为销售额的 1% 至 1.5%。假定 A 公司 2020 年四个季度实际发生的维修费分别为 2 万元、20 万元、18 万元和 35 万元。

本例中，A 公司因销售机床而承担了现时义务，该义务的履行很可能导致经济利益流出 A 公司，且该义务的金额能够可靠地计量。A 公司根据规定在每季度末确认一项负债。有关账

务处理如下:

(1)第一季度发生产品质量保证费用(维修费):

借:预计负债——产品质量保证　　　　　　20 000

　　贷:银行存款或原材料等　　　　　　　　　20 000

第一季度末应确认的产品质量保证预计负债金额:

$200×5×[(0.01+0.015)/2]=12.5(万元)$

借:销售费用——产品质量保证　　　　　　125 000

　　贷:预计负债——产品质量保证　　　　　　125 000

第一季度末,"预计负债——产品质量保证"科目余额为225 000元。

(2)第二季度发生产品质量保证费用(维修费):

借:预计负债——产品质量保证　　　　　　200 000

　　贷:银行存款或原材料等　　　　　　　　　200 000

第二季度末应确认的产品质量保证预计负债金额:

$300×5×(0.01+0.015)/2=18.75(万元)$

借:销售费用——产品质量保证　　　　　　187 500

　　贷:预计负债——产品质量保证　　　　　　187 500

第二季度末,"预计负债——产品质量保证"科目余额为212 500元。

(3)第三季度发生产品质量保证费用(维修费):

借:预计负债——产品质量保证　　　　　　180 000

　　贷:银行存款或原材料等　　　　　　　　　180 000

第三季度末应确认的产品质量保证预计负债金额:

$400×5×(0.01+0.015)/2=25(万元)$

借:销售费用——产品质量保证　　　　　　250 000

　　贷:预计负债——产品质量保证　　　　　　250 000

第三季度末,"预计负债——产品质量保证"科目余额为282 500元。

(4)第四季度发生产品质量保证费用(维修费):

借:预计负债——产品质量保证　　　　　　350 000

　　贷:银行存款或原材料等　　　　　　　　　350 000

第四季度末应确认的产品质量保证预计负债金额:

$350×50 000×(0.01+0.015)/2=218 750(元)$

借:销售费用——产品质量保证　　　　　　218 750

　　贷:预计负债——产品质量保证　　　　　　218 750

第四季度末,"预计负债——产品质量保证"科目余额为151 250元。

在对产品质量保证确认预计负债时,需要注意的是:

(1)如果发现保证费用的实际发生额与预计数相差较大,应及时对预计比例进行调整。

(2)如果企业针对特定批次产品确认预计负债,则在保修期结束时,应将"预计负债——产品质量保证"余额冲销,同时冲减销售费用。

(3)已对其确认预计负债的产品,如企业不再生产了,应在相应的产品质量保证期满后,将"预计负债——产品质量保证"余额冲销,不留余额。

思考题

1. 什么是或有负债？试举例说明。
2. 满足什么条件，或有事项会确认为预计负债？
3. 或有负债在会计上应如何进行披露？
4. 预计负债与或有负债的主要相同点与不同点有哪些？
5. 属于企业重组的事项包括哪些？

实务练习题

1. 大海公司为一工业企业，其财务经理在 2020 年年底复核 2020 年度财务报表时，对以下交易或事项的会计处理提出疑问：

(1)10 月 10 日，大海公司涉及一桩诉讼案件，至 2020 年 12 月 31 日尚未做出判决，咨询公司法律顾问后，认为败诉的可能性为 50%，且如果败诉，支付的赔偿款为 60 万元至 90 万元之间的某一金额，而且该区间内每个金额的可能性都大致相同。大海公司会计处理如下：

借：营业外支出　　　　　　750 000
　贷：预计负债　　　　　　　　750 000

(2)10 月 28 日，因为产品质量问题，被甲公司提起诉讼，至 12 月 31 日法院尚未判决。期末大海公司法律顾问认为败诉的可能性为 65%，预计赔偿金额为 200 万元，另支付诉讼费用 5万元。鉴于大海公司对该产品购买了产品质量保险，期末大海公司基本确定可从保险公司获得赔偿 180 万元。大海公司的会计处理如下：

借：营业外支出　　　　　　2 000 000
　　管理费用　　　　　　　　50 000
　贷：预计负债　　　　　　　　2 050 000

同时确认资产：

借：其他应收款　　　　　　1 800 000
　贷：营业外支出　　　　　　　1 800 000

(3)11 月 1 日，大海公司与乙公司签订一份不可撤销合同，合同约定：大海公司在 2021 年2 月 1 日以每件 2 万元的价格向乙公司销售 100 件 A 产品，乙公司应预付定金 20 万元，若大海公司违约，双倍返还定金。年末，大海公司仓库并无相关 A 产品，由于生产 A 产品的材料价格上涨，生产 100 件 A 产品的总成本已经上升至 210 万元，假定不考虑与销售 A 产品相关的税费。大海公司会计处理如下：

借：资产减值损失　　　　　100 000
　贷：存货跌价准备　　　　　　100 000

(4)大海公司管理层于 2020 年 12 月制订了一项关闭某产品生产线的业务重组计划。为了实施上述业务重组计划，大海公司预计将发生以下支出或损失：因辞退员工将支付补偿款100 万元；因撤销厂房租赁合同将支付违约金 20 万元；因对留用员工进行培训将发生支出 10万元；因处置用于原产品生产的固定资产将发生减值损失 10 万元。上述重组计划已于 2020

年 12 月 15 日经公司董事会批准,并于当日对外公告。至 2020 年 12 月 31 日,上述业务重组计划尚未实施,员工补偿及相关支出尚未支付。大海公司对于重组义务会计处理如下:

借:营业外支出　　　　　　　　1 200 000
　贷:预计负债　　　　　　　　　　1 200 000

要求:分析判断上述资料中大海公司的会计处理是否正确;若不正确,请说明理由并说明正确的会计处理。

2.2020 年甲公司发生的交易资料如下:

(1)由于 A 商品销售不畅,甲公司自 2020 年 1 月 1 日起撤销某经营处,甲公司预计因撤销门店租赁合同,支付违约金 100 万元,因辞退职工支付补偿款 200 万元,将此经营处的设备运回公司总部,将发生运费 2 万元。

(2)2020 年 10 月 12 日,甲公司与乙公司签订一项产品销售合同,约定在 2021 年 6 月 15 日以每件 100 元的价格向乙公司提供 1 万件 A 产品,若不能按期交货,甲公司需要支付 50 万元的违约金。该销售合同构成一项单项履约义务。至年末,这批产品尚未开始生产,但企业已开始筹备原材料以生产这批产品。因原材料价格突然上涨,甲公司预计生产每件产品的成本升至 110 元。

(3)2020 年,甲公司因产品质量不合格,被丙公司起诉,年末该起诉尚未判决,甲公司预计很可能败诉。赔偿金额很可能在 50 万元到 80 万元之间,且该范围内的各种结果发生的可能性相同。

(4)2020 年 12 月 31 日,甲公司共计确认销售收入 1 000 万元,甲公司的产品质量保证条款规定:产品售出后一年内,如发生正常质量问题,甲公司将免费负责修理。根据以往的经验,如果出现较小的质量问题,则须发生的修理费为销售收入的 3%;而如果出现较大的质量问题,则须发生的修理费为销售收入的 5%。据预测,本年度已售产品中,估计有 90% 不会发生质量问题,有 8% 将发生较小质量问题,有 2% 将发生较大质量问题。

(1)根据资料(1),计算甲公司确认的预计负债金额。

(2)根据资料(2),判断甲公司是否执行合同,并编制相关会计分录。

(3)根据资料(3),编制甲公司的相关会计分录。

(4)根据资料(4),计算甲公司年末应该确认的负债金额,并编制相关的会计分录。

即测即评　　　　　　　延伸阅读

第十六章
债务重组

学习目标

通过本章的学习,了解债务重组的概念和分类;掌握债务重组会计业务处理的基本原理;掌握不同债务重组条件下会计核算方法。

引导案例

甲集团是一家有30年发展历史的大型纺织企业,曾多年荣获国家级奖项,年营业额最高达12亿元。因盲目扩张,导致企业入不敷出。为救活企业,管理层盲目计划上市,筹集私募基金、民间借贷等,总负债达18.5亿元。企业资金链断裂,经营与市场都陷入了混乱的状态,无法正常经营及支付员工工资。

相关审计机构为该集团制订了股权、债权、产权三大重组战略,以先解决民间债务后解决银行债务为策略,在盘活资产的基础上,化解法律风险,优化产业配置,剥离债务,引进战略投资者,为企业打上一剂输血强心针。

具体措施如下:

(1)协助该集团与政府部门达成协议,将企业原有的108亩(7.2公顷)土地从工业用地转为商业用地。

(2)邀请政府、媒体、员工代表、民间债权人共同召开重组会议。

(3)成立房地产开发公司,找代建公司代建商住房,并与民间债权人协商以债转股的方式化解民间债务,以买断债权等方式降低银行债务杠杆。

(4)砍掉重资产,撤出部分亏损专卖店,协助企业进行经营模式转变——由产业链导向转向以品牌、技术、渠道为核心。

思考:

对上述债务重组方案如何进行会计业务处理?

第一节 债务重组的相关理论

一、债务重组的定义及特征

债务重组,是指在不改变交易对手方的情况下,经债权人和债务人协定或法院裁定,就清偿债务的时间、金额或方式等重新达成协议的交易。债务重组对债权人而言为"债权重组",对债务人而言为"债务重组",为便于表述,统称为"债务重组"。关于债务重组有以下方面需要注意:

(1)关于交易对手方。债务重组是在不改变交易对手的情况下进行的交易。实务中经常出现第三方参与相关交易的情形。如某资产管理公司从债权人处购得债权,再与债务人进行债务重组。出现该情形,企业应当首先考虑债权和债务关系是否发生终止确认,不再适用《企业会计准则第 12 号——债务重组》。

(2)债务重组不强调债务人发生财务困难的背景,也不论债权人是否做出让步。即无论什么原因导致债务人未按原定条件偿还债务,也无论双方是否同意债务人以低于债务的金额偿还债务,只要债权人和债务人就债务条款重新达成了协议,就符合债务重组的定义。例如,债权人在减免债务人部分债务本金的同时提高剩余债务的利息,或者债权人同意债务人用等值库存商品抵偿到期债务等,均属于债务重组。

(3)关于债务重组的范围。债务重组构成权益性交易的,应当适用权益性交易的有关会计处理规定。债务重组构成权益性交易的情形包括:①债权人直接或间接对债务人持股,或者债务人直接或间接对债权人持股,且持股方以股东身份进行债务重组;②债权人和债务人在债务重组前后均受同一方或相同多方最终控制,且该债务重组的交易实质是债权人或债务人进行了权益性分配或接受了权益性投入等。

二、债务重组的方式

债务重组的方式主要包括债务人以资产清偿债务、债务人将债务转为权益工具、修改债权和债务的其他条款,以及前述一种以上方式的组合。这些债务重组方式是通过债权人和债务人重新协定或者法院裁定达成的,与原来约定的偿债方式不同。

1.债务人以资产清偿债务

债务人以资产清偿债务,是债务人转让其资产给债权人以清偿债务的债务重组方式。债务人通常用于偿债的资产是已经在资产负债表中确认的资产,例如现金、应收账款、长期股权投资、投资性房地产、固定资产、在建工程、生物资产和无形资产等。债务人以日常活动产出的商品或服务清偿债务的,用于偿债的资产可能体现为存货等资产。

2.债务人将债务转为权益工具

债务人将债务转为权益工具,这里的权益工具是根据《企业会计准则第 37 号——金融工具列报》分类为"权益工具"的金融工具,会计处理上体现为股本、实收资本和资本公积等科目。

3.修改债权和债务的其他条款

修改债权和债务的其他条款,是指不以资产清偿债务,也不将债务转为权益工具,而是改变债权和债务的其他条款的债务重组方式,如调整债务本金、改变债务利息、变更还款期限等。经修改其他条款的债权和债务分别形成重组债权和重组债务。

4.以上三种方式的组合

以上三种方式的组合是指采用以上三种方式共同清偿债务的债务重组形式,主要包括以下可能形式:

(1)债务的一部分以资产清偿,另一部分则转为权益工具;

(2)债务的一部分以资产清偿,另一部分则修改债权和债务的其他条款;

（3）债务的一部分转为权益工具，另一部分则修改债权和债务的其他条款；

（4）债务的一部分以资产清偿，一部分转为权益工具，另一部分则修改债权和债务的其他条款。

第二节　债务重组的会计处理

一、以资产清偿债务

在债务重组中，企业以资产清偿债务的，通常包括以金融资产清偿债务和以非金融资产清偿债务等方式。债务重组采用以资产清偿债务方式进行的，债务人应当将所清偿债务账面价值与转让资产账面价值之间的差额计入当期损益。

（一）以金融资产清偿债务

1. 债务人的会计处理

债务人以单项或多项金融资产清偿债务的，债务的账面价值与偿债金融资产账面价值的差额，计入"其他收益——债务重组收益"科目。偿债金融资产已计提减值准备的，应结转已计提的减值准备。对于已分类为以公允价值计量且其变动计入其他综合收益的债务工具投资清偿债务的，之前计入其他综合收益的累计利得或损失应当从其他综合收益中转出，记入"投资收益"科目。对于指定为以公允价值计量且其变动计入其他综合收益的非交易性权益工具投资清偿债务的，之前计入其他综合收益的累计利得或损失应当从其他综合收益中转出，记入"盈余公积""未分配利润"等科目。

2. 债权人的会计处理

债权人受让包括现金在内的单项或多项金融资产的，应当按照《企业会计准则第22号——金融工具确认和计量》的规定进行确认和计量。金融资产初始确认时应当以其公允价值计量，金融资产确认金额与债权终止确认日账面价值之间的差额，记入"投资收益"科目。

【例 16-1】2020 年 1 月，甲公司应收乙公司一项价值 100 万元的货款到期，由于乙公司经营不善发生严重财务困难，预计该笔欠款难以收回。经协商，乙公司以银行存款 80 万元结清了全部债务。甲公司此前对该项应收账款已计提 8 万元坏账准备，若不考虑其他因素，债务重组日该笔业务的会计分录如下：

甲公司债权人的会计处理：

借：银行存款	800 000
坏账准备	80 000
投资收益	120 000
贷：应收账款	1 000 000

乙公司债务人的会计处理：

借：应付账款	1 000 000
贷：银行存款	800 000
其他收益——债务重组收益	200 000

（二）以非金融资产清偿债务

1．债务人的会计处理

债务人以单项或多项非金融资产清偿债务，或者以包括金融资产和非金融资产在内的多项资产清偿债务的，不需要区分资产处置损益和债务重组损益，也不要区分不同资产的处置损益，而应将所清偿债务账面价值与转让资产账面价值之间的差额，记入"其他收益——债务重组收益"科目。偿债资产已计提减值准备的，应结转已计提的减值准备。

债务人以日常活动产出的商品或服务清偿债务的，应当将所清偿债务账面价值与存货等相关资产的账面价值之间的差额，记入"其他收益——债务重组收益"科目。

2．债权人的会计处理

债权人初始确认受让的金融资产以外的资产时，应当按照下列原则以成本计量：

（1）存货的成本，包括放弃债权的公允价值，以及使该资产达到当前位置和状态所发生的可直接归属于该资产的税金、运输费、装卸费、保险费等其他成本。

（2）投资性房地产的成本，包括放弃债权的公允价值，以及可直接归属于该资产的税金等其他成本。

（3）固定资产的成本，包括放弃债权的公允价值，以及使该资产达到预定可使用状态前所发生的可直接归属于该资产的税金、运输费、装卸费、安装费、专业人员服务费等其他成本。确定固定资产成本时，应当考虑预计弃置费用因素。

（4）无形资产的成本，包括放弃债权的公允价值，以及可直接归属于使该资产达到预定用途所发生的税金等其他成本。

放弃债权的公允价值和账面价值之间的差额，记入"投资收益"科目。

3．债权人受让多项资产

债权人受让多项非金融资产，或者包括金融资产、非金融资产在内的多项资产的，应当按照《企业会计准则第22号——金融工具确认和计量》的规定确认和计量受让的金融资产，然后按照受让的金融资产以外的各项资产的公允价值比例，对放弃债权的公允价值扣除受让金融资产确认金额后的净额进行分配，并以此为基础分别确定各项资产的成本。放弃债权的公允价值与账面价值之间的差额，记入"投资收益"科目。

【例16－2】2020年9月甲公司向乙公司购买了一批商品，含增值税价款为900 000元，按照购销合同约定，甲公司应于2020年11月5日前支付该价款。在此期间由于甲公司经营不善发生财务困难，预计短期内无法偿还该笔欠款，经协商，乙公司同意甲公司以其生产的产品偿还债务。该产品的公允价值为720 000元，实际成本为620 000元，适用的增值税税率为13%，乙公司于2020年11月25日收到商品并入库；乙公司此前对该项应收账款计提了30 000元坏账准备。在债务重组日应收账款的公允价值为850 000元。

（1）债务人甲公司的会计处理。

清偿债务的账面价值	900 000
减：转让资产的账面价值	620 000
增值税	93 600
当期收益	186 400

借：应付账款——乙公司　　　　900 000
　　贷：库存商品　　　　　　　　　　　620 000

应交税费——应交增值税(销项税额)	93 600
其他收益——债务重组收益	186 400

(2)债权人乙公司的会计处理。

放弃债权的公允价值	850 000
减:放弃债权的账面价值	900 000
加:坏账准备	30 000
当期收益	－20 000

受让资产成本=放弃债权的公允价值-进项税额=850 000-93 600=756 400(元)

借:库存商品	756 400	
应交税费——应交增值税(进项税额)	93 600	
坏账准备	30 000	
投资收益	20 000	
贷:应收账款——甲公司		900 000

【例16-3】2020年6月18日,甲公司向乙公司销售商品一批,应收乙公司款项的入账金额为95万元。甲公司将该应收款项分类为以摊余成本计量的金融资产。乙公司将该应付账款分类为以摊余成本计量的金融负债。2020年10月18日,双方签订债务重组合同,乙公司以一项作为无形资产核算的非专利技术偿还该欠款。该无形资产的账面余额为100万元,累计摊销额为10万元,已计提减值准备2万元。10月22日,双方办理完该无形资产转让手续,甲公司支付评估费用4万元。当日,甲公司应收款项的公允价值为87万元,已计提坏账准备7万元,乙公司应付款项账面价值为95万元。假设不考虑相关税费。

(1)债权人甲公司的会计处理。

2020年10月22日,债权人甲公司取得该无形资产的成本为债权人公允价值87万元与评估费用4万元的合计,共91万元。甲公司的账务处理如下:

借:无形资产	910 000	
坏账准备	70 000	
投资收益	10 000	
贷:应收账款		950 000
银行存款		40 000

(2)债务人乙公司的会计处理。

乙公司2020年10月22日的账务处理如下:

借:应付账款	950 000	
累计摊销	100 000	
无形资产减值准备	20 000	
贷:无形资产		1 000 000
其他收益——债务重组收益		70 000

二、将债务转为权益工具

债务重组采用将债务转为权益工具方式进行的,债务人初始确认权益工具时,应当按照所清偿债务的公允价值计量。所清偿债务账面价值与权益工具确认金额之间的差额,记入"投资收益"科目。债务人因发行权益工具而支出的相关税费等,应当依次冲减资本溢价、盈余公积和未分配利润。

三、修改债权和债务的其他条款

1. 债务人的会计处理

债务重组采用修改其他条款方式进行的,如果修改其他条款导致债务终止确认,债务人应当按照公允价值计量重组债务,终止确认的债务账面价值与重组确认金额之间的差额,记入"投资收益"科目。

如果修改其他条款未导致债务终止确认,或者仅导致部分债务终止确认,对于未终止确认的部分债务,债务人应当根据其分类,继续以摊余成本、以公允价值计量且其变动计入当期损益或其他适当方法进行后续计量。

2. 债权人的会计处理

债务重组采用修改其他条款方式进行的,如果修改其他条款导致全部债权终止确认,债权人应当按照修改后的条款以公允价值初始计量新的金融资产,新金融资产的确认金额与债券终止确认日账面价值之间的差额,记入"投资收益"科目。

如果修改其他条款未导致债权终止确认,或者仅导致部分债权终止确认,对于未终止确认的部分债权,债权人应当根据其分类,继续以摊余成本、以公允价值计量且其变动计入当期损益、以公允价值计量且其变动计入其他综合收益进行后续计量。

四、以上三种方式的组合方式

1. 债务人的会计处理

债务重组采用资产清偿债务、将债务转为权益工具、修改债权和债务的其他条款等方式的组合进行的,对于权益工具,债务人应当在初始确认时按照权益工具的公允价值计量,权益工具的公允价值不能可靠计量的,应当按照所清偿债务的公允价值计量。对于修改其他条款形成的重组债务,债务人参照上文"修改债权和债务的其他条款"部分的内容,确认和计量重组债务。所清偿债务的账面价值与转让资产的账面价值以及权益工具和重组债务的确认金额之和的差额,记入"其他收益——债务重组收益"或"投资收益"(仅限于金融工具时)科目。

2. 债权人的会计处理

债务重组采用组合方式进行的,一般可以认为对全部债权的合同条款做出实质性修改,债权人应当按照修改后的条款,以公允价值初始计量新的金融资产和受让的新金融资产,按照受让的金融资产以外的各项资产在债务重组合同生效日的公允价值比例,对放弃债权在合同生效日的公允价值扣除受让金融资产和重组债权当日公允价值后的净额进行分配,并以此为基础分别确定各项资产的成本。放弃债权的公允价值与账面价值之间的差额,记入"投资收益"科目。

【例 16-4】2020 年 2 月 10 日,甲公司从乙公司购买一批材料,约定 6 个月后甲公司应结清款项 100 万元(假定无重大融资成分)。乙公司将该应收款项分类为以公允价值计量且其变动计入当期损益的金融资产;甲公司将该应付款项分类为以摊余成本计量的金融负债。2020 年 8 月 12 日,甲公司因无法支付货款与乙公司协商进行债务重组,双方商定乙公司将该债权转为对甲公司的股权投资。10 月 20 日,乙公司办结了对甲公司的增资手续,甲公司和乙公司分别支付手续费等相关费用 1.5 万元和 1.2 万元。债转股后甲公司总股本为 100 万元,乙公司持有的抵债股权占甲公司总股本的 25%,对甲公司具有重大影响,甲公司股权公允价值不能可靠计量。甲公司应付款项账面价值仍为 100 万元。

2020 年 6 月 30 日,应收款项和应付款项的公允价值均为 85 万元。

2020 年 8 月 12 日,应收款项和应付款项的公允价值均为 76 万元。

2020 年 10 月 20 日,应收款项和应付款项的公允价值均为 76 万元。

假定不考虑其他相关税费。

(1)债权人的会计处理。

①6 月 30 日的账务处理。

借:公允价值变动损益　　　　　　　　　150 000
　　贷:交易性金融资产——公允价值变动　　150 000

②8 月 12 日的账务处理。

借:公允价值变动损益　　　　　　　　　　90 000
　　贷:交易性金融资产——公允价值变动　　90 000

③10 月 20 日,乙公司对甲公司长期股权投资的成本为应收款项公允价值 76 万元与相关税费 1.2 万元的合计,共 77.2 万元。

借:长期股权投资——甲公司　　　　　　　772 000
　　交易性金融资产——公允价值变动　　　240 000
　　贷:交易性金融资产——成本　　　　　　1 000 000
　　　　银行存款　　　　　　　　　　　　　12 000

(2)债务人的会计处理。

10 月 20 日,由于甲公司股权的公允价值不能可靠计量,初始确认权益工具公允价值时应当按照所清偿债务的公允价值 76 万元计量,并扣除因发行权益工具支出的相关税费 1.5 万元。甲公司的账务处理如下:

借:应付账款　　　　　　　1 000 000
　　贷:实收资本　　　　　　　　250 000
　　　　资本供给——资本溢价　　495 000
　　　　银行存款　　　　　　　　15 000
　　　　投资收益　　　　　　　　240 000

【例 16-5】2020 年 1 月 5 日,甲公司向乙公司赊购一批材料,含税价为 234 万元。2020 年 9 月 10 日,甲公司因发生财务困难,无法按合同约定偿还债务,双方协商进行债务重组。乙公司同意甲公司用其生产的商品,作为固定资产管理的机器设备和一项债券投资抵偿欠款。当日,该债权的公允价值为 210 万元,甲公司用于抵债的商品市价(不含增值税)为 90 万元,抵债设备的公允价值为 75 万元,用于抵债的债券投资市价为 23.55 万元。抵债资产于 2020 年 9 月 20 日转让完毕,甲公司发生设备运输费用 0.65 万元,乙公司发生设备安装费用 1.5 万元。

乙公司以摊余成本计量该项债权。2020 年 9 月 20 日,乙公司对该债权已计提坏账准备 19 万元,债券投资市价为 21 万元。乙公司将受让的商品、设备和债券投资分别作为低值易耗品、固定资产和以公允价值计量且其变动计入当期损益的金融资产核算。

甲公司以摊余成本计量该债务。2020年9月20日，甲公司用于抵债的商品成本为70万元；抵债设备的账面原价为150万元，累计折旧为40万元，已计提减值准备18万元；甲公司以摊余成本计量用于抵债的债券投资，债券票面价值总额为15万元，票面利率与实际利率一致，按年付息。当日，该项债务的账面价值仍为234万元。

甲、乙公司均为增值税一般纳税人，适用的增值税税率为13％。经税务机关核定，该项交易中商品和设备的计税价格分别为90万元和75万元，不考虑其他相关税费。

(1)债权人的会计处理。

低值易耗品可抵扣增值税＝90×13％＝11.7(万元)

设备可抵扣增值税＝75×13％＝9.75(万元)

低值易耗品和固定资产的成本应当以其公允价值比例(90：75)对放弃债权公允价值扣除受让金融资产公允价值后的净额进行分配后的金额为基础确定。

低值易耗品的成本＝90/(90＋75)×(210－23.55－11.7－9.75)＝90(万元)

固定资产的成本＝75/(90＋75)×(210－23.55－11.7－9.75)＝75(万元)

2020年9月20日，乙公司的账务处理如下：

结转债务重组相关损益：

借：低值易耗品　　　　　　　　　900 000

　　在建工程——在安装设备　　　750 000

　　应交税费——应交增值税　　　214 500

　　交易性金融资产　　　　　　　210 000

　　坏账准备　　　　　　　　　　190 000

　　投资收益　　　　　　　　　　 75 500

　　贷：应收账款——甲公司　　　　　　2 340 000

(2)债务人的会计处理。

甲公司9月20日的账务处理如下：

借：固定资产清理　　　　　　　　920 000

　　累计折旧　　　　　　　　　　400 000

　　固定资产减值准备　　　　　　180 000

　　贷：固定资产　　　　　　　　　　1 500 000

借：固定资产清理　　　　　　　　 6 500

　　贷：银行存款　　　　　　　　　　 6 500

借：应付账款　　　　　　　　　2 340 000

　　贷：固定资产清理　　　　　　　　 926 500

　　　库存商品　　　　　　　　　　 700 000

　　　应交税费——应交增值税　　　 214 500

　　　债权投资——成本　　　　　　 150 000

　　　其他收益——债务重组收益　　 349 000

思考题

1.什么是企业的债务重组？

2.债务重组方式有哪些？

实务练习题

1.2020 年 6 月 1 日,长城股份有限公司(以下简称"长城公司")应收红叶公司的账款为 1 000 万元,已计提坏账准备 100 万元,该应收账款账面价值为 900 万元,其公允价值为 915 万元。双方协商进行债务重组,红叶公司以一批产品和一项交易性金融资产抵偿上述债务。该批产品成本为 500 万元,未计提存货跌价准备,债务重组日的公允价值为 520 万元,增值税税额为 67.6 万元(税率 13%);交易性金融资产账面价值为 300 万元,其中,公允价值变动为 100 万元,债务重组日的公允价值为 310 万元,当日双方债权债务解除。长城公司收到的资产均不改变用途。2020 年 12 月 31 日交易性金融资产的公允价值为 500 万元,2021 年 5 月 1 日因业务发展需要,长城公司将交易性金融资产与丁公司的一条生产线进行资产交换。当日,交易性金融资产公允价值为 520 万元,换入生产线的增值税专用发票上注明的价款为 400 万元,增值税税额为 52 万元。丁公司该生产线账面价值为 300 万元,假定生产线的增值税不另行支付,丁公司向长城公司支付银行存款 68 万元,该交换具有商业实质。不考虑其他因素的影响。

要求:

(1)编制 2020 年 6 月 1 日长城公司与债务重组有关的会计分录。

(2)编制 2020 年 6 月 1 日红叶公司与债务重组有关的会计分录。

(3)计算 2021 年 5 月 1 日长城公司换入生产线的入账价值,并编制与非货币性资产交换相关的会计分录。

(答案中的金额单位用万元表示)

2.如意公司为上市公司,于 2020 年 1 月 1 日销售给甲公司一批产品,含税价为 2 000 万元,双方约定 5 个月后付款;甲公司因发生财务困难无法按期支付该笔款项。至 2020 年 6 月 30 日如意公司仍未收到款项,如意公司已对该应收账款计提坏账准备 360 万元,当日应收账款账面价值为 1 640 万元,公允价值为 1 600 万元。2020 年 6 月 30 日,如意公司与甲公司进行债务重组。

(1)甲公司抵债资产的相关资料:①固定资产(设备)原价为 500 万元,已提折旧为 100 万元,公允价值为 420 万元;②库存商品的成本为 300 万元(未计提存货跌价准备),公允价值(计税价格)为 450 万元;③持有的对 A 公司的长期股权投资账面价值为 780 万元(其中,成本 600 万元,损益调整 120 万元,其他权益变动 60 万元;持股比例为 30%),公允价值为 820 万元。如意公司取得上述资产后,均不改变其使用用途,相关资产取得后即达到预定用途。甲公司销售商品和动产适用的增值税税率为 13%。

(2)如意公司取得对 A 公司的投资,当日 A 公司可辨认净资产账面价值为 2 800 万元(公允价值为 3 000 万元,差额系一批库存商品所致,至 2020 年年末该批存货对外销售 80%)。A 公司 2020 年实现的净利润为 1 200 万元(假定利润均衡实现)。

(3)假定调整被投资单位净利润时不考虑所得税等因素的影响。

要求:

(1)编制甲公司 2020 年 6 月 30 日与债务重组相关的会计分录。

(2)编制如意公司 2020 年 6 月 30 日与债务重组相关的会计分录。

(3)2020 年 12 月 31 日,编制如意公司与长期股权投资有关的会计分录。

即测即评　　　　延伸阅读

第十七章
非货币性资产交换

学习目标

通过本章的学习,了解非货币性资产交换的认定;理解商业实质与公允价值可靠计量的判断;掌握公允价值计量非货币性资产交换的会计处理;掌握账面价值计量非货币性资产交换的会计处理。

引导案例

新非货币性资产交换准则下有什么样变化?

2019年5月,财政部对原《企业会计准则第7号——非货币性资产交换》(以下简称原准则)进行了修订,发布了新《企业会计准则第7号——非货币性资产交换》(财会〔2019〕8号,以下简称新准则),适用于所有执行企业会计准则的企业,自2019年6月10日起施行。原准则并没有对准则的适用范围进行规范,因此在实际业务中遇到与其他会计准则规定的处理发生冲突时,导致企业会计处理不一致,故新准则增加了适用排除范围,其中对纳税处理有直接关系的事项有:

1. 排除以存货换取他人非货币性资产的情形

企业以存货换取客户的非货币性资产的,适用《企业会计准则第14号——收入》(以下简称新收入准则),按照新收入准则有关"客户支付非现金对价"的规定处理,这与《中华人民共和国企业所得税法实施条例》第十三条规定的"以非货币形式取得的收入,应当按照公允价值确定收入额"基本趋同,减少了税会差异。

2. 排除权益性交易

非货币性资产交换的一方直接或间接对另一方持股且以股东身份进行交易的,或者非货币性资产交换的双方均受同一方或相同的多方最终控制,且该非货币性资产交换的交易实质是交换的一方向另一方进行了权益性分配或交换的一方接受了另一方权益性投入的,适用权益性交易的有关会计处理规定。权益性交易不得确认会计损益,但在进行企业所得税处理时,应对换出资产做视同销售处理,确认资产转让所得或损失,同时,对换入的非货币性资产可按公允价值作为计税基础,因此交换双方都会产生时间性的税会差异。

思考:

新非货币性资产交换准则有哪些变化? 对税务处理有什么样的影响?

第一节 非货币性资产交换的特征和认定

企业在生产经营过程中,有时会出现这种状况,即甲企业需要乙企业拥有的某项设备,而乙企业恰好需要甲企业生产的产品作为原材料,双方可能通过互相交换上述设备和原材料达成交易,这就是一种非货币性资产交换行为。通过这种交换,企业一方面满足了各自生产经营的需要,另一方面也在一定程度上减少了货币性资产的流出。

一、非货币性资产交换的特征

非货币性资产交换是一种非经常性的特殊交易行为,是指企业主要以固定资产、无形资产、投资性房地产和长期股权投资等非货币性资产进行的交换。该交换不涉及或只涉及少量的货币性资产(即补价)。这里的非货币性资产是相对于货币性资产而言的。所谓货币性资产,是指企业持有的货币资金和收取固定或可确定金额的货币资金的权利;所谓非货币性资产,是指货币性资产以外的资产,该类资产在将来为企业带来的经济利益不固定或不可确定,如固定资产、无形资产、在建工程、投资性房地产和长期股权投资等。

企业以存货换取存货、长期股权投资、投资性房地产、固定资产、在建工程、无形资产等的,按照本书第十章中收入相关规定进行处理;其他非货币性资产交换,按照本章内容进行处理。这里所说的非货币性资产交换,仅包括企业之间主要以非货币性资产形式进行的互惠转让,即企业取得一项非货币性资产,必须以付出自己拥有的非货币性资产作为代价。企业与所有者或所有者以外方面的非货币性资产非互惠转让,如以非货币性资产作为股利发放给股东,或政府无偿提供非货币性资产给企业等,或在企业合并、债务重组中取得的非货币性资产,或企业以发行股票形式取得的非货币性资产等,均不属于本章所讲的非货币性资产交换的范围。

二、非货币性资产交换的认定

从非货币性资产交换的概念可以看出,非货币性资产交换的交易对象主要是非货币性资产,交易中一般不涉及货币性资产,或只涉及少量货币性资产即补价。一般认为,如果补价占整个资产交换金额的比例低于25%,则认定所涉及的补价为"少量",该交换为非货币性资产交换;如果该比例等于或高于25%,则视为货币性资产交换。例如,对于公允价值能够可靠确定的非货币性资产,非货币性资产交换的认定条件可以用下面的公式表示:

$$\frac{支付的货币性资产}{换入资产公允价值(或换出资产公允价值+支付的货币性资产)}<25\%$$

或者

$$\frac{收到的货币性资产}{换出资产公允价值(或换入资产公允价值+收到的货币性资产)}<25\%$$

【例17-1】(单选题)非货币性资产交换,是指企业主要以固定资产、无形资产、投资性房地产和长期股权投资等非货币性资产进行的交换。该交换不涉及或只涉及少量的货币性资产(即补价)。少量的标准是指收到或支付的补价与换出或换入较大一方的资产的公允价值之比小于(B)。

  A. 20%   B. 25%   C. 30%   D. 35%

第二节　非货币性资产交换的确认和计量

一、非货币性资产交换的确认原则

企业应当分别按照下列原则对非货币性资产交换中的换入资产进行确认,对换出资产终止确认:

(1)对于换入资产,企业将换入资产视为购买取得的资产,并应当在换入资产符合资产定义并满足资产确认条件时予以确认。

(2)对于换出资产,企业将换出资产视为销售或处置,并应当在换出资产满足资产终止确认条件时终止确认。

换入资产的确认时点与换出资产的终止确认时点存在不一致的,企业在资产负债表日应当按照下列原则进行处理:

(1)换入资产满足资产确认条件,换出资产尚未满足终止确认条件的,在确认换入资产的同时将交付换出资产的义务确认为一项负债,如其他应付款。

(2)换入资产尚未满足资产确认条件,换出资产满足终止确认条件的,在终止确认换出资产的同时将取得换入资产的权利确认为一项资产,如其他应收款。

二、非货币性资产交换的计量

(一)以公允价值为基础计量

非货币性资产交换同时满足下列条件的,应当以公允价值为基础计量:

(1)该项交换具有商业实质。

(2)换入资产或换出资产的公允价值能够可靠地计量。换入资产和换出资产的公允价值均能够可靠计量的,应当以换出资产的公允价值为基础计量,但有确凿证据表明换入资产的公允价值更加可靠的除外。

以公允价值为基础计量的非货币性资产交换,对于换入资产,企业应当以换出资产的公允价值和应支付的相关税费作为换入资产的成本进行初始计量;对于换出资产,应当在终止确认时,将换出资产的公允价值与其账面价值之间的差额计入当期损益。

如果换出资产的公允价值不能可靠计量或有确凿证据表明换入资产的公允价值更加可靠的,企业应当以换入资产的公允价值和应支付的相关税费作为换入资产的初始计量金额;对于换出资产,应当在终止确认时,将换入资产的公允价值与换出资产账面价值之间的差额计入当期损益。

(二)商业实质的判断

满足下列条件之一的非货币性资产交换具有商业实质:

(1)换入资产的未来现金流量在风险、时间分布或金额方面与换出资产显著不同。

①风险、金额相同,时间不同。此种情形是指换入资产和换出资产产生的未来现金流量总额相同,获得这些现金流量的风险相同,但现金流量流入企业的时间明显不同。比如,某企业以一项设备和一批存货交换,因存货流动性强,能够在较短时间内产生现金流量,设备为固定

资产,在较长的时间内为企业带来现金流量,两者产生现金流量的时间相差较大,则可以判断上述存货与固定资产的未来现金流量显著不同,因而该两项资产的交换具有商业实质。

②时间、金额相同,风险不同。此种情形是指换入资产和换出资产产生的未来现金流量时间和金额相同,但企业获得现金流量的不确定性程度存在明显差异。比如,A 企业以用于经营出租的一幢公寓楼,与 B 企业同样用于经营出租的一幢公寓楼进行交换,两幢公寓楼的租期、每期租金总额都相同,但是 A 企业是租给一家财务及信用状况良好的企业(该企业租用公寓是给其单身职工居住),B 企业的客户则都是单个租户,相比较而言,A 企业取得租金的风险较小,B 企业由于租给散户,租金的取得依赖于每个租户的财务与信用状况。因此,两者现金流量流入的风险或不确定性程度存在明显差异,则两幢公寓楼的未来现金流量显著不同,可判断这两项资产的交换具有商业实质。

③风险、时间相同,金额不同。此种情形是指换入资产和换出资产产生的未来现金流量总额相同,预计为企业带来现金流量的时间跨度相同,风险也相同,但各年产生的现金流量金额存在明显差异。比如,某企业以一项商标权换入另一个企业的一项专利技术,预计两项无形资产的使用寿命相同,在使用寿命内预计为企业带来的各期未折现现金流量总额相同。但是换入的专利技术是新开发的,预计开始阶段产生的未来现金流量明显少于后期,而该企业拥有的商标权每年产生的现金流量比较均衡,两者产生的未折现现金流量金额在各期分布差异显著不同,因而该两项资产的交换具有商业实质。

④风险、时间和金额均不同。

(2)使用换入资产所产生的预计未来现金流量现值与继续使用换出资产不同,且其差额与换入资产和换出资产的公允价值相比是重大的。

企业如果难以判断某项非货币性资产交换是否满足第一项条件,则应当考虑第二项条件。资产的预计未来现金流量现值,应当按照资产在持续使用过程和最终处置时预计产生的税后未来现金流量(因为交易双方适用的所得税税率可能不同),根据企业自身而不是市场参与者对资产特定风险的评价,选择恰当的折现率对其进行折现后的金额加以确定。强调企业自身,是由于考虑到换入资产的性质和换入企业经营活动的特征,换入资产与换入企业其他现有资产相结合,可能比换出资产产生更大的作用,即换入资产与换出资产对换入企业的使用价值明显不同,使换入资产的预计未来现金流量现值与换出资产相比产生明显差异,表明该两项资产的交换具有商业实质。

例如,某企业以一项专利权换入另一企业拥有的长期股权投资,假定从市场参与者角度看,该项专利权与该项长期股权投资的公允价值相同,同时假定两项资产未来现金流量的风险、时间和金额亦相同,但是对换入企业来讲,换入该项长期股权投资使该企业与被投资方的投资关系由重大影响变为控制,另一企业换入的专利权能够解决生产中的技术难题,两企业换入资产的预计未来现金流量现值与换出资产相比均有明显差异,可以判断两项资产的交换具有商业实质。

特别提示

实务中,不同类非货币性资产交换通常具有商业实质;重点关注同类非货币性资产之间的交换。

企业在判断非货币性资产交换是否具有商业实质时,通常还可以考虑资产是否属于同一类别来进行分析。同类别的资产是指在资产负债表中列示为同一报表项目的资产;不同类别的资产是指在资产负债表中列示为不同报表项目的资产,例如存货、固定资产、无形资产、投资性房地产、长期股权投资等都是不同类别的非货币性资产。一般来说,非货币性资产产生的经济利益的方式不相同。不同类别的非货币性资产之间进行交换,如存货和固定资产之间的交换,通常具有商业实质。同类别的非货币性资产之间的交换,如存货之间、固定资产之间等,需要结合上述两项判断条件综合判断。

(三)关联方之间交换资产与商业实质的关系

在确定非货币性资产交换是否具有商业实质时,企业应当关注交易各方之间是否存在关联方关系。关联方关系的存在可能导致发生的非货币性资产交换不具有商业实质。

三、公允价值能否可靠计量的判断

属于以下三种情形之一的,换入资产或换出资产的公允价值视为能够可靠计量:

(1)换入资产或换出资产存在活跃市场,以市场价格为基础确定公允价值。长期股权投资、固定资产、无形资产等非货币性资产,应当以该资产的市场价格为基础确定其公允价值。

(2)换入资产或换出资产不存在活跃市场,但同类或类似资产存在活跃市场,以同类或类似资产市场价格为基础确定公允价值。长期股权投资、固定资产、无形资产等非货币性资产,应当以同类或类似资产市场价格为基础确定其公允价值。

(3)换入资产或换出资产不存在同类或类似资产可比交易市场,采用估值技术确定公允价值。采用估值技术确定公允价值时,要求采用该估值技术确定的公允价值估计数的变动区间很小,或者在公允价值估计数变动区间内,各种用于确定公允价值估计数的概率能够合理确定。

四、非货币性资产交换的确认和计量原则

(一)以公允价值计量的非货币性资产交换的会计处理

非货币性资产交换同时满足下列两个条件的,应当以换出资产的公允价值和应支付的相关税费作为换入资产的成本,将换出资产的公允价值与换出资产账面价值的差额计入当期损益:①该项交换具有商业实质;②换入资产或换出资产的公允价值能够可靠地计量。

换入资产和换出资产公允价值均能够可靠计量的,应当以换出资产公允价值作为确定换入资产成本的基础,一般来说,取得资产的成本应当按照所放弃资产的对价来确定,在非货币性资产交换中,换出资产的价值就是放弃的对价,如果其公允价值能够可靠确定,应当优先考虑按照换出资产的公允价值作为确定换入资产成本的基础;如果有确凿证据表明换入资产的公允价值更加可靠的,应当以换入资产公允价值为基础确定换入资产的成本。

在以公允价值计量的情况下,不论是否涉及补价,只要换出资产的公允价值与其账面价值不相同,通常会涉及损益的确认。非货币性资产交换损益是由换出资产公允价值与换出资产账面价值的差额通过非货币性资产交换予以实现的。

非货币性资产交换的会计处理,视换出资产的类别不同而有所区别:

(1)换出资产为固定资产、在建工程、生产性生物资产和无形资产的,计入当期损益的部分通过"资产处置损益"科目核算,在利润表"资产处置收益"项目列示。

(2)换出资产为长期股权投资的,应当视同长期股权投资处置处理,换出资产公允价值与换出资产账面价值的差额计入投资收益。

（3）换出资产为投资性房地产的,按换出资产的公允价值或换入资产的公允价值确认其他业务收入,按换出资产账面价值结转其他业务成本,二者之间的差额计入当期损益。二者分别在利润表"营业收入"和"营业成本"项目中列示。

非货币性资产交换涉及相关税费的,如换入资产作为存货、固定资产应当确认的增值税进项税额,以及换出固定资产、无形资产视同资产处置,应交纳增值税销项税额等,按照相关税收规定计算确定。

1. 不涉及补价情况下的会计处理

【例17-2】2020年5月1日,甲公司以2017年购入的生产经营用设备交换乙公司的一批办公设备,甲公司换入的办公设备用于日常经营,乙公司换入的设备继续用于生产。甲公司设备的账面原价为1 500 000元,在交换日的累计折旧为525 000元,不含税公允价值为1 404 000元,计税价格等于公允价值,甲公司此前没有为该设备计提资产减值准备。此外,甲公司以银行存款支付清理费1 500元。乙公司办公设备的账面原价为1 200 000元,在交换日的累计折旧为120 000元,在交换日的不含税市场价格为1 404 000元,计税价格等于市场价格,乙公司此前也没有为该批办公设备计提资产减值准备。

甲公司、乙公司均为增值税一般纳税人,适用的增值税税率为13%。假设甲公司和乙公司在整个交易过程中没有发生除增值税以外的其他税费,甲公司和乙公司均开具了增值税专用发票,增值税进项税额在取得资产时进行一次性抵扣。

本例中,整个资产交换过程没有涉及收付货币性资产,因此,该项交换属于非货币性资产交换。甲公司以生产经营设备换入办公设备,乙公司换入的设备是生产用设备,两项资产交换后对换入企业的特定价值显著不同,两项资产的交换具有商业实质;同时,两项资产的公允价值都能够可靠地计量,符合公允价值计量的两个条件。因此,甲公司和乙公司均应当以换出资产的公允价值为基础确定换入资产的成本,并确认产生的相关损益。

甲公司的账务处理如下:

换出生产经营用设备的增值税销项税额=1 404 000×13%=182 520(元)

换入办公设备的增值税进项税额=1 404 000×13%=182 520(元)

借:固定资产清理	975 000	
累计折旧	525 000	
贷:固定资产——××设备		1 500 000
借:固定资产清理	1 500	
贷:银行存款		1 500
借:固定资产清理	182 520	
贷:应交税费——应交增值税(销项税额)		182 520
借:固定资产——办公设备	1 404 000	
应交税费——应交增值税(进项税额)	182 520	
贷:固定资产清理		1 586 520
借:固定资产清理	427 500	
贷:资产处置损益		427 500

其中,资产处置损益的金额为换出设备的公允价值1 404 000元与其账面价值975 000元(1 500 000-525 000)并扣除清理费用1 500元后的余额,即427 500元。

乙公司的账务处理如下：

换出办公设备的增值税销项税额＝1 404 000×13％＝182 520(元)

换入生产经营用设备的增值税进项税额＝1 404 000×13％＝182 520(元)

借：固定资产清理 1 080 000

　　累计折旧 120 000

　　贷：固定资产——办公设备 1 200 000

借：固定资产清理 182 520

　　贷：应交税费——应交增值税(销项税额) 182 520

借：固定资产——××设备 1 404 000

　　应交税费——应交增值税(进项税额) 182 520

　　贷：固定资产清理 1 586 520

借：固定资产清理 324 000

　　贷：资产处置损益 324 000

2. 涉及补价情况下的会计处理

(1) 支付补价的，以换出资产的公允价值，加上支付补价的公允价值和应支付的相关税费，作为换入资产的成本，换出资产的公允价值与其账面价值之间的差额计入当期损益。

有确凿证据表明换入资产的公允价值更加可靠的，以换入资产的公允价值和应支付的相关税费作为换入资产的初始计量金额，换入资产的公允价值减去支付补价的公允价值与换出资产账面价值之间的差额计入当期损益。

其计算公式为

换入资产成本＝换出资产公允价值＋支付的补价＋应支付的相关税费

计入当期损益的金额＝换入资产成本－(换出资产账面价值＋支付的补价＋应支付的相关税费)

＝换出资产公允价值－换出资产账面价值

(2) 收到补价的，以换出资产的公允价值，减去收到补价的公允价值，加上应支付的相关税费，作为换入资产的成本，换出资产的公允价值与其账面价值之间的差额计入当期损益。

有确凿证据表明换入资产的公允价值更加可靠的，以换入资产的公允价值和应支付的相关税费作为换入资产的初始计量金额，换入资产的公允价值加上收到补价的公允价值与换出资产账面价值之间的差额计入当期损益。

其计算公式为

换入资产成本＝换出资产公允价值－收到的补价＋应支付的相关税费

计入当期损益的金额＝(换入资产成本＋收到的补价)－(换出资产账面价值＋应支付的相关税费)

＝换出资产公允价值－换出资产账面价值

在涉及补价的情况下，对于支付补价方而言，作为补价的货币性资产构成换入资产所放弃对价的一部分，对于收到补价方而言，作为补价的货币性资产构成换入资产的一部分。

【例17-3】2020年7月1日，甲公司经协商以其拥有的一幢自用写字楼交换乙公司持有的对非上市的联营企业丙公司长期股权投资。在交换日，该幢写字楼的账面原价为6 000 000元，已提折旧1 200 000元，未计提减值准备，在交换日的不含税公允价值为6 100 000元；乙公司持有的对丙公司长期股权投资账面价值为4 500 000元，未计提减值准备，在交换日的公允价值为6 000 000元，乙公司支付649 000元给甲公司。乙公司换入写字楼后用于生产经营。

甲公司换入对丙公司投资仍然作为长期股权投资,并采用权益法核算。甲公司因转让写字楼向乙公司开具的增值税专用发票上注明的销售额为 6 100 000 元,销项税额为 549 000 元。假定增值税进项税额在取得资产时进行一次性抵扣;除增值税外,该项交易过程中不涉及其他相关税费。

本例中,该项资产交换涉及收付货币性资产,即甲公司收到的 649 000 元,其中包括由于换出资产和换入资产公允价值不同而收到的补价 100 000 元,以及换出资产销项税额与换入资产进项税额(本例中为 0)的差额 549 000 元。对甲公司而言,收到的补价 100 000 元/换出资产的公允价值 6 100 000 元(或换入长期股权投资公允价值 6 000 000 元＋收到的补价 100 000 元)＝1.6％＜25％,属于非货币性资产交换。

对乙公司而言,支付的补价 100 000 元/换入资产的公允价值 6 100 000 元(或换出长期股权投资公允价值 6 000 000 元＋支付的补价 100 000 元)＝1.6％＜25％,属于非货币性资产交换。

本例属于以固定资产交换长期股权投资。由于两项资产的交换具有商业实质,且长期股权投资和固定资产的公允价值均能够可靠计量,因此,甲公司、乙公司应当以公允价值为基础确定换入资产的成本,并确认产生的损益。

甲公司的账务处理如下:

借:固定资产清理   4 800 000
累计折旧   1 200 000
贷:固定资产——办公楼   6 000 000
借:固定资产清理   549 000
贷:应交税费——应交增值税(销项税额)   549 000
借:长期股权投资——丙公司   6 000 000(注)
银行存款   649 000
贷:固定资产清理   6 649 000
借:固定资产清理   1 300 000
贷:资产处置损益   1 300 000

注:此处的账务处理只反映长期股权投资的初始计量,不考虑权益法核算调整。(下同)

乙公司的账务处理如下:

借:固定资产   6 100 000
应交税费——应交增值税(进项税额)   549 000
贷:长期股权投资——丙公司   4 500 000
银行存款   649 000
投资收益   1 500 000

(二)以账面价值计量的非货币性资产交换的会计处理

非货币性资产交换不具有商业实质,或者虽然具有商业实质但换入资产和换出资产的公允价值均不能可靠计量的,企业应当以账面价值为基础计量。对于换入资产,企业应当以换出资产的账面价值和应支付的相关税费作为换入资产的初始计量金额;对于换出资产,终止确认时不确认损益。

1. 不涉及补价情况下的会计处理

【例17-4】甲公司以其持有的对联营企业丙公司的长期股权投资交换乙公司拥有的商标权。在交换日,甲公司持有的长期股权投资账面余额为 5 000 000 元,已计提长期股权投资减值准备余额为 1 400 000 元,该长期股权投资在市场上没有公开报价,公允价值也不能可靠计量;乙公司商标权的账面原价为 4 200 000 元,累计已摊销金额为 600 000 元,其公允价值也不能可靠计量,乙公司没有为该项商标权计提减值准备。乙公司将换入的对丙公司的投资仍作为长期股权投资,并采用权益法核算。乙公司因转让商标权向甲公司开具的增值税专用发票上注明的销售额为 3 600 000 元,销项税额为 216 000 元。假设除增值税以外,整个交易过程中没有发生其他相关税费。

本例中,该项资产交换没有涉及收付货币性资产,因此属于非货币性资产交换。本例属于以长期股权投资交换无形资产。由于换出资产和换入资产的公允价值都无法可靠计量,因此,甲公司、乙公司换入资产的成本均应当按照换出资产的账面价值确定,不确认损益。

甲公司的账务处理如下:

借:无形资产——商标权	3 384 000	
应交税费——应交增值税(进项税额)	216 000	
长期股权投资减值准备——丙公司股权投资	1 400 000	
贷:长期股权投资——丙公司		5 000 000

乙公司的账务处理如下:

借:长期股权投资——丙公司	3 816 000	
累计摊销	600 000	
贷:无形资产——商标权		4 200 000
应交税费——应交增值税(销项税额)		216 000

2. 涉及补价情况下的会计处理

发生补价的,支付补价方和收到补价方应当分别情况处理:

(1)支付补价方:应当以换出资产的账面价值,加上支付补价的账面价值和应支付的相关税费,作为换入资产的初始计量金额,不确认损益。其计算公式为

换入资产成本＝换出资产账面价值＋支付的补价＋应支付的相关税费

(2)收到补价方:应当以换出资产的账面价值,减去收到补价的公允价值,加上应支付的相关税费,作为换入资产的初始计量金额,不确认损益。其计算公式为

换入资产成本＝换出资产账面价值－收到的补价＋应支付的相关税费

【例17-5】2020 年 12 月 1 日,甲公司拥有一个距离生产基地较远的仓库,该仓库账面原价为 3 500 000 元,已计提折旧 2 350 000 元;乙公司拥有一项联营企业长期股权投资,账面价值 1 050 000 元;两项资产均未计提减值准备。由于仓库离市区较远,公允价值不能可靠计量;乙公司拥有的长期股权投资在活跃市场中没有报价,其公允价值也不能可靠计量。双方商定,乙公司以两项资产账面价值的差额为基础,支付甲公司 100 000 元补价,以长期股权投资换取甲公司拥有的仓库。甲公司因转让仓库向乙公司开具的增值税专用发票上注明的销售额为 1 150 000 元,销项税额为 103 500 元。假定增值税进项税额在取得资产时进行一次性抵扣;除增值税外,交易中没有涉及其他相关税费。

本例中,该项资产交换涉及收付货币性资产,即补价 100 000 元。对甲公司而言,收到的

补价 100 000 元/换出资产账面价值 1 150 000 元＝8.7％＜25％,因此,该项交换属于非货币性资产交换;乙公司的情况也类似。由于两项资产的公允价值不能可靠计量,因此,甲公司、乙公司换入资产的成本均应当以换出资产的账面价值为基础确定,不确认损益。

甲公司的账务处理如下:

借:固定资产清理   1 150 000
  累计折旧   2 350 000
    贷:固定资产——仓库   3 500 000
借:固定资产清理   103 500
    贷:应交税费——应交增值税(销项税额)   103 500
借:长期股权投资——××公司   1 153 500
  银行存款   100 000
    贷:固定资产清理   1 253 500

乙公司的账务处理如下:

借:固定资产——仓库   1 046 500
  应交税费——应交增值税(进项税额)   103 500
    贷:长期股权投资——××公司   1 050 000
    银行存款   100 000

【例 17-6】(多选题)非货币性资产交换中,在满足下列(AB)条件中的任何一个时,应以账面价值和应支付的相关税费作为换入资产的成本。

A.该项交换不具有商业实质

B.换入资产或换出资产的公允价值均不能够可靠地计量

C.该项交换具有商业实质

D.换入资产或换出资产的公允价值能够可靠地计量

(三)涉及多项非货币性资产交换的会计处理

非货币性资产交换有时涉及多项资产,例如,企业以一项非货币性资产同时换入另一企业的多项非货币性资产,或同时以多项非货币性资产换入另一企业的一项非货币性资产,或以多项非货币性资产同时换入多项非货币性资产,在此过程中,还可能涉及补价。与单项非货币性资产交换一样,涉及多项非货币性资产交换的计量,也应当首先确定换入资产成本的计量基础和损益确认原则,再计算换入资产的成本总额。在确定各项换入资产的成本时,则应当分别不同情况处理。

(1)以公允价值为基础计量的非货币性资产交换,同时换入或换出多项资产的,应当按照下列规定进行处理:

①对于同时换入的多项资产,按照换入的金融资产以外的各项换入资产公允价值相对比例,将换出资产公允价值总额(涉及补价的,加上支付补价的公允价值或减去收到补价的公允价值)扣除换入金融资产公允价值后的净额进行分摊,以分摊至各项换入资产的金额,加上应支付的相关税费,作为各项换入资产的成本进行初始计量。

有确凿证据表明换入资产的公允价值更加可靠的,以各项换入资产的公允价值和应支付的相关税费作为各项换入资产的初始计量金额。

②对于同时换出的多项资产,将各项换出资产的公允价值与其账面价值之间的差额,在各项换出资产终止确认时计入当期损益。

有确凿证据表明换入资产的公允价值更加可靠的,按照各项换出资产的公允价值的相对比例,将换入资产的公允价值总额(涉及补价的,减去支付补价的公允价值或加上收到补价的公允价值)分摊至各项换出资产,分摊至各项换出资产的金额与各项换出资产账面价值之间的差额,在各项换出资产终止确认时计入当期损益。

【例 17－7】 2020 年 10 月 1 日,为适应业务发展的需要,经与乙公司协商,甲公司决定以生产经营过程中使用的机器设备和当月购入的生产模具换入乙公司生产经营过程中使用的 10 辆货运车、5 台专用设备和 15 辆客运汽车。

甲公司机器设备账面原价为 4 050 000 元,在交换日的累计折旧为 1 350 000 元,不含税公允价值为 2 800 000 元;生产模具的账面价值为 4 500 000 元,不含税公允价值为 5 250 000 元。乙公司货运车的账面原价为 2 250 000 元,在交换日的累计折旧为 750 000 元,不含税公允价值为 2 250 000 元;专用设备的账面原价为 3 000 000 元,在交换日的累计折旧为 1 350 000 元,不含税公允价值为 2 500 000 元;客运汽车的账面原价为 4 500 000 元,在交换日的累计折旧为 1 200 000 元,不含税公允价值为 3 600 000 元。

乙公司另外收取甲公司以银行存款支付的 339 000 元,其中包括由于换出资产和换入资产公允价值不同而支付的补价 300 000 元,以及换出资产销项税额与换入资产进项税额的差额 39 000 元。

假定甲公司和乙公司都没有为换出资产计提减值准备;甲公司换入乙公司的货运车、专用设备、客运汽车均作为固定资产使用和管理;乙公司换入甲公司的机器设备、生产模具作为固定资产使用和管理。甲公司和乙公司均为增值税一般纳税人,适用的增值税税率均为 13%,计税价格等于公允价值,甲公司、乙公司均开具了增值税专用发票,增值税进项税额在取得资产时进行一次性抵扣。

本例中,交换涉及收付货币性资产,应当计算甲公司支付的货币性资产占甲公司换出资产公允价值与支付的货币性资产之和的比例,即 $300\ 000/(2\ 800\ 000＋5\ 250\ 000＋300\ 000)＝3.59\%＜25\%$。可以认定这一涉及多项资产的交换行为属于非货币性资产交换。对于甲公司而言,为了拓展运输业务,需要客运汽车、专用设备、货运车等,乙公司为了满足生产,需要机器设备、生产模具等,换入资产对换入企业均能发挥更大的作用,因此,该项涉及多项资产的非货币性资产交换具有商业实质;同时,各单项换入资产和换出资产的公允价值均能可靠计量。因此,甲公司、乙公司均应当以公允价值为基础确定换入资产的总成本,确认产生的相关损益,同时,按照各单项换入资产的公允价值占换入资产公允价值总额的比例,确定各单项换入资产的成本。

甲公司的账务处理如下:

(1)计算换出、换入资产的增值税税额。

换出设备的增值税销项税额＝$2\ 800\ 000\times13\%＝364\ 000$(元)

换出生产模具的增值税销项税额＝$5\ 250\ 000\times13\%＝682\ 500$(元)

换入货运车、专用设备和客运汽车的增值税进项税额＝$(2\ 250\ 000＋2\ 500\ 000＋3\ 600\ 000)\times13\%＝1\ 085\ 500$(元)

(2)计算换入资产、换出资产公允价值总额。

换出资产公允价值总额＝$2\ 800\ 000＋5\ 250\ 000＝8\ 050\ 000$(元)

换入资产公允价值总额＝$2\ 250\ 000＋2\ 500\ 000＋3\ 600\ 000＝8\ 350\ 000$(元)

(3)计算换入资产总成本。

换入资产总成本＝换出资产公允价值＋支付的补价＋应支付的相关税费＝$8\ 050\ 000＋$

300 000＋0＝8 350 000(元)

(4)计算确定换入各项资产的成本。

货运车的成本＝8 350 000×(2 250 000/8 350 000×100％)＝2 250 000(元)

专用设备的成本＝8 350 000×(2 500 000/8 350 000×100％)＝2 500 000(元)

客运汽车的成本＝8 350 000×(3 600 000/8 350 000×100％)＝3 600 000(元)

(5)编制会计分录。

借:固定资产清理	7 200 000	
累计折旧	1 350 000	
贷:固定资产——机器设备		4 050 000
——生产模具		4 500 000
借:固定资产清理	1 046 500	
贷:应交税费——应交增值税(销项税额)		1 046 500
借:固定资产——货运车	2 250 000	
——专用设备	2 500 000	
——客运汽车	3 600 000	
应交税费——应交增值税(进项税额)	1 085 500	
贷:固定资产清理		9 096 500
银行存款		339 000
借:固定资产清理	850 000	
贷:资产处置损益		850 000

乙公司的账务处理如下:

(1)计算换入、换出资产的增值税税额。

换入设备的增值税进项税额＝2 800 000×13％＝364 000(元)

换入生产模具的增值税进项税额＝5 250 000×13％＝682 500(元)

换出货运车、专用设备和客运汽车的增值税销项税额＝(2 250 000＋2 500 000＋3 600 000)×13％＝1 085 500(元)

(2)计算换入资产、换出资产公允价值总额。

换出资产公允价值总额＝2 250 000＋2 500 000＋3 600 000＝8 350 000(元)

换入资产公允价值总额＝2 800 000＋5 250 000＝8 050 000(元)

(3)确定换入资产总成本。

换入资产总成本＝换出资产公允价值－收取的补价＋应支付的相关税费＝8 350 000－300 000＋0＝8 050 000(元)

(4)计算确定换入各项资产的成本。

机器设备的成本＝8 050 000×(2 800 000/8 050 000×100％)＝2 800 000(元)

生产模具的成本＝8 050 000×(5 250 000/8 050 000×100％)＝5 250 000(元)

(5)编制会计分录。

借:固定资产清理	6 450 000	
累计折旧	3 300 000	
贷:固定资产——货运车		2 250 000

——专用设备	3 000 000
——客运汽车	4 500 000

借：固定资产清理　　　　　　　　　　　1 085 500
　　贷：应交税费——应交增值税（销项税额）　1 085 500
借：固定资产——机器设备　　　　　　　　2 800 000
　　　　——生产模具　　　　　　　　　　5 250 000
　　应交税费——应交增值税（进项税额）　　1 046 500
　　银行存款　　　　　　　　　　　　　　339 000
　　贷：固定资产清理　　　　　　　　　　9 435 500
借：固定资产清理　　　　　　　　　　　　1 900 000
　　贷：资产处置损益　　　　　　　　　　1 900 000

（2）以账面价值为基础计量的非货币性资产交换，同时换入或换出多项资产的，应当按照下列规定进行处理：

①对于同时换入的多项资产，按照各项换入资产的公允价值的相对比例，将换出资产的账面价值总额（涉及补价的，加上支付补价的账面价值或减去收到补价的公允价值）分摊至各项换入资产，加上应支付的相关税费，作为各项换入资产的初始计量金额。换入资产的公允价值不能够可靠计量的，可以按照各项换入资产的原账面价值的相对比例或其他合理的比例对换出资产的账面价值进行分摊。

②对于同时换出的多项资产，各项换出资产终止确认时均不确认损益。

【例17-8】2020年9月1日，甲公司因经营战略发生较大转变，产品结构发生较大调整，原生产厂房、专利技术等已不符合生产新产品的需要，经与乙公司协商，甲公司将其生产厂房连同专利技术与乙公司正在建造过程中的一幢建筑物、乙公司对联营企业丙公司的长期股权投资（采用权益法核算）进行交换。

甲公司换出生产厂房的账面原价为2 000 000元，已提折旧1 250 000元；专利技术账面原价为750 000元，已摊销金额为375 000元。

乙公司在建工程截至交换日的成本为875 000元，对丙公司的长期股权投资成本为250 000元。

甲公司的厂房公允价值难以取得，专利技术市场上并不多见，公允价值也不能可靠计量。乙公司的在建工程因完工程度难以合理确定，其公允价值不能可靠计量；由于丙公司不是上市公司，乙公司对丙公司长期股权投资的公允价值也不能可靠计量。假定甲公司、乙公司均未对上述资产计提减值准备。根据《财政部　国家税务总局关于全面推开营业税改征增值税试点的通知》（财税〔2016〕36号），转让专利技术免征增值税。甲公司因转让厂房向乙公司开具的增值税专用发票上注明的销售额为750 000元，销项税额为67 500元；乙公司因转让在建工程向甲公司开具的增值税专用发票上注明的销售额为875 000元，销项税额为78 750元，假定增值税进项税额在取得资产时进行一次性抵扣。

本例中，交换不涉及收付货币性资产，属于非货币性资产交换。由于换入资产、换出资产的公允价值均不能可靠计量，甲公司、乙公司均应当以换出资产账面价值总额作为换入资产的总成本，各项换入资产的成本，应当按各项换入资产的账面价值占换入资产账面价值总额的比例分配后确定。

甲公司的账务处理如下：

(1)计算换入资产、换出资产账面价值总额。

换入资产账面价值总额＝875 000＋250 000＝1 125 000(元)

换出资产账面价值总额＝(2 000 000－1 250 000)＋(750 000－375 000)＝1 125 000(元)

(2)确定换入资产总成本。

换入资产总成本＝1 125 000＋67 500－78 750＝1 113 750(元)

(3)确定各项换入资产成本。

在建工程成本＝1 113 750×(875 000/1 125 000)×100％＝866 250(元)

长期股权投资成本＝1 113 750×(250 000/1 125 000)×100％＝247 500(元)

(4)编制会计分录。

借:固定资产清理	750 000	
累计折旧	1 250 000	
贷:固定资产——厂房		2 000 000
借:固定资产清理	67 500	
贷:应交税费——应交增值税(销项税额)		67 500
借:在建工程——××工程	866 250	
应交税费——应交增值税(进项税额)	78 750	
长期股权投资	247 500	
累计摊销	375 000	
贷:固定资产清理		817 500
无形资产——专利技术		750 000

乙公司的账务处理如下:

(1)计算换入资产、换出资产账面价值总额。

换入资产账面价值总额＝(2 000 000－1 250 000)＋(750 000－375 000)＝1 125 000(元)

换出资产账面价值总额＝875 000＋250 000＝1 125 000(元)

(2)确定换入资产总成本。

换入资产总成本＝1 125 000＋78 750－67 500＝1 136 250(元)

(3)确定各项换入资产成本。

厂房成本＝1 136 250×(750 000/1 125 000)×100％＝757 500(元)

专利技术成本＝1 136 250×(375 000/1 125 000)×100％＝378 750(元)

(4)会计分录。

借:固定资产清理	875 000	
贷:在建工程——××工程		875 000
借:固定资产清理	78 750	
贷:应交税费——应交增值税(销项税额)		78 750
借:固定资产——厂房	757 500	
应交税费——应交增值税(进项税额)	67 500	
无形资产——专利技术	378 750	
贷:固定资产清理		953 750
长期股权投资		250 000

思考题

1. 什么是非货币性资产交换？
2. 判断非货币性资产交换具有商业实质的条件有哪些？
3. 非货币性资产交换以公允价值为基础计量的条件是什么？换入资产价值如何计量？
4. 非货币性资产交换以账面价值为基础计量的条件是什么？换入资产价值如何计量？

实务练习题

1. 2020 年 8 月,甲公司以生产经营过程中使用的一台设备交换乙家具公司生产的一批办公家具,换入的办公家具作为固定资产管理。设备的账面原价为 100 000 元,在交换日的累计折旧为 35 000 元,公允价值为 84 750 元。办公家具的账面价值为 80 000 元,在交换日的公允价值为 75 000 元,计税价格等于公允价值。乙公司换入甲公司的设备是生产家具过程中需要使用的设备。假设甲公司此前没有为该项设备计提资产减值准备,整个交易过程中,除支付运杂费 1 500 元外没有发生其他相关税费。假设乙公司此前也没有为库存商品计提存货跌价准备,销售办公家具的增值税税率为 13%,在整个交易过程中没有发生除增值税以外的其他税费。

要求:做出甲公司和乙公司的账务处理。

2. 甲公司拥有一台专有设备,该设备账面原价为 300 万元,已计提折旧 220 万元;乙公司拥有一项长期股权投资,账面价值为 70 万元。两项资产均未计提减值准备。由于专有设备系当时专门制造、性质特殊,其公允价值不能可靠计量;乙公司拥有的长期股权投资在活跃市场中没有报价,其公允价值也不能可靠计量。双方商定,乙公司以两项资产账面价值的差额为基础,支付甲公司 10 万元补价。假定交易中没有涉及相关税费。

要求:做出甲公司和乙公司的账务处理。

即测即评　　延伸阅读

第十八章
会计政策、会计估计变更和差错更正

学习目标

通过本章的学习,了解会计政策和会计估计的定义与分类;理解不同会计政策变更与会计估计变更的区别;掌握不同会计政策变更与会计估计变更的会计业务处理;掌握前期差错的定义和相应的会计业务处理。

引导案例

罗牛山股份有限公司(以下简称"罗牛山")在 2017 年及以前年度,将该股权分类为"可供出售金融资产",并采用成本法计量。罗牛山在 2018 年半年报中披露,2018 年 3 月,海口农业银行任命了一名董事,这对海口农业银行产生重大影响。故将该股权重分类为"长期股权投资",并采用权益法核算。而正是这一会计政策变更,导致罗牛山在 2018 年上半年实现投资收益 3.78 亿元,占其净利润的 111.04%,实际净利润同比增长 157.18%,掩盖了其扣非后净利亏损的尴尬。然而,就在罗牛山 2018 年上半年净利润实现大幅增长的背景下,公司的实际控制人却抛出了巨额的股份减持计划,减持 5 190 万股,占股本总额的 4.5%。而在公司股价低迷时期由实际控制人担保的员工出资兜底增持的那部分公司股票也在此期间被全部抛出,实际控制人也避免了承担员工增持公司股票所产生的亏损。罗牛山公司股票在 2017 年年末的收盘价格仅为 8.07 元,而在股权投资会计政策变更对公司一季报及半年报净利润所产生的积极影响等信息(期间叠加了"赛马项目"信息)的刺激下,其股价表现异常强劲,最高时曾上涨到 17.84 元(与年初相比实现翻倍)。截至实际控制人完成股份减持计划时,公司的股价依然收在 10.43 元,累计涨幅仍高达 30%,而同期深圳成指的累计涨幅却为 −23.4%,形成鲜明的反差。在实际控制人减持计划完成后,公司股票的市场表现与深圳成指的表现基本实现了同步波动,风光不再。

资料来源:许昌柯,林斌. 对长期股权投资权益法核算的思考:基于"罗牛山"会计政策变更案例[N]. 营销界,2019(25):207−208.

思考:

罗牛山的会计业务处理是否正确? 会计政策变更为什么会对公司的股价产生显著影响?

第一节 会计政策及其变更概述

一、会计政策的概念

会计政策,是指企业在会计确认、计量和报告中所采用的原则、基础和会计处理方法。原则,是指企业按照企业会计准则规定的、适合于企业会计核算所采用的特定会计原则。基础,是指为了将会计原则应用于交易或者事项而采取的会计基础。会计处理方法,是指企业在会计核算中从诸多可选择的会计处理方法中所选择的、适合于本企业的具体会计处理方法。

会计原则包括一般原则和特定原则,会计政策所指的会计原则是指某一类会计业务的核算所应遵循的特定原则,而不是笼统地指所有的会计原则。例如,借款费用是费用化还是资本化,即属于特定会计原则。可靠性、相关性、实质重于形式等属于会计信息质量要求,是为了满足会计信息质量要求而制定的原则,是统一的、不可选择的,不属于特定原则。

会计基础包括会计确认基础和会计计量基础。可供选择的会计确认基础包括权责发生制和收付实现制。会计计量基础主要包括历史成本、重置成本、可变现净值、现值和公允价值等。由于我国企业应当采用权责发生制作为会计确认基础,不具备选择性,所以会计政策所指的会计基础,主要是会计计量基础(即计量属性)。

具体会计处理方法,是指企业根据国家统一的会计准则制度允许选择的、对某一类会计业务的具体处理方法做出的具体选择。例如,《企业会计准则第1号——存货》允许企业在先进先出法、加权平均法和个别计价法之间对发出存货实际成本的确定方法做出选择,这些方法就是具体会计处理方法。

会计原则、会计基础和会计处理方法三者之间是一个具有逻辑性的、密不可分的整体,通过这个整体,会计政策才能得以应用和落实。

(一)企业会计政策选择和运用的要求

1.企业应在国家统一的会计准则制度规定的会计政策范围内选择适用的会计政策

会计政策是在允许的会计原则、计量基础和会计处理方法中做出指定或具体选择。由于企业经济业务的复杂性和多样化,某些经济业务在符合会计原则和计量基础的要求下,可以有多种会计处理方法,即存在不止一种可供选择的会计政策。例如,确定发出存货的实际成本时可以在先进先出法、加权平均法或者个别计价法中进行选择。

同时,我国的会计准则和会计制度属于行政规章,会计政策所包括的会计原则、计量基础和具体会计处理方法由会计准则或会计制度规定,具有一定的强制性。企业必须在法规所允许的范围内选择适合本企业实际情况的会计政策。即企业在发生某项经济业务时,必须从允许的会计原则、计量基础和会计处理方法中选择出适合本企业特点的会计政策。

2.会计政策应当保持前后各期的一致性

企业通常应在每期采用相同的会计政策。企业选用的会计政策一般情况下不能也不应当随意变更,以保持会计信息的可比性。

(二)企业会计政策披露的要求

企业在会计核算中所采用的会计政策,通常应在报表附注中加以披露,需要披露的会计政策项目主要有以下几项：

（1）财务报表的编制基础、计量基础和会计政策的确定依据等。

（2）存货的计价，是指企业存货的计价方法。例如，企业发出存货成本的计量是采用先进先出法，还是采用其他计量方法。

（3）固定资产的初始计量，是指对取得的固定资产初始成本的计量。例如，企业取得的固定资产初始成本是以购买价款，还是以购买价款的现值为基础进行计量。

（4）无形资产的确认，是指对无形项目的支出是否确认为无形资产。例如，企业内部研究开发项目开发阶段的支出是确认为无形资产，还是在发生时计入当期损益。

（5）投资性房地产的后续计量，是指企业在资产负债表日对投资性房地产进行后续计量所采用的会计处理。例如，企业对投资性房地产的后续计量是采用成本模式，还是采用公允价值模式。

（6）长期股权投资的核算，是指长期股权投资的具体会计处理方法。例如，企业对被投资单位的长期股权投资是采用成本法，还是采用权益法核算。

（7）收入的确认，是指收入确认所采用的会计方法。

（8）借款费用的处理，是指借款费用的处理方法，即采用资本化还是采用费用化。

（9）外币折算，是指外币折算所采用的方法以及汇兑损益的处理。

（10）合并政策，是指编制合并财务报表所采用的原则。例如，母公司与子公司的会计年度不一致的处理原则、合并范围的确定原则等。

二、会计政策变更及其条件

（一）会计政策变更的概念

会计政策变更是指企业对相同的交易或者事项由原来采用的会计政策改用另一会计政策的行为。一般情况下，为保证会计信息的可比性，使财务报告使用者在比较企业一个以上期间的财务报表时，能够正确判断企业的财务状况、经营成果和现金流量的趋势，企业在不同的会计期间应采用相同的会计政策，不应也不能随意变更会计政策。

需要注意的是，企业不能随意变更会计政策并不意味着企业的会计政策在任何情况下均不能变更。

（二）会计政策变更的条件

会计政策变更，并不意味着以前期间的会计政策是错误的，只是由于情况发生了变化，或者掌握了新的信息、积累了更多的经验，使得变更会计政策能够更好地反映企业的财务状况、经营成果和现金流量。如果以前期间会计政策的选择和运用是错误的，则属于前期差错，应按前期差错更正的会计处理方法进行处理。符合下列条件之一，企业可以变更会计政策：

1. 法律、行政法规或国家统一的会计制度等要求变更

这种情况是指，法律、行政法规以及国家统一的会计制度要求企业采用新的会计政策。在这种情况下，企业应按规定改变原会计政策，采用新的会计政策。例如，2017年，《企业会计准则第16号——政府补助》发布实施以后，对政府补助的确认、计量和相关信息的披露应采用新的会计政策。

2.会计政策变更能够提供更可靠、更相关的会计信息

这种情况是指，由于经济环境、客观情况的改变，企业原来采用的会计政策所提供的会计信息，已不能恰当地反映企业的财务状况、经营成果和现金流量等情况。在这种情况下，应改变原有会计政策，按新的会计政策进行核算，以对外提供更可靠、更相关的会计信息。

需要注意的是，除法律、行政法规或者国家统一的会计制度等要求变更会计政策应当按照规定执行和披露外，企业因满足上述第2条的条件变更会计政策时，必须有充分、合理的证据表明其变更的合理性，并说明变更会计政策后，能够提供关于企业财务状况、经营成果和现金流量等更可靠、更相关会计信息的理由。对会计政策的变更，应经股东大会或董事会等类似机构批准。如无充分、合理的证据表明会计政策变更的合理性或者未经股东大会等类似机构批准擅自变更会计政策的，或者连续、反复地自行变更会计政策的，视为滥用会计政策，应按照前期差错更正的方法进行处理。

（三）不属于会计政策变更的情形

对会计政策变更的认定，直接影响到会计处理方法的选择。实务中，企业应当分清哪些属于会计政策变更，哪些不属于会计政策变更。下列情况不属于会计政策变更：

（1）本期发生的交易或者事项与以前相比具有本质差别而采用新的会计政策。例如，某企业将自用的办公楼改为出租，不属于会计政策变更，而是采用新的会计政策。

（2）对初次发生的或不重要的交易或者事项采用新的会计政策。例如，某企业第一次签订一项建造合同，为另一企业建造三栋厂房，该企业对该项建造合同采用完工百分比法确认收入。由于该企业初次发生该项交易，采用完工百分比法确认该项交易的收入，不属于会计政策变更。

三、会计政策变更的会计处理

（1）企业依据法律、行政法规或者国家统一的会计制度等的要求变更会计政策的，应当按照国家相关规定执行。例如，财政部2006年2月15日发布并于2007年1月1日实施的《企业会计准则第38号——首次执行企业会计准则》对首次执行企业会计准则涉及职工薪酬的会计调整做了如下规定："对于首次执行日存在的解除与职工的劳动关系计划，满足《企业会计准则第9号——职工薪酬》预计负债确认条件的，应当确认因解除与职工的劳动关系给予补偿而产生的负债，并调整留存收益。"

（2）会计政策变更能够提供更可靠、更相关的会计信息的，应当采用追溯调整法处理，将会计政策变更累积影响数调整列报前期最早期初留存收益，其他相关项目的期初余额和列报前期披露的其他比较数据也应当一并调整，但确定该项会计政策变更累积影响数不切实可行的除外。

追溯调整法，是指对某项交易或事项变更会计政策，视同该项交易或事项初次发生时即采用变更后的会计政策，并以此对财务报表相关项目进行调整的方法。

追溯调整法的运用通常由以下几个步骤构成：

①计算会计政策变更累积影响数。

会计政策变更累积影响数，是指按照变更后的会计政策对以前各期追溯计算的列报前期最早期初留存收益应有金额与现有金额之间的差额。会计政策变更累积影响数，是假设与会计政策变更相关的交易或事项在初次发生时即采用新的会计政策，而得出的列报前期最早期

初留存收益应有金额与现有金额之间的差额。这里的留存收益,包括当年和以前年度的未分配利润和按照相关法律规定提取并累积的盈余公积,不需要考虑由于会计政策变更使以前期间净利润的变化而需要分派的股利。会计政策变更累积影响数,是对变更会计政策所导致的对净利润的累积影响,以及由此导致的对利润分配及未分配利润的累积影响金额,不包括分配的利润或股利。

上述变更会计政策当期期初现有的留存收益金额,即上期资产负债表所反映的留存收益期末数,可以从上期资产负债表项目中获得。追溯调整后的留存收益金额,指扣除所得税后的净额,即按新的会计政策计算确定留存收益时,应当考虑由于损益变化所导致的所得税影响的情况。

会计政策变更累积影响数,通常可以通过以下各步计算获得:

第一步,根据新的会计政策重新计算受影响的前期交易或事项;

第二步,计算两种会计政策下的差异;

第三步,计算差异的所得税影响金额;

第四步,确定前期中每一期的税后差异;

第五步,计算会计政策变更累积影响数。

②进行相关的账务处理。

③调整财务报表相关项目。

④进行财务报表附注说明。

采用追溯调整法时,会计政策变更累积影响数应包括在变更当期期初留存收益中。但是,如果提供可比财务报表,对于比较财务报表期间的会计政策变更,应调整各该期间净利润各项目和财务报表其他相关项目,视同该政策在比较财务报表期间一直采用。对于比较财务报表可比期间以前的会计政策变更累积影响数,应调整比较财务报表最早期间的期初留存收益,财务报表其他相关项目的数字也应一并调整。

【例18-1】甲股份有限公司(以下简称甲公司)是一家海洋石油开采公司,于2012年开始建造一座海上石油开采平台,根据法律法规规定,在该开采平台使用期满后要将其拆除,需要对其造成的环境污染进行整治。2013年12月15日,该开采平台建造完成并交付使用,建造成本共120 000 000元,预计使用寿命10年,采用平均年限法计提折旧。2019年1月1日甲公司开始执行企业会计准则,企业会计准则对于具有弃置义务的固定资产,要求将相关弃置费用计入固定资产成本,对之前尚未计入资产成本的弃置费用,应当进行追溯调整。已知甲公司保存的会计资料比较齐备,可以通过会计资料追溯计算。甲公司预计该开采平台的弃置费用为10 000 000元。假定折现率(即实际利率)为10%。不考虑企业所得税和其他税法因素影响。该公司按净利润的10%提取法定盈余公积。

根据上述资料,甲公司的会计处理如下:

(1)计算确认弃置义务后的累积影响数(见表18-1)。

2014年1月1日,该开采平台计入资产成本弃置费用的现值 $= 10\,000\,000 \times (P/F, 10\%, 10) = 10\,000\,000 \times 0.385\,5 = 3\,855\,000$(元)

每年应计提折旧 $= 3\,855\,000/10 = 385\,500$(元)

表 18-1 确认弃置义务后的累积影响数

年份	计息金额/元	实际利率	利息费用/元 ①	折旧/元 ②	税前差异/元 —(①+②)	税后差异/元
2014	3 855 000	10%	385 500	385 500	−771 000	−771 000
2015	4 240 500	10%	424 050	385 500	−809 550	−809 550
2016	4 664 550	10%	466 455	385 500	−851 955	−851 955
2017	5 131 005	10%	513 100.50	385 500	−898 600.50	−898 600.50
小计	—	—	1 789 105.50	1 542 000	−3 331 105.50	−3 331 105.50
2018	5 644 105.50	10%	564 410.55	385 500	−949 910.55	−949 910.55
合 计	—	—	2 353 516.05	1 927 500	−4 281 016.05	−4 281 016.05

甲公司确认该开采平台弃置费用后的税后净影响额为−4 281 016.05 元,即该公司确认该开采平台弃置费用后的累积影响数。

(2)进行会计处理。

①调整确认的弃置费用。

借:固定资产——开采平台——弃置义务　　　　　3 855 000
　贷:预计负债——开采平台弃置义务　　　　　　　3 855 000

②调整会计政策变更累积影响数。

借:利润分配——未分配利润　　　　　　　　　　4 281 016.05
　贷:累计折旧　　　　　　　　　　　　　　　　1 927 500
　　预计负债——开采平台弃置义务　　　　　　　2 353 516.05

③调整利润分配。

借:盈余公积——法定盈余公积　　　　　428 101.61(4 281 016.05×10%)
　贷:利润分配——未分配利润　　　　　　　　　　428 101.61

(3)进行报表调整。

甲公司在编制 2019 年度的财务报表时,应调整资产负债表的年初数(见表 18-2),利润表、股东权益变动表的上年数(见表 18-3、表 18-4)也应做相应调整。2019 年 12 月 31 日资产负债表的期末数栏、股东权益变动表的未分配利润项目上年数栏应以调整后的数字为基础编制。

表 18－2　资产负债表(简表)

会企 01 表

编制单位:甲股份有限公司　　　　2019 年 12 月 31 日　　　　单位:元

资产	年初余额		负债和股东权益	年初余额	
	调整前	调整后		调整前	调整后
……			……		
固定资产			预计负债	0	6 208 516.05
开采平台	60 000 000	61 927 500	……		
			盈余公积	1 700 000	1 271 898.39
			未分配利润	4 000 000	147 085.56
……			……		

在利润表中,根据账簿的记录,甲公司重新确认了 2018 年度营业成本和财务费用分别调增 385 500 元和 564 410.55 元,其结果为净利润调减 949 910.55 元。

表 18－3　利润表(简表)

会企 02 表

编制单位:甲股份有限公司　　　　2019 年度　　　　单位:元

项　　目	上期金额	
	调整前	调整后
一、营业收入	18 000 000	18 000 000
减:营业成本	13 000 000	13 385 500
……		
财务费用	260 000	824 410.55
……		
二、营业利润	3 900 000	2 950 089.45
……		
四、净利润	4 060 000	3 110 089.45
……		

表 18-4 所有者权益变动表(简表)

会企 04 表

编制单位:甲股份有限公司 　　　　　2019 年度 　　　　　单位:元

项目	本年金额			
	……	盈余公积	未分配利润	……
一、上年年末余额		1 700 000	4 000 000	
加:会计政策变更		−428 101.61	−3 852 914.44	
前期差错更正				
二、本年年初余额		1 271 898.39	147 085.56	
……				

(4)附注说明。

2019 年 1 月 1 日,甲股份有限公司按照企业会计准则规定,对 2013 年 12 月 15 日建造完成并交付使用的开采平台的弃置义务进行确认。此项会计政策变更采用追溯调整法,2018 年的比较报表已重新表述。2018 年运用新的方法追溯计算的会计政策变更累积影响数为 −4 281 016.05 元。会计政策变更对 2018 年度报告的损益的影响为减少净利润 949 910.55 元,调减 2018 年的期末留存收益 4 281 016.05 元,其中,调减盈余公积 428 101.61 元,调减未分配利润 3 852 914.44 元。

(3)确定会计政策变更对列报前期影响数不切实可行的,应当从可追溯调整的最早期间期初开始应用变更后的会计政策。在当期期初确定会计政策变更对以前各期累积影响数不切实可行的,应当采用未来适用法处理。

①不切实可行的判断。不切实可行,是指企业在做出所有合理努力后仍然无法采用某项规定。企业在采取所有合理的方法后,仍然不能获得采用某项规定所必需的相关信息,而导致无法采用该项规定,则该项规定在此时是不切实可行的。

对于以下特定前期,对某项会计政策变更应用追溯调整法或进行追溯重述以更正一项前期差错是不切实可行的:

A.应用追溯调整法或追溯重述法的累积影响数不能确定。

B.应用追溯调整法或追溯重述法要求对管理层在该期当时的意图做出假定。

C.应用追溯调整法或追溯重述法要求对有关金额进行重新估计,并且不可能将提供有关交易发生时存在状况的证据(例如,有关金额确认、计量或披露日期存在事实的证据,以及在受变更影响的当期和未来期间确认会计估计变更的影响的证据)和该期间财务报告批准报出时能够取得的信息这两类信息与其他信息客观地加以区分。

在某些情况下,调整一个或者多个前期比较信息以获得与当期会计信息的可比性是不切实可行的。例如,企业账簿、凭证因超过法定保存期限而销毁,或因不可抗力而毁坏、遗失,如火灾、水灾等,或因人为因素,如盗窃、故意毁坏等,可能使当期期初确定会计政策变更对以前各期累积影响数无法计算,即不切实可行,此时会计政策变更应当采用未来适用法进行处理。

②未来适用法。未来适用法,是指将变更后的会计政策应用于变更日及以后发生的交易或者事项,或者在会计估计变更当期和未来期间确认会计估计变更影响数的方法。

在未来适用法下,不需要计算会计政策变更产生的累积影响数,也无须重编以前年度的财务报表。对于企业会计账簿记录及财务报表上反映的金额,在变更之日仍保留原有的金额,不因会计政策变更而改变以前年度的既定结果,在现有金额的基础上再按新的会计政策进行核算。

第二节　会计估计及其变更

一、会计估计变更概述

(一)会计估计的概念和特点

会计估计,是指企业对其结果不确定的交易或事项以最近可利用的信息为基础所做的判断。会计估计具有以下特点:

1. 会计估计的存在是由于经济活动中内在的不确定性因素的影响所造成的

企业总是力求保持会计核算的准确性,但有些交易或事项本身具有不确定性,因而需要根据经验做出估计;同时,由于采用权责发生制为基础编制财务报表,也使得有必要充分估计未来交易或事项的影响。可以说,在会计核算和信息披露过程中,会计估计是不可避免的,会计估计的存在是由于经济活动中内在的不确定性因素的影响所造成的。例如,对于固定资产折旧,需要根据固定资产消耗方式、性能、技术发展等情况进行估计。

2. 会计估计应当以最近可利用的信息或资料为基础

由于经营活动内在的不确定性,企业在会计核算中,不得不经常进行估计。某些估计主要用于确定资产或负债的账面价值,例如,法律诉讼可能引起的赔偿等;另一些估计主要用于确定将在某一期间记录的收入或费用的金额,例如,某一期间的折旧费用和摊销费用的金额、在某一期间内采用完工百分比法核算建造合同已实现收入的金额,等等。企业在进行会计估计时,通常应根据当时的情况和经验,以最近可利用的信息或资料为基础进行。但是,随着时间的推移、环境的变化,进行会计估计的基础可能会发生变化,因此进行会计估计所依据的信息或资料不得不进行更新。由于最新的信息是最接近目标的信息,以其为基础所做的估计最接近实际,所以,进行会计估计时应以最近可利用的信息或资料为基础。

3. 进行会计估计并不会削弱会计核算的可靠性

进行合理的会计估计是会计核算中必不可少的部分,它不会削弱会计核算的可靠性。企业为了定期、及时地提供有用的会计信息,将延续不断的经营活动人为划分为一定的期间,并在权责发生制的基础上对企业的财务状况和经营成果进行定期确认和计量。例如,在会计分期的情况下,许多企业的交易跨越若干个会计年度,以至于需要在一定程度上做出决定:哪些支出可以在利润表中作为当期费用处理,哪些支出符合资产定义应当递延至以后各期等。由于存在会计分期和货币计量的假设,在确认和计量过程中,不得不对许多尚在延续中、其结果不确定的交易或事项予以估计入账。但是,估计是建立在具有确凿证据的前提下,而不是随意的。例如,企业估计固定资产预计使用寿命,应当考虑该项固定资产的技术性能、历史资料、同行业同类固定资产的预计使用年限、本企业经营性质等诸多因素,并掌握确凿证据后确定。企业根据当时所掌握的可靠证据做出的最佳估计,不会削弱会计核算的可靠性。

下列各项属于常见的需要进行估计的项目:

(1)存货可变现净值的确定。

(2)固定资产的预计使用寿命与净残值,固定资产的折旧方法。

(3)使用寿命有限的无形资产的预计使用寿命与净残值。

(4)可收回金额按照资产组的公允价值减去处置费用后的净额确定的,确定公允价值减去处置费用后的净额的方法;可收回金额按照资产组预计未来现金流量的现值确定的,预计未来现金流量的确定。

(5)建造合同或劳务合同履约进度的确定。

(6)公允价值的确定。

(7)预计负债初始计量的最佳估计数的确定。

(二)会计估计变更的概念及其原因

由于企业经营活动中内在不确定因素的影响,某些财务报表项目不能精确地计量,而只能加以估计。如果赖以进行估计的基础发生了变化,或者由于取得新的信息、积累更多的经验以及后来的发展变化,可能需要对会计估计进行修正。

会计估计变更,是指由于资产和负债的当前状况及预期经济利益和义务发生了变化,从而对资产或负债的账面价值或者资产的定期消耗金额进行调整。

通常情况下,企业可能由于以下原因而发生会计估计变更:

(1)赖以进行估计的基础发生了变化。企业进行会计估计,总要依赖于一定的基础,如果其所依赖的基础发生了变化,则会计估计也应相应做出改变。例如,企业某项无形资产的摊销年限原定为 15 年,以后获得了国家专利保护,该资产的受益年限已变为 10 年,则应相应调减摊销年限。

(2)取得了新的信息,积累了更多的经验。企业进行会计估计是就现有资料对未来所做的判断,随着时间的推移,企业有可能取得新的信息、积累更多的经验,在这种情况下,也需要对会计估计进行修订。例如,企业原对固定资产采用年限平均法按 15 年计提折旧,后来根据新得到的信息——使用 5 年后对该固定资产所能生产的产品的产量有了比较准确的证据,企业改按工作量法计提固定资产折旧。

二、会计估计变更的会计处理

会计估计变更应采用未来适用法处理,即在会计估计变更当期及以后期间,采用新的会计估计,不改变以前期间的会计估计,也不调整以前期间的报告结果。

(1)如果会计估计的变更仅影响变更当期,有关估计变更的影响应于当期确认。

(2)如果会计估计的变更既影响变更当期又影响未来期间,有关估计变更的影响在当期及以后各期确认。例如,固定资产的使用寿命或预计净残值的估计发生的变更,常常影响变更当期及资产以后使用年限内各个期间的折旧费用。因此,这类会计估计的变更,应于变更当期及以后各期确认。

会计估计变更的影响数应计入变更当期与前期相同的项目中。

【例 18-2】乙公司于 2016 年 1 月 1 日起对某管理用设备计提折旧，原价为 84 000 元，预计使用寿命为 8 年，预计净残值为 4 000 元，按年限平均法计提折旧。2020 年年初，由于新技术发展等原因，需要对原估计的使用寿命和净残值做出修正，修改后该设备预计尚可使用年限为 2 年，预计净残值为 2 000 元。乙公司适用的企业所得税税率为 25%。

乙公司对该项会计估计变更的会计处理如下：

（1）不调整以前各期折旧，也不计算累计影响数。

（2）变更日以后改按新的估计计提折旧。

按原估计，每年折旧额为 10 000 元，已提折旧 4 年，共计 40 000 元，该项固定资产账面价值为 44 000 元，则第 5 年相关科目的期初余额如下：

借：固定资产	84 000
减：累计折旧	40 000
固定资产账面价值	44 000

改变预计使用年限后，从 2020 年起每年计提的折旧费用为 21 000 元［(44 000-2 000)/2］。2020 年不必对以前年度已提折旧进行调整，只需按重新预计的尚可使用年限和净残值计算确定折旧费用，有关账务处理如下：

借：管理费用	21 000
贷：累计折旧	21 000

（3）财务报表附注说明。

本公司一台管理用设备成本为 84 000 元，原预计使用寿命为 8 年，预计净残值为 4 000 元，按年限平均法计提折旧。由于新技术发展，该设备已不能按原预计使用寿命计提折旧，本公司于 2020 年年初将该设备的预计尚可使用寿命变更为 2 年，预计净残值变更为 2 000 元，以反映该设备在目前状况下的预计尚可使用寿命和净残值。此估计变更将减少本年度净利润 8 250 元［(21 000-10 000)×(1-25%)］。

（3）企业难以对某项变更区分为会计政策变更或会计估计变更的，应当将其作为会计估计变更处理。

第三节　前期差错更正

一、前期差错的概念

前期差错是指由于没有运用或错误运用下列两种信息，而对前期财务报表造成省略或错报。

（1）编报前期财务报表时预期能够取得并加以考虑的可靠信息。

（2）前期财务报告批准报出时能够取得的可靠信息。

前期差错通常包括以下方面：

（1）计算错误。例如，企业本期应计提折旧 50 000 000 元，但由于计算出现差错，得出错误数据为 45 000 000 元。

（2）应用会计政策错误。例如，按照《企业会计准则第 17 号——借款费用》的规定，为购建固定资产而发生的借款费用，在固定资产达到预定可使用状态前发生的、满足一定条件时应予资本化,计入所购建固定资产的成本;在固定资产达到预定可使用状态后发生的,计入当期损益。如果企业固定资产达到预定可使用状态后发生的借款费用,也计入该项固定资产成本,予以资本化,则属于应用会计政策错误。

(3)疏忽或曲解事实以及舞弊产生的影响。例如,企业销售一批商品,商品的控制权已经发生转移,商品销售收入确认条件均已满足,但企业在期末未将已实现的销售收入入账。

二、前期差错更正的会计处理

前期差错按照重要程度分为重要的前期差错和不重要的前期差错。重要的前期差错是指足以影响财务报表使用者对企业财务状况、经营成果和现金流量做出正确判断的前期差错。不重要的前期差错是指不足以影响财务报表使用者对企业财务状况、经营成果和现金流量做出正确判断的前期差错。

(一)不重要的前期差错的会计处理

对于不重要的前期差错,企业无须调整财务报表相关项目的期初数,但应调整发现当期与前期相同的相关项目。属于影响损益的,应直接计入本期与上期相同的净损益项目。

(二)重要的前期差错的会计处理

对于重要的前期差错,如果能够合理确定前期差错累积影响数,应采用追溯重述法。追溯重述法是指在发现前期差错时,视同该项前期差错从未发生过,从而对财务报表相关项目进行调整的方法。前期差错累积影响数是指前期差错发生后对差错期间每期净利润的影响数之和。

如果确定前期差错累积影响数不切实可行,可以从可追溯重述的最早期间开始调整留存收益的期初余额,财务报表其他相关项目的期初余额也应当一并调整,也可以采用未来适用法。

重要的前期差错的调整结束后,还应调整发现年度财务报表的年初数和上年数。在编制比较财务报表时,对于比较财务报表期间的重要的前期差错,应调整各该期间的净损益和其他相关项目;对于比较财务报表期间以前的重要的前期差错,应调整比较财务报表最早期间的期初留存收益,财务报表其他相关项目的数字也应一并调整。

【例18-3】2020年12月31日,甲公司发现2019年公司漏记一项管理用固定资产的折旧费用300 000元,所得税申报表中也未扣除该项费用。假定2019年甲公司适用所得税税率为25%,无其他纳税调整事项。该公司按净利润的10%和5%提取法定盈余公积和任意盈余公积。

(1)分析前期差错的影响数。

2019年少计折旧费用300 000元;多计所得税费用75 000元(300 000×25%);多计净利润225 000元;多计应交税费75 000元(300 000×25%);分别多提法定盈余公积和任意盈余公积22 500元(225 000×10%)和11 250元(225 000×5%)。

(2)编制有关项目的调整分录。

①补提折旧。

借:以前年度损益调整——管理费用 300 000
　　贷:累计折旧 300 000

②调整应交所得税。

借：递延所得税资产   75 000

 贷：以前年度损益调整——所得税费用 75 000

③将"以前年度损益调整"科目余额转入未分配利润。

借：利润分配——未分配利润   225 000

 贷：以前年度损益调整——本年利润   225 000

④因净利润减少，调减盈余公积。

借：盈余公积——法定盈余公积   22 500

    ——任意盈余公积   11 250

 贷：利润分配——未分配利润   33 750

（3）财务报表调整和重述（财务报表略）。

甲公司在列报 2020 年度财务报表时，应调整 2019 年度财务报表的相关项目。

①资产负债表项目的调整：调减固定资产 300 000 元；调减应交税费 75 000 元；调减盈余公积 33 750 元，调减未分配利润 191 250 元。

②利润表项目的调整：调增管理费用 300 000 元，调减所得税费用 75 000 元，调减净利润 225 000 元。（需要对每股收益进行披露的企业应当同时调整基本每股收益和稀释每股收益。）

③所有者权益变动表项目的调整：调减前期差错更正项目中盈余公积上年金额 33 750 元，未分配利润上年金额 191 250 元，所有者权益合计上年金额 225 000 元。

④财务报表附注说明：本年度发现 2019 年漏记固定资产折旧 300 000 元，在编制 2020 年和 2019 年比较财务报表时，已对该项差错进行了更正。更正后，调减 2019 年净利润 225 000 元，调增累计折旧 300 000 元。

思考题

1. 什么是会计政策？

2. 什么是会计估计？会计估计有哪些特点？

3. 什么是会计政策变更？

4. 会计政策变更与会计估计变更如何进行区分？

实务练习题

1. 甲股份有限公司（以下简称"甲公司"）为增值税一般纳税人，甲公司 2020 年发生如下事项：

（1）2016 年 1 月 1 日以银行存款 600 万元购入一项专利权，预计使用年限为 6 年，无残值。2019 年年末甲公司预计该项无形资产的可收回金额为 160 万元，因此计提资产减值准备 40 万元。甲公司 2019 年度计提减值准备后该无形资产原预计使用年限不变。因市场变化，甲公司预计该无形资产将不能给企业带来未来经济利益，于 2020 年 12 月 31 日将该无形资产账面价值 160 万元全部转入资产减值损失。

(2)2020年甲公司存在一项待执行合同，为2020年11月签订的，以每辆10万元的价格销售100辆X型汽车。购买方已经预付定金150万元，若甲公司违约需双倍返还定金。甲公司尚未生产汽车，也未购入原材料，但由于成本上升，甲公司预计每台汽车成本为11万元。甲公司选择执行合同，确认资产减值损失和存货跌价准备100万元。

要求：根据上述资料，不考虑增值税等因素，判断会计处理是否正确并说明理由；若不正确，请作为当期差错进行更正处理。

2.甲公司发生的交易或事项如下：

(1)2019年7月1日，甲公司将其自用的一栋办公楼出租给A公司，租赁期为5年，年租金为200万元。每半年支付一次租金。该办公楼账面原值为2000万元。预计使用年限为50年，至租赁日已使用20年，按照年限平均法计提折旧，预计净残值为0(与税法规定相同)。甲公司对该投资性房地产按照成本模式进行后续计量。

(2)2021年1月1日，因办公楼满足公允价值模式计量条件，甲公司决定将该办公楼由成本模式改为公允价值模式进行后续计量。2021年1月1日，该办公楼的公允价值为2500万元。

甲公司适用的所得税税率为25%，盈余公积的计提比例为10%，不考虑其他因素。

①根据资料(1)，编制转换日2019年12月31日的相关会计分录。

②根据资料(2)，计算企业因该会计政策变更对2021年期初留存收益的影响总额。

③根据资料(2)，编制企业进行会计政策变更的调整分录。

即测即评　　　　　延伸阅读

第十九章
资产负债表日后事项

学习目标

通过本章的学习，了解资产负债表日后事项的定义与分类；掌握不同资产负债表日后事项分类的条件；熟悉资产负债表日后调整事项的会计业务处理；了解资产负债表日后非调整事项的事例及披露要求。

引导案例

2019年8月6日，上市公司西部创业发布了半年报。该公司的三名独立董事均认为无法保证半年报内容的真实、准确、完整。独立董事之所以对半年报提出异议，主要是由于对西部创业的全资子公司大古物流的一项涉税事项的会计处理有不同意见。

这件事情起源于2016年9月的业务，因大古物流在2016年10月份开展煤炭贸易过程中涉嫌接受了北京美隆康源商贸有限公司虚开的增值税专用发票，2017年7月被税务机关调查，2019年7月3日收到了行政处罚事项告知书。所以，此日后事项应是对其半年报6月30日已经存在的情况的进一步明确。大古物流已于2019年7月5日向国家税务总局宁夏回族自治区税务局稽查局提交了听证申请，并于7月17日出席听证会，对涉税事项进行了陈述、申辩。截至8月6日，大古物流尚未收到税务部门的最终处理结果。

独立董事因此认为应当作为调整事项，确认预计负债和相应的损失，计入半年报的财务报表中。但显然董事会没有同意这样做，西部创业董事会认为，听证并非对涉税事项处理的终结程序，告知书本身不是对涉税事项做出的终结性结论，具有不确定性。因此，按照《企业会计准则第13号——或有事项》第二条规定的"或有事项，是指过去的交易或者事项形成的，其结果须由某些未来事项的发生或不发生才能决定的不确定事项"的概念，公司将大古物流涉税事项作为一项不确定事项进行管理，在半年报附注"十二、其他重要事项"这部分作为非调整事项进行了披露。

资料来源：肖玮，李云琦. 会计所"打脸"董事会 西部创业子公司1亿罚款再起波澜[EB/OL]. (2019-08-16)[2020-06-20]. http://www.bjnews.com.cn/finance/2019/08/16/616074.html.

思考：

独立董事的意见是否正确？资产负债表日后事项处理的依据是什么？

第一节　资产负债表日后事项概述

一、资产负债表日后事项的定义

资产负债表日后事项,是指资产负债表日至财务报告批准报出日之间发生的有利或不利事项。理解这一定义,需要注意以下方面:

(一)资产负债表日

资产负债表日是指会计年度末和会计中期期末。中期是指短于一个完整的会计年度的报告期间,包括半年度、季度和月度。按照《中华人民共和国会计法》规定,我国会计年度采用公历年度,即1月1日至12月31日。因此,年度资产负债表日是指每年的12月31日,中期资产负债表日是指各会计中期期末。例如,提供第一季度财务报告时,资产负债表日是该年度的3月31日;提供半年度财务报告时,资产负债表日是该年度的6月30日。

(二)财务报告批准报出日

财务报告批准报出日是指董事会或类似机构批准财务报告报出的日期,通常是指对财务报告的内容负有法律责任的单位或个人批准财务报告对外公布的日期。

财务报告的批准者包括所有者、所有者中的多数及董事会或类似的管理单位、部门和个人。根据公司法的规定,董事会有权制订公司的年度财务预算方案、决算方案、利润分配方案和弥补亏损方案,因此,公司制企业的财务报告批准报出日是指董事会批准财务报告报出的日期。对于非公司制企业,财务报告批准报出日是指经理(厂长)会议或类似机构批准财务报告报出的日期。

(三)有利事项和不利事项

资产负债表日后事项包括有利事项和不利事项。有利或不利事项的含义是指,资产负债表日后事项肯定对企业财务状况和经营成果具有一定影响(既包括有利影响也包括不利影响)。如果某些事项的发生对企业并无任何影响,那么这些事项既不是有利事项,也不是不利事项,也就不属于这里所说的资产负债表日后事项。

二、资产负债表日后事项涵盖的期间

资产负债表日后事项涵盖的期间是自资产负债表日次日起至财务报告批准报出日止的一段时间。对上市公司而言,这一期间涉及几个日期,包括完成财务报告编制日、注册会计师出具审计报告日、董事会批准财务报告可以对外公布日、实际对外公布日等。具体而言,资产负债表日后事项涵盖的期间应当包括:

(1)报告期间下一期间的第一天至董事会或类似机构批准财务报告对外公布的日期。

(2)财务报告批准报出以后、实际报出之前又发生与资产负债表日后事项有关的事项,并由此影响财务报告对外公布日期的,应以董事会或类似机构再次批准财务报告对外公布的日期为截止日期。

如果公司管理层由此修改了财务报告,注册会计师应当根据具体情况实施必要的审计程序并针对修改后的财务报告出具新的审计报告。

【例 19-1】甲上市公司 2019 年的年度财务报告于 2020 年 2 月 20 日编制完成,注册会计师完成年度财务报告审计工作并签署审计报告的日期为 2020 年 4 月 16 日,董事会批准财务报告对外公布的日期为 2020 年 4 月 17 日,财务报告实际对外公布的日期为 2020 年 4 月 23 日,股东大会召开日期为 2020 年 5 月 10 日。

根据资产负债表日后事项涵盖期间的规定,本例中,该公司 2019 年年报资产负债表日后事项涵盖的期间为 2020 年 1 月 1 日至 2020 年 4 月 17 日。如果在 4 月 17 日至 23 日之间发生了重大事项,需要调整财务报表相关项目的数字或需要在财务报表附注中披露,经调整或说明后的财务报告再经董事会批准报出的日期为 2020 年 4 月 25 日,实际报出的日期为 2020 年 4 月 30 日,则资产负债表日后事项涵盖的期间为 2020 年 1 月 1 日至 2020 年 4 月 25 日。

三、资产负债表日后事项的内容

资产负债表日后事项包括资产负债表日后调整事项(以下简称"调整事项")和资产负债表日后非调整事项(以下简称"非调整事项")。

(一)调整事项

资产负债表日后调整事项,是指对资产负债表日已经存在的情况提供了新的或进一步证据的事项。

如果资产负债表日及所属会计期间已经存在某种情况,但当时并不知道其存在或者不能知道确切结果,资产负债表日后发生的事项能够证实该情况的存在或者确切结果,则该事项属于资产负债表日后调整事项。如果资产负债表日后事项对资产负债表日的情况提供了进一步证据,证据表明的情况与原来的估计和判断不完全一致,则需要对原来的会计处理进行调整。

企业发生的资产负债表日后调整事项,通常包括下列各项:①资产负债表日后诉讼案件结案,法院判决证实了企业在资产负债表日已经存在现时义务,需要调整原先确认的与该诉讼案件相关的预计负债,或确认一项新负债;②资产负债表日后取得确凿证据,表明某项资产在资产负债表日发生了减值或者需要调整该项资产原先确认的减值金额;③资产负债表日后进一步确定了资产负债表日前购入资产的成本或售出资产的收入;④资产负债表日后发现了财务报表舞弊或差错。

【例 19-2】甲公司因合同违约被客户起诉。2019 年 12 月 31 日法院尚未判决,考虑到客户胜诉要求甲公司赔偿的可能性较大,甲公司为此确认了 500 万元的预计负债。2020 年 2 月 20 日,在甲公司 2019 年度财务报告对外报出之前,法院判决客户胜诉,要求甲公司支付赔偿款 700 万元。本例中,甲公司在 2019 年 12 月 31 日结账时已经知道客户胜诉的可能性较大,但不能知道法院判决的确切结果,因此确认了 500 万元的预计负债。2020 年 2 月 20 日法院判决结果为甲公司预计负债的存在提供了进一步的证据。此时,按照 2019 年 12 月 31 日存在状况编制的财务报表所提供的信息已不能真实反映企业的实际情况,应据此对财务报表相关项目的数字进行调整。

(二)非调整事项

资产负债表日后非调整事项,是指表明资产负债表日后发生的情况的事项。非调整事项的发生不影响资产负债表日企业的财务报表数字,只说明资产负债表日后发生了某些情况。对于财务报告使用者而言,非调整事项说明的情况有的重要,有的不重要。其中重要的非调整事项虽然不影响资产负债表日的财务报表数字,但可能影响资产负债表日以后的财务状况和经营成果,不加以说明将会影响财务报告使用者做出正确估计和决策,因此需要适当披露。

企业发生的资产负债表日后非调整事项,通常包括下列各项:①资产负债表日后发生重大诉讼、仲裁、承诺;②资产负债表日后资产价格、税收政策、外汇汇率发生重大变化;③资产负债表日后因自然灾害导致资产发生重大损失;④资产负债表日后发行股票和债券以及其他巨额举债;⑤资产负债表日后资本公积转增资本;⑥资产负债表日后发生巨额亏损;⑦资产负债表日后发生企业合并或处置子公司;⑧资产负债表日后,企业利润分配方案中拟分配的以及经审议批准宣告发放的股利或利润。

【例19-3】甲公司2019年度财务报告于2020年3月20日经董事会批准对外公布。2020年2月27日,甲公司经批准发行5年期债券900万元,年利率为6%,公司按面值平价发行,并于2020年3月6日结束发行。

本例中,甲公司发行债券的事项发生在2020年度,且在公司2019年度财务报告尚未批准对外公布的期间,即该事项发生在资产负债表日后事项所涵盖的期间。该事项在2019年12月31日尚未发生,与资产负债表日存在的状况无关,不影响资产负债表日企业的财务报表数字。但是,该事项属于重要事项,会影响公司以后期间的财务状况和经营成果,因此,需要在附注中予以披露。

(三)调整事项与非调整事项的区别

资产负债表日后发生的某一事项究竟是调整事项还是非调整事项,取决于该事项表明的情况在资产负债表日或资产负债表日以前是否已经存在。若该情况在资产负债表日或之前已经存在,则属于调整事项;反之,则属于非调整事项。

【例19-4】甲公司2019年10月向乙公司出售库存商品500万元,根据销售合同,乙公司应在收到商品后3个月付款。至2019年12月31日,乙公司尚未付款。假定甲公司在编制2019年度财务报告时有两种情况:①2019年12月31日,甲公司根据掌握的资料判断,乙公司有可能破产清算,估计该应收账款将有20%无法收回,故按20%的比例计提坏账准备;2020年1月20日,甲公司收到通知,乙公司已被宣告破产清算,甲公司估计有70%的债权无法收回。②2019年12月31日,乙公司的财务状况良好,甲公司预计应收账款可按时收回;2020年1月20日,乙公司发生重大火灾,导致甲公司50%的应收账款无法收回。

2020年3月15日,甲公司的财务报告经批准对外公布。

本例中,第一种情况导致甲公司应收账款无法收回的事实是乙公司财务状况恶化,该事实在资产负债表日已经存在,乙公司被宣告破产只是证实了资产负债表日乙公司财务状况恶化的情况,因此,乙公司破产导致甲公司应收款项无法收回的事项属于调整事项。第二种情况导致甲公司应收账款损失的因素是火灾,火灾是不可预计的,应收账款发生损失这一事实在资产负债表日以后才发生,因此乙公司发生火灾导致甲公司应收款项发生坏账的事项属于非调整事项。

在理解资产负债表日后事项的会计处理时,还需要明确以下两个问题:第一,如何确定资产负债表日后某一事项是调整事项还是非调整事项,是对资产负债表日后事项进行会计处理的关键。调整和非调整事项是一个广泛的概念,就事项本身而言可以有各种各样的性质,只要符合企业会计准则中对这两类事项的判断原则即可。另外,同一性质的事项可能是调整事项,也可能是非调整事项,这取决于该事项表明的情况是在资产负债表日或资产负债表日以前已经存在或发生还是在资产负债表日后才发生的。第二,企业会计准则以列举的方式说明了资产负债表日后事项中,哪些属于调整事项,哪些属于非调整事项,但并没有列举详尽。实务中,会计人员应按照资产负债表日后事项的判断原则,确定资产负债表日后发生的事项中哪些属于调整事项,哪些属于非调整事项。

第二节　资产负债表日后调整事项会计处理

一、资产负债表日后调整事项的处理原则

企业发生的资产负债表日后调整事项,应当调整资产负债表日的财务报表。对于年度财务报告而言,由于资产负债表日后事项发生在报告年度的次年,报告年度的有关账目已经结转,特别是损益类科目在结账后已无余额。因此,年度资产负债表日后发生的调整事项,应具体分以下情况进行处理:

(1)涉及损益的事项,通过"以前年度损益调整"科目核算。调整增加以前年度利润或调整减少以前年度亏损的事项,计入"以前年度损益调整"科目的贷方;调整减少以前年度利润或调整增加以前年度亏损的事项,计入"以前年度损益调整"科目的借方。

涉及损益的调整事项,如果发生在资产负债表日所属年度(即报告年度)所得税汇算清缴前的,应调整报告年度应纳税所得额、应纳所得税税额;发生在报告年度所得税汇算清缴后的,应调整本年度(即报告年度的次年)应纳所得税税额。

由于以前年度损益调整增加的所得税费用,计入"以前年度损益调整"科目的借方,同时贷记"应交税费——应交所得税"等科目;由于以前年度损益调整减少的所得税费用,计入"以前年度损益调整"科目的贷方,同时借记"应交税费——应交所得税"等科目。调整完成后,将"以前年度损益调整"科目的贷方或借方余额,转入"利润分配——未分配利润"科目。

(2)涉及利润分配调整的事项,直接在"利润分配——未分配利润"科目核算。

(3)不涉及损益及利润分配的事项,调整相关科目。

(4)通过上述账务处理后,还应同时调整财务报表相关项目的数字,包括:

①资产负债表日编制的财务报表相关项目的期末数或本年发生数。

②当期编制的财务报表相关项目的期初数或上年数。

③经过上述调整后,如果涉及报表附注内容的,还应当做出相应调整。

二、资产负债表日后调整事项的具体会计处理方法

为简化处理,如无特别说明,本章所有的例子均假定如下:财务报告批准报出日是次年3月31日,所得税税率为25%,按净利润的10%提取法定盈余公积,提取法定盈余公积后不再做其他分配;调整事项按税法规定均可调整应交纳的所得税;涉及递延所得税资产的,均假定未来期间很可能取得用来抵扣暂时性差异的应纳税所得额;不考虑报表附注中有关现金流量表项目的数字。

(1)资产负债表日后诉讼案件结案,法院判决证实了企业在资产负债表日已经存在现时义务,需要调整原先确认的与该诉讼案件相关的预计负债,或确认一项新负债。

　　这一事项是指导致诉讼的事项在资产负债表日已经发生,但尚不具备确认负债的条件而未确认,资产负债表日后至财务报告批准报出日之间获得了新的或进一步的证据(法院判决结果),表明符合负债的确认条件,因此应在财务报告中确认为一项新负债;或者在资产负债表日虽已确认负债,但需要根据判决结果调整已确认负债的金额。

　　【例19-5】甲公司因合同违约被乙公司起诉。2019年12月31日法院尚未判决,考虑到乙公司胜诉要求甲公司赔偿的可能性较大,甲公司为此确认了500万元的预计负债,乙公司未确认应收赔偿款。2020年2月20日,在甲公司2019年度财务报告对外报出之前,法院判决乙公司胜诉,要求甲公司支付赔偿款700万元,甲、乙双方均服从判决。判决当日,甲公司向乙公司支付赔偿款700万元。甲、乙两公司2019年所得税汇算清缴均在2020年3月20日完成(假定该项预计负债产生的损失不允许在预计时税前抵扣,只有在损失实际发生时,才允许税前抵扣)。

　　本例中,2020年2月20日的判决证实了甲、乙两家公司在资产负债表日(即2019年12月31日)分别存在现时赔偿义务和获赔权利,因此两公司都应将"法院判决"这一事项作为调整事项进行处理。甲公司和乙公司2019年所得税汇算清缴均在2020年3月20日完成,因此,应根据法院判决结果调整报告年度应纳税所得额和应纳所得税税额。

　　(1)甲公司的账务处理如下:

　　①调整已确认的预计负债金额,并调整递延所得税资产。

　　借:以前年度损益调整　　　　　　　　　　2 000 000
　　　　贷:其他应付款——乙公司　　　　　　　　　　2 000 000
　　借:应交税费——应交所得税　　　　　　　500 000
　　　　贷:以前年度损益调整　　　　　　　　　　500 000(2 000 000×25%)
　　借:应交税费——应交所得税　　　　　　　1 250 000
　　　　贷:以前年度损益调整　　　　　　　　　　1 250 000
　　借:以前年度损益调整　　　　　　　　　　1 250 000
　　　　贷:递延所得税资产　　　　　　　　　　1 250 000
　　借:预计负债——未决诉讼　　　　　　　　5 000 000
　　　　贷:其他应付款——乙公司　　　　　　　　　5 000 000
　　借:其他应付款——乙公司　　　　　　　　7 000 000
　　　　贷:银行存款　　　　　　　　　　　　　　7 000 000

　　注:2019年年末因确认预计负债500万元时已确认相应的递延所得税资产,资产负债表日后事项发生后递延所得税资产不复存在,故应冲销相应记录。

　　②将"以前年度损益调整"科目余额转入未分配利润。

　　借:利润分配——未分配利润　　　　　　　1 500 000
　　　　贷:以前年度损益调整　　　　　　　　　　1 500 000

　　③因净利润变动,调整盈余公积。

　　借:盈余公积　　　　　　　　　　　　　　150 000
　　　　贷:利润分配——未分配利润　　　　　　　　150 000(1 500 000×10%)

　　④调整报告年度财务报表相关项目的数字(财务报表略)。

　　第一,资产负债表项目的调整:调减递延所得税资产125万元;调减应交税费——应交所得税 175 万元,调增其他应付款 700 万元,调减预计负债 500 万元;调减盈余公积 15 万元,调减未分配利润 135 万元。

第二,利润表项目的调整:调增营业外支出 200 万元,调减所得税费用 50 万元,调减净利润 150 万元。

第三,所有者权益变动表项目的调整:调减净利润 150 万元,提取盈余公积项目中盈余公积一栏调减 15 万元,未分配利润调减 135 万元。

(2)乙公司的账务处理如下:

①记录收到的赔款,并调整应交所得税。

借:其他应收款——甲公司　　　　　　7 000 000

　　贷:以前年度损益调整　　　　　　　　7 000 000

借:以前年度损益调整　　　　　　　　1 750 000

　　贷:应交税费——应交所得税　　　　　1 750 000

借:银行存款　　　　　　　　　　　　7 000 000

　　贷:其他应收款——甲公司　　　　　　7 000 000

②将"以前年度损益调整"科目余额转入未分配利润。

借:以前年度损益调整　　　　　　　　5 250 000

　　贷:利润分配——未分配利润　　　　　5 250 000

③因净利润变动,调整盈余公积。

借:利润分配——未分配利润　　　　　525 000

　　贷:盈余公积　　　　　　　　　　　　525 000(5 250 000×10%)

④调整报告年度财务报表相关项目的数字(财务报表略)。

第一,资产负债表项目的调整:调增其他应收款 700 万元,调增应交税费——应交所得税 175 万元,调增盈余公积 52.5 万元,调增未分配利润 472.5 万元。

第二,利润表项目的调整:调增营业外收入 700 万元,调增所得税费用 175 万元,调增净利润 525 万元。

第三,所有者权益变动表项目的调整:调增净利润 525 万元,提取盈余公积项目中盈余公积一栏调增 52.5 万元,未分配利润调增 472.5 万元。

(2)资产负债表日后取得确凿证据,表明某项资产在资产负债表日发生了减值或者需要调整该项资产原先确认的减值金额。

这一事项是指在资产负债表日,根据当时的资料判断某项资产可能发生了损失或减值,但没有最后确定是否会发生,因而按照当时的最佳估计金额反映在财务报表中;但在资产负债表日至财务报告批准报出日之间,所取得的确凿证据能证明该事实成立,即某项资产已经发生了损失或减值,则应对资产负债表日所做的估计予以修正。

【例 19-6】甲公司 2020 年 5 月销售给乙公司一批产品,货款为 100 万元(含增值税)。乙公司于 6 月份收到所购物资并验收入库。按合同规定,乙公司应于收到所购物资后两个月内付款。由于乙公司财务状况不佳,到 2020 年 12 月 31 日仍未付款。甲公司于 12 月 31 日编制 2020 年财务报表时,已为该项应收账款提取坏账准备 5 万元。甲公司于 2021 年 1 月 30 日(所得税汇算清缴前)收到法院通知,乙公司已宣告破产清算,无力偿还所欠部分货款。甲公司预计可收回应收账款的 60%。

本例中,根据资产负债表日后事项的判断原则,甲公司在收到法院通知后,首先可判断该事项属于资产负债表日后调整事项。甲公司原对应收乙公司账款提取了 5 万元的坏账准备,按照新的证据应提取的坏账准备为 40 万元(100×40%),差额 35 万元应当调整 2020 年度财务报表相关项目的数字。

甲公司的账务处理如下:

(1)补提坏账准备。

应补提的坏账准备＝1 000 000×40%－50 000＝350 000(元)

借:以前年度损益调整　　　　　　　　350 000

　　贷:坏账准备　　　　　　　　　　　　350 000

(2)调整递延所得税资产。

借:递延所得税资产　　　　　　　　　87 500

　　贷:以前年度损益调整　　　　　　　　87 500(350 000×25%)

(3)将"以前年度损益调整"科目的余额转入利润分配。

借:利润分配——未分配利润　　　　　262 500

　　贷:以前年度损益调整　　　　　　　　262 500

(4)因净利润减少,调减盈余公积。

借:盈余公积　　　　　　　　　　　　26 250

　　贷:利润分配——未分配利润　　　　　26 250

(5)调整报告年度财务报表相关项目的数字(财务报表略)。

①资产负债表项目的调整:调减应收账款净值 350 000 元,调增递延所得税资产 87 500 元,调减盈余公积 26 250 元,调减未分配利润 236 250 元。

②利润表项目的调整:调增信用减值损失 350 000 元,调减所得税费用 87 500 元,调减净利润 262 500 元。

③所有者权益变动表项目的调整:调减净利润 262 500 元,提取盈余公积项目中盈余公积一栏调减 26 250 元,未分配利润一栏调减 236 250 元。

(3)资产负债表日后进一步确定了资产负债表日前购入资产的成本或售出资产的收入。

这类调整事项包括两方面的内容:

①若资产负债表日前购入的资产已经按暂估金额等入账,资产负债表日后获得证据,可以进一步确定该资产的成本,则应该对已入账的资产成本进行调整。

②企业在报告年度已根据收入确认条件确认资产销售收入,但资产负债表日后获得关于资产收入的进一步证据,如发生销售退回等,此时也应调整财务报表相关项目的金额。需要说明的是,资产负债表日后发生的销售退回,既包括报告年度或报告中期销售的商品在资产负债表日后发生的销售退回,也包括以前期间销售的商品在资产负债表日后发生的销售退回。

资产负债表所属期间或以前期间所售商品在资产负债表日后退回的,应作为资产负债表日后调整事项处理。发生于资产负债表日后至财务报告批准报出日之间的销售退回事项,可能发生于年度所得税汇算清缴之前,也可能发生于年度所得税汇算清缴之后,其会计处理分别为:

第一,涉及报告年度所属期间的销售退回发生于报告年度所得税汇算清缴之前的,应调整报告年度利润表的收入、成本等,并相应调整报告年度的应纳税所得额以及报告年度应缴的所得税等。

【例 19 - 7】甲公司 2019 年 11 月 8 日销售一批商品给乙公司，取得收入 120 万元（不含税，增值税税率为 13%）。甲公司发出商品后，按照正常情况已确认收入，并结转成本 100 万元。2020 年 12 月 31 日，该笔货款尚未收到，甲公司未对应收账款计提坏账准备。2021 年 1 月 12 日，由于产品质量问题，本批货物被退回。甲公司于 2021 年 2 月 28 日完成 2020 年所得税汇算清缴。

本例中，销售退回业务发生在资产负债表日后事项涵盖期间，属于资产负债表日后调整事项。由于销售退回发生在甲公司报告年度所得税汇算清缴之前，因此在所得税汇算清缴时，应扣除该部分销售退回所实现的应纳税所得额。

甲公司的账务处理如下：

(1)调整销售收入。

借：以前年度损益调整 1 200 000

　　应交税费——应交增值税(销项税额) 156 000

　　贷：应收账款 1 356 000

(2)调整销售成本。

借：库存商品 1 000 000

　　贷：以前年度损益调整 1 000 000

(3)调整应缴纳的所得税。

借：应交税费——应交所得税 50 000

　　贷：以前年度损益调整 50 000

(4)将"以前年度损益调整"科目的余额转入利润分配。

借：利润分配——未分配利润 150 000

　　贷：以前年度损益调整 150 000

(5)调整盈余公积。

借：盈余公积 15 000

　　贷：利润分配——未分配利润 15 000

(6)调整报告年度相关财务报表（财务报表略）。

①资产负债表项目的调整：调减应收账款 135.6 万元，调增库存商品 100 万元；调减应交税费 20.6 万元；调减盈余公积 1.5 万元，调减未分配利润 13.5 万元。

②利润表项目的调整：调减营业收入 120 万元，调减营业成本 100 万元，调减所得税费用 5 万元，调减净利润 15 万元。

③所有者权益表项目的调整：调减净利润 15 万元；提取盈余公积项目中盈余公积一栏调减 1.5 万元；未分配利润调减 13.5 万元。

第二，资产负债表日后事项中涉及报告年度所属期间的销售退回发生于报告年度所得税汇算清缴之后，应调整报告年度会计报表的收入、成本等，但按照税法规定，在此期间的销售退回所涉及的应缴所得税，应作为本年的纳税调整事项。

(4)资产负债表日后发现了财务报表舞弊或差错。

这一事项是指资产负债表日后发现报告期或以前期间存在的财务报表舞弊或差错。企业发生这一事项后，应当将其作为资产负债表日后调整事项，调整报告年度的财务报告相关项目的数字。

第三节 资产负债表日后非调整事项会计处理

一、资产负债表日后非调整事项的处理原则

资产负债表日后发生的非调整事项,是表明资产负债表日后发生的情况的事项,其与资产负债表日存在状况无关,不应当调整资产负债表日的财务报表。但有的非调整事项由于事项重大,对财务报告使用者具有重大影响,如不加以说明,将影响财务报告使用者做出正确估计和决策。

二、资产负债表日后非调整事项的具体会计处理方法

资产负债表日后发生的非调整事项,应当在报表附注中披露每项重要的资产负债表日后非调整事项的性质、内容及其对财务状况和经营成果的影响。无法做出估计的,应当说明原因。资产负债表日后非调整事项的主要例子有:

（一）资产负债表日后发生重大诉讼、仲裁、承诺

资产负债表日后发生的重大诉讼等事项,对企业影响较大,为防止误导投资者及其他财务报告使用者,应当在报表附注中披露。

（二）资产负债表日后资产价格、税收政策、外汇汇率发生重大变化

资产负债表日后发生的资产价格、税收政策和外汇汇率的重大变化,虽然不会影响资产负债表日财务报表相关项目的数据,但对企业资产负债表日后的财务状况和经营成果有重大影响,应当在报表附注中予以披露。

（三）资产负债表日后因自然灾害导致资产发生重大损失

自然灾害导致资产发生重大损失对企业资产负债表日后财务状况的影响较大,如果不加以披露,有可能使财务报告使用者做出错误的决策,因此应作为非调整事项在财务报表附注中进行披露。

（四）资产负债表日后发行股票和债券以及其他巨额举债

企业在资产负债表日后发行股票、债券以及向银行或非银行金融机构举借巨额债务都是比较重大的事项,虽然这一事项与企业资产负债表日的存在状况无关,但这一事项的披露能使财务报告使用者了解与此有关的情况及可能带来的影响,因此应当在财务报表附注中进行披露。

（五）资产负债表日后资本公积转增资本

企业以资本公积转增资本将会改变企业的资本（或股本）结构,影响较大,应当在财务报表附注中进行披露。

（六）资产负债表日后发生巨额亏损

企业资产负债表日后发生巨额亏损将会对企业报告期以后的财务状况和经营成果产生重大影响,应当在财务报表附注中及时披露该事项,以便为投资者或其他财务报告使用者做出正确决策提供信息。

（七）资产负债表日后发生企业合并或处置子公司

企业合并或者处置子公司的行为可以影响股权结构、经营范围等,对企业未来的生产经营活动会产生重大影响,应当在财务报表附注中进行披露。

（八）资产负债表日后,企业利润分配方案中拟分配的以及经审议批准宣告发放的股利或利润

资产负债表日后,企业制订利润分配方案的行为并不会导致企业在资产负债表日形成现时义务,虽然该事项的发生可导致企业负有支付股利或利润的义务,但支付义务在资产负债表日尚不存在,不应该调整资产负债表日的财务报告,因此,该事项为非调整事项。不过,该事项对企业资产负债表日后的财务状况有较大影响,可能导致现金大规模流出、企业股权结构变动等,为便于财务报告使用者更充分了解相关信息,企业需要在财务报告附注中适当披露该信息。

思考题

1.什么是资产负债表的日后事项?

2.什么是资产负债表日和财务报告批准报出日?

3.什么是资产负债表日后调整事项? 如何进行会计处理?

4.什么是资产负债表日后非调整事项? 如何进行会计处理?

实务练习题

1.甲公司为增值税一般纳税人,适用的所得税税率为25%,所得税采用资产负债表债务法核算。甲公司按净利润的10%提取法定盈余公积,假定该公司计提的各种资产减值准备和因或有事项确认的负债均作为暂时性差异处理。甲公司2019年度的财务报告于2020年4月30日批准报出,所得税汇算清缴日为2020年5月31日。自2020年1月1日至4月30日财务报表对外报出前发生如下事项:

(1)甲公司与乙公司签订供销合同,合同规定甲公司在2019年11月供应给乙公司一批货物,由于甲公司未能按照合同发货,致使乙公司发生重大经济损失。乙公司向法院提起诉讼,要求甲公司赔偿经济损失500万元,该诉讼案在2019年12月31日尚未判决,甲公司已确认预计负债400万元。2020年3月25日,经法院一审判决,甲公司需要赔偿乙公司经济损失480万元,甲公司不再上诉,赔偿款已支付。

(2)3月20日,甲公司发现2019年12月31日计算A库存商品的可变现净值时发生差错,该库存商品的成本为1 000万元,预计可变现净值应为800万元。2019年12月31日,甲公司误将A库存商品的可变现净值预计为850万元。

要求:

(1)指出上述事项中哪些属于资产负债表日后调整事项,哪些属于非调整事项,注明序号即可。

(2)对资产负债表日后调整事项,编制相关调整会计分录(调整事项需编制损益结转分录,

答案中的金额单位用万元表示)。

2.2020年2月20日,ABC公司在编制2019年度财务报告时发现,2019年公司漏计2笔应付职工薪酬。其中一笔应支付给公司行政管理人员,金额为20万元;一笔应支付给公司在建厂房的施工人员,金额为10万元。发现该差错时,厂房仍在建设中,并未完工。假设2019年适用所得税税率为25%,无其他纳税调整事项,发现该差错时,企业尚未进行所得税汇算清缴,税法允许调整应交所得税。该公司按净利润的10%提取法定盈余公积,提取法定盈余公积后不再做其他分配。

要求:

(1)判断该事项是否是资产负债表日后调整事项,并说明理由。

(2)编制相关会计分录(单位:万元)。

即测即评 　　　　延伸阅读

参 考 文 献

[1] 企业会计准则编审委员会. 企业会计准则及应用指南实务详解[M]. 北京：人民邮电出版社，2019.

[2] 中国注册会计师协会. 会计 CPA[M]. 北京：中国财政经济出版社，2019.

[3] 财政部会计资格评价中心. 中级会计实务[M]. 北京：经济科学出版社，2019.

[4] 仲伟冰，赵洪进，张云. 中级财务会计[M]. 北京：清华大学出版社，2019.

[5] 王昌锐. 中级财务会计[M]. 北京：中国财政经济出版社，2018.

[6] 吴晖. 中级财务会计[M]. 2 版. 北京：科学出版社，2018.